U0930305

国家出版基金项目
“十二五”国家重点出版物出版规划项目

中国战略性新兴产业——新材料

高性能纤维

中国材料研究学会组织编写
丛 书 主 编　黄伯云
丛书副主编　韩雅芳
编　　　著　朱美芳　周　哲　等

中国铁道出版社
CHINA RAILWAY PUBLISHING HOUSE

内 容 简 介

“中国战略性新兴产业——新材料”丛书是中国材料研究学会组织编写的，被新闻出版广电总局批准为“十二五”国家重点出版物出版规划项目，并获2016年度国家出版基金资助。丛书共16分册，涵盖了新型功能材料、高性能结构材料、高性能纤维复合材料等16种重点发展的材料。本分册为《高性能纤维》。

本书在总结近年来国内外相关研究与应用开发成果的基础上，系统论述了高性能纤维的基本概念、品种范围和发展趋势，并着重论述了高性能纤维的主要品种碳纤维、芳香族聚酰胺纤维（芳纶）、超高分子量聚乙烯纤维、聚酰亚胺纤维、聚苯硫醚纤维、聚四氟乙烯纤维以及新型的碳纳米管和石墨烯纤维的性能特点、研究进展与产业化进程等内容。

本书内容先进，适合我国高性能纤维产业相关的基础科学和技术领域的科技工作者参考，也可供新材料研究院所、高等院校、新材料产业界、政府相关部门、新材料中介咨询机构等领域的人员参考。

图书在版编目(CIP)数据

中国战略性新兴产业.新材料.高性能纤维/朱美芳等编著.—北京：中国铁道出版社，2017.11

ISBN 978-7-113-23960-2

Ⅰ.①中… Ⅱ.①朱… Ⅲ.①新兴产业-产业发展-研究-中国 ②化学纤维工业-产业发展-研究-中国 Ⅳ.①F121.3②F426.75

中国版本图书馆CIP数据核字(2017)第269670号

书　　名：中国战略性新兴产业——新材料
高性能纤维

作　　者：朱美芳　周　哲　等编著

策　　划：李小军　　**读者热线**：(010) 63550836

责任编辑：李小军　许　璐　徐盼欣

封面设计：MXK DESIGN STUDIO

责任校对：张玉华

责任印制：郭向伟

出版发行：中国铁道出版社（100054，北京市西城区右安门西街8号）

网　　址：http://www.tdpress.com/51eds/

印　　刷：中煤（北京）印务有限公司

版　　次：2017年11月第1版　2017年11月第1次印刷

开　　本：787 mm×1 092 mm　1/16　**印张**：14.25　**字数**：300千

书　　号：ISBN 978-7-113-23960-2

定　　价：68.00元

“中国战略性新兴产业——新材料”丛书

编　委　会

序

新材料是高技术和现代产业的基础和先导，对培育和发展战略性新兴产业、国家重大工程项目的建设以及可持续发展都具有重要的支撑和保证作用。在我国政府大力支持下，我国新材料在产业规模、技术进步、创新能力、应用水平等方面均取得了重大进展，自主的产业体系初步形成，具备了良好的发展基础。同时，从全球高新技术和新兴产业的发展前景看，新材料的基础地位和先导作用也越来越重要。

“中国战略性新兴产业——新材料”丛书是为贯彻落实国务院2010年颁布的《关于加快培育和发展战略性新兴产业的决定》（国发〔2010〕32号）而组织编著出版的。在国发〔2010〕32号文中，新材料被列为我国七种重点发展的产业之一，其总体目标定位是：“大力发展稀土功能材料、高性能膜材料、特种玻璃、功能陶瓷、半导体照明材料等新型功能材料。积极发展高品质特殊钢、新型合金材料、工程塑料等先进结构材料。提升碳纤维、芳纶、超高分子量聚乙烯纤维等高性能纤维及其复合材料发展水平。开展纳米、超导、智能等共性基础材料研究。”本丛书由中国材料研究学会负责组织编著、中国铁道出版社出版，并成功入选“‘十二五’国家重点出版物出版规划项目”，获得2016年度国家出版基金资助。这是论述我国新材料发展战略的第一部系统性科技系列著作，代表了当代新材料发展的主流，对推动我国战略性新兴产业和可持续发展都具有重要的现实意义和深远的指导意义。

本丛书从发展国家战略性新兴产业的高度出发，重点选择了国发〔2013〕32号文件鼓励的高性能结构材料、特种功能材料和高性能纤维及其复合材料，全面系统阐述了发展这些重点新材料的产业背景及战略意义，系统地论述了这些新材料的理论基础和应用技术、我国取得的最新研究成果、应用方向及发展前景，针对性地提出了我国发展这些新材料的主要方向和任务，分析了存在的主要问题，提出了相应的对策和建议，是我国近年来在新材料领域内具有领先水平的科技著作丛书。丛书最大的特点是体现了一个“新”字：介绍和论述了我国材料领域取得的最新研究成果、开发的最先进材料品种和最新制造技术，所著内容代表当代全球新材料发展方向和主流。丛书既具有较高的学术性和技术先进性，同时对我国新材料产业发展也具有重要的参考价值。

中国材料研究学会是全国一级学术团体，具有资源、信息和人才的综合优势，多年来在促进材料科学进步、开展国内外学术交流、承接政府职能转移、提供新材料产业发展决策咨询、开展社会化服务等方面做了大量的、卓有成效的工作，为推动我国新材料发展发挥了重要作用。参加本丛书编著的作者都是我国从事相关材料研究和开发的一流的科研单位和院校、一流的专家学者，拥有数十年的科研、教学和产业开发经验，并取得了国内领先的科研成果，创作态度严谨，从而保障了本套丛书的内容质量。

本丛书的编著和出版是近年来我国材料研究领域具有足够影响的一件大事。我们希望，本丛书的出版能对我国新材料技术和产业发展产生较大的助推作用，也热切希望广大材料科技人员、产业精英、决策机构积极投身到发展我国新材料研发的行列中来，为推动我国新材料产业又好又快的发展做出更大贡献！

中国材料研究学会名誉理事长

中国工程院院士

2016 年 6 月

前　言

“中国战略性新兴产业——新材料”丛书由中国材料研究学会组织编写，被新闻出版广电总局批准为“十二五”国家重点出版物出版规划项目。

根据国务院《关于加快培育和发展战略性新兴产业的决定》，新材料被列为我国战略性新兴产业之一。本丛书定位为：从战略性新兴产业的高度，着重论述新材料在国民经济和国防建设重大工程和项目中的地位和作用、技术基础、最新研究成果、应用领域及发展前景。其特点在于体现一个“新”字，即在遵守国家有关保密规定的前提下论述当代新材料的最先进的工艺和最重要的性能。它代表当代全球新材料发展主流，对实现可持续发展具有重要的现实意义和深远的指导意义。本丛书共16分册，涵盖了新型功能材料、高性能结构材料、高性能纤维复合材料等16种重点发展材料。本分册为《高性能纤维》。

高性能纤维是指对外界的物理和化学作用具有特殊耐受能力的一类特种纤维，也是近年来全球化学纤维工业的主要发展方向，市场需求持续快速增长，产能和产量不断扩大。高性能纤维不仅是发展航空航天和国防工业所迫切需要的重要战略物资，而且在推进各类战略性新兴产业和低碳经济、节能减排中起着不可替代的作用，是体现一个国家综合实力与技术创新的标志之一。日本、美国和欧洲发达国家高度重视并垄断着全球高性能纤维的研发技术、生产与市场。2006年以来，在国家政策与财政的重点支持下，我国高性能纤维产业发展迅速，已建立起较为完整的国产高性能纤维制备技术研发、工程实践和产业体系，产品质量不断提高，“产学研用”格局初步形成，从而有效缓解了国民经济和国防建设对国产高性能纤维的迫切需求。

本书在总结近年来国内外相关研究与应用开发成果的基础上，系统论述了高性能纤维的基本概念、品种范围和发展趋势，并着重论述了高性能纤维的主要品种——碳纤维、芳香族聚酰胺纤维（芳纶）、超高分子量聚乙烯纤维、聚酰亚胺纤维、聚苯硫醚纤维、聚四氟乙烯纤维以及新型的碳纳米管和石墨烯纤维的性能特点、研究进展与产业化进程等内容。

本书内容先进，适合我国高性能纤维产业相关的基础科学和技术领域的科技工作者参考，也可供新材料研究院所、高等院校、新材料产业界、政府相关部门、新材料中介咨询机构等领域的人员参考。

本书由朱美芳、周哲等编著。具体编写分工如下:第1章由周哲编著,第2章由王世超编著,第3章由周家良编著,第4章由王兴平编著,第5章由孟思编著,第6章由胡泽旭编著,第7章由毛宇辰编著,第8章由麻伍军编著。全书由朱美芳和周哲负责统稿定稿。

高性能纤维发展迅速,涉及内容比较广泛,研究成果不断涌现,加之编著者学识和水平有限,书中存在疏漏之处在所难免,恳请读者批评指正。

编著者

2017年7月

目　　录

第1章 概　论

高性能纤维是指对外界的物理和化学作用具有特殊耐受能力的一类特种纤维，也是近年来全球化学纤维工业的主要发展方向之一，是通过分子设计、工程控制不断向材料极限挑战的一种努力，通常具有高强度高模量、耐高温及抗燃或耐强腐蚀性等性能。与常规大品种纤维用于纺织服装所不同，其主要应用于工业领域。高性能纤维不仅是发展航空航天和国防工业所迫切需要的重要战略物资，而且在推进各类战略性新兴产业和低碳经济、节能减排中起着不可替代的作用，是体现一个国家综合实力与技术创新的标志之一。日本、美国和欧洲发达国家高度重视并长期垄断着全球高性能纤维的研发技术、生产与市场。2006 年以来，在国家政策与财政的重点支持下，我国高性能纤维产业迅速发展，不仅建立起较为完整的国产高性能纤维制备技术研发、工程实践和产业体系，而且不断取得突破性进展，大幅缩短了与发达国家的差距，目前已成为全球范围内高性能纤维生产品种覆盖面最广的国家，有效缓解了国民经济和国防建设对国产高性能纤维的迫切需求。

1.1　高性能纤维的界定

1.1.1　纤维

按照国际人造纤维标准化局（BISFA）的术语[1]，纤维（fiber）被定义为具有柔韧性、细度、长度与横截面积比大等特征的一种物质。纤维按其原料来源通常分为天然纤维和化学纤维两大类。

1. 天然纤维

天然纤维是指来源于自然界中原有的或经人工培植的植物、人工饲养的动物以及矿物中直接取得的纺织纤维。包括取自于植物的棉纤维、麻类纤维等，取自于动物的毛类纤维、蚕丝纤维等，取自于矿物岩石的石棉纤维等。天然纤维在纺织品方面的利用可追溯至 5000 多年前。今天，大部分天然纤维仍被用于衣物、家用和其他纺织品，用来确保人们日常生活的温暖、舒适和美观。自 20 世纪 60 年代以来，虽然化学纤维的发展利用迅速增加，天然纤维已丧失了大量市场份额，但是其在纺织纤维年总产量中仍约占 1/3。

2. 化学纤维

化学纤维是采用天然或合成的高分子合成物、无机以及金属物质为原料，在人工条件下加工所制成的纤维，可分为有机纤维和无机纤维。其分类及主要品种见表 1-1[2]。

表 1-1 化学纤维分类及主要品种

分类		特征	主要纤维品种
有机纤维	再生纤维（人造纤维）	以天然高分子为原料，经纺丝加工制成，其化学组成基本不变	再生纤维素纤维：黏胶纤维、铜氨纤维、富强纤维、莫代尔纤维、莱赛尔纤维
			纤维素酯纤维：二醋酯纤维、三醋酯纤维
			再生蛋白质纤维：大豆蛋白纤维、花生蛋白纤维、酪素蛋白纤维、丝素蛋白纤维
			再生多糖纤维：甲壳素纤维、海藻纤维
	合成纤维	以人工合成的高分子合成物为原料，经纺丝加工制成	碳链纤维：聚丙烯腈纤维、聚烯烃纤维、聚乙烯醇缩甲醛纤维、含氯纤维和含氟纤维
			杂链纤维：聚酯纤维、聚酰胺纤维、聚氨酯纤维、杂环纤维、聚醚酯纤维、聚甲醛纤维和聚苯硫醚纤维
无机纤维		以无机物或含碳高聚物纤维为原料制成	玻璃纤维、碳纤维、金属纤维、陶瓷纤维

与天然纤维的悠久历史相比，化学纤维的发展历史并不长。1884 年，法国人伊莱尔·德·夏杜内(Hilaire de Chardonnet)发明了最早的人造丝——硝酸酯纤维，并于 1891 年进行工业化生产，这标志着化学纤维工业的开端，随后其发展主要经历了三个阶段：人造纤维工业化、合成纤维工业化和化学纤维高速发展。

20 世纪 80 年代以后，随着化学纤维产量的高速稳定增长，更加重视新产品的开发，通过化学、物理改性及纺丝加工新技术对常规大品种纤维的使用性能进行较大改进，如染色、光热稳定、防污、抗起球、蓬松、手感、吸湿等，开发了各种仿天然纤维的改性品种，主要使常规化纤具有某种特定性能和风格，提升其服装用途的性能，这些纤维被称为差别化纤维(differential fibers)。

另一方面，随着国防军工和高新技术产业的发展需求，化学纤维作为一种重要的工程材料，其在众多产业领域的应用被不断拓展，由此推动了一批具有特殊性能与功能的纤维品种的研发和规模化生产。这些纤维区别于差别化纤维，主要满足某种特需目的并大多应用于高技术产业领域，被称为特种合成纤维(specialty fibers)或高技术纤维(high technology fibers)，主要包括高性能纤维(high performance fibers)和高功能纤维(high function fibers)[3]。

1.1.2 高性能纤维的定义

一般而言，纤维的性能是指其对来自外界的物理或化学作用的抵抗能力，是纤维避免自身遭到破坏而失去使用价值的能力，包括物理性能、力学性能、稳定性能、加工和使用性能等[2]。而对于涤纶、锦纶等常规大品种纤维来说，其性能主要是能够满足服装用途。

因此，高性能纤维通常是指物理化学结构特殊、用于特定领域，并具有高强度高模量、突出的耐高温及抗燃性或者化学稳定性等优异性能的一类特种化学纤维[4]。高性能纤维与普通纤维相比，其对外界的物理和化学作用具有特殊的耐受能力，某一项或几项性能指标显著高于普通纤维，其高性能的特点主要体现在比普通纤维具备更高的拉伸强度和模量，更好的热稳定性、耐强腐蚀性、耐候性及电绝缘性等，属于特殊用途的纤维。

高性能纤维是新材料领域研究开发的重要方向之一，是通过分子设计、工程控制不断向材料极限挑战的一种努力，这些性能的获得和应用往往与高新技术或尖端科学领域相关，是材料学、材料加工工程、材料物理与化学、化学反应工程、化工设备设计与制造等多学科交叉融合的结果。虽然其生产量很小，远不能与常规纤维品种相比，但在国民经济中占有重要的地位，是其他材料所难以取代的，不仅是发展航空航天和国防工业所迫切需要的关键性战略物资，而且在船舶、电子信息、医疗、环境保护、能源、桥梁建筑、交通运输、体育娱乐等领域具有广阔的应用前景[5]。可以认为，高性能纤维是发展高新技术产业的先导和支柱材料之一。

1.2 高性能纤维的分类和应用领域

1.2.1 高性能纤维的分类

1.2.1.1 按性能分类

按性能特点，高性能纤维主要可划分为高强度高模量纤维、耐高温纤维、抗燃纤维、耐强腐蚀纤维。其中有些高性能纤维只是某种性能突出，而有些高性能纤维却是两种或两种以上性能突出，所以这种分类方式会有所交叉。例如，超高分子量聚乙烯纤维主要是高强度高模量性能突出；聚苯撑苯并二噁唑纤维不仅属于高强度高模量纤维，而且其耐高温性能也非常优异；聚苯硫醚纤维、聚四氟乙烯纤维不仅属于耐高温纤维，而且其耐酸碱等强腐蚀性能也很突出；还有无机高性能纤维往往同时具有高强度高模量、高耐热性等突出性能。

1. 高强度高模量纤维

高强度高模量纤维一般指强度大于 2.5 GPa(17.7 cN/dtex)、模量高于 55 GPa(441.5 cN/dtex)的纤维。从化学结构上看，属均聚和共聚的芳杂环类及一些无机类纤维，包括对位芳酰胺及其共聚纤维、聚芳酯、聚醚酰亚胺、聚苯并双噁唑和噻唑、超高分子量聚乙烯、聚乙烯醇、碳纤维、碳化硅、氮化硅、碳化硼、硼纤维、氧化铝纤维等[6]。

代表性品种包括聚对苯二甲酰对苯二胺纤维(对位芳纶或芳纶 1414，PPTA)、超高分子量聚乙烯纤维(UHMWPE)、聚苯撑苯并二噁唑纤维(PBO)、聚芳酯纤维(PAR)、聚(2,5-二羟基-1,4-亚苯基吡啶并二咪唑)纤维(PIPD，M5)、碳纤维(CF)等。主要品种的性能指标对比见表 1-2。

表 1-2 高强度高模量纤维主要品种的性能指标对比[7-12]

纤维名称	生产厂商及产品规格	拉伸强度/GPa	拉伸模量/GPa	断裂伸长率/%	密度/(g·cm^{-3})
PPTA	美国杜邦 Kevlar 29	2.9	70	3.6	1.44
	美国杜邦 Kevlar 49	3.0	112	2.4	1.44
	日本帝人 Twaron	2.4～3.6	60～120	2.2～4.4	1.44～1.45
	日本帝人 Technora	3.4	74	4.5	1.39
	河北硅谷 Teweilun A	2.9	70	3.6	1.44
	河北硅谷 Teweilun H	4.0～5.0	140～145	2.5～3.0	1.43
	泰和新材 Taparan	2.8～3.4	80～120	2.5～4.0	1.44
UHMWPE	荷兰帝斯曼 Dyneema	2.8～4.0	80～140	3.0～5.0	0.97
	美国霍尼韦尔 Spectra 1000	2.91～3.68	97～135	2.9～3.5	0.97
	宁波大成 DC-88	3.5～3.7	116～124	2.8～3.2	0.97
	山东爱地 Dynaforce1600-34	3.3	130	2.5	0.97
	上海斯瑞 GQXWCS-001W	3.7	111.6	2.7	0.97
PBO	日本东洋纺 Zylon HM	5.8	270	2.5	1.56
	日本东洋纺 Zylon AS	5.8	180	3.5	1.54
PAR	日本可乐丽 Vectran HT	3.2	75	3.8	1.41
	日本可乐丽 Vectran HM	2.8	104	2.7	1.41
CF	日本东丽 Toraycat T300	3.53	230	1.5	1.76
	日本东丽 Toraycat T1000G	6.37	294	2.2	1.80
	日本东丽 Toraycat M55J	4.02	540	0.8	1.91
	台湾台塑 TC-42S	5.17	290	1.8	1.81
	中复神鹰 SYT55s	5.9	295	2.0	1.79
	威海拓展 QZ5526	5.5	300	1.8	1.8
	江苏恒神 HF40S	5.88	284～304	1.7～2.1	1.81

2. 耐高温纤维

耐高温纤维一般是指在 200 ℃以上可以长期使用并保持主要的物理机械性能的一类纤维[13]，即在此高温下能维持常温时所具备的物理力学性能或经较长使用时间仍具有最低限度的物理力学性能。这类纤维具有以下特征：高温下尺寸大小无变化，软化点及熔点高，阻燃或不燃，热分解温度高，长期暴露在高温下也能保持一般特性，具备纤维制品所必需的柔软性、弹性和可加工性。多为芳杂环类纤维，如间位芳酰胺、聚芳砜酰胺、聚噁唑、噻唑和咪唑类、聚芳砜、聚芳酰亚胺等。

代表性品种包括聚间苯二甲酰间苯二胺纤维（间位芳纶或芳纶 1313，PMIA）、聚酰胺酰亚胺纤维（PAI）、聚酰亚胺纤维（PI）、聚四氟乙烯纤维（PTFE）、聚苯硫醚纤维（PPS）、聚芳噁二唑纤维（POD）、聚苯并咪唑纤维（PBI）、聚对苯撑苯并二噁唑纤维（PBO）、聚对苯撑苯并双噻唑纤维（PBT）、聚砜基酰胺纤维（芳砜纶，PSA）、聚醚醚酮纤维（PEEK）、高硅氧纤维、氧化铝纤维、碳化硅纤维和陶瓷纤维等。主要品种的性能指标对比见表 1-3。

表 1-3 耐高温及抗燃纤维主要品种的性能指标对比[12-19]

纤维名称	生产厂商及产品商标	极限氧指数/%	长期使用温度/℃	热分解温度/℃
PMIA	美国杜邦 Nomex	28	200～260	400～430
	日本帝人 Teijinconex	29～32	200	400
	泰和新材 泰美达	28	204	400
	超美斯 X-FIPER	28±2	204	400
PAI	法国 Kermel Kermel	32	200～240	450
PI	德国赢创 P84	38	260	570
	长春高琦 轶纶	38	280	570
	江苏奥神 Suplon	38	260	560～590
PPS	日本东洋纺 Procon	40	190	480
	日本东丽 Torcon	34	190	480
PTFE	日本东丽 Toyoflon、Teflon 奥地利兰精 Profilen、上海金由氟	95	190～260	400～425
PSA	上海特安纶 Tanlon	33	250	422
POD	俄罗斯 Oxalon 江苏宝德 Podrun	21～23 ≥30	250～300 250	490～530 ≥500
PBO	日本东洋纺 Zylon	68	350	650
PBI	美国塞拉尼斯 Celanese	41	250～310	600
PF	日本群荣 Kynol	36	150～160	350
MF	德国巴斯夫 Basofil	32	200	370
PANOF	美国卓尔泰克 Pyron、德国西格里 Panox	55～58	300	640
BF	俄罗斯 KamenyVek 浙江石金 GBF	43	380～650	熔点 1350～1500

3. 抗燃纤维

抗燃纤维是指纤维分子结构本身具有抗燃性的一类纤维，即在火焰中难以燃烧，仅发生赤热和炭化。其化学结构具有稠环、三维交联、金属螯合或在火焰中能形成难燃的表面碳化层或分解出不可燃的保护性气体，而且释放出的烟雾和有害气体极少，极限氧指数(LOI)大于32。主要为梯形结构、分子高度交联、金属螯合或芳杂环类纤维[14]。

代表性品种包括酚醛纤维(PF)、三聚氰酰胺纤维(蜜胺，MF)、聚丙烯腈预氧化纤维(PANOF)、连续玄武岩纤维(BF)等。主要品种的性能指标对比见表 1-3。

4. 耐强腐蚀纤维

耐强腐蚀纤维是指在≤200 ℃下，耐各种介质腐蚀溶解的一类纤维，主要为含氟纤维。代表性品种包括聚四氟乙烯纤维(PTFE)、聚苯硫醚纤维(PPS)、四氟乙烯-六氟丙烯共聚纤维、聚偏氯乙烯纤维、乙烯-三氟氯乙烯共聚纤维等。

1.2.1.2 按化学组成分类

按化学组成，高性能纤维可分为有机高性能纤维和无机高性能纤维两大类[20—23]。

1. 有机高性能纤维

有机高性能纤维指由有机聚合物制成的高性能纤维或利用天然聚合物经化学处理而制成的高性能纤维，按分子链的刚柔性可分为刚性链聚合物纤维和柔性链聚合物纤维。刚性链聚合物的分子链为刚性链，由于其具有芳香主链、刚性分子链节，且高度有序，柔软度较差，如果分子间作用力很强，容易形成液晶单元，可采用液晶纺丝加工制备高性能纤维，主要包括芳香族聚酰胺纤维、芳香族聚酯纤维、芳杂环聚合物纤维、聚四氟乙烯纤维等大多数高性能纤维；而柔性链聚合物的分子链为柔性链，不包含芳香环，柔性度较好，由于分子间作用力小，容易择优取向，如果制备高强度高模量纤维，则需要高分子质量以及分子链充分地伸直取向，通常采用冻胶纺丝和超倍拉伸方法加工，主要包括超高分子量聚乙烯纤维、超高分子量聚乙烯醇纤维等。

2. 无机高性能纤维

无机高性能纤维以矿物质、金属或有机聚合物前驱体为原料制成。具有不同的分子构象或结构，如无定形纤维、多晶纤维和单晶纤维等。主要品种有碳纤维、玄武岩纤维、玻璃纤维、氧化铝纤维、氧化锆纤维、硼纤维、碳化硅纤维、硅硼氮纤维、金属纤维等。

1.2.2 高性能纤维的应用领域

高性能纤维生产技术及其装备水平是体现国家综合实力与技术创新的标志之一，其在国内外已作为发展高新技术、占领尖端科技的重要战略物资，并被广泛应用于航空、航天、国防、军工、能源、交通、运动、环保等产业领域。

1.2.2.1 高性能纤维是发展航空航天与尖端武器装备的重要战略物资[24—26]

高性能纤维材料是从航天航空、国防军工等尖端领域开始应用并发展起来的，反过来其制备和应用技术的不断提高又促进了航空航天及国防工业的发展，成为国防军工高科技领域不可或缺的战略物资。高性能纤维以及用这些纤维制成的二维、三维织物是先进复合材料的关键增强材料，既可作为结构材料用于飞机、导弹、火箭、卫星、坦克、装甲、军舰潜艇等的主承力与次承力构件，也可用作导弹、飞机、军舰、坦克、装甲、个人防护器件等的防热烧蚀、隐身、导电导热等功能复合材料。

现代尖端武器装备发展趋向于隐身化、低能耗、高机动性、大载荷等，对高性能纤维及复合材料性能要求也越来越高。芳纶、碳纤维、超高分子量聚乙烯纤维、PBO纤维和聚酰亚胺类纤维等的应用包括隐形飞机、轰炸机、侦察机、制动盘、降落伞、武装直升机、导弹的固体发动机壳体、航母等各类舰船特别是水陆两栖装甲船，以及深海水雷和鱼雷、海底声呐、坦克、装甲车、火箭发射筒、军车等，而头盔、防弹服、防切割手套、防刺服、特种军服、飞行服和坦克兵服等个体防护装备则需要采用抗燃、耐高温、防辐射、防生物武器和防毒气的高性能纤维。

其中，碳纤维复合材料不仅成为实现高隐身性能不可或缺的基础性材料，更成为衡量武器装备系统先进性能的重要标志。例如，X-47B、全球鹰、全球观察者、西风等飞行器由于应用碳纤维复合材料比例更高，使得其有效载荷、续航能力和生存能力均实现了新突破。

再如，每发战略导弹需用碳纤维约 250 kg，每台导弹发射装置需用碳纤维 500～1000 kg；战略导弹固体火箭发动机减重 1 kg，射程可增 16 km；弹头重量减少 1 kg，可增射程 20 km。"宙斯盾"防御体系中，每艘 DDG"伯克"级驱逐舰就使用了约 70 t 对位芳纶为发动机壳、战斗指挥所提供弹道防护。

高性能纤维在航空航天领域(如高超声速飞行器、国际空间站、先进卫星等装备系统中)被大量应用。例如，运载火箭的壳体、火箭发动机的壳体、燃烧室、喷管、卫星天线、支架、航天服、为登月舱和宇航员返回地面提供的坚牢轻质降落伞、太空运载工具中的热屏蔽护罩等都大量使用高性能纤维增强复合材料。在民用飞机轻量化方面，高性能纤维及其复合材料更是起到了举足轻重的作用。例如，世界最大飞机 A380 的 25%质量部件由复合材料制造，其中 22%为碳纤维增强复合材料，3%为首次用于民用飞机的铝合金和玻璃纤维超混杂复合材料的层状结构，这些部件包括飞机的一次和二次结构材料，如减速板、垂直和水平稳定器、方向舵、升降舵、副翼、襟翼扰流板、起落架舱门、整流罩、垂尾翼盒、方向舵、升降舵、上层客舱地板梁、后密封隔框、后压力舱、后机身、水平尾翼和副翼等。芳纶复合材料已成功用于波音 B757、B767 飞机的壳体、起落架舱门、货舱、内部装饰件及座椅等。而我国自主研制的国产大型客机 C919 的机舱首次启用国内开发的芳砜纶纤维制作椅罩、门帘，就使得飞机减重 30 kg 以上。

1.2.2.2　高性能纤维是支撑国民经济众多产业领域发展的重要基础材料[27～32]

高性能纤维及其复合材料也是汽车工业(轻量化)、新能源(风能发电)、海洋产业、环境保护、土工建筑、机械制造、电工设备、化工设备、运输机械、农业装备、电子器材、体育运动器材、精密仪器、医疗器械等国民经济众多产业领域需求迅速增长的重要支撑新材料。

轻量化研究是现代材料设计制造的一大主流，随着节能减排和低碳经济的迫切需求，轻量化材料在各领域的应用将会更为广泛，而高性能纤维增强复合材料具有质轻、高强度和高模量、易加工成形、耐高温、耐腐蚀等特性，因此，不仅能满足高性能和轻量化要求，对节能减排也有重要贡献。汽车部件轻量化是汽车产业发展的一大趋势，高性能纤维则在其中扮演着至关重要的角色。汽车的结构材料部分改用碳纤维复合材料，可省油、少排放、抗冲击、提车速。碳纤维、超高分子量聚乙烯纤维复合材料部件、对位芳香族聚酰胺纤维子午胎、胶带、胶管、制动片(含碳纤维制品)等已在汽车上得到全方位应用。例如，日本东丽与丰田汽车公司共同开发出了只需加热 1 min 即可成形的碳纤维树脂薄板，主要用在丰田汽车公司推出的燃料电池车"未来(MIRAI)"的底板部件。

在能源工业领域，高性能纤维及其复合材料在地热能源、水能、海洋能、核能、太阳能、原子能等领域的开发、存储及利用方面有关键的应用。碳纤维增强复合材料可用于制备风力发电叶片、输电杆塔及电网设备等；碳纤维是功率在 5 MW 以上的风力发电机叶片的结构材料，每个叶片需用超过 500 kg 碳纤维。耐高温纤维通过加工成纱线、机织布、针织布、非织造布、绝缘纸以及复合材料等，可广泛用于防护制品、高温过滤材料、电绝缘材料、摩擦密封材料、各种工业织物等耐高温领域，已在工业领域中发挥越来越重要的作用。例如，聚苯硫醚纤维、聚酰亚胺纤维、聚四氟乙烯纤维等对高温烟道气、工业尘埃有很好的过滤收集作用，因此，在金属冶炼、水泥石灰生产、炼焦、发电和化工等行业中广泛用于制作高温过滤除尘袋，有利于减少排放、改善环境。

1.3 高性能纤维简要发展历程

1.3.1 国外高性能纤维发展历程与现状[33~38]

美国一直是全球高性能纤维的开发先锋，并将其作为重要的技术支撑，特别是在 20 世纪 50～80 年代，以杜邦公司为首的美国企业研制过上百种特种纤维，并探索出有效促进其产业化的道路。50 年代重点发展含氟纤维，如聚四氟乙烯纤维在 1953 年由杜邦公司开发，1957 年实现工业化生产。美国 Wright-Patterson 空军基地开始研制黏胶基碳纤维；1959 年美国 UCC 公司生产低模量黏胶基碳纤维 Thornel-25。随后，杜邦公司最早研制成功芳纶 1313，并于 1967 年实现了工业化生产，商品名为 Nomex，开创了耐高温纤维的新纪元。1971 年，杜邦公司采用干喷湿纺的液晶纺丝新技术试制成功聚对苯二甲酰对苯二胺纤维(即芳纶 1414)，芳纶 1414 具有高强度高模量性能，商品名为 Kevlar，并于 1981 年开始规模化生产。美国先后研发了聚芳噁二唑纤维、聚苯硫醚纤维、酚醛纤维、聚芳酯纤维、聚苯撑苯并二噁唑纤、聚苯并双噻唑纤维、四氟乙烯-六氟丙烯纤维以及一系列无机纤维和大丝束碳纤维等，从而奠定了美国在世界高性能纤维领域的领导地位。由于在航空航天、先进武器、防卫防护等方面相关的高性能纤维需求与规模大，目前美国的战略重点在于高性能复合材料方面，其在高性能纤维的技术加工能力、制品应用开发能力及产业链方面仍处于世界领先水平。

20 世纪 60 年代日本科学家相继发明了聚丙烯腈基碳纤维和沥青基碳纤维，所以日本在碳纤维产业方面无论是技术还是产量均处于世界领先水平。进入 20 世纪 90 年代后，日本通过与美国、欧洲企业合作开发，以及兼并收购国外优势品种等方式，全力扶持发展高性能纤维产业，使其很快提升到世界先进水平。例如，群荣化学公司兼并了美国开发的酚醛纤维，成为唯一生产商；可乐丽公司将美国塞拉尼斯开发的聚芳酯纤维实现产业化；东洋纺公司投产了 PBO 纤维 Zylon；帝人公司于 2000 年收购了荷兰阿克苏·诺贝尔公司的芳纶 1414 纤维 Twaron事业部；东丽公司则先后兼并了杜邦的聚四氟乙烯纤维事业部和菲利浦公司的聚苯硫醚纤维事业部而形成绝对优势的产品。作为产品系列化、精细化发展的代表，日本已经成为世界高性能纤维的头号生产国。由于日本企业在高性能纤维产业化技术方面拥有丰富的实例，因此许多欧美公司将其研发的新纤维品种转移到日本来实现产业化。目前，日本不仅拥有最多的高性能纤维产品，而且拥有一批如聚芳酯纤维、含钛的碳化硅纤维、杂环类纤维等世界上独有的品种。

欧洲在高性能纤维的研发与产业化方面也具有独特的发展优势，并且保留了一批独有的产品。俄罗斯是高技术纤维的发源地之一，最早研发了高强度高模量纤维类的杂环芳纶

SVM、Armos以及连续玄武岩纤维等，并实现了工业化生产，处于领先水平。20世纪80年代，荷兰帝斯曼(DSM)公司开发了低成本、高浓度的超高分子量聚乙烯纤维干法凝胶纺丝新工艺，最早实现了纤维的商业化，打开了柔性链高聚物制备高强高模纤维领域的大门，目前在超高分子量聚乙烯纤维的产品性能与产量方面仍处于领导地位。聚酰胺-酰亚胺纤维于20世纪60年代由法国Rhône Poulenc公司研究开发，1992年该公司和Amoco织物与纤维公司共同成立Kermel公司，将该纤维正式定名为Kermel；Kermel公司是欧洲耐高温及阻燃纤维市场上的领先企业，生产的面料广泛应用于消防、军队、警察等职业防护服。20世纪80年代，奥地利Lenzing AG公司推出了耐高温的聚酰亚胺纤维P84，现为德国赢创集团(EVONIK)下属的Inspec Fibres GmbH公司所有。德国巴斯夫(BASF)公司于20世纪90年代采用离心纺丝或干法纺丝、热空气干燥固化的工艺成功开发了三聚氰胺纤维，在德国西部建成世界上第一家示范工厂，商品名为Basofil纤维。德国西格里集团(SGL)则在大丝束PAN基碳纤维方面占有一席之地。

表1-4所示为国外高性能纤维主要品种的发展历程。

表1-4 国外高性能纤维主要品种的发展历程

时间	中文品名	商品名	生产商
20世纪50年代	聚四氟乙烯纤维	Teflon	美国杜邦
	黏胶基碳纤维	Thornel	美国UCC公司
20世纪60年代	芳纶1313	Nomex	美国杜邦
	聚芳噁二唑纤维	PDZ	美国
	聚丙烯腈基碳纤维	—	日本炭素
		Grafil	英国Courtaulds
	沥青基碳纤维	—	日本吴羽化学
20世纪70年代	聚丙烯腈预氧化纤维	Panox	RK
	聚丙烯腈基碳纤维	Torayca	日本东丽
		—	美国Hercules
		Tenax	日本东邦
	芳纶1313	Conex	日本帝人
		Fenilon	俄罗斯
	苯酚-甲醛纤维	Kgnol	美国卡勃兰顿姆
	聚苯硫醚纤维	Ryton	美国菲利普斯
	芳纶1414	Kevlar	美国杜邦
		SVM	苏联
		Terlon	苏联
	杂环共聚芳纶Ⅲ	Armos	苏联
	聚四氟乙烯纤维	Profilen®	奥地利Lenzing

续表

时　间	中文品名	商品名	生产商
20 世纪 80 年代	聚醚醚酮纤维	Victrex	英国 ICI
	超高分子量聚乙烯纤维	Dyneema	荷兰帝斯曼
		Spectra	美国联合信号
	聚丙烯酸酯纤维	Inidex	英国考脱尔
	酚醛纤维	Kynol	日本
	聚丙烯腈预氧化纤维	Pyromex	日本东邦贝斯伦
	聚苯硫醚纤维	Procon	日本东洋纺
	陶瓷纤维	Altex	日本住友化学
	聚苯并咪唑纤维	—	美国塞拉尼斯
	聚酰亚胺纤维	P84	奥地利 Lenzing AG
	芳纶 1313	Apyeil	日本尤尼吉卡
	芳纶 1414	Twaron	荷兰阿克苏诺贝尔
		Technora	日本帝人
	连续玄武岩纤维	—	苏联(乌克兰)
20 世纪 90 年代	聚酰胺酰亚胺纤维	Kermel	法国罗纳普朗克
		Togilen	俄罗斯
	蜜胺纤维	Basofil	德国巴斯夫
	芳香族聚酰亚胺纤维	Arimide	俄罗斯
	聚醚醚酮纤维	Zyex	英国 Zyex
	聚芳酯纤维	Vectran	日本可乐丽
	聚对苯撑苯并双噁唑纤维	Zylon	日本东洋纺
	聚(2,5-二羟基-1,4-亚苯基吡啶并二咪唑)纤维	M5	荷兰阿克苏诺贝尔

1.3.2　我国高性能纤维发展历程与现状[39~43]

我国高性能纤维的基础研究工作起步于 20 世纪 60 年代,对大多数国外已有的品种都做过不同程度的研究。例如,上海合成纤维研究所 1969 年就完成了聚四氟乙烯纤维的小试研究工作,还采用干法纺丝工艺小批量生产聚酰亚胺纤维,70 年代相继对芳纶 1313、芳纶 1414、碳纤维、氮化硼纤维、聚苯并咪唑纤维等进行研究开发;吉林应用化学研究所 60 年代初着手研究 PAN 基碳纤维,到 70 年代初已完成连续化中试装置。到 20 世纪 80 年代,在国家财政的投入下又开始研究开发,包括超高分子量聚乙烯纤维、芳纶 1414、PAN 基碳纤维等的小试和中试生产,如芳纶 1414 在"六五"计划期间主要进行工业化小试,"七五"计划期间进行中试,但由于产、学、研有一定程度的脱节,产业化进展较为缓慢。

"十五"计划期间,黏胶基碳纤维、超高分子量聚乙烯纤维、芳纶 1313、芳砜纶、聚苯硫醚纤维等高技术纤维的产业化取得了初步成果。中国纺织大学(现东华大学)形成了双螺杆纺丝、连续萃取、多级多段拉伸的全套超高分子量聚乙烯纤维的产业化工艺，从1994年开始，先后在中纺投资公司、湖南升鑫高新材料股份有限公司、宁波大成化纤集团等三家企业实现了200～300 t/a的规模化生产，这一项目的成功使我国成为继美国、荷兰、日本之后，世界上第四个能够生产超高分子量聚乙烯纤维的国家，而烟台氨纶则建成了产能为500 t/a的间位芳纶一期工程生产线。2002年上海纺织控股(集团)公司整合优势力量，结合产学研联合攻关，完成千吨级的我国具有自主知识产权的耐高温纤维芳砜纶产业化工程关键技术的开发。四川得阳公司在中国纺织科学研究院研究成果基础上，成功完成了聚苯硫醚纤维纺丝关键设备与成套技术的开发。这一阶段，我国高性能纤维的工业化生产规模较小，而且在核心技术的掌握、产业化规模以及产品应用开发上落后于发达国家。

2006年以来，国家高度重视高性能纤维发展，政府的推动力度明显加大，行业协会的管理协调显著加强，一批国家级骨干企业和民营高新技术企业积极参与，真正成为技术创新的主体，使得我国高性能纤维技术水平和产业化发展取得了重大进步，PAN基碳纤维、芳纶、超高分子量聚乙烯纤维、聚苯硫醚纤维、玄武岩纤维、聚酰亚胺纤维、聚四氟乙烯纤维等品种的自主化技术及产业化生产取得一定突破，相关的工艺技术、配套装备、产品应用、标准法规等也取得较好进展。我国高性能纤维年增长率达到30%以上，超过常规化纤增长率约10倍，高性能纤维产业实现了初具规模、初上水平。

“十二五”期间，我国高性能纤维生产全面开花，其研发和产业化取得突破性进展。聚丙烯腈基碳纤维突破了干喷湿法原丝纺丝关键技术，实现了产业化、规模化生产，碳纤维产品已覆盖高强、高强中模、高强高模等多个系列，T700级碳纤维实现稳定生产，已具备较强市场竞争力，中复神鹰碳纤维有限公司的国内首条千吨级T800原丝生产线成功投产，所有的核心设备和技术都是自主研发，性能基本与国外同类产品一致。间位芳纶产业化规模继续扩大并批量供应市场，产品品质接近国际先进水平，品种结构包括长丝、短纤维和芳纶纸三大类；对位芳纶则已实现高强型、高模型产品国产化，建成了千吨级液晶纺通用级、高模量级对位芳纶生产线。超高分子量聚乙烯纤维已形成干法和湿法两种生产工艺，产品质量达到荷兰DSM公司SK75水平，产业化规模不断扩大，国内市场占有率已达90%以上，出口数量和品种也进一步增加，应用领域逐步拓展。突破了聚苯硫醚纤维级树脂合成与纯化成套技术，开发了纳米复合改性聚苯硫醚纤维，提高了产品的氧化诱导温度，并逐渐向细旦化发展。分别实现了千吨级湿法和干法纺聚酰亚胺纤维、膜裂法聚四氟乙烯纤维、百吨级聚醚醚酮纤维产业化生产规模，还有聚芳酯纤维、聚对苯撑苯并双噁唑纤维等品种正在产业化攻关阶段。同时，我国高性能纤维产业基本上完成了区域布局，碳纤维及其复合材料以江苏、山东、吉林为主要的产业集聚地，芳纶以山东和江苏为主，聚苯硫醚纤维主要分布在四川和江苏两地，超高分子量聚乙烯纤维以江苏、浙江和湖南为重点，聚酰亚胺纤维集中在吉林和江苏，连续玄武岩纤维以浙江和四川为主。

我国的高性能纤维产业用不到十年时间缩短了与发达国家30年的差距，目前已成为全球范围内高性能纤维生产品种覆盖面最广的国家，品种齐步发展，产品几乎覆盖所有品种，生产能力仅次于欧美日，部分品种质量达到国际中等以上水平。打破了国外的垄断和封锁，大幅度降低了成本，为下游用户创造了难得的战略性发展机遇，不仅能初步满足航空、航天等领域的急需，而且有效地推动了能源环保、体育休闲、交通运输等国民经济重大产业的创新和发展，创造了良好的产业链经济效益。

但相对高速发展的国民经济与国防建设，我国高性能纤维及其复合材料理论研究和产业化基础相对薄弱；碳纤维、芳纶及其复合材料高效制备与广泛应用等领域中的一系列关键科学技术问题还没有完全突破；成本高、质量波动大、品种差别化水平较低、应用技术开发滞后；行业自主创新能力不强。和世界先进水平相比，我国的高性能纤维无论在产品质量、品种，还是在生产规模等方面和世界先进国家相比还有着相当大的差距，综合实力排在欧美日之后。未来 5～10 年，依旧是高性能纤维发展的上升期，具有广阔的空间。

表 1-5 所示为我国高性能纤维产业化品种及主要生产厂家。

表 1-5 我国高性能纤维产业化品种及主要生产厂家

类 别	生 产 厂 家	产 品 品 牌	生 产 情 况
PAN 基碳纤维	中复神鹰碳纤维有限责任公司	SY	碳纤维原丝产能 13 000 t/a，碳纤维产能 5000 t/a，千吨级 T700/T800 生产线
	江苏恒神股份有限公司	恒神	碳纤维原丝产能 7500 t/a，碳纤维产能 5000 t/a
	威海拓展纤维有限公司	拓展	碳纤维原丝产能 5500 t/a，碳纤维产能 3100 t/a
	中安信科技有限公司	ZAX	碳纤维原丝产能 5000 t/a、碳纤维（单线）产能 1700 t/a，规划原丝产能 15000 t/a、碳纤维产能 5100 t/a
	吉林碳谷碳纤维股份有限公司	白山	碳纤维原丝产能 5000 t/a
	江苏航科复合材料科技有限公司	航科	在建千吨级 T800 生产线
	中简科技股份有限公司	—	碳纤维产能 300 t/a，规划 1000 t/a，碳纤维原丝产能 1600 t/a
	沈阳中恒新材料有限公司	—	碳纤维原丝产能 1500 t/a，碳纤维产能 500 t/a，
	吉林方大江城碳纤维有限公司	江碳	碳纤维产能 550 t/a，新建产能 1500 t/a
超高分子量聚乙烯纤维	山东爱地高分子材料有限公司	特力夫	产能 5000 t/a，亚洲第一，帝斯曼（DSM）合资公司
	宁波大成新材料股份有限公司	DC	产能 2000 t/a
	湖南中泰特种装备有限责任公司	中泰	产能 1500 t/a
	上海斯瑞科技有限公司	斯瑞帕	产能 3000 t/a
	北京同益中特种纤维技术开发有限公司	孚泰	产能 600 t/a
	江苏锵尼玛新材料有限公司	Jonnyma	产能 1000 t/a
	中国石化仪征化纤股份有限公司	力纶	干法纺丝，2300 t/a
	剑乔科技江苏有限公司	—	规划产能 3200 t/a

续表

类别	生产厂家	产品品牌	生产情况
芳纶 1414	烟台泰和新材料股份有限公司	泰普龙	产能 1000 t/a
	苏州兆达特纤科技有限公司	—	产能 1000 t/a
	河北硅谷化工有限公司	特威纶	产能 1000 t/a PPTA 树脂、通用级、高模量芳纶 1414
	中蓝晨光化工研究院有限公司	—	产能 1000 t/a
芳纶 1313	烟台泰和新材料股份有限公司	泰美达	产能 7600 t/a
	广东彩艳股份有限公司	彩艳	产能 1500 t/a
	超美斯新材料股份有限公司	超美斯	产能 4500 t/a，以及芳纶绝缘纸
聚苯硫醚纤维	四川得阳科技股份公司	—	产能 4000 t/a 短纤维，6000 t/a 纤维级树脂
	江苏瑞泰科技有限公司	—	产能 2500 t/a 短纤维
	苏州金泉新材料股份有限公司	金泉	产能 3500 t/a 短纤维
	四川安费尔高分子材料科技有限公司	UNFIRE	产能 5000 t/a 短纤维
	重庆普力晟新材料有限公司	—	规划建设产能 10000 t/a 短纤维
聚酰亚胺纤维	长春高琦聚酰亚胺材料有限公司	轶纶	产能 1000 t/a
	江苏奥神新材料股份有限公司	甲纶	干法纺，产能 2000 t/a
	江苏先诺新材料科技有限公司	SHINO	高强高模，产能 30 t/a，建设产能 100 t/a 生产线
聚四氟乙烯纤维	上海金由氟材料股份有限公司	JINYOU	长丝产能 1000 t/a，短切纤维产能 1000 t/a
	浙江格尔泰斯环保特材科技股份有限公司	KERTICE	长丝产能 800 t/a，短切纤维产能 1000 t/a
	上海灵氟隆新材料科技有限公司	LINFLON	长丝产能 300 t/a，短切纤维产能 600 t/a
聚芳噁二唑纤维	江苏宝德新材料有限公司	宝德纶	产能 1000 t/a
聚芳砜酰胺纤维（芳砜纶）	上海特安纶纤维有限公司	TANLON	产能 1000 t/a
聚醚醚酮纤维	常州创赢新材料科技有限公司	—	产能 100 t/a
聚芳酯纤维	浙江星伦凯新材料科技有限公司	—	规划建设产能 5000 t/a
聚对苯撑苯并双噁唑纤维	成都新晨新材科技有限公司	—	规划建设产能 380 t/a

1.4 高性能纤维发展前景展望

1.4.1 高性能纤维产业的发展趋势

高性能纤维是全球化纤工业的发展趋势。近十年间，全球化纤产量以年均3%的速度增长，而高性能纤维以接近30%的速度增长。同时，高性能纤维生产国已由原来仅限于欧美日少数发达国家扩展到包括中国、土耳其、韩国等在内的十多个国家和地区。但由于技术含量高，全球高性能纤维的生产仍高度集中在日本、美国、欧洲等少数企业手中，而且这些公司大都走完了高性能纤维的规模化发展阶段。由于全球市场需求保持较快增长，目前这些公司一方面积极投资以扩大其产品的市场占有率，同时，国外企业在主要产品已经较为成熟且完成系列化生产的前提下，将研发重点转向不断提高核心技术与产品质量和性能上，通过技术储备以进一步拉大与竞争对手的差距，保持其行业垄断地位。

目前，国际上先进的高性能纤维及复合材料正向着制造技术先进化、低成本化、材料高性能化、结构功能一体化和应用扩大化的方向发展。其发展趋势是：大力发展低成本高性能纤维及其复合材料，以适应低碳经济技术的迫切需求；不断研发满足特殊要求的高性能纤维新品种，如超高强度碳纤维、高模量碳纤维、低成本碳纤维、新型芳纶、超强聚乙烯纤维、高性能无机纤维及其复合材料以及蜘蛛纤维、碳纳米管和石墨烯纤维[44-46]等新一代尖端纤维；高性能纤维材料的应用领域进一步拓宽，如日本企业在继续保持碳纤维、芳纶等竞争优势的同时，也将民用高技术纤维作为发展方向，力争在航空航天高精技术纤维领域和应用广泛的民用高新技术纤维领域都要占有一席之地，以获得最为理想的市场份额和利润。

1.4.2 我国高性能纤维产业发展方向[47]

我国已初步建立起较为完整的国产高性能纤维制备技术研发、工程实践和产业体系，产品质量不断提高，产学研用格局初步形成，有效缓解了国民经济和国防建设对国产高性能纤维的迫切需求。但我国高性能纤维及其复合材料理论基础和产业化开发仍相对薄弱，一些关键科学技术问题尚未完全突破，行业自主创新能力不强，部分高性能纤维及其复合材料仍处于受制于人的局面。我国高性能纤维产业的发展方向主要在以下几个方面：

1.高性能纤维的关键科学技术问题研究

高性能纤维是高度复杂性产品，具有对基础研究依赖性强、生产工艺前后关联度高的特点，高性能纤维的性能源于其独特的微观结构，要在生产中确保其微观结构得以实现，就需要对其形成过程有非常清楚的认识，对影响其形成的外部条件有精准的控制[48]。因此，对相关共性基础科学问题的深入研究、统筹和有机关联是解决发展过程遇到的问题、建立具有自主知识产权的生产体系和实现工业化稳定生产的关键。核心技术掌握的背后是基础研究的长期积累，但目前国内企业缺乏对相关基础科学问题的正确理解与清晰认识。需要加强纳米技术[49]、信息技术、高分子科学等在内的先进科学与技术的融合及再创新研究，以进一步提升现有高性能纤维的性能，开发新型高性能纤维品种。

2. 高性能纤维的产业化关键技术与成套装备开发的系统集成

高性能纤维产业技术难度高、专业跨度大，是复杂的系统工程和高度的集成创新，具有对设备质量和控制精度要求高以及对生产管理要求严格等工程技术特性。需加强多学科、多专业的相互交融和前后衔接，加快高性能纤维及其复合材料高附加值、低成本关键工艺及装备工程化研究，包括有机高性能纤维级专用树脂的研发与产业化，新型溶剂、助剂、萃取剂等的开发，新型纺丝及后处理等连续化工程成套技术及设备开发等，提升高水平产业化的系统集成、项目管理和过程融合。

3. 高性能纤维性能、品质提升以及品种系列化、功能化研发

全球主要高性能纤维已经进入技术和工艺全面更新的阶段，生产效率不断提高，成本不断下降，新产品个性化明显，要完善和系列化生产各种型号规格的产品，重点拓展新品种和应用领域。一方面突破国外垄断高端产品的产业化，另一方面通过降低纤维制造成本，来提高产品的市场竞争力和扩大纤维的应用领域。加强高性能纤维产品多领域市场应用开发，携同下游复合材料企业大力发展协同设计、制造、服务，通过下游稳定应用支撑上游行业发展，拓展整体产业上下游产业链的宽度和深度。

4. 从原料到纤维的对应标准和评价体系

瞄准国际先进水平，立足自主技术，健全高性能纤维新材料标准体系、技术规范、检测方法和认证机制。加快制定产品全产业链标准，鼓励产学研用联合开发重要技术标准，积极参与国际标准制定，加快国外先进标准向国内标准的转化。

参考文献

[1] The International Bureau for the Standardization of Man-Made Fibers. Terminology of man-made fibres: 2009 Edition [OL]. http://www.bisfa.org/Portals/BISFA/Terminology/BISFA%20Terminology2009%20(final%20version).pdf, 2015-04-28.

[2] 沈新元. 化学纤维手册 [M]. 北京：中国纺织出版社，2008.

[3] HONGU T, PHILLIPS G O. New Fibers[M]. 2nd ed. Cambridge: Woodhead Publishing Ltd, 1997.

[4] Committee on High-Performance Structural Fibers for Advanced Polymer Matrix Composites National Research Council. High-Performance Structural Fibers for Advanced Polymer Matrix Composites [M]. Washington: The National Academies Press, 2005.

[5] 岳宝彩. 高棉价下化纤产业发展之路(二)高性能纤维发展前景广阔 [J]. 纺织服装周刊，2011，(9)：30.

[6] 师昌绪. 材料大辞典 [M]. 北京：化学工业出版社，1994.

[7] 孔令美，郑威，齐燕燕，等. 3 种高性能纤维材料的研究进展 [J]. 合成纤维，2013，42(5)：27-31.

[8] Kevlar 凯芙拉芳纶纤维产品手册(中文) [OL]. http://www.dupont.cn/content/dam/dupont/products-and-services/fabrics-fibers-and-nonwovens/fibers/documents/dupont_kevlar(r)_tech_book_

cn. pdf. 2015-04-28.

[9] 金俊弘，杨胜林，李光，等. 高性能 PBO 纤维的成型、性能改善及其应用研究 [J]. 高分子通报，2013，(10)：60-70.

[10] Twaron-a versatile high-performance fiber[OL]. http://www. teijinaramid. com/wp-content/uploads/2012/02/1090308_Twaron-productbrochurefinal_051. pdf，2015-04-28.

[11] 王非，刘丽超，薛平超. 高分子量聚乙烯纤维制备技术进展 [J]. 塑料，2014，43(5)：31-35.

[12] 赵东瑾. 超高分子量聚乙烯纤维与连续玄武岩纤维 [J]. 纺织科学研究，2017，(5)：70-76.

[13] HEARLE J W S. High-performance fibres [M]. Cambridge，Woodhead Publishing Ltd，2001.

[14] 罗益锋. 抗燃与阻燃纤维的现状和发展趋势与建议 [J]. 高科技纤维与应用，2014，39(4)：1-7.

[15] 王新威，胡祖明，刘兆峰. 芳香族耐高温纤维及主要品种性能 [J]. 材料导报，2007，21(5)：53-58.

[16] 汪晓峰，李晔. 耐高温纤维的发展及其在产业领域的应用 [J]. 合成纤维，2004，33(2)：1-3.

[17] 李文涛，施楣梧. 聚芳噁二唑纤维的性能及其在过滤材料中的应用 [J]. 产业用纺织品，2013，31(4)：31-37.

[18] 郭昌盛，杨建忠，赵永旗. 连续玄武岩纤维性能及应用 [J]. 高科技纤维与应用. 2014，39(6)：25-29.

[19] 陈英韬，张清华. 聚酰亚胺纤维的制备与应用研究进展 [J]. 高分子通报，2013，(10)：71-79.

[20] 王曙中，王庆瑞，刘兆峰. 高科技纤维概论 [M]. 上海：东华大学出版社，2014.

[21] AFSHARI M，SIKKEMA D J，LEE K，et al. High Performance Fibers Based on Rigid and Flexible Polymers [J]. Polymer Reviews，2008，48(2)：230-274.

[22] 毛云增，蔡正国，杨曙光，等. 超高分子质量聚乙烯纤维研究进展 [J]. 中国材料进展，2012，31(10)：37-42.

[23] BHAT G. Structure and Properties of High-Performance Fibers [M]. Cambridge：Woodhead Publishing Ltd，2016.

[24] 林德春，潘鼎，高健. 碳纤维复合材料在航空航天领域的应用 [J]. 玻璃钢，2007，(1)：18-28.

[25] 赖娘珍，王耀先. 芳纶纤维增强复合材料研究进展 [C]. 第十八届玻璃钢/复合材料学术年会论文集，北京：2010.

[26] 周宏. 碳纤维的十六个主要应用领域及近期技术进展(一) [J]. 产业用纺织品，2017，35(1)：1-6.

[27] 雷瑞，郑化安，付东升. 高性能纤维增强复合材料应用的研究进展 [J]. 合成纤维，2014，43(7)：37-40.

[28] 罗益锋. 先进材料在高端装备的应用进展 [J]. 高科技纤维与应用，2014，39(5)：1-8.

[29] 丰田 MIRAI 使用日本的东丽碳纤维[OL]. http://www. frponline. com/news/show. php? itemid＝26998,2015-04-28.

[30] 陈超峰，王凤德，彭涛，等. 高性能纤维及其复合材料与低碳经济 [J]. 合成纤维，2011，40(1)：8-11.

[31] 周宏. 碳纤维的十六个主要应用领域及近期技术进展(二) [J]. 产业用纺织品，2017，35(3)：1-6.

[32] 赵永冰. 聚苯硫醚纤维的发展和市场前景 [J]. 合成纤维，2016，45(8)：25-27.

[33] 肖长发. 高性能纤维发展概况 [J]. 纺织导报，2005，(9)：50-54.

[34] MAITY S，SINGHA K. Melamine fiber-Synthesis，features and applications [J]. Chemical Fibers International，2012，62(4)：183-186.

[35] KOZEY V V，JIANG H，Mehta V R，et al. Compressive behavior of materials：Part II High perform-

ance fibers [J]. Journal of Materials Research，1995，10(4)：1044-1061.

[36] GARCÍA J M，GARCÍA F C，SERNA F，et al. High-performance aromatic polyamides [J]. Progress in Polymer Science，2010，35(5)：623-686.

[37] 罗益锋. 特种合成纤维 [C]. 中国新材料产业发展报告，2005.

[38] 刘义鹤，江洪. 高性能纤维产业发展现状 [J]. 新材料产业，2016，(3)：5-9.

[39] 余荣华，柴爱宝. 上海市合成纤维研究所三十五年的历程 [J]. 合成纤维，1993，22(6)：12-15.

[40] 邹汉涛，孟家光. 高性能纤维的性能及其应用 [J]. 纺织科学研究，2001，(4)：23-31.

[41] 端小平，郑俊林，王玉萍等. 我国高性能纤维及其应用产业化现状和发展思路 [J]. 高科技纤维与应用，2012，37(1)：8-13.

[42] 杜壮. 高性能纤维:5 年缩短 30 年发展差距 [J]. 中国战略新兴产业，2014，(3)：88-90.

[43] 罗益锋，罗晰旻. 高性能纤维及其复合材料的新形势与创新思路 [J]. 高科技纤维与应用，2016，41(1)：1-9.

[44] CHENG H H，HU C G，ZHAO Y，et al. Graphene fiber：a new material platform for unique applications [J]. NPG Asia Materials，2014，6(7)：1-13.

[45] 麻伍军，陈少华，朱美芳. 基于碳基纤维的柔性超级电容器 [J]. 中国材料进展，2016，35(2)：118-126.

[46] SUN H，ZHANG Y，ZHAGN J，et al. Energy harvesting and storage in 1D devices [J]. Nature Reviews Materials，2017，2：17023.

[47] 姚穆. 高性能纤维产业发展的关键问题 [J]. 西安工程大学学报，2016，30(5)：553-554.

[48] 周宏. 促进高性能纤维产业自主创新发展的战略构想 [J]. 新材料产业，2008，(1)：25-30.

[49] LIU Y D，KUMAR S. Polymer/Carbon nanotube nano composite fibers-A review [J]. ACS Applied Materials & Interfaces，2014，6(9)：6069-6087.

第2章 碳 纤 维

碳纤维是一种由90%以上的碳元素组成的纤维，具有高比强度、高比模量、耐高温、耐腐蚀、抗疲劳等特性，作为复合材料的增强体，广泛应用于航空航天、国防军事、体育休闲等领域，是国民经济和国防建设不可或缺的一种材料。制备碳纤维的前驱体有很多，主要包括黏胶纤维(rayon)、沥青(pitch)纤维、聚丙烯腈(PAN)纤维和木质素(lignin)纤维，其中黏胶基碳纤维是最早问世的一种，主要作为耐火和隔热材料广泛应用于航空航天等领域，其产量不足世界碳纤维总产量的1%。沥青基碳纤维的含碳量高，包括通用级沥青基碳纤维和中间相沥青基碳纤维，通用级沥青基碳纤维的成本较低，但其强度不高，可重复性差，应用领域受到一定限制。中间相沥青基碳纤维的强度有所提高，但工艺复杂，产量较低。PAN基碳纤维综合性能最好，是目前生产规模最大、需求量最大、发展最快的一种碳纤维，其产量已达碳纤维总产量的90%以上。而木质素基碳纤维仍处于研发阶段，其具有原料来源广，价格低廉，含碳量高等优点。作为碳纤维的前驱体，木质素纤维成本约为PAN纤维的1/10，有望制成低成本碳纤维而广泛应用于汽车等领域。

2.1 碳纤维的结构与性能

2.1.1 PAN的结构与性能

PAN是丙烯腈和共聚单体通过自由基或负离子引发聚合形成的聚合物，分子结构如图2-1所示，其在很大程度上影响着碳纤维的性能。PAN中的氰基(—CN)具有较大的偶极距，同一大分子链上的氰基因极性相同而相互排斥，使大分子链成螺旋状扭曲；而不同PAN分子间又由于氰基的极性相反而相互吸引，使PAN分子成为局部发生歪扭与曲折但分子链相互牵制的集合体。连续排列的—C≡N结构使PAN大分子不具有熔点，其分解温度低于熔融温度，即在发生熔融之前已开始降解。PAN在快速热解过程中容易形成共轭结构的梯形高分子，使其具有能够承受高温并保持原有纤维状结构的能力，并可在1000 ℃以上热分解成为得率高达50%～55%的碳纤维。PAN中高极性氰基基团的存在使得PAN分子链内旋转困难，分子间排列紧密，溶解性和可纺性较差，同时不利于氧气分子进入其凝聚链；此外，PAN在预氧化过程中发生环化反应，其起峰温度高、放热集中，妨碍预氧化过程，不利于预氧

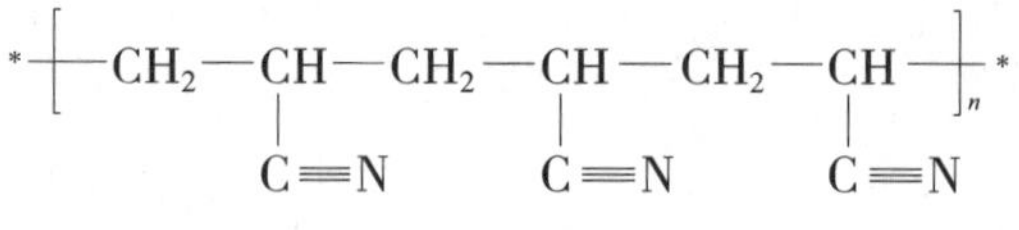

$$*\!-\!\left[\mathrm{CH_2}-\underset{\displaystyle\mathrm{C{\equiv}N}}{\mathrm{CH}}-\mathrm{CH_2}-\underset{\displaystyle\mathrm{C{\equiv}N}}{\mathrm{CH}}-\mathrm{CH_2}-\underset{\displaystyle\mathrm{C{\equiv}N}}{\mathrm{CH}}\right]_n\!-\!*$$

图2-1 PAN分子结构

化和进一步的碳化。因此需通过添加其他共聚组分来解决上述问题。共聚单体的选择需要满足以下条件:①与丙烯腈有相近的竞聚率;②聚合速率大,聚合后能形成稳定的纺丝原液;③所得PAN需具备较高分子量、较低分子量分布和较低共聚物含量,同时预氧化过程中环化放热峰宽化且起始位置偏于低温区;④纺丝原液可纺性好,所得碳纤维结构致密、缺陷少、碳收率高[1,2]。目前常用共聚单体包括丙烯酸[3]、丙烯酸甲酯[4]和衣康酸[5]等。

2.1.2 PAN纤维的结构与性能

PAN纤维的结晶结构与缺陷和碳纤维的性能密切相关。高的结晶度有利于碳纤维性能的提高,通常高性能PAN基碳纤维中其纤维的结晶度需达到45%以上[2]。此外,小的结晶尺寸有利于碳纤维强度的提高,而大的结晶尺寸则有利于其弹性模量的增加[6]。对PAN纤维晶体结构的认识目前主要分为两类:一部分研究者认为PAN为单相准晶结构,即PAN是无序的,但这种无序又比通常认为的非晶无序要规整[7];另一部分研究者则认为PAN纤维的晶体结构包含相对有序的“准晶区”和无序的非晶区,其中以Warner等的研究最具代表[8]。高度取向的PAN纤维由伸长的孔隙和原纤组成,原纤由沿纤维轴向长5~10 nm的有序区和3~7 nm的无序区组成,棒的直径约为0.6 nm,代表性结构模型如图2-2所示。其中,聚合物呈扭曲的螺旋形,但在同一棒内则趋向于相互排斥[9]。对于常规PAN纤维,其结晶度和凝固后的拉伸过程没有太大关系。一般通过预热拉伸使氰基获得足够的能量发生横向整列重排,并把氰基基团上的水化层释放出来得到网络结构趋于密实的PAN纤维,进而通过高倍拉伸得到高度有序的结构,提高纤维的断裂强度。但过度牵伸会将PAN分子链强行拉断,导致缺陷、裂纹和断丝等现象的出现,影响最终碳纤维的性能。

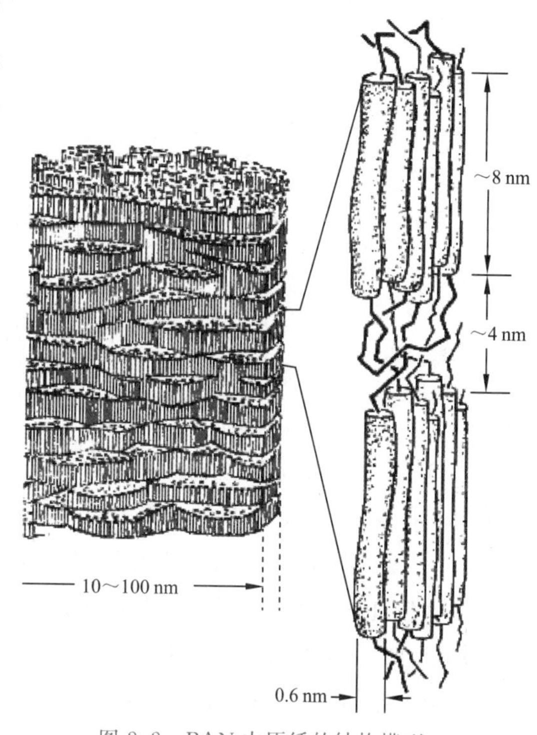

图2-2 PAN中原纤的结构模型

PAN纤维表面和内部的孔隙构成了其主要的结构缺陷,其形成受溶剂种类、凝固浴浓度、温度、牵伸等影响。PAN纤维经湿法纺丝后表面由于溶剂的扩散导致产生明显的沟槽,同时纤维表面和内部形成明显的皮芯结构,存在较多的孔隙,严重影响碳纤维强度和模量,有效去除PAN纤维的缺陷可显著提高碳纤维的力学性能。较湿法纺丝而言,干湿法纺丝中PAN纺丝液由于在空气层中经历了挤出胀大效应,经牵伸变细后进入凝固浴,因此,所得纤维表面较光滑,不存在沟槽等缺陷,有效降低了纤维表面的缺陷,纤维性能大幅提高[10]。

2.1.3 预氧化纤维的结构与性能

PAN 中大量氰基的存在使得其分子链间存在较强的相互作用力，导致 PAN 的熔点较高。随着碳纤维制备过程中热处理温度的提高，PAN 将在熔融前即发生氧化分解，因此，需在碳化过程前对其进行预氧化处理，使 PAN 的线性分子链转化为耐热的梯形结构，以便在高温碳化时不熔不燃。PAN 的预氧化过程反应较复杂，包括环化反应、氧化反应、脱氢反应及分解反应等[11]，其发生的化学反应如图 2-3 所示[12, 13]。

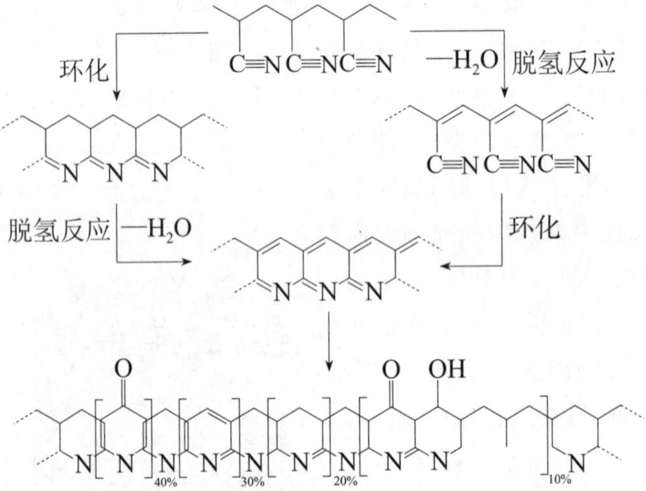

图 2-3 PAN 预氧化过程中可能发生的反应

PAN 纤维在预氧化过程中经脱氢、环化、氧化等环节生成结构较稳定的共轭环结构，提高了 PAN 基碳纤维的耐热性。在整个 PAN 基碳纤维的制备过程中，预氧化过程所消耗的时间最长，也最为关键，其结构转变在很大程度上决定了最终碳纤维的结构和性能。影响 PAN 纤维预氧化过程的因素有很多，其中主要包括预氧化过程中施加在纤维上的张力、热处理温度、预氧化时间、介质及预氧化反应场等。预氧化过程中纤维会产生化学收缩和物理收缩，通过在纤维上施加适当的张力，可减小收缩量，提高纤维的强度。同时为避免 PAN 纤维在预氧化过程中因释放大量热量而破坏其分子量，影响所得碳纤维的强度，通常需采用较低的加热速率。此外，改善预氧化的介质，增加紫外光辐照等反应场也可较好地提高碳纤维前驱体的质量[14]。

2.1.4 碳纤维的结构与性能

碳化一般是在高纯度的惰性气体保护下将预氧化的 PAN 纤维加热至 1000～1800 ℃以除去其中的 H、O、N 等非碳元素，生成含碳量约为 95％的碳纤维。在碳化过程中，PAN 预氧丝中直链分子和预氧化过程中所形成的共轭环结构进一步交联、环化和缩聚，使形成的环化和末端基分解，释放出 NH_3、CO、CO_2、H_2、N_2、HCN 和 H_2O 等[2]。在碳化阶段，所有非碳元素均以适当形式的副产物而去除，形成类石墨结构。碳化过程一般包括两段升温：第一阶段为 PAN 分子链的化学反应及挥发性产物的扩散，需在较低温度下进行，一般低于 600 ℃，并需严格控制升温速率，一般小于 5 ℃/min，避免纤维表面产生气孔或不规则的形态；第二阶段为 PAN 分子链间的交联以及 N_2、HCN 及 H_2 等气体的挥发，可在较快温度下进行。在该过程中，环化序列的碳原子进入相邻序列已挥发的氮原子留下的空间，促进了横向类石墨结构的生长，结构示意图如图 2-4 所示[15]。在高温碳化阶段，类石墨结构进一步生长，形成二维有序的层面网状石墨结构。这种纤维内部分子结构的交联化和网状化大大提高了纤维的强度和模量。

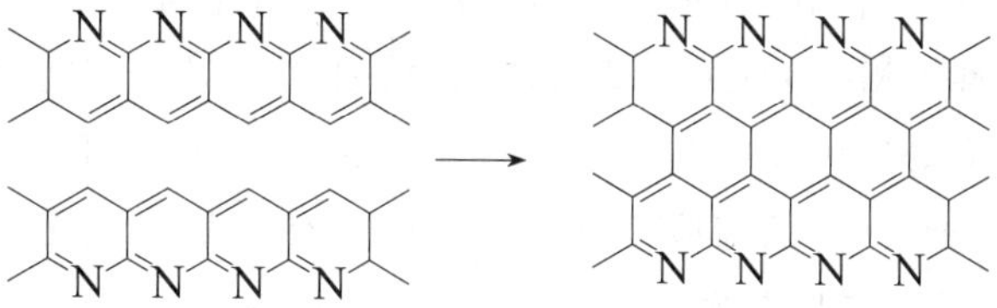

图 2-4　碳化过程中交联结构的形成

2.2　碳纤维的先进工艺技术

PAN 基碳纤维的制备过程复杂，关键步骤主要包括五步：聚合、纺丝、后处理、预氧化和碳化，具体工艺流程图如图 2-5 所示。

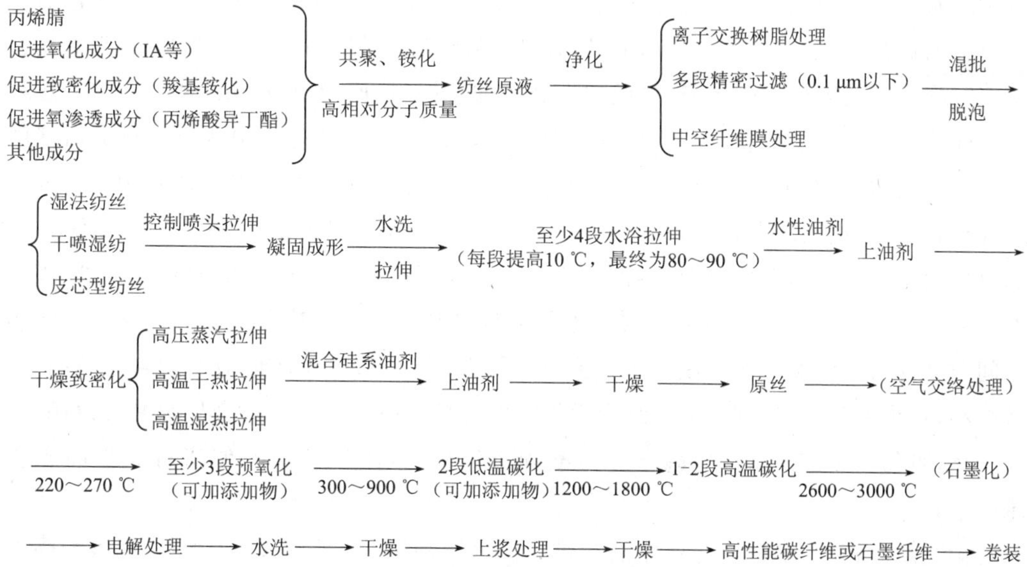

丙烯腈
促进氧化成分（IA等）
促进致密化成分（羧基铵化）
促进氧渗透成分（丙烯酸异丁酯）
其他成分
→ 共聚、铵化 / 高相对分子质量 → 纺丝原液 → 净化 →
离子交换树脂处理
多段精密过滤（0.1 μm以下）
中空纤维膜处理
→ 混批 / 脱泡 →

湿法纺丝
干喷湿纺
皮芯型纺丝
→ 控制喷头拉伸 → 凝固成形 → 水洗 / 拉伸 → 至少4段水浴拉伸（每段提高10 ℃，最终为80～90 ℃） → 水性油剂 → 上油剂 →

干燥致密化
高压蒸汽拉伸
高温干热拉伸
高温湿热拉伸
→ 混合硅系油剂 → 上油剂 → 干燥 → 原丝 →（空气交络处理）

→ 220～270 ℃ → 至少3段预氧化（可加添加物） → 300～900 ℃ → 2段低温碳化（可加添加物） → 1200～1800 ℃ → 1-2段高温碳化 → 2600～3000 ℃ →（石墨化）

→ 电解处理 → 水洗 → 干燥 → 上浆处理 → 干燥 → 高性能碳纤维或石墨纤维 → 卷装

图 2-5　PAN 基碳纤维的制备工艺流程图[16]

2.2.1　丙烯腈共聚合工艺

PAN 纺丝原液的性能在很大程度上决定了碳纤维的性能，目前多采用均相溶液聚合工艺来获得物性均一的 PAN 溶液。单一的丙烯腈聚合能够得到高分子量的链状聚合物，但玻璃化转变温度高，物理加工困难，所得到的纤维韧性较差且容易断裂。此外单一单体聚合得到的PAN纤维在碳化过程中热化学过程反应快，短时间内会释放大量热量，存在安全问题。因此，碳纤维用PAN的聚合方法不可采用均聚方案，通常可采用加入共聚单体的办法来解决上述问题。尽管目前PAN聚合的工艺很多，但其聚合的原理基本相同，都是采用丙烯腈和共聚单体在引发剂作用下于特定溶剂中进行溶液聚合，按照链式反应原理生成线性PAN高分子共聚物，包括链引发、链增长、链终止、链转移等基元反应，最后经脱单和脱泡等工序完善其品质[17]。偶氮二异丁腈(AIBN)/二甲基亚砜(DMSO)体系，凭借其操作安全和产品的高质量，已成为当今PAN聚合的主流方法。但共聚单体的加入可能会降低PAN的规整度和结晶度，同时引入更多的杂质，影响最终碳纤维的性能。此外，引发剂的种类及浓度、反应温度和时间等也会影响PAN纺丝原液的性能。为进一步提高碳纤维的强度和模量，改善PAN的聚合工艺尤为重要，减少共聚单体的种类及用量成为未来PAN聚合工艺的发展方向。

2.2.2 PAN的纺丝成形工艺

PAN的纺丝成形方法包括湿法纺丝、干湿法纺丝和熔融纺丝三种。湿法纺丝常采用有机溶剂、去离子水等高强力凝固浴，PAN纺丝原液细流在接触凝固浴时会很快形成薄层，凝固浴中的水和原液细流中的有机溶剂通过薄层相互扩散，形成双扩散过程。随着扩散过程和凝固过程的进行，原液细流表皮层内溶剂的浓度逐渐降低，聚合物浓度逐渐升高，当升高至临界浓度时聚合物就沉析凝固出来，构成初生纤维的芯层，从而形成皮芯结构[14]。由于这种以湿法纺丝为典型的浓度致变凝胶化机理的凝固方法会在初生态纤维中造成大量的微孔隙及明显的皮芯结构，限制了碳纤维力学性能的提高。湿法纺丝中凝固成形是决定原丝性能的最关键环节，经典的扩散系数是由以Fick第二定律为主要依据，双扩散机理为核心的Wilson模型和竹田模型计算而得到的，其与凝固时间、纺丝原液固含量、凝固浴温度及浓度、凝固浴表观牵伸率等相关。Paul[18]等提出的移动边界模型和Rende[19]等建立的物理化学模型指出凝固时间与凝固层厚度的二次方成正比。董纪震[20]等研究发现，纺丝原液的固含量越高，扩散系数越小，纤维更致密，有利于碳纤维力学性能的提高。但固含量太高会导致黏度过高，易产生凝胶化，可纺性降低。此外，适当提高凝固浴温度，减小凝固浴牵伸率可获得高质量的纤维。

与湿法纺丝相比，干湿法纺丝原液在进入凝固浴前需先经历一段空气层，进入凝固浴后发生的双扩散现象和湿法纺丝类似，其示意图如图2-6所示。尽管只比湿法纺丝多一个在空气层中高分子溶液的拉伸过程，但由于其成形机理的改进，使最终得到的纤维在形态、结构和性能方面与湿法纺丝得到的纤维有很大的不同。

干湿法纺丝由于将挤出胀大与表皮凝固作用进行了隔离，使得湿法纺丝凝固过程中皮层破裂成径向大孔及表皮褶皱等现象基本消失，所得纤维表面及内部大孔有效减少、缺陷变少、致密性提高、截面易控，且具有高倍喷丝头拉伸，纺丝速度高(为湿法纺丝的2～10倍)，有利于碳纤维强度的提高和生产成本的降低，是当前碳纤维原丝生产的发展方向。但干湿法纺丝需要高浓度、高黏度的原液，并对过滤、脱泡、纺丝稳定性及后拉伸等有较高要求。空气层高度、纺丝溶液温度、凝固浴条件等均会影响其纤维的性能。此外，由于干湿法纺丝凝胶化机理尚属于浓度致变的范畴，因此还会有皮芯结构的产生，而且因表皮结构过于致密，内部残留溶剂难于洗净，增大了氧扩散阻力，影响碳纤维强度的进一步提高。

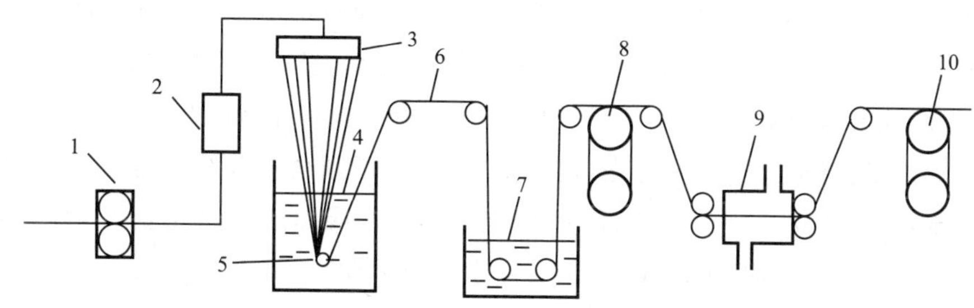

图2-6　干湿法纺丝流程示意图

1—计量泵；2—烛形过滤器；3—喷丝头；4—凝固浴；5—导丝钩；6—导丝盘；
7—拉伸浴；8—干燥滚筒；9—蒸气拉伸槽；10—松弛干燥滚筒

较溶液纺丝而言，熔融纺丝由于具有纺丝速度高、所得纤维纯度高、缺陷少等优点，也被尝试用于PAN纤维的生产。通过加入少量溶剂及水等增塑剂，可使PAN聚合体进行熔融纺丝，所得纤维表面缺陷、内部孔洞少，但可纺性较差，所得纤维内部残留增塑剂难于去除，导致纤维的强度不高，因此暂没有工业化生产。

溶液纺丝过程中由于浓度致变相分离过程导致出现皮芯结构，理论上体系组成变化只有在临界点（三元相图中双节线和旋节线的交点）处进入才可能达到不稳态区，发生贫富相均匀分相，最终形成无皮芯差异的均一结构，但是实际操作上通过唯一交点的概率极小，表明由浓度致变凝胶化机理成形时，要获得无皮芯差异的均一原丝结构几乎是不可能的。依靠温度的变化，直接使溶胶转化为凝胶体称为热致变凝胶化（TIPS）。Kalabin等[21]认为通过热致变相分离过程，纺丝成形不依赖于浓度差，也就不存在双扩散现象。因此，以干湿法纺丝为基础，引入热致变凝胶化机理，不仅可以保持并加强干湿法原有致密、光滑、无大孔的优点，还可克服皮层过密，氧扩散阻力过大、难以高倍拉伸的缺点，这种纺丝方法称为凝胶法纺丝。采用凝胶法纺丝可得到致密性均一、缺陷少、强度高的PAN基碳纤维。

2.2.3　PAN纤维的后处理工艺

凝固浴中得到的初生纤维中含有大量的溶剂，需经预牵伸、水洗、上油、致密化和热定型等过程才能得到性能较好的碳纤维前驱体。将PAN纤维在一定温度下进行牵伸，使其纤维内大分子沿纤维轴向排列，进一步提高其取向度，改善纤维的力学性能。在PAN纤维的制备过程中，常采用多次牵伸来达到改善纤维性能的目的[22]，一般包括预牵伸、沸水牵伸和蒸汽牵伸等过程，其中预牵伸的温度在80 ℃以上，沸水牵伸的温度在95 ℃以上，蒸汽牵伸的温度在130 ℃以上[2]。

由凝固浴或牵伸浴出来的纤维还含有一定量的溶剂，溶剂的存在会影响纤维的手感和色泽，同时也是导致碳纤维产生缺陷的主要原因。因此，需经水洗将其去除，一般控制在0.1%以下。所用水为去离子水，以免引入其他杂质，水洗温度一般控制在60～70 ℃，水洗温度的提高有利于纤维中溶剂向水中扩散，同时也有利于水分子向纤维内部渗透，但过高的水洗温度会导致有机溶剂的挥发，恶化生产环境。

经沸水牵伸后的纤维处于溶胀态和多孔状态，溶胀的纤维中含有两种不同性质的水，即大分子链上的溶剂化水和填充于微孔与低序区中的自由水，通过致密化过程可有效去除这两种水分，减少纤维内部的微孔，提高PAN原丝的力学强度。纤维致密化过程是在施加张力的条件下进行的，是热与水分的扩散过程，速度不宜过快，否则会导致纤维表面过早致密化，内部水分难以排除，形成皮芯结构，影响PAN原丝的力学性能；时间也不宜过长，否则会导致原丝颜色的变化和缺陷的增加，进而降低PAN原丝的力学性能。

为了增加纤维之间的抱合力，避免单丝之间的黏连和并丝，同时防止静电和磨损的发生，通常需要在纤维表面均匀涂覆一层油剂。油剂的使用对PAN原丝的亲水性、集束性、分纤性及加工性能等都有重要的影响[14]。一般须具有耐高温、抗静电、抗氧化等功能，同时需要具有较低的表面张力，多采用氨基改性硅油。油剂质量分数过低或过高均不利于原丝的上油质量，油剂质量分数过低，纤维含油质量分数低，丝束集束性差，静电大，在运行过程中易飞丝或与驱动辊表面产生黏连现象，最终导致断丝；油剂浓度过高，纤维上油剂含量超过饱和量时，会导致油剂大量附着在纤维表面。同批次内纤维含油质量分数的不均一性，对原丝成品质量和后部碳化工序都将产生不利影响，最终影响产品质量。一般可以通过控制油浴质量分数以保证纤维含油质量分数稳定[23]。

此外，在PAN纤维经牵伸后超分子结构已基本形成，大分子的松弛时间较长，在短时间内不能充分松弛，因此纤维内部存在一定程度的内应力。热定型过程可有效消除纤维的内应力，提高纤维的尺寸稳定性，其效果可由沸水收缩率直接反应，通常通过热定型后PAN原丝的沸水收缩率需下降到5%以下。

2.2.4 PAN纤维的预氧化工艺

预氧化是制备PAN基碳纤维的关键工艺，对碳收率、碳纤维性能具有重要影响。目前使用的预氧化炉有热循环预氧化炉、固-固传热预氧化炉、具有流化层的预氧化炉、具有传送带的预氧化炉、装有导流板的预氧化炉以及混合预氧化炉等，其特点是效率高、能耗低、自动水平高和控温精度高[2, 24]。影响预氧化过程的因素很多，其中包括预氧化温度、加热速率、加热时间、纤维牵伸率及加热介质等。预氧化温度在很大程度上影响着碳纤维的强度和模量，温度过高会破坏PAN梯形分子结构，影响碳基平面长度和堆积高度的形成；温度过低则会使预氧化不充分，导致在碳化工程中易发生熔并现象。适当减少预氧化时间可降低生产成本，但预氧化时间过短会加重皮芯结构的形成，导致碳化阶段易产生较大缺陷[25, 26]，影响碳纤维性能。加热速率对碳纤维的性能也有较大影响，合适的加热速率可提高碳纤维的性能。加热速率过大，则会使 PAN 纤维表面迅速形成皮层，阻碍氧气向纤维内部的扩散，致使纤维产生皮芯结构[27]。此外，为保持 PAN 分子链沿纤维轴向的取向排列，在预氧化过程中还需对纤维施加一定的张力。同时，为及时带走预氧化过程中产生的反应热和副产物，补充反应所需要的氧气，一般需采用净化的流动热空气作为预氧化介质。

2.2.5 PAN 纤维的碳化工艺

高温碳化是碳纤维制备过程中的一个主要阶段，一般是在高纯度的惰性气体保护下将 PAN 基碳纤维加热至 1100～1600 ℃以除去其中的非碳原子，转化为具有乱层石墨结构的碳纤维。高温碳化过程中 PAN 纤维聚合物结构向多晶碳结构转变，梯形聚合物间进行进一步交联，从某种意义上说，高温碳化炉的工艺决定了纤维最终的强度和模量[28]。碳化温度、碳化时间和牵伸力成为影响 PAN 基碳纤维碳化过程的主要因素。一般来讲，在一定碳化温度范围内碳纤维的强度、模量和密度均随碳化温度的提高而增加。牵伸力的施加有利于石墨层沿纤维轴向排列，提高纤维的强度和模量。此外，碳化过程中由于热裂解产生的气体和液体容易在纤维内部形成孔隙裂纹，同时也会导致纤维间的黏连，因此如何排除热分解产物成为碳化的关键技术。目前一般可通过在碳化前对 PAN 预氧化纤维进行化学预处理，或是在碳化过程中加入反应试剂，抑制其裂解产物的生成。

2.2.6 PAN 纤维的石墨化工艺

PAN 纤维在碳化后已经具有小微晶结构和杂乱交错的无定形碳，但这些微晶大小和排列并不规整，而碳纤维中微晶的尺寸和规整度直接决定了其抗拉强度和模量。石墨化通常在惰性气体气氛下进行，其温度为 1500～3000 ℃，由于 N_2 在温度高于 2000 ℃时会变成活性分子且与碳原子反应生成氰基，因此一般选用更为稳定的惰性气体。王浩静等研究发现同样的碳化 PAN 纤维进行石墨化时，温度对其碳纤维性能的影响最大[29]。当处理温度为1600～1900 ℃时，所得碳纤维的抗拉强度达到 3.5 GPa 以上；如处理温度超过 2500 ℃，则所得碳纤维的杨氏模量超过 300 GPa。此外，在碳化 PAN 中加入一些金属氧化物（如 V_2O_5、MoO_3等）或在石墨化时将硼蒸汽通入都对碳纤维微晶的生长有利，可以降低其石墨化温度。也有报道指出在石墨化过程中将碳纤维通过一定的电流可有利于微晶生长的规整性[30]。

2.3 碳纤维的研究现状与发展趋势

2.3.1 PAN 基碳纤维的研究现状与发展趋势

1950 年 Houtz 等发现 PAN 纤维在缓和氧化的条件下，在空气中进行热处理时会变成耐燃的黑色纤维[31]，首次发现 PAN 基碳纤维；1959 年日本大阪工业试验所研究员提出 PAN 基碳纤维的生产技术[9]；1963 年英国皇家航空研究院通过在预氧化过程中施加张力成功制备出高性能碳纤维[32]；1969 年日本东丽公司成功研制出共聚 PAN 基碳纤维，并结合美国 Union Carbide 公司的碳化技术，成功生产出高强度、高模量的碳纤维；20 世纪 70 年代末以来，国外许多以 PAN 为原料制备碳纤维的厂家展开了广泛的合作和竞争，促进了 PAN 基碳纤维工业的迅速发展，拓展了 PAN 基碳纤维的应用领域。日本东丽公司先后推出 T300、T700、T800、T1000、T1100、T1200 等系列碳纤维，最近又推出兼具高强度、高模量的 T1100G 碳纤维。目前 PAN 基碳纤维的生产工艺基本成熟，主要分化为以美国为代表的大丝束(48K 以上)碳纤维和以日本为代表的小丝束碳纤维两大类。

为进一步提高碳纤维的力学性能，研究人员对 PAN 基碳纤维的每个环节进行了大量研究。在 PAN 纺丝原液的制备方面，Morris[33] 等合成了高分子量的碳纤维前驱体 PAN-co-MA，并采用干喷凝胶纺丝方法制备了高性能的前驱体纤维，断裂强度为 954 MPa，弹性模量为 15.9 GPa。Park[34] 等采用纳米纤维素增强 PAN 纺丝原液，并使用不同浓度纳米纤维素增强的 PAN 为原丝生产碳纤维，发现随着纳米纤维素的加入，石墨微晶尺寸得以增加。Xiang[35] 等报道了采用石墨烯纳米带制备碳纤维前驱体，所得纤维碳收率高，断裂强度为 378MPa，弹性模量达到 36.2 GPa，拓展了碳纤维的制备方法。日本三菱人造公司在专利 JP2013103992A 中公布了一种含丙烯酰胺和乙烯基单体的碳纤维前驱体丙烯腈系共聚物。所得纤维的纤度为 2.5 dtex，长丝根数为 24 000，在 230～260 ℃和 260～290 ℃下的热值分别为 470 kJ/kg 和 850 kJ/kg。在纺丝成形方面，Brown 等[36] 研究了凝胶纺丝中老化时间对 PAN-co-MA 溶液黏弹性的影响，发现当老化时间足够长时纺丝溶液中会出现不同程度的凝胶化和降解，进而影响碳纤维前驱体的结构和性能。Júnior 等[37] 以甘油为增塑剂采用熔融纺丝方法制备了 PAN 纤维，避免了有机溶剂的使用，但所得纤维力学性能较差，可纺性有待提高，不能大规模生产。在预氧化和碳化方面，Morales 等[38] 通过在 PAN 溶液中加入光引发剂，然后将湿法纺丝得到的纤维在较低温度下进行短时间的紫外光处理，有效缩短了预氧化和碳化时间。

PAN 基碳纤维未来的发展主要包括两个方向。一是高性能碳纤维的制备。目前东丽公司生产的 T1000 碳纤维的抗拉强度为 7.02 GPa，即便是实验室已研制的抗拉强度为 9.13 GPa 的碳纤维也仅达到了其理论强度的 5%，因此碳纤维的抗拉强度具有很大的提升空间。碳纤维抗拉强度的提高可通过以下途径进行改进：①聚合工艺的改进；②纺丝原液纯度的提高；③PAN原丝的细旦化；④生产环境的洁净化；⑤原丝的表面处理；⑥预氧化、碳化时外场的施加。通过工艺的优化，进一步降低碳纤维表面及内部的缺陷，有望得到高强度的碳纤维。二是低成本碳纤维的开发。碳纤维由于生产成本高，目前的应用领域主要为航空航天等高端领域，在民用领域特别是汽车、建筑等行业的应用较少。有效降低碳纤维成本有利于进一步拓展其应用领域。目前降低碳纤维成本的方式主要有三种：一是原料成本的降低，包括在 PAN 中添加成本较低的材料，或找其他低成本碳纤维前驱体；二是成形方法的改进，采用熔融纺丝等其他低成本纺丝方法，提高纺丝速度，降低有机溶剂回收等费用；三是缩短预氧化和碳化时间，提高碳化效率。

2.3.2　黏胶基碳纤维的研究现状与发展趋势

黏胶基碳纤维是以黏胶纤维为原料，在低温热处理后再在非氧化性气氛中经 800 ℃以上高温热处理而制得的以碳为主要成分的纤维材料[39]。黏胶基碳纤维的历史可以追溯到 19 世纪末，爱迪生利用棉竹等天然纤维制备成灯丝，开创了碳纤维材料的新纪元[9]；1950 年美国 Wright-Patterson 空军基地开始研制黏胶基碳纤维，通过在 2000 ℃以上的高温将纤维进行牵伸而制得力学性能优良的纤维；1959 年联合碳化物公司推出世界第一个商品化的黏胶基碳纤维 Thornel-25，1964 年又推出高性能黏胶基碳纤维，达到黏胶基碳纤维的鼎盛时期。此后，随着 PAN 基碳纤维的问世，黏胶基碳纤维行业逐渐萎缩。其原因主要包括以下三点[40]：①整体黏胶纤维工业在市场竞争中失去活力，使得其原料来源困难；②黏胶基碳纤维的生产工艺复杂，条件苛刻，碳收率低，同时对环境造成一定的污染；③黏胶基碳纤维的整体性能比 PAN 基碳纤维差。尽管黏胶基碳纤维较 PAN 基碳纤维在力学性能上不具优势，但黏胶基碳纤维独特的结构和性能决定了其固有的隔热、耐烧蚀等特性，在航空航天和军工等方面有着不可替代的用途，因此不会被完全淘汰。

黏胶基碳纤维的前驱体黏胶纤维由纤维素组成，由于分子间的氢键作用，使其裂解温度低于熔融温度，成为制备碳纤维比较理想的材料。黏胶基纤维转化为碳纤维的过程比较复杂，其过程可粗略分为四个阶段[40—42]：①第一阶段（25～150 ℃）主要脱掉物理吸附的水分，黏胶纤维物理吸附的水分在 10%～14%之间，低温脱除掉这些水分有利于高温脱除结构水。②第二阶段（150～240 ℃）主要是分子结构内的脱水，生成含有羰基、酮基、烯醇基或羧基的链段（片）。③第三阶段（240～400 ℃）为激烈反应区，主要包括两个竞争反应，一是 1,4-苷键热裂生成脱水环，1,6-键脱水生成左旋葡萄糖，并在较高温下转化为焦油；二是脱水纤维素环进一步深层次地脱水生成脱水纤维素，环内热稳定性差的 C—C 键和 C—O 键热裂生成碳四残链。④第四阶段（400～700 ℃）进行碳四残键的芳构化，缩聚为六碳原子的石墨层片。当温度高于 700 ℃时，缩聚层面迅速增大，排列逐步有序化，转化为乱层石墨结构。

相比 PAN 基碳纤维的制备工艺流程，黏胶基碳纤维的生产工艺增加了水洗和催化浸渍过程，生产成本增大。黏胶基碳纤维的加工技术难点主要包括：①热解过程中黏胶纤维的主链十分容易断链降解，丝束强度骤然降低，出现“零强度”点；②黏胶基纤维在热解中大部分组分从原丝上逸出，导致纤维强度和碳收率变低，且溢出物易凝聚滴落在丝束上或堵塞排气系统，妨碍生产顺利进行；③提高碳纤维强度最有效的手段是在 2500 ℃以上的石墨化过程中施加应力，使其分子链在滑移、重排取向的同时，让气泡逸出丝条外部，从而制得较高强度的黏胶基碳纤维。但是要求同时达到含碳量 95%～97%（2500 ℃以上纤维含碳量＞99.9%），两项互相矛盾的指标难度极大。上述技术难点限制了黏胶基碳纤维的制备，因此制备高性能黏胶基碳纤维时有必要从以下几点进行改进：①提高原丝质量，减小废水收缩率；②采用稀纬带技术克服零强力点；③选用混合型催化体系提高纤维强度和碳收率；④采用空气介质中低温裂解与高纯氮气中碳化两段碳化工艺。

马恒怡等[43]采用 γ-辐射接枝的方法对黏胶基碳纤维的表面进行改性，结果表明辐射接枝使纤维表面粗糙度明显增大，在一定吸收剂量范围内，黏胶基碳纤维的抗拉强度提高了约 20%。李新莲等[44]系统研究了影响黏胶基碳纤维收率和性能的因素，包括原丝性能、水分含量、反应气氛、添加剂种类和含量、升温速率、牵伸工艺等，指出随着生产工艺的不断完善和优化，黏胶基碳纤维的收缩率和性能会进一步得到提高。严成等[45]制备了一种具有较高强度的大孔活性碳纤维，并讨论了其产生机理，对大孔活性碳纤维的生产具有一定指导意义。

对比 PAN 基碳纤维，黏胶基碳纤维具有比重小、耐烧蚀、热稳定性好、导热系数低、生物相容性好等优点，同时具有一定的韧性，便于深加工，因此在航空航天、环境净化、生物医用和超级电容器等领域具有广泛的应用。目前国内黏胶基碳纤维的研究进展缓慢，很难满足军工、民用等方面的需求，加强机理的研究，改善黏胶原丝的质量，提高黏胶基碳纤维产品的抗拉强度和耐烧蚀性成为黏胶基碳纤维未来发展急需解决的问题。

2.3.3 沥青基碳纤维的研究现状与发展趋势

沥青基碳纤维是指以沥青等富含稠环芳烃的物质为原料，通过聚合、纺丝、不熔化、碳化等工艺处理的一类碳纤维，如图 2-7 所示[46]。按其性能的差异又分为通用级沥青碳纤维和高性能沥青碳纤维，前者由各项同性沥青制备，又称各向同性沥青基碳纤维，后者由中间相沥青制备，故又称中间相沥青基碳纤维。1965 年通用级沥青基碳纤维由日本群马大学试制成功，1970 年日本吴羽实现了其工业化生产。20 世纪 70 年代美国 UCC 成功开发出中间相沥青基碳纤维，80 年代初将其工业化生产。80 年代沥青基碳纤维达到发展的黄金阶段，90 年代沥青基碳纤维经历困难时期，后来经过整合、淘汰，形成几家实力较强的生产厂家，目前全世界沥青基碳纤维年产量约 3000 t[46]。

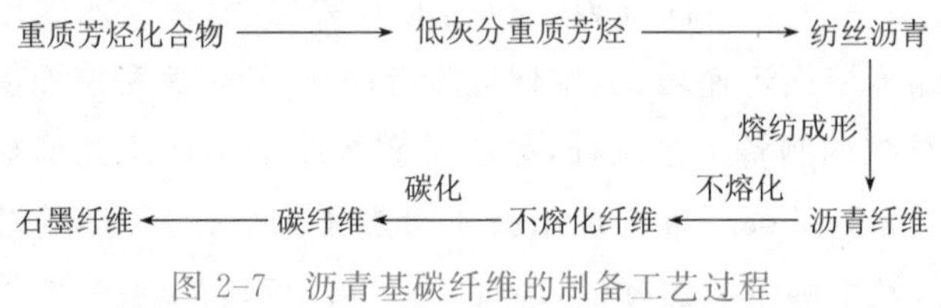

图 2-7　沥青基碳纤维的制备工艺过程

沥青基碳纤维产业化的难点在于纺丝沥青的调制和沥青的熔融纺丝。与传统概念的沥青不同，纺丝沥青的相对分子质量更高，软化点在 260 ℃以上。纺丝沥青的调制一般是采用热缩聚方法，其基本原理是沥青分子在高温下裂解出自由基碎片引发缩聚反应。通用级沥青碳纤维的纺丝沥青一般采用重质芳烃化合物氧化或热缩聚调制，其在价格上具有一定的优势。中间相沥青基碳纤维的纺丝沥青要求则较高，最初的中间相沥青是采用单纯热缩聚得到的，但软化点比较高，流动性也较差，导致纺丝温度较高，制备较困难[46]。在此基础上研究人员对其进行了改进，主要归结为以下四点：①工艺参数的改进和优化，降低软化点[47,48]；②组分的提纯,加速中间相沥青的形成;③加氢改性,改善流变性;④化学合成,降低灰分。

由于纺丝中间相沥青在溶剂中的溶解性较差,目前还没有发现可完全溶解的溶剂,因此仅能采用熔融纺丝。影响沥青熔纺成形的因素较多,包括加工温度、停留时间、设备设计等,沥青的纺丝温度在 300 ℃以上,此时的沥青会发生二次裂解-缩聚反应,因此停留时间不宜过长。此外,纺丝沥青的黏度随温度变化明显,造成其加工窗口较窄。在设备设计方面,通常选用具有快速熔化和输送功能的单螺杆或双螺杆进行输送。在熔融纺丝过程中,中间相沥青的液晶结构在纺丝过程中的剪切作用下容易沿着纤维的轴向取向排列,得到碳纤维的碳原子排列更接近理想石墨的结构,而且石墨晶体尺寸较大,致使其强度较高。而通用级沥青基碳纤维的取向不高,导致得到碳纤维的力学性能较差。同 PAN 基碳纤维的原丝不同,沥青纤维的拉伸强度很低,导致在后续处理工艺中保持长丝非常困难,因此常采用落筐收丝法来得到沥青长丝。此外,沥青纤维在后处理过程中也无法施加牵伸,但由于沥青分子的片状结构导致其在熔纺成形程中已得到较高的取向,因此并不影响所得碳纤维的性能。在制备碳纤维过程中,沥青纤维还需经过不熔化、碳化以及石墨化等工艺。沥青的不熔化时间较长,设备投入大,有必要进一步深入研究其机理。石墨化处理可使中间相沥青基碳纤维高模量和高导率的优异性能凸显出来,石墨化温度越高,性能越好。石墨化设备的研发及机理的研究同样是个难点。此外,沥青基碳纤维的制备也需要油剂、上浆剂等辅助产品的开发。

秦显营等[49]采用熔融纺丝方法制备了沥青基碳纤维,考察了其结构与性能的关系,并对制备高性能沥青基碳纤维的主要影响因素进行了研究,提出通过优化纺丝工艺条件、选择合理的氧化、碳化路径可改善纤维结构,提高沥青基碳纤维的力学性能。穆翠红等[50]采用电化学氧化法对中间相沥青基碳纤维进行表面处理改性,并通过溶胶-凝胶法(sol-gel)在处理后的碳纤维表面分别制备了钽、锆涂层,提高了中间相沥青基碳纤维的耐高温抗氧化性能。孙进等[51]研究了中间相沥青基碳纤维预氧化及碳化过程中结构转变规律,对优化沥青基碳纤维生产工艺具有重要的指导意义。尽管进行了大量的研究工作,但连续的中间相沥青基碳纤维技术还没有研发成功,其关键是纺丝用中间相沥青的生产和连续沥青纤维工艺的开发。此外,减少不熔化和碳化时间,降低生产成本也成为未来沥青基碳纤维的发展方向。

2.3.4 木质素基碳纤维的研究现状与发展趋势

木质素是自然界中一类具有芳香族结构的天然高分子,普遍存在于维管植物中,与纤维素、半纤维素共同组成植物的主体结构,其产量仅次于纤维素,为第二大天然高分子。作为造纸黑液的副产物,木质素由于具有原料来源广、价格低廉、含碳量高(>60%)、可再生等优点而颇受关注。2007 年美国橡树岭国家实验室(ORNL)指出木质素基碳纤维的价格为 PAN 基碳纤维的几分之一,成为未来低成本碳纤维的发展方向。木质素的结构复杂,且不同来源得到的结构相差较大,目前普遍认为木质素为具有三维网状交联结构的天然高分子[52],但也有研究者指出木质素的结构为线性结构[53,54]。木质素基碳纤维最早由日本的 Otani S[55] 开发，并由日本化药公司对航天级小丝束碳纤维进行了试探性半商业化生产，但所得纤维力学性能较差，性能与成本不能与其他碳纤维相竞争。随后采用熔融纺丝技术以及对木质素进行改性处理，为制备高性能木质素基碳纤维打开了通道。20 世纪 90 年代末美国能源部(DOE)开始资助 ORNL 进行木质素基碳纤维的开发，旨在将其应用在汽车领域，减小汽车质量，降低能源消耗。其目标价格为 11～15.40 美元/kg，目标性能为断裂强度达到 1.72 GPa，弹性模量达到 172 GPa。但目前实验室所做的最好性能为断裂强度达到 1.07 GPa，弹性模量达到 83 GPa，仍未达到目标要求。其根本原因是木质素分子链在加工过程中不能很好地取向，导致其力学性能较差。

木质素在熔纺成形前一般需要对原料进行提纯，ORNL 提出的要求为：①木质素含量大于 99%；②碳水化合物质量分数小于 0.05%；③挥发成分含量低于 5%；④灰分含量小于 0.1%；⑤不熔颗粒(大于 1 μm)含量小于 0.05%。对木质素的提纯目前主要包括碱提纯和有机溶剂提取两种，其基本原理是将可溶性物质和不溶物质分开，达到纯化的目的。Brodin 等[56]采用陶瓷膜和离子交换膜纯化木质素，所得灰分满足纺丝要求。Baker[57]对比了有机溶剂纯化的木质素和未处理的木质素，发现经有机溶剂纯化后木质素的可纺性大幅提高。为了得到可纺性较好地木质素，一般需对提纯后的木质素进行进一步的处理，主要包括以下几种方法：①加氢和重质化处理。木质素中存在的热不稳定的官能团及键，经加氢后被消除，转换成分子可旋转的立体结构。同时，由于木质素的分子量较低，且含有较多挥发性小分子，因此，需在加热减压下抽滤去除小分子，提高木质素的分子量。Sudo 等[58]采用氢化处理方法对木质素进行热熔化改性制得熔融的黏稠性材料，通过传统的熔融纺丝法得到较好的木质素纤维。②化学改性法。木质素中含有醇羟基和酚羟基，可与酰化试剂发生酰化反应，从而改变木质素的热熔性。Uraki 等[59]采用醋酸制浆法得到的有机溶剂型木质素为原材料制备碳纤维。在纺丝过程中，发现纺丝液的可纺性是由木质素的分散性和木质素在制浆时部分羟基被乙酰化作用所引起的。Kubo 等[60]同样采用醋酸制浆法得到的软木木质素作为原材料，通过除去木质素中不溶的高分子分馏物和不稳定物质后，在 350～370 ℃的温度下制得木质素纤维。③物理共混法。采用高聚物与木质素共混可有效改善木质素的脆性问题，提高可纺性。木质素与高聚物之间的相容性及相互作用对所得纤维的力学性能影响较大。相容性好的高聚物包括 PEO、PET、PVC、PLA 等，相容性较差的高聚物包括 PP、PVA 等[61-63]。Kadla 等[61]通过将木质素与 PEO 共混，降低了木质素的玻璃化转变温度，可纺性提高，所得纤维抗拉强度为 300～500 MPa，弹性模量为 30～60 GPa。尽管 PEO 可有效提高木质素的可纺性，但所得原丝稳定性较差，后续加工过程中容易发生黏连，影响碳纤维的性能。Kubo 等[62]对比了 PET/木质素，PP/木质素的可纺性，发现 PET 和 PP 均能提高木质素的可纺性，但相容性不好的 PP 会导致所得的纤维呈中空或多孔状，进而影响碳纤维的力学性能。

尽管通过改性，木质素的可纺性有所提高，但所得碳纤维的力学性能却有待改善。在弹性模量方面，碳纤维的弹性模量理论上可接近石墨的理论模量 1020 GPa，实际生产的 PAN

基碳纤维弹性模量已达 900 GPa,接近目标模量[64]。但目前木质素基碳纤维的弹性模量则要小得多,文献报道中最好的达到 94 GPa,不足理论模量的 1/10[62],亟需提高。针对木质素基碳纤维模量低的缺陷,可通过在加工过程中施加张力或优化热处理工艺来提高碳层状平面的轴向取向。在拉伸强度方面,木质素基碳纤维同样远远小于其他碳纤维,影响其纤维强度的因素主要包括纤维缺陷、纤维结构和纤维直径等。Uraki[59]等发现木质素纤维在碳化后,横截面上未出现类似沥青基碳纤维的放射性条纹,而是呈平行状结构,表明在纤维轴向上不具备六角形网状结构的结晶碳,从而导致其力学性能较低。Kubo[60]等发现木质素在熔纺过程中纤维表面会出现微孔,这种微孔经预氧化过程处理后仍然存在,大大降低了碳纤维的力学性能。碳纤维的抗拉强度和弹性模量一般随直径的增大而减小,目前所得木质素基碳纤维的直径较大也是导致其力学性能较差的原因。

随着汽车轻量化时代的到来和石油资源的日益短缺,开发低成本可再生碳纤维成为未来的发展方向。因此木质素基碳纤维的发展方向主要包括以下几点:①绿色低成本纯化工艺的研究。通过研究木质素的纯化工艺,降低整体的生产成本,在价格上体现绝对的优势。②木质素的增韧改性研究。将木质素进行合适的化学改性或物理共混,提高其可纺性,改善其脆性大的特点,得到优质的木质素纤维。③加工工艺的改进。采用外加场等方式缩短预氧化和碳化时间,增大结晶碳的取向排列,提高其力学性能。

2.4　发展碳纤维产业背景及战略意义

2.4.1　碳纤维在国民经济和国防建设重大工程和项目中的地位和作用

碳纤维是国民经济和国防建设不可或缺的一种性能优异、应用广泛的战略性新材料,具有碳材料的各种优越性能和纤维材料的柔软可加工性,是先进复合材料最重要的增强体,广泛应用于航空航天、风力发电、汽车制造、建筑工程、体育休闲等领域。在航空航天方面,碳纤维增强复合材料可有效减小飞机质量,节省燃油,降低制造成本,增大航程。目前碳纤维增强复合材料在小型商务飞机和直升机上的使用量已占 70%～80%,在军用飞机上的使用量占 30%～40%,在大型客机上的使用量占 15%～50%[65]。2010 年我国全面启动和实施大飞机重大专项整体配套项目,2015 年 11 月国产大飞机 C919 完成总装,其中碳纤维复合材料的用量仅为 12%,不足最新民航飞机碳纤维用量的 1/4,未来对碳纤维的需求仍有较大的空间。在风力发电方面,使用碳纤维可有效减小发电机组叶片的质量,同时增加叶片的强度和韧性,提高发电功率。预计 2020 年中国市场将需要超过 2.5 万台大容量风机,对碳纤维有较大的需求量。在汽车制造领域,汽车中的传动轴、顶篷、保险杠、车体和底盘均可使用碳纤维增强复合材料[66]。通过将碳纤维增强复合材料替代金属材料可有效减小汽车质量,降低能源消耗。美国复合材料协会(ACMA)在 2012 年指出,如果碳纤维的价格降为现在的一半,在 2017 年仅汽车领域全球对碳纤维的需求即可达 13.8 万 t,市场前景广阔。在建筑工程方面,碳纤维可用于加固修复混凝土结构，提高结构构件的力学性能，解决钢筋生锈、老化而带来的问题以及地震等自然灾害带来的危害，延长建筑物使用寿命。随着碳纤维价格的降低，碳纤维在建筑工程方面的应用量将逐渐增加。在体育休闲方面，碳纤维已广泛应用于自行车、球拍、渔具等方面，2014 年我国碳纤维在体育休闲方面的用量已达 6100 t，占所有应用领域的 58%。此外，碳纤维在压力容器、船舶、电缆等其他方面也有着重要的应用。

图 2-8 所示为近几年全球碳纤维需求趋势图[67]。2008 年全球对碳纤维的需求量仅为 36.4 kt，而 2014 年的需求量则达到 53.5 kt，每年的平均增长率在 6%～8%之间。近两年对碳纤维的需求量更是呈现出较大的增幅，2016 年的需求量达到 76.5 kt，预计 2020 年全球对碳纤维的需求量将达到 112.0 kt。表 2-1 所示为 2016 年全球碳纤维的需求领域及相应的需求量[67]，其中航空航天领域的需求量达 17.6 kt，为总需求量的 23%，对应的经济效益为 1056.0 百万美元，占总经济效益的 50%，排名第一。航空航天领域碳纤维用量的提高主要是由于波音 787、空客 A350 及 A380 等飞机的生产，碳纤维复合材料在整个飞机质量中占的比例提高，用量相应得到提高。风电叶片领域碳纤维的用量占据总用量的 23.5%，成为碳纤维的第二大应用领域。此外，2016 年碳纤维在体育休闲、汽车制造和混配模成形领域的需求量也较大，分别达到 12.0 kt、9.1 kt 和 8.8 kt。

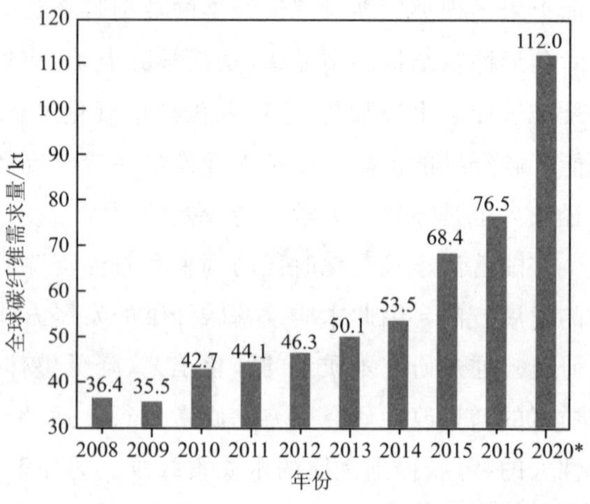

图 2-8　全球碳纤维需求趋势图（加 * 为预测数据）

表 2-1　2016 年全球碳纤维的需求领域及相应需求量

应　　用	航空航天	体育休闲	风电叶片	汽车制造	混配模成形	压力容器	建筑	船舶	其他
需求量/kt	17.6	12.0	18.0	9.1	8.8	5.3	2.9	1.2	1.6
数量份额/%	23.0	15.7	23.5	11.9	11.5	6.9	3.8	1.6	2.1
价格/(美元/kg)	60.0	22.0	14.0	18.0	18.0	20.0	20.0	22.0	20.0
需求/百万美元	1056.0	264.0	252.0	163.8	158.4	106.0	58.0	26.4	32.0
百分比/%	50	12	12	8	7	5	3	1	2

图 2-9 所示为我国近几年碳纤维需求趋势图[67]。2008 年我国碳纤维的需求量为8.2 kt，2015 年的需求量达到 16.8 kt，增长幅度不大，但每年均平稳增长。随着我国航空航天事业的发展以及大飞机项目的开展，碳纤维的需求量将在 2016—2020 年间迅速提升，预计到 2020 年可达到 30.8 kt。图 2-10 所示为 2016 年我国碳纤维的主要应用领域及用量[67]。由图可知，体育休闲类占据了碳纤维用量的较大比例，为 48%，其次为风电叶片和建筑补强，分别占

碳纤维总用量的 15%和 8%。而航空航天领域的用量为 400 t,仅占总用量的 2%。对比全球碳纤维在航空航天领域占的比例(23%),可以发现我国在此领域要远远落后,其原因一方面是由于国产大规模生产的碳纤维强度还达不到航空航天的要求,另一方面是由于军工碳纤维领域要求严格,门槛高,认证周期长,限制了碳纤维在航空航天领域的应用。此外,2016 年我国碳纤维在汽车领域的需求量仅为 300 t,占总需求量的 2%,用量提升空间巨大。

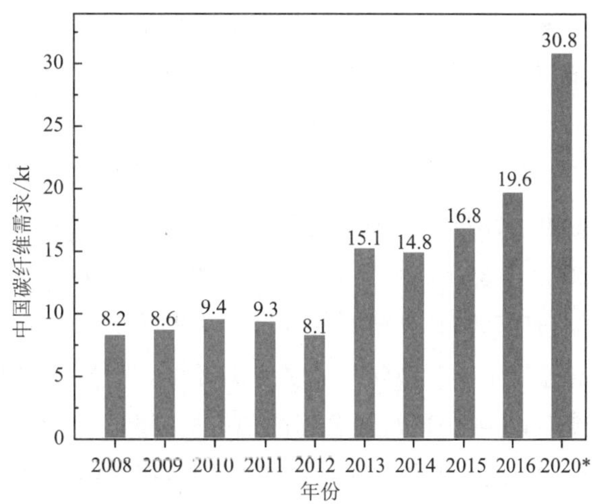

图 2-9　中国碳纤维需求趋势图(加 * 为预测数据)

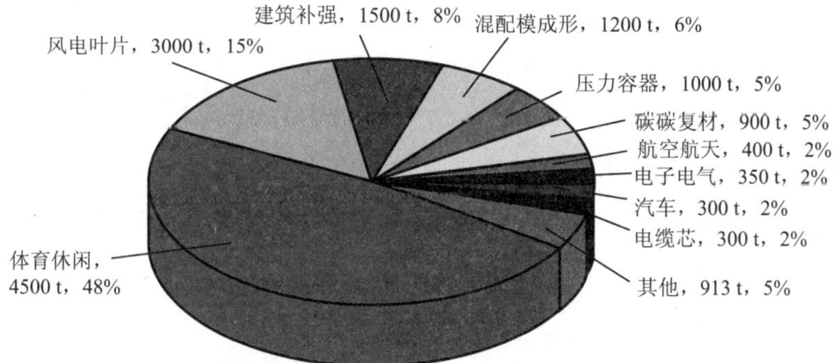

图 2-10　2016 年我国碳纤维的主要应用领域及用量

综上,碳纤维在国民经济和国防建设中具有不可或缺的地位,其涉及面广、辐射带动能力强,加快碳纤维的发展,提高碳纤维用量,对推动传统材料升级换代、满足国家重点工程迫切需求、争夺未来国际竞争优势具有重大意义。

2.4.2　国外碳纤维产业发展现状及趋势

2016 年全球碳纤维市场产能总计约为 13.9 万 t,其主要生产地是日本、欧洲和美国。表 2-2 所示为 2016 年全球碳纤维理论产能排名前十的企业[67]。由表中数据可知,日本东丽公司和美国卓尔泰克公司成为碳纤维的主要供应商。2013 年东丽公司开始收购卓尔泰克公司,2014 年完成收购,一举成为世界顶级碳纤维企业。东丽公司以生产小丝束碳纤维为主,其性能优异,多用于航空航天等领域。

表 2-2　2016 年全球碳纤维理论产能排名前十的企业

企业名称	产　能/万 t
日本东丽(Toray)公司	2.71
美国卓尔泰克(ZOLTEK)公司	1.55
德国西格里(SGL)集团	1.50
日本三菱(Mitsuishi Rayon)公司	1.21
日本东邦(Toho Tenax)公司	1.15
中国台塑(FPC)集团	0.88
美国赫氏(Hexcel)公司	0.72
美国氰特(Cytec)公司	0.70

美国卓尔泰克公司主要生产大丝束碳纤维，力学性能较低，作为通用级别纤维主要应用在民用领域和一般的工业中，其制备原料为民用 PAN 原丝，因此，相对小丝束碳纤维而言，属于成本较低的生产技术。

东丽公司通过控制 PAN 原丝和碳纤维的结构缺陷，优化 PAN 纤维的截面设计，成功开发出以往技术所不能达到的更高强高模碳纤维 T1100，其价格比以往的 T1000G 还要低[68]。2014 年 3 月东丽公司利用碳化技术，在纳米尺度上精确控制纤维结构，成功开发出兼具高拉伸强度和高拉伸模量的 T1100G 碳纤维。目前东丽与美国波音公司已签订合同，自 2014 年起连续十年为波音公司供应碳纤维，此订单金额超过 1 万亿日元，创两家公司交易额的历史新高，主要为向波音公司的现有机型和下一代大型客机 777X 的主机翼部分供货。为完成订单，东丽公司计划投资 1 千亿日元，在美国建设世界最大规模的碳纤维工厂。此外，由于欧洲空客公司的大量订单，东丽公司计划提高用于飞机等轻质化所需 PAN 基碳纤维的产能，同时不断改进生产工艺和降低成本，使其在汽车用碳纤维方面也争取达到领先水平[68]。

德国西格里公司与宝马集团、三星集团等集团合作，进一步扩大了其碳纤维的产量，2016 年其碳纤维产能达到 15.0 kt，排在第三位。三菱公司 2016 年碳纤维的产能为 12.1 kt，成为第四大碳纤维供应公司。其指出全球碳纤维需求年均增速将超过 20%，特别是可再生能源和提高燃料效率的汽车轻量化解决方案正推动碳纤维应用快速增长。为适应压缩天然气瓶、汽车、压力容器、风力发电等领域对碳纤维的大量需求，公司已着手扩大位于美国的碳纤维生产能力，计划于 2017 年收购德国 SGL 集团在美运作的一个碳纤维厂，预计增加 1000 t 年产能。此外，东邦公司 2016 年碳纤维的产能为 11.5 kt，排在第五位，其 PAN 基碳纤维已取得新一代中型民航客机 A350 的认证，目前正计划增加日、德 PAN 基碳纤维的生产线，同时对美国的部分生产线进行改造和技术升级，扩大了预浸料和成形品的比例。

表 2-3 所示为 PAN 基碳纤维发展的主要历程，其发展过程可大致分为四个阶段[69]。由表 2-3 可发现，PAN 基碳纤维经历了“从无到有”“从弱到强”的过程。进一步提升碳纤维的强度和模量成为未来碳纤维的发展方向。根据分子间结合力模拟可得到碳纤维的理论抗拉强度高达 180 GPa，拉伸模量高达 1020 GPa，而目前碳纤维的最高抗拉强度仅为理论值的 5%，提升空间巨大。尽管碳纤维的拉伸模量已接近理论目标，但生产兼具高强度和高模量的碳纤维难度较大，有待进一步的攻克。碳纤维的普及成为其第二大发展方向。进一步提高大丝束碳纤维的产量，降低其生产成本，拓展其在民用市场中的应用成为急需解决的问题。碳纤维的第三大发展方向为低成本化。目前采用 PAN 基碳纤维的成本较高，尽管通过提高产量可降低其成本，但仍达不到大多数工业和民用领域能接受的价格。在整个碳纤维的制备过程中，PAN 原丝的成本约占总成本的 50%，因此寻求廉价的原料替代 PAN 可大幅降低其成本。美国 ORNL 在 DOE 的资助下已开始使用木质素采用熔融纺丝方法制备碳纤维，目前已得到性能较好的连续化纤维，有望在未来作为增强材料而应用于汽车领域。此外，预氧化及碳化工艺及设备的改进也可大幅度降低碳纤维的成本。

表 2-3　PAN 基碳纤维的主要发展历程

阶　段	标志性年代	标志性技术
第一阶段	20 世纪 60 年代	突破 PAN 基碳纤维连续制备路线
第二阶段	20 世纪 70 年代	实现 T300 级碳纤维的工业化生产
第三阶段	20 世纪 80 年代	成功开发出 T800 级碳纤维，实现了 T700 的规模化生产
第四阶段	20 世纪 90 年代至今	继续高性能碳纤维的研发，发展多功能、低成本化碳纤维产品

2.4.3　我国碳纤维产业发展现状及趋势

我国碳纤维的研究始于 20 世纪 60 年代，但由于碳纤维作为重要的军工产品，国外对我国进行了严格的技术封锁，致使我国碳纤维技术基本以自主研发为主，进展缓慢，没能实现大规模的工业化生产。表 2-4 所示为我国碳纤维的主要发展历程。目前 T300 级碳纤维的工艺基本成熟，在一定程度上替代了进口碳纤维，同时 T700 和 T800 级碳纤维技术也取得了新的突破。2011 年以来，我国多家企业可稳定生产 T700 级碳纤维，中复神鹰成为全球第三家采用干喷湿纺工艺生产 T700 的企业。2012 年我国建成了首条 T800 级碳纤维生产线，并实现了稳定批量生产，目前已启动千吨级 T800 级碳纤维生产线的建设。

表 2-4　我国碳纤维的主要发展历程

时　间	单　　位	成　　果
1962 年	中科院长春应用化学研究所	开始 PAN 基碳纤维的研究，并于 20 世纪 70 年代初完成连续化中试装置
1975 年	国防科委	部署国内碳纤维研究工作
1976 年	中科院山西煤化所	建成我国首条 PAN 基碳纤维中试生产线
1986 年	中石油吉化分公司	采用硝酸法实现了原丝的中试生产，并由吉林碳素集团建设了相应的预氧化和碳化装备
21 世纪初	吉林石化、威海拓展、山西煤化所	T300 级碳纤维制备成套技术基本成熟、完成 T700 级原丝和碳纤维攻关技术
2012 年	中简科技发展有限公司	国内首条 T700 级高性能碳纤维生产线
2012 年	江苏航科复合材料科技有限公司	国内首条 T800 级碳纤维生产线
2013 年	中复神鹰碳纤维有限责任公司	国内首条千吨级干喷湿纺 T700 级碳纤维原丝和碳化生产线
2016 年	中复神鹰碳纤维有限责任公司	千吨级干喷湿纺 T800 级碳纤维原丝生产线投产

2016 年，我国内地碳纤维制造商超过 30 家，24 家具有工程产能以上产能的企业的理论产能为 23 810 t，其中仅江苏恒神和中复神鹰的年产能超过 4000 t，一些企业的碳纤维生产设施甚至处于停运状态。表 2-5 所示为 2016 年我国碳纤维的主要生产厂家及对应的产能，其中台塑集团产能为 8800 t，为世界第六大碳纤维供应公司。中复神鹰和江苏恒神的产能分别

为 5000 t 和 4660 t，为国产碳纤维主要的生产厂商。在碳纤维项目方面我国也进行了大量的投资，蓝星威邦碳纤维项目一期投资 10 亿元，2013 年投入试生产，项目全部达产后可生产碳纤维布 50 万 m^2，碳纤维材料 230 t；江苏航科投入 2.5 亿元，于 2012 年建成产能为 25 t/a 的 T800 级碳纤维生产线，该公司于 2014 年 2 月成功研发出 T1000 级碳纤维；太原钢铁集团与山西煤化所合作共同开发高端碳纤维新材料，该项目投资 6 亿元，形成每年 T800 级碳纤维 25 t、M55J 石墨纤维 5 t 的产能，并于 2014 年进入试生产阶段[70]。

表 2-5　2016 年我国碳纤维的主要生产厂家及对应的产能

企业名称	产　能/t
台塑(FPC)集团	8800
中复神鹰碳纤维有限责任公司	5000
江苏恒神纤维材料有限公司	4660
威海拓展纤维有限公司	3100
浙江精业新兴材料有限公司	2000
兰州蓝星纤维有限公司	1800
中安信科技有限公司	1700
中油吉化碳纤维厂	600
河北硅谷化工有限公司	600
中钢集团江城碳纤维有限公司	550

尽管我国近几年在碳纤维上的进步很大，但国内的碳纤维制造水平总体上落后于世界发达国家，主要表现在以下三个方面：①受产业化水平和制备技术的影响，国产碳纤维制备成本较高，影响其应用领域的拓展；②国产碳纤维品种偏少，质量稳定性差，难以完全满足市场应用要求；③国产碳纤维配套技术相对落后，若干装备关键技术仍未突破。因此我国碳纤维行业未来的发展方向主要包括原丝质量的提高、产品种类的增加、生产工艺的改进，关键设备的研发以及生产成本的降低。

2.5　发展我国碳纤维产业的主要任务及应对策略

我国碳纤维产业经过长期的自主研发，打破了国外技术装备的封锁，千吨级工业化装置关键技术取得突破，但仍面临产能高、产量小、稳定性差、生产成本高、装备及下游产品落后等突出问题。因此必须加快关键技术的突破，促进碳纤维的发展。碳纤维关键技术的突破主要表现在纺丝原液质量的提高、低成本原料的替代、生产工艺的改进以及关键设备的研发。开发高性能、低成本的碳纤维，提高工业化生产的稳定性，促进下游产品的开发和应用，提高产业集中度，培育龙头企业成为我国碳纤维产业急需解决的问题。针对我国碳纤维技术落后、发展缓慢的问题，2013 年 10 月工信部印发了关于《加快推进碳纤维行业发展行动计划》的文件。明确提出我国发展碳纤维要坚持产业发展与下游应用相结合的原则，明确了碳纤维行业发展的具体目标和路径：首先，保障国家重大工程需求。围绕航空航天、军事装备、重大基础设施等领域对高端碳纤维产品的性能要求，建立完善上下游一体化协作机制，保障供应性能优越、质量稳定的碳纤维产品。完成碳纤维复合材料在民用航空航天领域关键结构件的应用验证，达到适航要求。加快碳纤维复合材料在跨海大桥、人工岛礁等重大基础设施中的示范应用。其次，扩大工业领域应用。重点围绕风力发电、电力输送、油气开采、汽车、压力容器等领域需求，支持应用示范，引导生产企业、研究设计机构与应用单位联合开发各种形态碳纤维增强复合材料、零部件及成品，加快培育和扩大工业领域应用市场，带动相关产业转型升级，保障战略性新兴产业发展需要。再次，提升服务民生能力。加大碳纤维在建筑补强领域的应用范围，提高建筑安全系数；继续做大做强碳纤维体育休闲产品，满足民众对文化体育生活的需求；积极开拓碳纤维产品在安全防护、医疗卫生、节能环保等领域的应用，不断满足经济和社会发展需求。争取到 2020 年，我国碳纤维整体创新和产业化发展能力接近或达到国际先进水平。碳纤维品种规格齐全，满足国民经济和国防科技工业对高端碳纤维的需求；培育具有国际影响力的碳纤维大型集团企业和一批具有国际竞争力的下游产品生产企业，形成若干产业链完善、创新能力强、特色鲜明的碳纤维产业集群；重点骨干企业综合能耗和排放指标接近世界先进水平，建立循环型碳纤维产业体系。

为达到上述目标，需加强科技创新能力，提升产业化发展水平。依托高校和科研机构，系统研究碳纤维生产过程中的关键环节，包括 PAN 的聚合、纺丝成形、预氧化、碳化、表面处理等环节。加强低成本沥青基、木质素基等碳纤维的研发，突破产业化关键技术。同时提高企业的技术改造能力，增强聚合釜、预氧化炉、碳化炉等大型关键设备的自主化制造水平，加快复合材料及应用制品的产业化，降低能耗和污染物排放量，提高资源和能源综合利用水平。另外，政府需制定行业准入标准，防止低水平重复建设，优化产业结构，鼓励创新型企业的发展，规范碳纤维行业发展。此外，还需积极推动企业间的联合重组，促进碳纤维上下游产业集约、协调发展，形成颇具特色、产权优势显著的产业集聚区。

参考文献

[1] 吴雪平，杨永岗，郑经堂，等. 高性能聚丙烯腈基碳纤维的原丝 [J]. 高科技纤维与应用，2001，26(6)：6-10.

[2] 王成国，朱波. 聚丙烯腈碳纤维[M]. 北京：科学出版社，2011.

[3] GUPTA A，PALIWAL D，BAJAJ P. Acrylic precursors for carbon fibers[J]. Journal of Macromolecular Science，Part C：Polymer Reviews，1991，31(1)：1-89.

[4] RANGARAJAN P，BHANU V，GODSHALL D，et al. Dynamic oscillatory shear properties of potentially melt processable high acrylonitrile terpolymers[J]. Polymer，2002，43(9)：2699-2709.

[5] DEVASIA R，NAIR C R，NINAN K. Solvent and kinetic penultimate unit effects in the copolymerization of acrylonitrile with itaconic acid[J]. European polymer journal，2002，38(10)：2003-2010.

[6] ROSE P G，李仍元. 碳纤维—现代工艺技术水平[J]. 新型碳材料，1993，2：10-36.

[7] BOHN C，SCHAEFGEN J，STATTON W. Laterally ordered polymers：Polyacrylonitrile and poly (vinyl trifluoroacetate) [J]. Journal of Polymer Science，1961，55(162)：531-549.

[8] WARNER S B，UHLMANN D R，Peebles L H. Oxidative stabilization of acrylic fibres：Part 3I. Morphology of polyacrylonitrile[J]. Journal of Materials Science，1979，14(8)：1893-900.

[9] 王茂章，贺福. 碳纤维的制造、性质及其应用[M]. 北京：科学出版社，1984.

[10] 贺福. 高性能碳纤维原丝与干喷湿纺[J]. 高科技纤维与应用，2004，29(4)：6-12.

[11] PEREPELKIN K. Carbon fibres with specific physical and physicochemical properties based on hydrated

cellulose and polyacrylonitrile precursors[J]. A review. Fibre Chemistry，2002，34(4)：271-280.

[12] DALTON S，HEATLEY F，BUDD P M. Thermal stabilization of polyacrylonitrile fibres[J]. Polymer，1999，40(20)：5531-5543.

[13] RAHAMAN M S A，ISMAIL A F，MUSTAFA A. A review of heat treatment on polyacrylonitrile fiber [J]. Polymer Degradation and Stability，2007，92(8)：1421-1432.

[14] 张旺玺. 聚丙烯腈基碳纤维[M]. 上海：东华大学出版社，2005.

[15] LIU Y，HODEK W，HEEK K H V. Characterization of tar，char and gas from pyrolysis of coal asphaltenes[J]. Fuel，1998，77(9)：1099-1105.

[16] 罗益锋. 国外PAN原丝及碳纤维专利分析报告(2) [J]. 高科技纤维与应用，2007，1：4-7,13.

[17] 孙立. 聚丙烯腈原丝聚合工艺研究[D]. 上海：华东理工大学，2012.

[18] PAUL D R. Diffusion during the coagulation step of wet-spinning[J]. Journal of Applied Polymer Science，1968，12(3)：383-402.

[19] RENDE A. A new approach to coagulation phenomena in wet-spinning[J]. Journal of Applied Polymer Science，1972，16(3)：585-594.

[20] 董纪震，罗鸿烈，王庆瑞，等. 合成纤维生产工艺学[M]. 北京：纺织工业出版社，1993.

[21] KALABIN A，PAKSHVER E. Thermotropic gelation in wet spinning of fibres from polymer solutions [J]. Fibre Chemistry，2000，32(4)：274-278.

[22] 张捷，王平. 聚丙烯腈原丝细旦化牵伸工艺[J]. 合成纤维，2014，9：17-20.

[23] 贾玉亭，吴永兴，姜立军，等. PAN基碳纤维原丝产品均质性研究[J]. 高科技纤维与应用，2014，1：48-51.

[24] 贺福，王茂章. 碳纤维及其复合材料[M]. 北京：科学出版社，1995.

[25] 何东新，王成国，王延相. 聚丙烯腈原丝预氧化过程中的结构与性能变化[J]. 合成纤维工业，2004，27(3)：33-36.

[26] 王文胜，孙金峰，王忠，等. 预氧化停留时间及低温炉温度废气排放对碳纤维性能的影响[J]. 高科技纤维与应用，2002，27(5)：33-35.

[27] WANG P H，YUE Z R，LI R Y，et al. Aspects on interaction between multistage stabilization of polyacrylonitrile precursor and mechanical properties of carbon fibers[J]. Journal of Applied Polymer Science，1995，56(2)：289-300.

[28] 王文胜，孙海英，张贵，等. 高温碳化温度对碳纤维性能的影响[J]. 化工科技，2014，22(6)：12-13.

[29] 王浩静，王红飞，李东风，等. 石墨化温度对碳纤维微观结构及其力学性能的影响[J]. 新型炭材料，2005，20(2)：157-163.

[30] 乐剑辉，汤育娟，徐泽辉. 聚丙烯腈基碳纤维的研究进展[J]. 上海化工，2010，35(6)：15-20.

[31] HOUTZ R. "Orlon" Acrylic Fiber：Chemistry and Properties[J]. Textile Research Journal，1950，20(11)：786-801.

[32] WATT W，PHILLIPS L，JOHNSON W. High-strength high-modulus carbon fibres[J]. Engineer，1966，221(5757)：815-816.

[33] MORRIS E A，WEISENBERGER M C，BRADLEY S B，et al. Synthesis，spinning，and properties of very high molecular weight poly(acrylonitrile-co-methyl acrylate) for high performance precursors for

carbon fiber[J]. Polymer, 2014, 55(25): 6471-6782.

[34] PARK S H, LEE S G, KIM S H. The use of a nanocellulose-reinforced polyacrylonitrile precursor for the production of carbon fibers[J]. Journal of Materials Science, 2013, 48(20): 6952-6959.

[35] XIANG C, BEHABTU N, LIU Y, et al. Graphene Nanoribbons as an advanced precursor for making carbon fiber[J]. Acs Nano, 2013, 7(2): 1628-1637.

[36] BROWN T R, CHOUDHURY R P, MEREE C E, et al. Viscoelastic properties and structure of poly (acrylonitrile-co-methacrylic acid) polymer solutions for gel spinning at long aging times[J]. Journal of Applied Polymer Science, 2014, 131(3): 1082-1090.

[37] Júnior C A R B, FLEMING R R, PARDINI L C, et al. Polyacrylonitrile (PAN) spinning process[J]. Polimeros-Ciencia E Tecnologia, 2013, 23(6): 764-770.

[38] MORALES M S, OGALE A A. Carbon fibers derived from UV-assisted stabilization of wet-spun polyacrylonitrile fibers[J]. Journal of Applied Polymer Science, 2014, 131(16): 318-323.

[39] 顾伟，潘鼎. 黏胶基碳纤维[J]. 新型碳材料，1996，(3)：10-13.

[40] 贺福，赵建国，王润娥. 黏胶基碳纤维[J]. 化工新型材料，1999，27(1)：3-10.

[41] Tang M, Bacon R. Carbonization of cellulose fibers: Part 1. Low temperature pyrolysis[J]. Carbon, 1964, 2(3): 211-220.

[42] 郑伟. 黏胶基碳纤维的制造及其应用[J]. 人造纤维，2006，36(4)：23-27.

[43] 马恒怡，黄玉东，张志谦，等. 60Coγ-辐射接枝对黏胶基碳纤维的表面改性[J]. 材料科学与工艺，2003，11(2)：172-175.

[44] 李新莲，温月芳，杨永岗，等. 影响黏胶基碳纤维收率和性能的因素研究[J]. 高科技纤维与应用，2004，29(2)：33-38,45.

[45] 严成. 表面大孔型黏胶基活性碳纤维的制备及致孔机理研究[D]. 上海：东华大学，2010.

[46] 史景利，马昌. 沥青基碳纤维的研发及产业化[J]. 高科技纤维与应用，2014，39(3)：7-14.

[47] PARK Y D, KORAI Y, MOCHIDA I. Preparation of anisotropic mesophase pitch by carbonization under vacuum[J]. Journal of Materials Science, 1986, 21(2): 424-428.

[48] PARK Y D, MOCHIDA I. A two-stage preparation of mesophase pitch from the vacuum residue of FCC decant oil[J]. Carbon, 1989, 27(6): 925-929.

[49] 秦显营. 沥青基碳纤维的制备与性能研究[D]. 上海：东华大学，2008.

[50] 穆翠红. 中间相沥青基碳纤维表面处理的研究[D]. 北京：北京化工大学，2010.

[51] 孙进. 中间相沥青基碳纤维预氧化及炭化过程中结构转变规律的研究[D]. 北京：北京化工大学，2013.

[52] HIGUCHI T. Lignin biochemistry: Biosynthesis and biodegradation[J]. Wood Science and Technology, 1990, 24(1): 23-63.

[53] CRESTINI C, MELONE F, SETTE M, et al. Milled wood lignin: a linear oligomer[J]. Biomacromolecules, 2011, 12(11): 3928-3935.

[54] WANG S C, LI Y, XIANG H, et al. Low cost carbon fibers from bio-renewable Lignin/Poly(lactic acid) (PLA) blends[J]. Composites Science and Technology, 2015, 119: 20-25.

[55] OTANI S. Preparation of fibrous carbon materials[P]. Japan. 542900, 1968.

[56] BRODIN I, SJOHOLM E, GELLERSTEDT G. Kraft lignin as feedstock for chemical products: The

effects of membrane filtration[J]. Holzforschung，2009，63(3)：290-297.

[57] BAKER D A，GALLEGO N C，BAKER F S. On the characterization and spinning of an organic-purified lignin toward the manufacture of low-cost carbon fiber[J]. Journal of Applied Polymer Science，2012，124(1)：227-234.

[58] SUDO K，SHIMIZU K. A new carbon fiber from lignin[J]. Journal of Applied Polymer Science，1992，44(1)：127-134.

[59] URAKI Y，KUBO S，NIGO N，et al. Preparation of carbon fibers from organosolv lignin obtained by aqueous acetic acid pulping[J]. Holzforschung-International Journal of the Biology，Chemistry，Physics and Technology of Wood，1995，49(4)：343-350.

[60] KUBO S，URAKI Y，SANO Y. Preparation of carbon fibers from softwood lignin by atmospheric acetic acid pulping[J]. Carbon，1998，36(7-8)：1119-1124.

[61] KADLA J F，KUBO S，VENDITTI R A，et al. Lignin-based carbon fibers for composite fiber applications[J]. Carbon，2002，40(15)：2913-2920.

[62] KUBO S，KADLA J. Lignin-based carbon fibers：Effect of synthetic polymer blending on fiber properties[J]. Journal of Polymers and the Environment，2005，13(2)：97-105.

[63] THUNGA M，CHEN K，Grewell D，et al. Bio-renewable precursor fibers from lignin/polylactide blends for conversion to carbon fibers[J]. Carbon，2014，68：159-166.

[64] 林剑，赵广杰. 木质素基碳纤维的研究进展[J]. 北京林业大学学报，2010，32(4)：293-296.

[65] 刘志强. 碳纤维复合材料在航空领域的应用[J]. 黑龙江科技信息，2013，23：62.

[66] 全球及中国碳纤维及其复合材料产业发展报告 2017-2021[R]. Research and Markets. 2017.

[67] 2016 全球碳纤维复合材料市场报告[R]. 赛奥碳纤维技术有限公司. 2017.

[68] 罗益锋，罗晰旻. 近期碳纤维及其复合材料的新发展[J]. 高科技纤维与应用，2014，39(1)：1-9,18.

[69] 郭玉明，冯志海，王金明. 高性能 PAN 基碳纤维及其复合材料在航天领域的应用[J]. 高科技纤维与应用，2007，32(5)：1-7,17.

[70] 马祥林，张黎明，王俊峰，等. 我国碳纤维行业的发展现状及建议[J]. 新材料产业，2014，8：2-6.

第3章 芳香族聚酰胺纤维

聚酰胺，在工业或日常生活中常被称作尼龙(Nylon)，英文名字为 Polyamide，一般简称 PA，它是大分子主链上含有许多重复的酰胺基团(—CONH—)的一大类聚合物的统称[1]。为了与脂肪族聚酰胺的通称进行区别，美国政府通商委员会于 1974 年把芳香族聚酰胺通称定义为 Aramid，泛指酰胺基团直接与两个苯环基团连接而成的线型高分子，用它制造的纤维就是芳香族聚酰胺纤维(Aramid 纤维)[2, 3]。目前随着对芳香族聚酰胺研究的不断深入，又将芳香族聚酰胺细分为全芳香族聚酰胺、杂环芳香族聚酰胺。全芳香族聚酰胺泛指至少 85% 的酰胺键和两个芳环相连的长链合成聚酰胺，由此类聚合物制得的纤维称为芳香族聚酰胺纤维(Aramid fiber)。杂环芳香族聚酰胺是主链由芳环和杂环组成的一种高聚物纤维，指含有氮、氧、硫等杂质元素的二胺和二酰氯缩聚而成的芳酰胺纤维。

3.1 芳香族聚酰胺纤维的结构与性能

芳纶可分为两大类：一类是由对氨基酰氯缩聚而成，通式为

$$NH_2—Ar_1—COCl \longrightarrow \left[NH—Ar_1—CO\right]_n + HCl$$

如聚对苯甲酰胺纤维(PBA)。

一类是由芳香族二胺和芳香族二酰氯缩聚而成，通式为

$$NH_2—Ar_1—NH_2 + COCl—Ar_2—COCl \longrightarrow \left[NH—Ar_1—NH—CO—Ar_2—CO\right]_n + 2HCl$$

其中，Ar_1 和 Ar_2 可相同或不同，可以是苯环、萘环甚至杂环，其中最重要的是间苯二甲酰间苯二胺(PMIA)纤维和对苯二甲酰对苯二胺(PPTA)纤维，上述两种纤维在我国分别被称为芳纶 1313 和芳纶 1414[4]。

芳纶全称为“聚对苯二甲酰对苯二胺”，是一种新型高科技合成纤维，具有高拉伸强度、高拉伸模量、低密度、优良吸能性和减震、耐磨、耐冲击、抗疲劳、尺寸稳定等优异的力学和动态性能；良好的耐化学腐蚀性；高耐热、低膨胀、低导热、不燃、不溶等突出的热性能以及优良的介电性能。其强度是钢丝的 5～6 倍，模量为钢丝或玻璃纤维的 2～3 倍，韧性是钢丝的 2 倍，而质量仅为钢丝的 1/5 左右，在 560 ℃的温度下，不分解、不融化，具有很长的生命周期。

芳纶最早开发于 20 世纪 60 年代初，1963 年美国杜邦公司率先研制出商品名为“Nomex”的间位芳纶，并于 1967 年实现工业化生产。1966 年杜邦公司发明了聚对苯二甲酰对苯二胺芳纶液晶纺丝新技术，并于 1971 年开始工业化生产，商品名为“Kevlar”。杜邦公司是全球最大的芳纶生产企业，市场份额占 50%左右。

日本帝人公司则于1971年成功开发间位芳纶，商品名为Conex；1987年帝人公司推出了商品名为Technora的共聚型对位芳纶，随后于2000年收购了荷兰阿克苏·诺贝尔公司的年产能为5000 t的对位芳纶Twaron，帝人公司在该领域的竞争力大为加强，市场份额占全球的20%左右。韩国可隆(Kolon)公司自1979年开始研发对位芳纶，2005年实现产业化，其产品商品名为Hercron。

苏联20世纪60年代后期开始研发芳香聚酰胺尤其是杂环芳香聚酰胺，并在70年代后期到80年代初取得较大进展，多个产品实现产业化。80年代末90年代初，俄罗斯科学家还进行Rusa芳纶(含氯-Armos)的研发，即用邻氯对苯二胺代替Armos单元中的对苯二胺。俄罗斯科学家研发对位芳纶CBM(SVM)、高强高模芳纶APMOC(Armos)的经验基础上，开发出新的产品Rusar。目前，俄罗斯生产芳纶主要厂家为卡明斯克化纤股份公司，生产SVM、Armos、Rusar、Arutek、Arus等五种型号产品[5, 6]。

1965年，美国杜邦公司的科学家S. L. Kwolek在研究聚对苯甲酰胺时发现当聚合物溶液浓度在10%～15%时流动性变好，搅拌时有乳光，完全不同于黏稠的各向同性溶液，用于喷湿纺法纺丝，无须拉伸就可得到高取向度的纤维，经过热处理成为高强高模的耐高温纤维。这种液晶纺丝法得到了广泛的应用，其中，最为人们所熟悉的是由Herbert Blades采用液晶纺丝法制备的聚对苯甲酰胺(PBA)和聚对苯二甲酰对苯二胺(PPTA)纤维。此后杜邦公司开始了液晶纺丝法制芳香族聚酰胺的工业化进程，最初的PBA和PPTA统称为B纤维。1971年建成年产250 t中试厂。从此以Kevlar为商品名的PPTA纤维蓬勃发展。荷兰阿克苏公司的Twaron纤维也属此类，主要品种及其分子式见表3-1。

表3-1　全芳香族聚酰胺的主要品种

名　称	分子式
聚对苯二甲酰对苯二胺(PPTA)	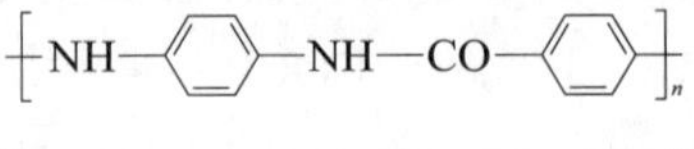 $\left[NH-\langle\bigcirc\rangle-NH-CO-\langle\bigcirc\rangle\right]_n$
聚间苯二甲酰间苯二胺(PMIA)	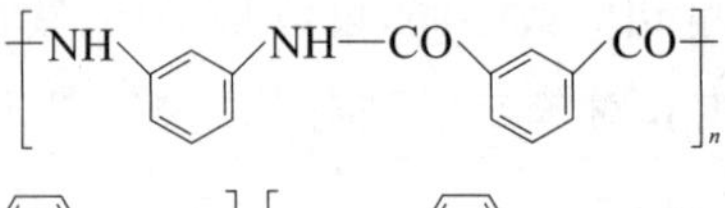 $\left[NH-(m\text{-}\bigcirc)-NH-CO-(m\text{-}\bigcirc)-CO\right]_n$
聚对苯二甲酰对苯二胺3，4′-二氨基二苯醚(PPD/POP-T)	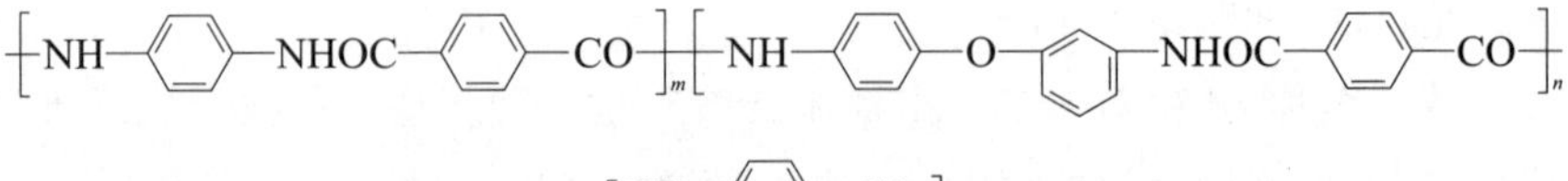 $\left[NH-\langle\bigcirc\rangle-NHOC-\langle\bigcirc\rangle-CO\right]_m\left[NH-\langle\bigcirc\rangle-O-(m\text{-}\bigcirc)-NHOC-\langle\bigcirc\rangle-CO\right]_n$
聚对苯甲酰胺(PBA)	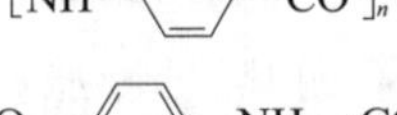 $\left[NH-\langle\bigcirc\rangle-CO\right]_n$
聚对苯二甲酰-4，4′-二苯砜胺纤维	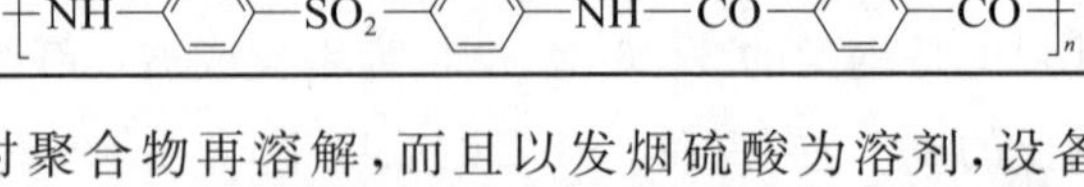 $\left[NH-\langle\bigcirc\rangle-SO_2-\langle\bigcirc\rangle-NH-CO-\langle\bigcirc\rangle-CO\right]_n$

液晶纺丝法工艺流程长，须对聚合物再溶解，而且以发烟硫酸为溶剂，设备要求高。所以，各国的研究人员开始探索如何由聚合反应溶液直接纺丝法制备PPTA纤维，即改善聚合体在聚合反应溶剂中的溶解性能，通常是引入第三单体降低PPTA分子链的线性，所得纤维经过高倍热拉伸而得到高强高模的高性能纤维，其代表纤维是日本帝人公司的Technora。1990年德国Hoechst公司采用由聚合物溶液直接纺丝生产出的新型对位芳纶纤维，在力学性

能方面可与 PPTA 纤维相媲美，而且密度比 PPTA 小，特别是耐酸碱性能远优于 PPTA。

3.1.1　对位芳香族聚酰胺纤维的结构与性能

1. PPTA 纤维的结构

PPTA 纤维的结构与性能和普通聚酰胺、聚酯等有机纤维有很大差别。这些纤维大分子链多数以折叠、弯曲和相互缠结的形态呈现，就是经过拉伸取向后，纤维的取向和结晶度也比较低，其结构常用缨状胶束多相模型来描述，但这些理论已经不能解释 PPTA 高强高模的原因。PPTA 大分子的刚性规整结构、伸直链构象和液晶状态下纺丝的流动取向效果，使大分子沿着纤维轴的取向度和结晶度相当高，与纤维轴垂直方向存在分子间酰胺基团的氢键和分子间作用力，但这个凝聚力比较弱，因此大分了容易沿着纤维纵向开裂产生微纤化[4]。

对 PPTA 纤维的结构，用 X-射线衍射，扫描电镜以及化学分析等方法进行解析，提出许多结构模型，比较有代表的如 Dobb 等[7]提出的“辐向排列褶裥层结构”，Ayahian 等提出的“片晶柱状原纤结构”模型[8]，Prunsda 及李历生等人提出的“皮芯层有序微区结构”模型[9]，这些微细构造的模型示意图列于图 3-1，基本上反应了 PPTA 纤维的主要结构特征：

（1）纤维中存在伸直链聚集而成的原纤结构；

（2）纤维的横截面上有皮芯结构；

（3）沿着纤维轴向存在 200～250 nm 的周期长度，与结晶 c 轴呈 0°～10°夹角相互倾斜的褶裥结构；

（4）氢键结合方向是结晶 b 轴；

（5）大分子末端部位，往往产生纤维结构的缺陷区域。

通常纤维的抗张强度主要取决于聚合物的相对分子质量、大分子的取向度和结晶度、纤维的皮芯结构以及缺陷分布。

图 3-2 所示是 PPTA 纤维的强度与相对分子质量（特性黏度）的关系，随着黏度的增加，纤维强度迅速上升，显然相对分子质量的增加，大分子链长度变长，同时减少了分子末端数，改进了分子的规整性，有利于纤维强度的提高。对 PPTA 初生纤维进行紧张热处理，进一步完整纤维的结晶结构，提高纤维的模量，因此不同的工艺条件得到不同性能的 PPTA 纤维。

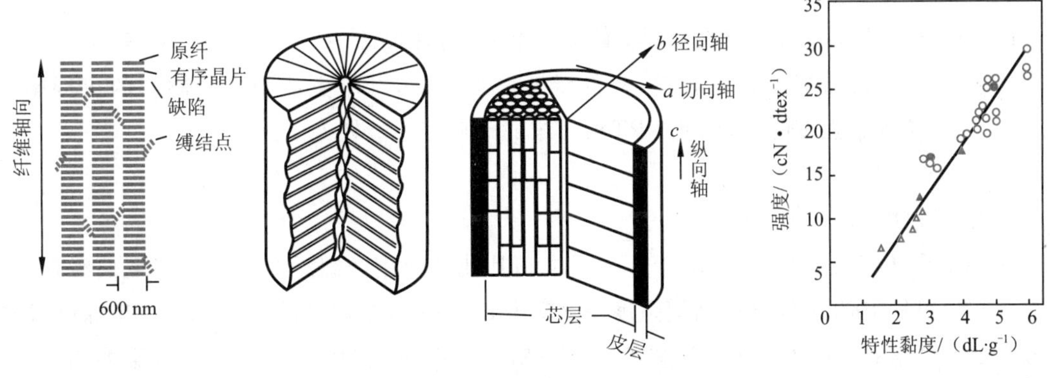

图 3-1　PPTA 纤维的各种微细构造模型

图 3-2　PPTA 纤维的强度

PPTA 纤维的理论强度是 30 GPa，理论模量为 182 GPa，现在纤维的强度实际达到3 GPa左右，模量最高达到 173 GPa，实测结晶模量已经达到 156 GPa，可以看出纤维的模量和理论值相当接近了，而纤维的强度只有理论的 1/10，差距很大。这一方面说明高强度纤维的强度收到纤维结构缺陷的影响，另一方面也反映了目前有关纤维结构缺陷的理论还有许多不完善的地方，是今后研究的重要方向。

PPTA 分子的结晶单元结构如图 3-3 所示，其结晶单元尺寸为 $a=0.787$ nm，$b=0.519$ nm，$c=1.29$ nm，c 轴的尺寸表明 PPTA 分子链在结晶区域内是完全伸直的。其链段和 c 轴之间的取向角为 6°，和对苯酰基段之间为 14°，酰胺基和相邻聚合物链的羰基之间的距离约为 0.3 nm，NH—O 之间的夹角为 160°，这种结构使得相邻分子链之间产生很强的氢键。酰胺键平面和对苯二胺段的亚苯基平面的夹角为 38°，键的自由旋转受阻，分子链表现出刚性棒状特征。

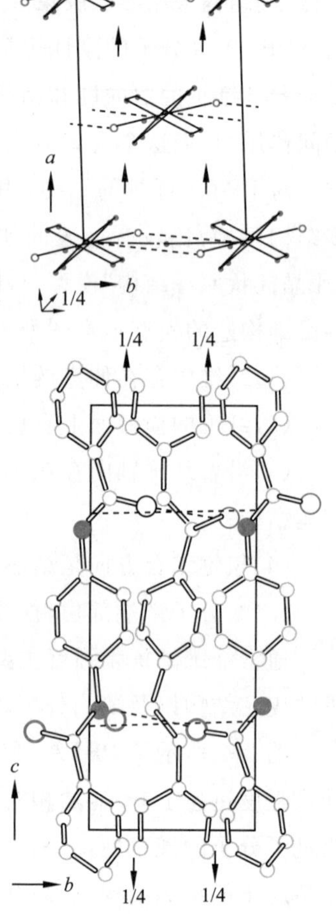

图 3-3 聚对苯二甲酰对苯二胺的晶格结构

PPTA 纤维大分子刚性和伸直链的结构，不仅使纤维有高强度高模量的力学性能，而且还有良好的耐热性，它的玻璃化温度是 345 ℃左右，在高温下不熔融，热收缩也很小，有自熄性，在 200 ℃下，强力几乎保持不变，随着温度上升，纤维逐步发生热热分解或碳化，其分解温度大约为 560 ℃，极限氧指数值(LOI)为 28%～30%。

图 3-4 是经过热处理过的高模量 PPTA 纤维的 X-射线衍射图，图中标线是纤维方向，图上赤道方向有两个较强的衍射斑，(110)面和(200)面，说明纤维有很高的结晶度和取向度，取向角约为 9.0°～ 9.6°，子午线方向有明显的等同周期衍射条纹及清晰的对称层线，其等同周期为 1.292 nm，PPTA 纤维的结晶结构系单斜晶体。晶胞参数：$a=0.780$ nm，$b=0.519$ nm，$c=1.29$ nm；$\alpha=\beta=\gamma=90°$；$Z=2$（单位晶包中的分子数），$\rho=1.50$ g/cm^3（结晶密度）。

PPTA 纤维的结晶构造存在氢键，横向作用力弱，片晶之间容易滑移，所以纤维弯曲性能较差，对纤维弯曲加压后，纤维上能观察到倾斜的扭折褶带(kinkband)，使纤维强度降低，因此 PPTA 纤维的耐疲劳性能较差[4]。

2. PPTA 纤维的性能

1)力学性能

图 3-5 是杜邦公司的 Kevlar PPTA 纤维和其他产业用纺织纤维的应力应变曲线比较。从图 3-5 中可见 PPTA 纤维的断裂强度是 24.86 cN/dtex，是钢丝的 5 倍，尼龙、聚酯纤维和玻璃纤维的 2 倍；同时它的模量也很高，达到 537 cN/dtex，是钢丝的 2 倍，高强聚酯的 4 倍，

高强尼龙的 9 倍。高模型的 PPTA 纤维的模量高达 1100 cN/dtex，断裂伸长非常低[10]。

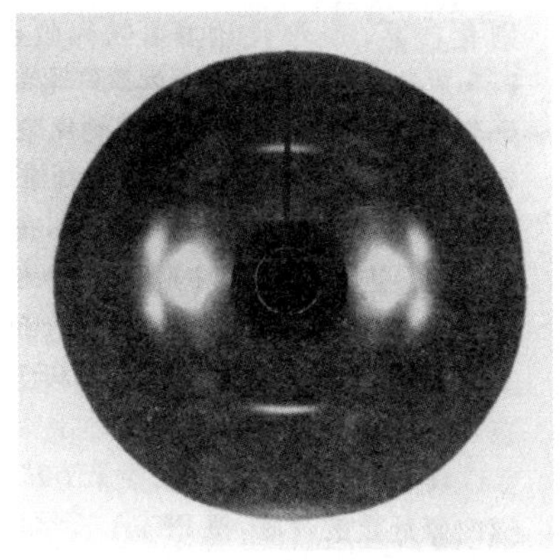

图 3-4　PPTA 纤维 X-射线衍射图

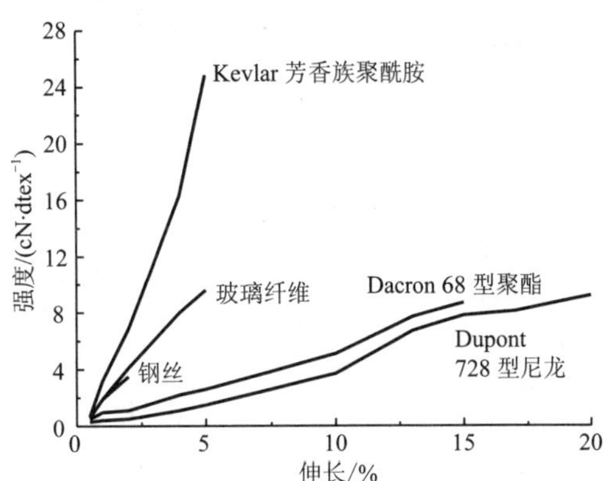

图 3-5　Kevlar PPTA 纤维和其他产业用纤维的应力-应变曲线

作为产业用纺织纤维，对比强度有较高的要求。比强度为抗拉强度与密度之比，比模量则是指抗拉模量与密度之比。图 3-6 是芳纶和其他产业用纤维比模量和比强度的比较，可见 Kevlar 29 和 49 的比模量介于玻璃纤维和高模量硼纤维和石墨纤维之间，比强度高于其他产业用纤维。

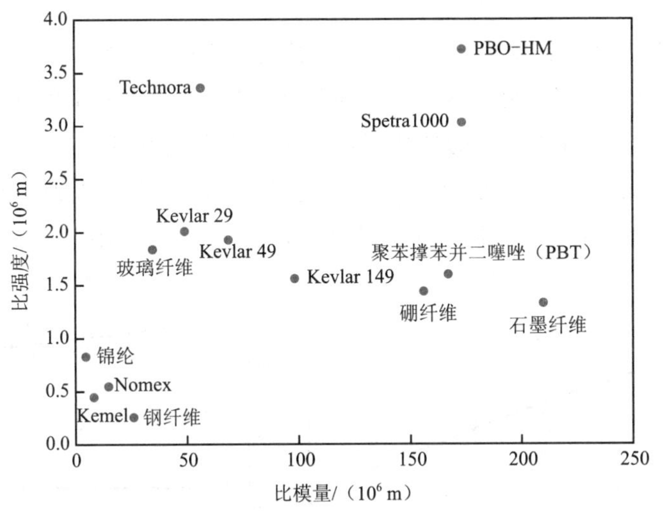

图 3-6　不同增强纤维的比模量和比强度比较

为了适应不同用途的需要，美国杜邦公司和荷兰阿克苏公司分别开发了不同的 PPTA 品种，已工业化生产的 PPTA 纤维的主要种类及力学性能见表 3-2。

表 3-2　聚对苯二甲酰对苯二胺纤维的性能

PPTA 纤维种类	纤度/dtex	密度/($g \cdot cm^{-3}$)	抗拉强度/($cN \cdot dtex^{-1}$)	抗拉模量/($cN \cdot dtex^{-1}$)	伸长率/%	吸湿率/%
Kevlar	1.66，2.5	1.44	20.5（2.9 GPa）	496（70 GPa）	3.6	5～7

续表

PPTA 纤维种类	纤度/dtex	密度/(g·cm⁻³)	抗拉强度/(cN·dtex⁻¹)	抗拉模量/(cN·dtex⁻¹)	伸长率/%	吸湿率/%
Kevlar 29	1.66,2.5	1.44	20.5 (2.9 GPa)	496 (70 GPa)	3.6	5～7
Kevlar 49	1.66	1.45	19.7 (2.8 GPa)	696 (99 GPa)	2.4	3～4
Kevlar 119	1.66,2.5	1.44	21.9 (3.1 GPa)	380 (54 GPa)	4.4	5～7
Kevlar 129	1.66	1.44	24.1 (3.4 GPa)	700 (99 GPa)	3.3	4～6
Kevlar 149	1.66	1.47	23.4 (3.3 GPa)	1000 (145 GPa)	1.5	1.5
$KevlarKM_2$	1.66	1.44	23.4 (3.3 GPa)	300 (42 GPa)	3.3	5～7
Twaron SM1000	1680/1000f	1.44	19.1 (2.7 GPa)	467 (66 GPa)	3.4	7.0
Twaron HM1055/6	405/250f 8050/5000f	1.45	19.7 (2.8 GPa)	880 (125 GPa)	3.5	7
Twaron HM2200	1680/1000f	1.45	19.7 (2.8 GPa)	704 (100 GPa)	2.7	5.5
Twaron Hs2000	3360/2000f	1.44	26.9 (3.8 GPa)	638 (90 GPa)	3.5	5.5
Twaron SM1041	1680/1000f	1.44	19.1 (2.7 GPa)	425 (60 GPa)	3.5	7

2)热性能

PPTA 纤维的玻璃化温度为 345 ℃,分解温度为 560 ℃,极限氧指数为 28%～30%。PPTA纤维的强度和初始模量随温度的升高而降低,但它在 300 ℃下的强度和模量比其他常规纤维(如聚酯、尼龙等)在常温下的性能还好。在干热空气下,180℃,48 h 的强度保持率为 84%,400 ℃下为 50%,零强温度为 455 ℃。同时,它的耐低温性能也好,在－196 ℃下,Kevlar 49 纤维不发脆,不分解。温度对纤维强度和模量的影响如图 3-7 和图 3-8 所示。

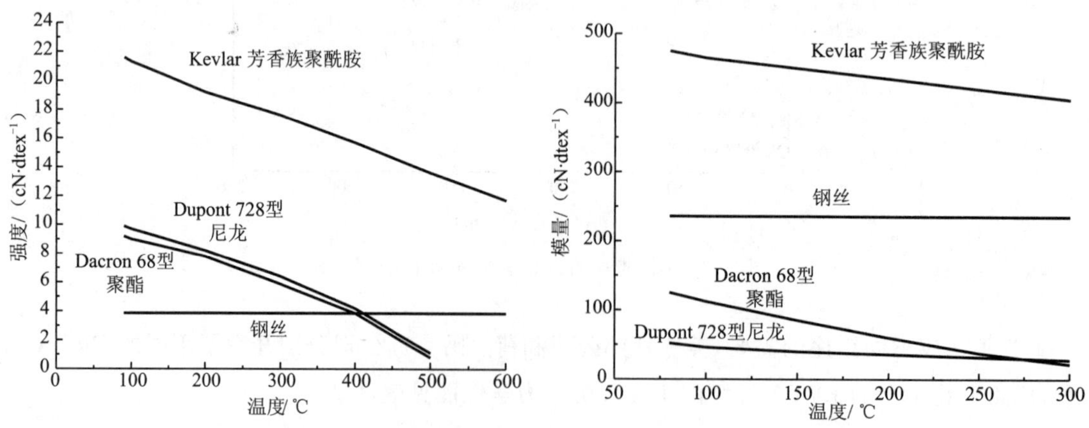

图 3-7 空气中温度对 Kevlar 及其他纤维强度的影响

图 3-8 空气中温度对 Kevlar 及其他纤维模量的影响

3)压缩和剪切性能

芳纶纤维为轴向伸展的聚合物,分子链的构象给予纤维高的纵向弹性模量,芳香族环及电子的共轭体系赋予纤维高的力学刚性和化学稳定性；横向以氢键相结合，氢键使酰胺基具有稳定性，但它比纤维轴向的共价键要弱得多，因此，芳纶纤维纵向强度较高，而横向强度较低。Kevlar 纤维的拉伸、压缩和剪切性能见表 3-3。可见抗拉强度约为抗压强度的 5 倍，抗拉强度约为抗剪强度的 17 倍，抗拉模量和切变模量之比约为 70∶1[10]。

表 3-3　Kevlar 49 纤维的抗拉、压缩和抗剪性能

性　能	拉伸	压缩	剪切	拉伸/压缩比	拉伸/剪切
强度/GPa	3.4	0.7	0.18	5	17
断裂伸长/%	2.5	0.5	10	5	0.25
模量/GPa	130	130	1.8	1	70

4）耐疲劳性能

PPTA 纤维因为压缩性能较差，所以耐疲劳问题较突出。长时间的周期性载荷往往会引起纤维的疲劳和强度的下降，这对产业用纺织纤维十分重要。选择纤维/橡胶复合材料为试样，进行弯曲、拉伸、压缩及剪切的疲劳试验，然后测定帘线的强力保持率，结果锦纶帘线强力保持率为 100%，而芳纶帘线为 70%～78%，芳纶/锦纶复合帘线为 85%，显然芳纶帘线的耐疲劳性能较差。

5）耐紫外光性能

在吸收光谱中，芳纶在紫外线区间约 250 nm 处有一个强的吸收峰，低而宽的吸收峰集中在 330 nm 周围，这就造成了芳纶使用上的缺陷。芳纶纤维不仅须防止紫外光照射，而且不可暴露于阳光中。芳纶在空气中吸收来自于太阳光的 300～400 nm 波长的辐射，导致强力性能严重下降。

3.1.2　间位芳香族聚酰胺纤维的结构与性能

1. PMIA 纤维的结构

Metamax 纤维是由酰胺基团相互连接间位苯基所构成的线型大分子，与 Kevlar 纤维相比，间位连接共价键没有共轭效应，内旋转位能相对低些，大分子链呈现柔性结构，其弹性模量的数量级和柔性大分子处于相同水平，它们的分子链轴方向的模量见表 3-4。

表 3-4　各种大分子结晶模量比较

纤维类型	纤维模量/GPa	结晶模量/GPa	
		实测值	理论值
PPTA	68.0～132.0	156	183
MPIA	6.7～9.8	88	90
PET	19.5	108	122
PP	9.6	27	34
PAN	9.0	—	86

Metamax 的结晶结构如图 3-9 所示，在它的晶体里氢键在两个平面上存在，如格子状排列。MPIA 纤维的结晶属于三斜晶系，其晶胞参数：$a=0.527$ nm，$b=0.525$ nm，$c=1.130$ nm；$\alpha=111.5°$，$\beta=111.4°$，$\gamma=88.0°$；$Z=1$，$\rho=1.47$ g/cm^3。亚苯基-酰胺之间和 C—N 键旋转的高能垒阻碍了 PMIA 分子链成为完全伸直链的构象。由于氢键的作用强烈，使 Metamax 化学结构稳定，具有优越的耐热性、阻燃性，耐化学腐蚀性也相当好。

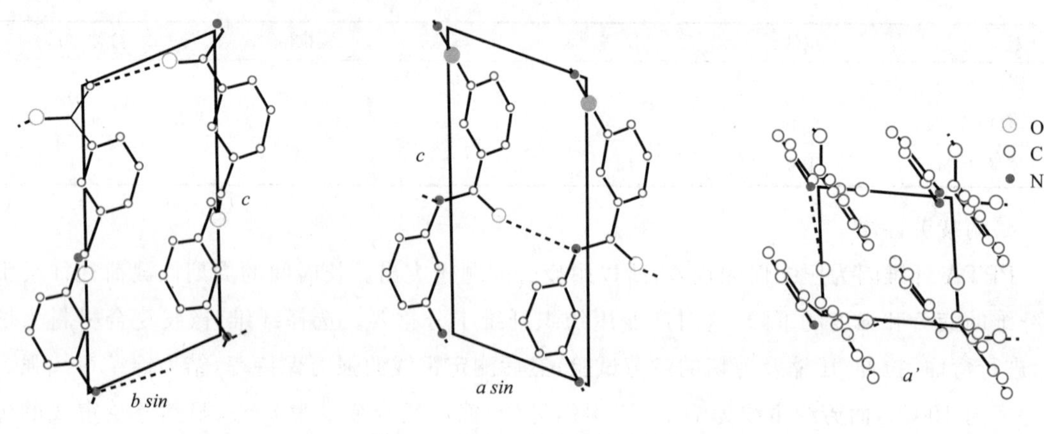

图 3-9　PMIA 纤维的结晶结构

2. PMIA 纤维的性能

1）力学性能

PMIA 纤维常温下的力学性能和通常的服用纤维相近，因此它的纺织加工性能也和它们相近。Nomex 纤维（美国杜邦公司的 PMIA 纤维品牌）的力学性能见表 3-5，Conex（日本帝人公司的 PMIA 纤维品牌）纱线的力学性能见表 3-6。

表 3-5　Nomex 纤维的力学性能

产品型号	430		450	455/462	N301
纤度/dtex	1200/600f	1600/600f	1.5dpf	1.5dpf	1.5dpf
密度/(g·cm^{-3})	1.38	1.38	1.37	—	—
回潮率/%	4.0	4.0	8.2	8.3	8.3
强度/(cN·dtex^{-1})	5.4	5.3	3.2	2.8	3.1
断裂伸长/%	30.5	31.0	22	21	19
初始模量/(cN·dtex^{-1})	102	92.5	—	—	—
钩接强度/(cN·dtex^{-1})	4.5	4.3	—	—	—
纤维截面形状	椭圆至犬骨型	椭圆至犬骨型	椭圆至犬骨型	椭圆至犬骨型	椭圆至犬骨型
长径/μm 均值(范围)	20(17～22)	—	17(15～18)	18(15～20)	18(15～20)
短径/μm 均值(范围)	11(9～13)	—	10(8～12)	10(8～12)	10(8～12)

注：dpf 表示单丝纤度。

表 3-6　Conex 纱线的力学性能

纱线支数	20.2	30.2	40.5
回潮率/(%)	5.2	5.0	5.0
捻数/(捻·m^{-1})	15	18	21
单纱强力/g	776	492	315
伸长/%	22	21	17

2)耐热性能

PMIA 纤维的玻璃化温度为 270 ℃,热分解温度为 400～430 ℃。Nomex 455 型纤维的 TGA 曲线如图 3-10 所示,无论是在氮气还是空气氛围中,在 400 ℃时纤维的失重小于 10%,在 427 ℃以上开始快速分解。Nomex 纤维不熔融。Nomex 455 型纤维的 DSC 曲线如图 3-11所示,图上没有明显的熔点。Nomex 纤维的一些热性能指标见表 3-7。

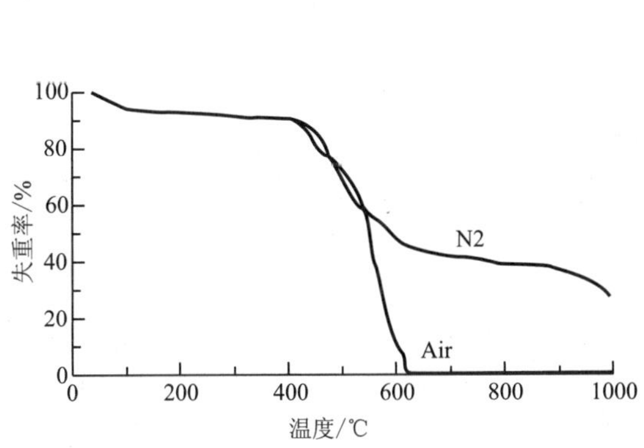

图 3-10　Nomex 455 型纤维的 TGA 曲线

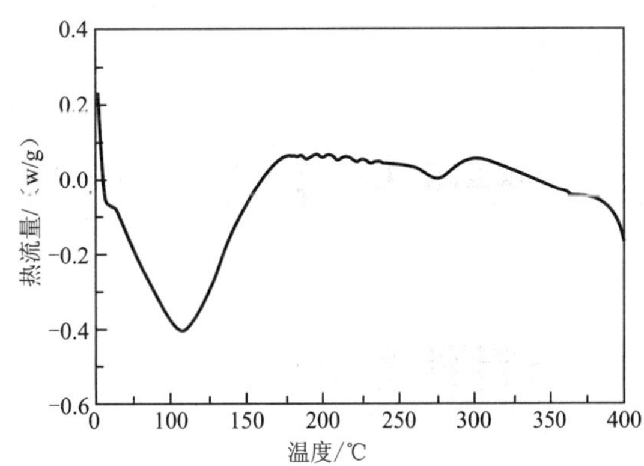

图 3-11　Nomex 455 型纤维的 DSC 曲线

表 3-7　Nomex 纤维的热性能

产品型号	430		450	455/462	N301
纤度/dtex	1200/600f	1600/600f	1.5dpf	1.5dpf	1.5dpf
燃烧热/(J·g^{-1})	28.1×10^6	—	28.1×10^6	28.1×10^6	28.1×10^6
比热/(cal·g^{-1}·$℃^{-1}$)	0.30	—	0.30	0.26	0.29
沸水收缩率/%	1.3	1.1	4.0	0.5	—
285℃30min 干热收缩/%	4.0	4.0	—	—	—
热导率/(W·m^{-1}·K^{-1})	0.25	—	—	—	—
线膨胀系数/(cm·cm^{-1}·$℃^{-1}$)	1.8×10^{-5}	1.8×10^{-5}	1.8×10^{-5}	1.8×10^{-5}	1.8×10^{-5}

PMIA 纤维暴露在高温下,仍能保持一定的强度。在 200 ℃环境温度下,工作时间长达 20 000 h,仍可以保持强度的 90%,在 260 ℃的干热空气中连续工作 1000 h,强度保持原来的 65%～70%,明显好于常规的化学纤维。Nomex430 型纤维连续暴露在不同温度的干热空气中的强度保持率见图 3-12。

3)耐焰性能

PMIA纤维有很好的耐焰性能,极限氧指数为29%。在火焰中不会发生熔滴现象,而且如果在会熔滴的化学纤维中混纺少许的PMIA纤维也能够防止熔滴现象。PMIA纤维离开火焰会自熄,在400 ℃的高温下,纤维发生碳化,成为一种隔热层,能阻挡外部的热量传入内部,起到有效的保护作用。同时PMIA纤维在高温下分解产生的烟气较少,对人体的危害较小。

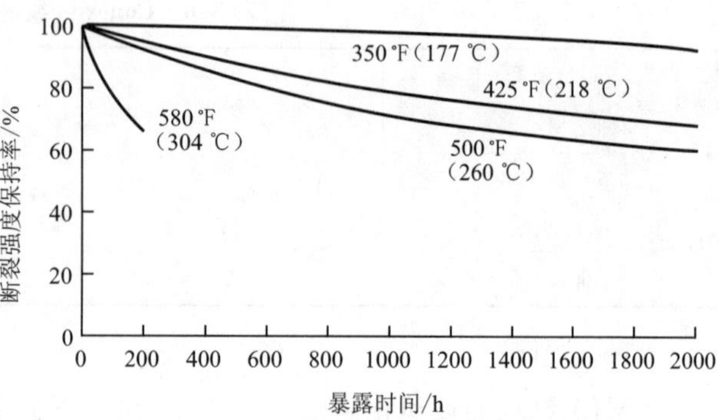

图3-12 Nomex 430型纤维在干热空气中的强度变化

4)耐腐蚀性能

PMIA的化学结构相当稳定,赋予纤维优良的耐化学腐蚀性能,其中耐有机溶剂和耐酸性好于尼龙,但比聚酯纤维略差,常温下的耐碱性很好,但在高温下强碱中容易分解。具体指标见表3-8。

表3-8 Nomex长丝和纱线的耐化学腐蚀性能(强度保持率/%)比较

化学试剂	试剂浓度/%	温度/F(℃)	时间/h	pH	430* Nomex	450* Nomex	455* Nomex
			有机溶剂				
二甲亚砜	100	200(93)	10	—	82.5%	69.9%	8.9%
甲酸	91%水溶液	200(93)	10	—	95.8%	92.8%	78.6%
丁乙酮	100	200(93)	10	—	100%	98.8%	91.4%
	100	200(93)	10	—	99.2%	94.0%	92.9%
			盐溶液				
次氯酸铁	饱和	200(93)	10	—	62.5%	55.4%	37.1%
硫氰酸钠	饱和	200(93)	10	—	100%	100%	85.7%
硝酸银	饱和	200(93)	10	—	100%	97.6%	95.7%
			氧化还原剂				
亚氯酸钠	0.60	210(99)	10	4.5	95.0%	85.5%	72.9%
过乙酸	2.0	210(99)	10	6.0	67.5%	49.4%	22.9%
次氯酸钠	0.30	160(71)	10	10.6	100%	97.6%	65.7%
亚硫酸氢钠	3.0	210(99)	10	4.7	99.2%	100%	92.9%
硫代硫酸钠	3.0	210(99)	10	8.3	100%	100%	88.6%
			酸碱				
盐酸	10.0	160(71)	10	—	62.5%	53.0%	27.1%

续表

化学试剂	试剂浓度/%	温度/F(℃)	时间/h	pH	430* Nomex	450* Nomex	455* Nomex
硝酸	1.0	210(99)	10	—	75.0%	69.9%	50.0%
硫酸	10.0	210(99)	10	—	90.8%	74.7%	50.0%
氢氧化钠	10.0	210(99)	10	—	53.3%	9.0%	不溶
蒸馏水	—	210(99)	10	3.7	100%	100%	98.6%

昆虫无法消化Nomex纤维，也不会侵袭它。根据ASTM G21-80“合成聚合物材料抗菌检测标准”测试，Nomex射流喷网无纺布具有抗菌能力。因此，昆虫和细菌对Nomex纤维及其织物的影响很小。

5)耐紫外光性能

长时间暴露在紫外光下会使PMIA纤维从白色或近似白色的原色变成深青铜色，有色PMIA纤维也会褪色或变色。这是因为纤维分子链中的酰胺键在紫外光的作用下会发生断链而形成发色基团所致。

6)耐辐射性能

核电厂和其他一些高能辐射作业时常要求所用的纤维产品能够抵抗γ射线，PMIA纤维有着很好的耐辐射性能，Nomex纤维在各种射线下的强度保持率见表3-9。

表3-9　Nomex纤维的耐辐射性能

辐射类型	强度	强度保持率/%	
		Nomex	Nylon
空白样品	—	100	100
γ射线	1.72×10^{8} rad	100	30
	6.04×10^{-2} W/in^2	80	80
紫外光	4.07×10^{-3} W/in^2	105	70
	6.88×10^{6} rad	—	—
紫外光+γ射线	1.2×10^{-2} W/in^2	95	5
	1.72×10^{8} rad	—	—

3.1.3　杂环芳香族聚酰胺纤维的结构与性能

苏联采用含咪唑环或噻唑环的二胺单体和对苯二胺、对苯二甲酰氯三元单体在酰胺系的极性溶剂中，经低温溶液缩聚、聚合溶液直接纺丝制备了Armos、SVM等纤维，强度达5.0～5.5 GPa，模量达130～150 GPa，可与高性能碳纤维T800H相媲美，杂环基团的引入使PPTA纤维的强度和弹性模量提高到了一个新的水平。但由于杂环二胺单体合成技术难度较大，成本较高，至今杂环芳纶仍没有形成规模，目前只应用于航天器材和高性能复合材料等领域。杂环芳纶的品种见表3-10。

表 3-10　杂环芳纶的品种

分子式	第三单体	杂环含量/%	特性黏度/(dL·g⁻¹)	热处理后的力学性能		
				强度/(cN·dtex⁻¹)	伸长/%	模量/(cN·dtex⁻¹)
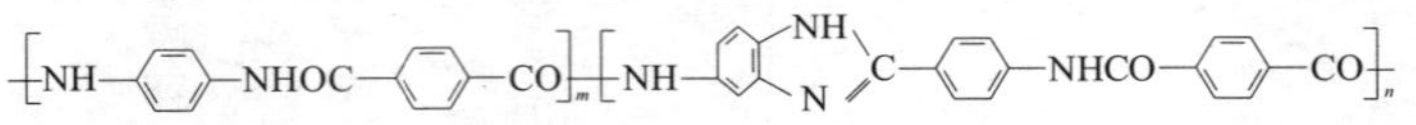 [NH—NHOC—CO]$_m$[NH—(NH, N)C—NHCO—CO]$_n$	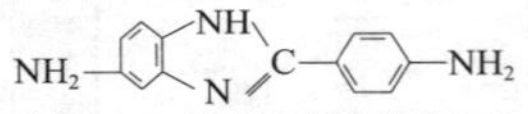 NH_2—(NH, N)C—NH_2 5-氨基-2-（对氨基次苯基-苯并咪唑）	10	6.63	22.9	3.5	600
		50	6.65		2.5	1014
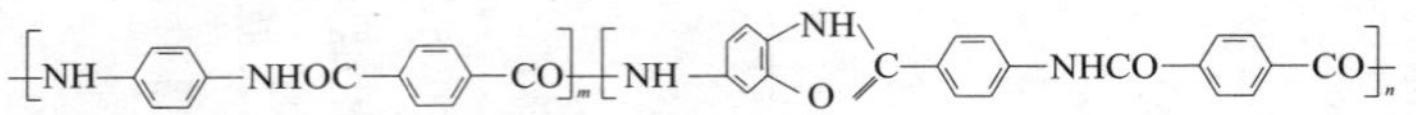 [NH—NHOC—CO]$_m$[NH—(NH, O)C—NHCO—CO]$_n$	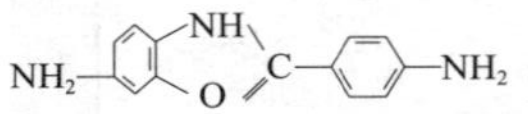 NH_2—(NH, O)C—NH_2 5-氨基-2-（对氨基次苯基-苯并噁唑）	35	6.2	31.6	3	926
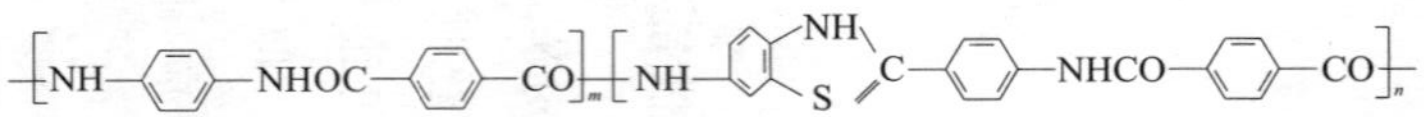 [NH—NHOC—CO]$_m$[NH—(NH, S)C—NHCO—CO]$_n$	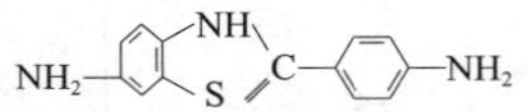 NH_2—(NH, S)C—NH_2 5-氨基-2-（对氨基次苯基-苯并噻唑）	30	4.7	—	—	—
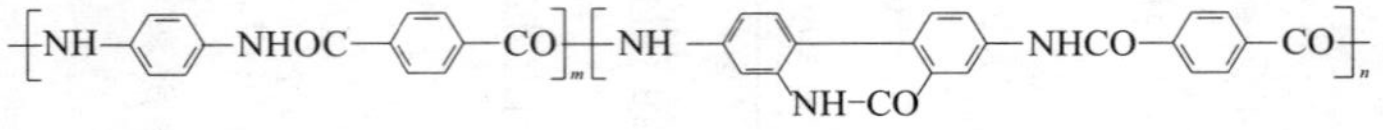 [NH—NHOC—CO]$_m$[NH—(NH-CO)—NHCO—CO]$_n$	 NH_2—(NH-CO)—NH_2	20	6.18	39	3.2	955
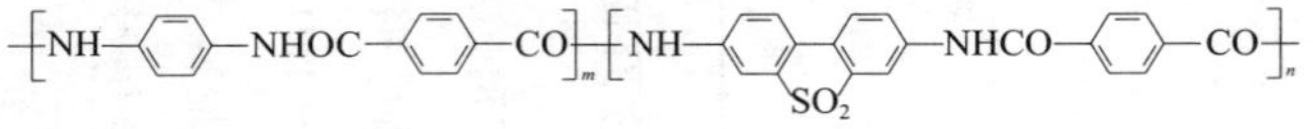 [NH—NHOC—CO]$_m$[NH—(SO_2)—NHCO—CO]$_n$	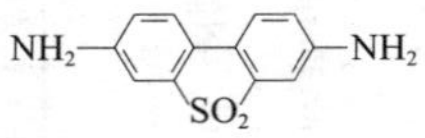 NH_2—(SO_2)—NH_2	20	6.46	33.9	3.9	680
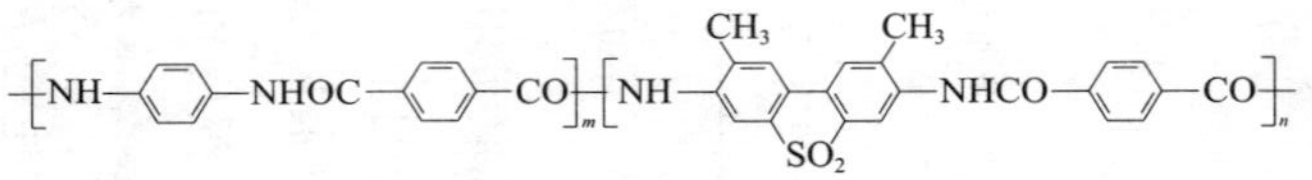 [NH—NHOC—CO]$_m$[NH—(CH_3, CH_3, SO_2)—NHCO—CO]$_n$	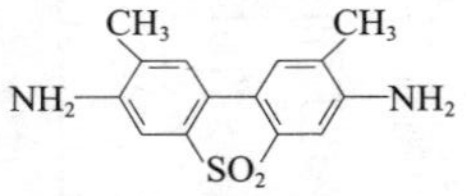 NH_2—(CH_3, CH_3, SO_2)—NH_2	20	5.7	39	3.7	712

世界上唯一的 Armos 纤维生产商——特维尔化纤自由股份公司于 1985 年开始生产这种纤维。与传统纤维生产相比，新工艺不仅经济，而且生产的纤维具有更高的力学性能：弹性模量高，强度高。其主要产品是 29.4～167 tex 的复丝，并在此基础上生产 167 tex 的纤维束，也可根据需要生产其他纤度的纤维束。此外，还生产工业用的 Aroms 纤维。58.8 tex、100 tex的 Armos 纤维和 600 tex 的纤维束的力学性能分别见表 3-11 和表 3-12，其耐热性能见表 3-13。

表 3-11　工业用高模量 Armos 纤维的力学性能

指　　标	58.8 tex		100 tex		
	品牌 A	品牌 B	品牌 A	品牌 B	品牌 C
断裂应力/ N	115.7	115.7	206	191	185
断裂伸长/%	4	5	4	5	6
动态弹性模量/GPa	142.2	137.3	142.2	137.3	—
浸胶丝平均断裂强度/ MPa	4412	4120	4412	4120	—
捻度/(捻・m^{-1})	50±15	50±15	50±15	50±15	50±35
上油量/%	—	—	—	—	1.0～2.5

表 3-12　工业用耐热 Armos 纤维的力学性能

指　　标	复　　丝			单　　丝	
	58.8 tex	100 tex		品牌 A	品牌 B
		品牌 A	品牌 B		
断裂强度/(cN・tex^{-1})	127	168	112	159	93
断裂伸长/%	4.5	4.5	5.0	4.5	5.0
捻度/(捻・m^{-1})	50±15	50±15	50±15	≤15	≤15

表 3-13　Armos 纤维的温度特性

特　　性	指　　标
分解温度/℃	550～600
生产温度/℃	300～330
点燃温度/℃	500～600
自燃温度/℃	550～650
极限氧指数/%	38～42

1. 力学性能

在抗拉强度性能方面，Armos 强力丝的强度比其他对位芳族聚酰胺高 50%，远远超过了对位芳族聚酰胺。

2. 尺寸稳定性

Armos 纤维在 300～350 ℃时开始收缩，400～450 ℃时收缩 3%～4%。载荷作用下的 Armos 的尺寸高稳定性(较小蠕变)指标接近金属纤维和玻璃纤维。

3. 耐热性

Armos 纤维耐热、难溶，在 400 ℃下的热失重很小，工作温度为 200 ℃。Armos 纤维的重要特性是能耐持续升高的高温，在加热的空气中暴露 1000 h 后，其强度和弹性模量仍保持在基准值的 80%～90%。Armos 纤维能耐明火，氧指数为 38%～43%，除去火源后立即熄灭。

4. 吸湿性

Armos 纤维吸湿性总体较小，标准条件下的吸湿性低于极性结构纤维。对比 Armos 纤维在不同相对湿度情况下的回潮率和含湿率，可以发现滞后现象。Armos 纤维的吸水性能稍高于 PPTA 纤维。

5. 耐腐蚀性

Armos 纤维的耐腐蚀性强（原因在于其芳族结构），尤其可以防止化学制品和石油产品的腐蚀。持续处在湿润状态的纤维实际上不发生变化，不受微生物影响。

3.2 芳香族聚酰胺纤维的先进工艺技术

3.2.1 PPTA 的制备及纺丝

1. 聚合物制备

PPTA 的制备有界面缩聚和低温溶液缩聚两种，工业生产上使用后者。其生产工艺流程如图 3-13 所示。在研究初期，所用酰胺类溶剂为六甲基磷酰胺（HMPA），但在 19 世纪 70 年代后期，发现 HMPA 有致癌作用，且溶剂回收困难；随后改用 N-甲基吡咯烷酮（NMP），然而，NMP 的溶解性能比 HMPA 差，为改善其溶解性能，通常加入 LiCl、$CaCl_2$ 等盐类，溶剂分子与金属阳离子的络合提高了体系溶剂化作用，从而增加了 PPTA 在其中的溶解性能。

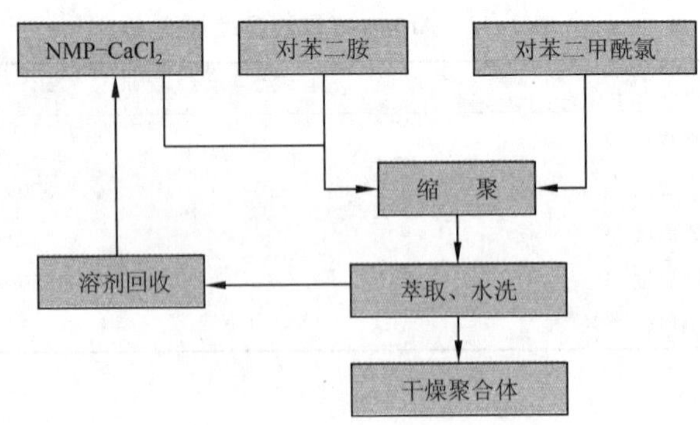

图 3-13　PPTA 低温溶液缩聚工艺示意图

对苯二胺和对苯二甲酰氯的反应很快，反应开始后几分钟就出现爬杆现象，接着产生凝胶，在进一步的强剪切作用下，聚合物析出，此后聚合物的分子量几乎不再增加。

反应起始单体浓度在 0.4 mol/L 时为佳。大于 0.4 mol/L 时，反应体系中杂质含量相对增加，副反应增多，不能得到高分子量的聚合物；小于 0.4 mol/L 时，聚合体系很快产生凝胶，聚合物较早就从溶剂中析出，聚合反应不能充分进行。

作为纤维级的 PPTA 要求具有较高的分子量，聚合物的比浓对数黏度大于 4 dL/g，数均分子量在 20 000 左右，聚合度约为 84，链长约为 108 nm。

通常 PPTA 分子量的测定以浓硫酸为溶剂，配置浓度为 0.05 g/mL 的 PPTA/浓硫酸溶液，在 30 ℃下采用乌氏黏度计测定，其比浓对数黏度与分子量之间的关系如下：

$$[\eta]=KM_\eta^\alpha \tag{3-1}$$

其中，$[\eta]$为特性黏数。温度为 25 ℃、溶剂为 96%的浓硫酸，当相对分子质量在 $0.8\times10^4\sim4\times10^4$时，$K=9.4\times10^{-6}$，$\alpha=1.7$；当相对分子质量在 $4\times10^4\sim6\times10^4$时，$K=1.46\times10^{-2}$，$\alpha=1$。

2. 纺丝

PPTA 不溶于有机溶剂，但可溶解于浓硫酸。PPTA/H_2SO_4溶液体系中，质量分数为 20%的溶液在 80 ℃下从固相向向列型液晶相转变，到 140 ℃时又向各向同性溶液相转变。因此，PPTA 的液晶纺丝喷丝板的温度必须控制在 80～100 ℃，而且为了使液晶分子链通过拉伸流动沿纤维轴向取向，必须具有足够大的纺丝速度。要满足这两个要求，采用在喷丝板与凝固浴之间设置空气层的干湿法纺丝最为有利，如图 3-14 所示。凝固浴的凝固剂（水）温度希望控制得较低（0～4 ℃），以利于 PPTA 大分子取向状态的保留和凝固期间纤维内部孔洞的减少，空气层的存在允许高温原液和低温凝固浴的独立控制，可以使得水温与纺丝温度之间保持较大的温差，同时也有利于提高纺丝速度。利用这一工艺可制造出强度和初始模量比传统纺丝纤维高 2～4 倍的纤维。

干湿法纺丝中聚合物分子取向机理如图 3-15 所示[10]。各向异性的液晶溶液从喷丝板的细孔中挤出时，由于细孔中的剪切作用，液晶区在流动的方向上取向，因为溶液的出口膨胀，细孔中出口处液晶区的取向略有散乱，然而这种散乱在空气间隔层随纺丝张力引起的长丝变细而迅速恢复正常。变细的长丝保持高取向分子结构被凝固，从而形成高结晶、高取向性的纤维结构，使纤维具有优良的力学性能，而不需要对其进行后拉伸就可使用。PPTA 卷绕丝经过高温紧张热处理，可以进一步提高结晶度。

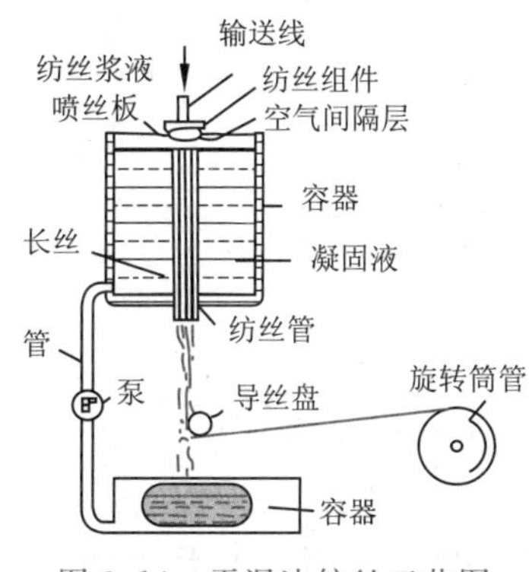

图 3-14　干湿法纺丝工艺图

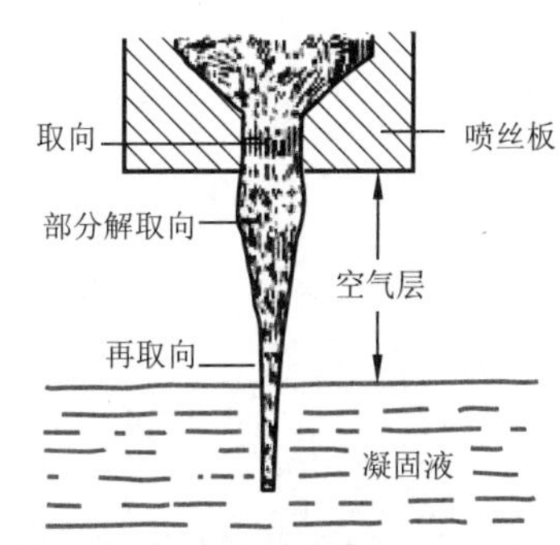

图 3-15　干湿法纺丝过程中的分子取向模型

3. PPTA 纤维的改性

PPTA 纤维二步法生产工艺流程长，成本较高，且要使用浓硫酸，对设备的腐蚀厉害。故人们一直在探索由聚合反应溶液直接纺丝法制备 PPTA 纤维，即改善聚合体在聚合反应溶剂中的溶解性能。方法是在聚合体系中引入第三单体，使改性 PPTA 的聚合体能够溶于聚合反应溶剂，而使反应溶液能够直接纺丝。但这样的聚合体往往不能形成液晶溶液，因此，在纺丝过程中，要对原纤高温高倍拉伸，使其分子链伸直，分子结构比较致密，而使纤维具有较高的强度和优异的耐化学试剂性能，特别是耐酸、碱性。

日本帝人公司采用 3,4′-二氨基二苯醚作为第三单体进行溶液缩聚反应制备而成，聚合反应式如下：所用溶剂为 NMP 和 DMAc，以 $CaCl_2$ 或 LiCl 为助溶剂。聚合温度为 0～80 ℃，时间为 15 h，聚合物浓度为 6%～12%，中和剂为氢氧化钙、氧化钙、碳酸钙、碳酸锂等。当 3,4′-二氨基二苯醚的浓度为 30%～50%时，聚合物的比浓对数黏度为 2～4 dL/g。

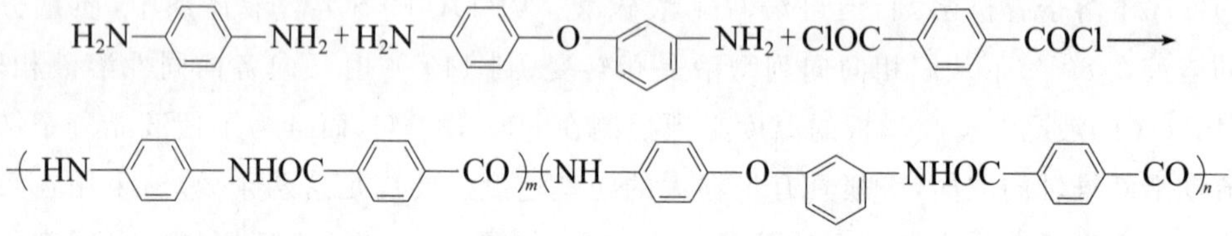

$$H_2N-\bigcirc-NH_2+H_2N-\bigcirc-O-\bigcirc-NH_2+ClOC-\bigcirc-COCl\longrightarrow$$

$$\left(HN-\bigcirc-NHOC-\bigcirc-CO\right)_m\left(NH-\bigcirc-O-\bigcirc-NHOC-\bigcirc-CO\right)_n$$

制备工艺过程如下所示：

溶液聚合 → 中和 → 干喷湿纺 → 水洗，拉伸 → 热处理 → 成品

制得的 Technora 分子结构中引入了第三成分含二苯醚键的二胺，虽然相对于 PPTA 分子结构的线性有所降低，但它的单元结构能以阶梯状排列，也能充分发挥其刚性分子链的特性，PPTA 及 Technora 的分子结构模型如图 3-16 所示。

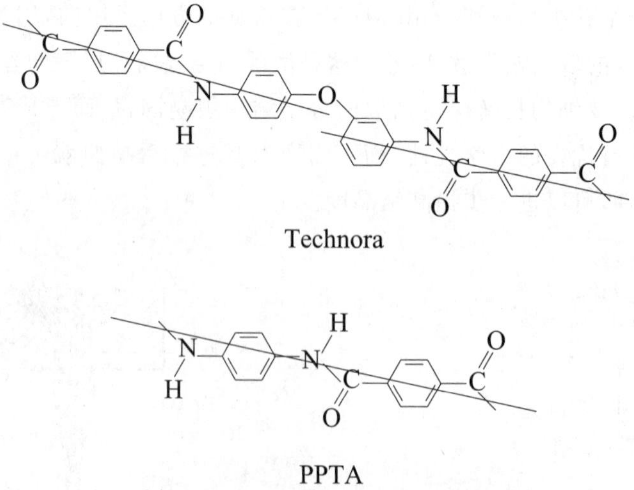

Technora

PPTA

图 3-16 PPTA 和 Technora 的分子结构模型

Technora 纤维的产品包括长丝、短纤维、浆粕，具体型号见表 3-14。由于 Technora 经过

高温、高倍(约10倍)热拉伸,使其表现出高的强度和断裂伸长率,见表3-15。Technora的力学性能介于高模量PPTA纤维和普通PPTA纤维之间。温度对其强度和模量的影响与PPTA纤维相似。

表3-14 Technora纤维产品一览

产品形式	型号	纤度或切断长度	用途
长丝	T-200	1111,1666 dtex	橡胶增强
	T-202	444,1666 dtex	橡胶增强(预反应型)
	T-220	1111,1666 dtex	绳索,帘子线
	T-221	1111,1666 dtex	绳索,帘子线
	T-230	1666 dtex	FRP,绳索
	T-240	61,111,222,444,1111,1666 dtex	织物,FPR
	T-241	1500,7500 dtex	织物,FPR
切断纤维	T-320	1,3,6,12,25,38,51 mm	树脂和水泥增强
	T-321	30 mm	混凝土增强
	T-322	1,3,6 mm	树脂增强
	T-323	1,3,6 mm	橡胶增强
短纤维	T-330	1.65 dtex/51 mm	纺纱
浆粕	T-340	干,2 mm	树脂增强,石棉替代品

表3-15 Technora®纤维的物理性能

项目	指标
颜色	金色
密度/$(g\cdot cm^{-3})$	1.39
抗拉强度/$(cN\cdot dtex^{-1})$	24.5(3.4 GPa)
抗拉模量/$(cN\cdot dtex^{-1})$	520(73 GPa)
断裂伸长/%	4.6
热分解温度/℃	500
燃烧热/$(KJ\cdot g^{-1})$	28.5
比热/$(KJ\cdot g^{-1}\cdot ℃^{-1})$	1.09
极限氧指数/%	25
平衡吸湿率/%	2

3.2.2 PMIA的制备及纺丝

1. 聚合物制备

PMIA通常由间苯二胺(MPD)和间苯二甲酰氯(IPC)缩聚而成:

$$n\ H_2N{-}C_6H_4{-}NH_2 + n\ Cl{-}CO{-}C_6H_4{-}CO{-}Cl \longrightarrow \left[NH{-}C_6H_4{-}NH{-}CO{-}C_6H_4{-}CO \right]_n + 2nHCl$$

近半个世纪，世界各地的科学家对聚间苯二甲酰间苯二胺的聚合方法进行了深入的研究。和脂肪族聚酰胺一样，PMIA 由缩聚反应生成，但因为其熔融温度高于分解温度，不能采用熔融缩聚的方法，主要的缩聚方法是溶液聚合、界面聚合、乳液聚合和气相聚合。时下工业化生产的是溶液聚合和界面聚合，和界面聚合相比，溶液聚合的产物可直接用于纺丝，省去了聚合物洗涤、再溶解和维持溶液稳定性的问题。两种聚合方法的工艺流程如图 3-17 所示。

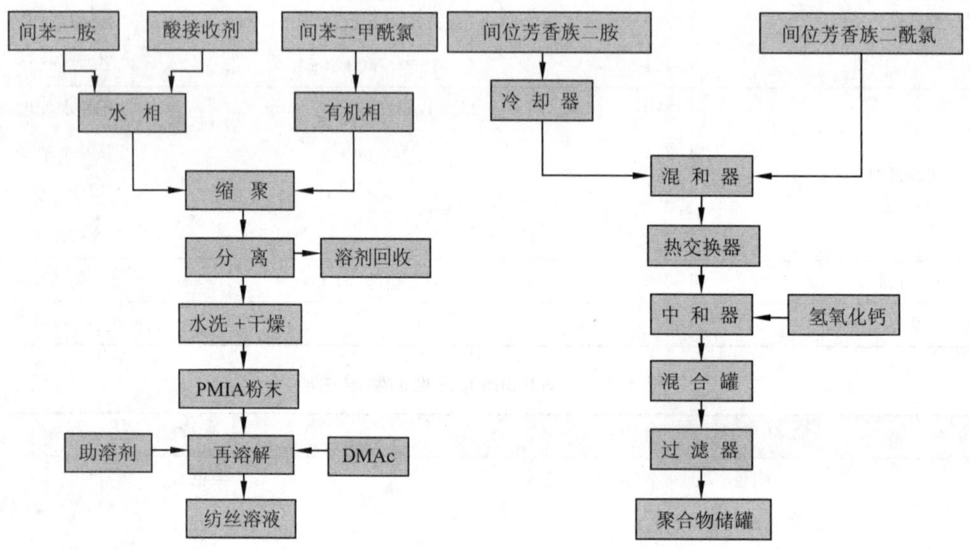

图 3-17 界面缩聚和溶液缩聚的工艺流程

界面缩聚法是将 IPC(间苯二甲酰氯)溶解于有机溶剂中，在强烈搅拌下将此溶液注入 MPD(间苯二胺)的碳酸钠水溶液中，在两相的界面上立即发生缩聚反应，生成 PMIA 的聚合物沉淀，然后经分离、洗涤、干燥后得到固体聚合物。有机相溶剂是不和 IPC 发生反应的四氢呋喃、二氯甲烷、四氯化碳等。在水相中可加入少量的酸吸收剂，以中和反应生成的氯化氢，加快反应进程，提高反应程度，得到高分子量的聚合物。

PMIA 的溶液聚合是先将 MPD 溶解在酰胺类溶剂中，冷却至 0 ℃以下，在搅拌下加入间苯二甲酰氯，反应体系自升温到 50～70 ℃反应 1 h 至平衡，然后加入中和剂以中和反应生成的氯化氢，中和产物作为助溶剂增加体系的稳定性，所得的溶液可以直接进行纺丝。影响聚合反应的主要因素如下：

1)反应温度的影响

间苯二甲酰氯和间苯二胺的缩聚反应较快，反应放出大量的热，所以反应温度的控制相当重要。首先，起始反应温度要低，对反应体系进行强制冷却，尽量减少副反应，一般为－10 ℃，起始反应温度对聚合物相对黏度 η_r 的影响如图 3-18 所示。但在反应后期由于溶液黏度增加，大分子活动受阻，应适当地在较高的温度下进行。

2）单体纯度及摩尔配比

根据 Flory 的缩聚原理：$P=(1+r)/(1-r)$。其中，P 为聚合度；r 为单体摩尔配比。所以，只有在等摩尔配比时，才会得到高相对分子质量的聚合物。影响摩尔配比的因素有计量精度、单体纯度等。而前者是以后者为基础的。一般的惰性杂质仅仅影响单体的摩尔配比。另外，间苯二甲酰氯的化学性质较活泼，遇水和醇易分解，产物不仅影响摩尔配比，而且水解产物使聚合反应活性减低。在实际情况下，由于间苯二甲酰氯的性质更活泼，因此，间苯二甲酰氯要稍许过量，以获得高相对分子质量的聚合物。间苯二甲酰氯和间苯二胺的摩尔配比对树脂的相对黏度 η_r 的影响如图 3-19 所示。

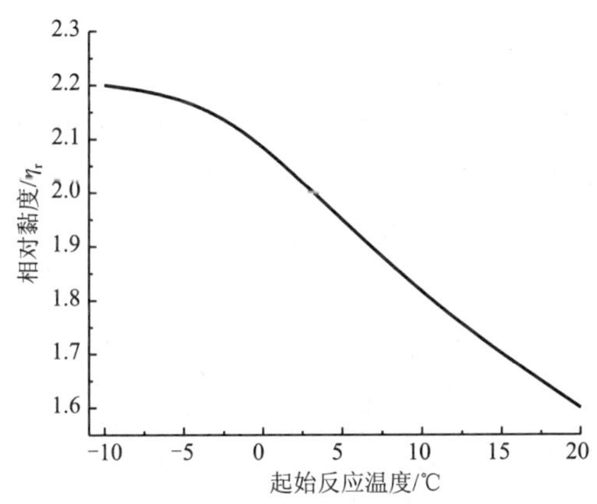

图 3-18　起始反应温度与聚合物相对黏度的关系

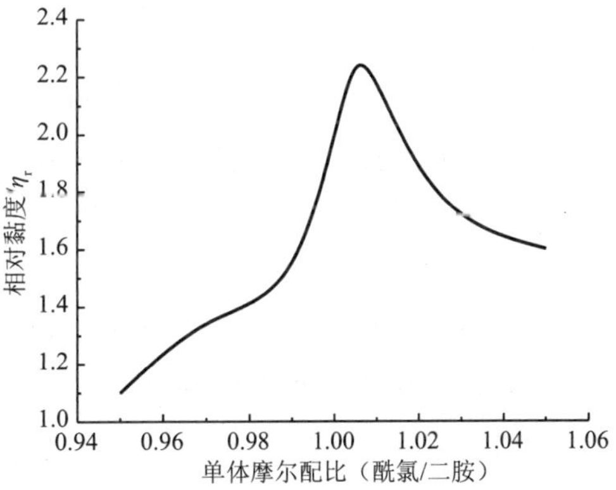

图 3-19　单体摩尔配比与聚合物相对黏度的关系

3）反应单体浓度

当单体浓度大于 0.5 mol/L 时，可得到高相对分子质量的聚合物，这表明在此浓度以上酰氯发生副反应的概率很小。

4）反应溶剂。反应溶剂应满足以下条件：①聚合物有较强的溶解能力，PMIA 的溶解度参数为 26.99$(J/cm^3)^{1/2}$，N，N′-二甲基甲酰胺（DMF）为 25.35$(J/cm^3)^{1/2}$，N，N′-二甲基乙酰胺（DMAc）为 23.31$(J/cm^3)^{1/2}$，N-甲基吡咯烷酮（NMP）为 23.72$(J/cm^3)^{1/2}$，所以 PMIA 都可以溶解于这些溶剂；②起到低分子副产物接收体的作用；③和反应单体之间的副反应极小；④对于工业化生产，还应易于回收。基于这四点，工业上生产以 DMAc 为主。

5）中和剂的种类及使用。酰氯和二胺的反应中会生成大量的小分子副产物氯化氢，须中和以后才能作为纺丝原液使用。一方面，氯化氢不予以中和，则腐蚀纺丝设备；另一方面，中和生成的盐如溶于反应体系，则起到助溶剂的作用，有利于纺丝原液的稳定。所以，通常的简单的做法是在反应结束以后，用 $Ca(OH)_2$ 中和，生成物溶于 DMAc。但这种纺丝液中盐的含量达到聚合物基准的近 50%，只适合于干法纺丝，对于湿法纺丝，如此高的含盐量势必对纤维的成形、拉伸和水洗带来困难。

为了解决这个问题，曾进行了多种努力。一种方法是用液氨作为中和剂，但在聚合物浓度较高时过滤变得非常困难，由此产生的一种变通的方法是先进行预聚、中和、缩聚和再中和，即先将间苯二胺和摩尔百分含量为90%的间苯二甲酰氯低温预聚，然后用液氨沉淀大部分的氯化氨，离心以除去氯化铵结晶，上层清液再回到反应器中，并于30～45 ℃下加入剩余的间苯二甲酰氯至合适黏度，最后用氢氧化钙中和至pH=6.5。这样可使该溶液含有聚合物基准的4.3%的盐。这种方法的缺点在于，氯化铵结晶不易清除，喷丝孔易被堵。而且在进一步的聚合过程中，反应单体的摩尔配比也不易控制。

日本帝人公司的专利提供一种方法：在聚合反应完成以后，一部分聚合生成的氯化氢用氢氧化钙的溶剂分散体中和，生成的氯化氢的中和率为10%，然后在溶液中加入氢氧化钠的水溶液，生成的氯化钠沉淀压滤除去，所得固含量为14%的溶液中含有聚合物基准15%的氯化钙。这种方法过滤压力偏大，在4×10^5 Pa左右。

2. 纺丝

聚间苯二甲酰间苯二胺的纺丝成型可以采用干法纺丝、湿法纺丝、干喷湿纺法和热塑挤压法。前两种方法已实现工业化，Nomex是按干法制得的，Conex是由湿纺法生产的，苏联的Fenilin是用热塑挤压法生产的，干喷湿纺是由美国孟山都公司申请了专利。

1)干法纺丝

干法纺丝的流程为将低温溶液缩聚用氢氧化钙中和后的纺丝液，得到约含20%聚合物及9% $CaCl_2$的黏稠液，经过滤后加热到150～160 ℃进行干法纺丝，得到初生纤维因带有大量无机盐，需经多次水洗后在300 ℃左右进行4～5倍的拉伸，或经卷绕后的纤维先进入沸水浴进行拉伸、干燥，再于300 ℃下紧张处理1.1倍。干法纺丝产品有长丝和短纤维两种。

2)湿法纺丝

湿法纺丝的纺丝原液是由界面聚合得到的聚合物粉末再重新溶解于溶剂中得到的，此纺丝原液通常的助溶剂盐的含量在通常3%以下。低温溶液聚合所得的纺丝溶液因为盐含量过高，一般不适合于湿法纺丝。纺丝原液温度控制在22 ℃左右，原液进入密度为1.366 g/cm^3的含二甲基乙酰胺和$CaCl_2$凝固浴中，浴温保持60 ℃，得到的初生纤维经水洗后在热水浴中拉伸2～3倍，接着再进行干燥，干燥温度为130 ℃，然后在320 ℃的热板上再拉伸约1.5倍而制得成品。Conex的产品主要为短纤维，有以下几个品种：普通短纤维、原液染色短纤维、毛条短切纤维和高强度长丝。高强PMIA纤维的湿法纺丝流程为：

浆液→凝固浴→洗涤→第一次湿拉伸→第二次湿拉伸→干燥→干拉伸→后处理

这样制得的纤维抗张强度可达8.4～9.2 cN/dtex，伸长25%～28%，300 ℃时的热收缩为5.6%～6.0%。高强Nomex的纤维性质与其超分子结构中的高结晶以及高取向是分不开的。高强Nomex的结晶度高达50%～53%，结晶尺寸较小为3.7～4.1 nm，结晶取向度为92%～94%，而普通纺纤维的结晶度为41%，结晶尺寸为4.8 nm，结晶取向度为88%。

3）干湿法纺丝

美国孟山都公司综合干纺和湿纺的优点，提出了干喷湿纺的工艺，其流程如图 3-20 所示。

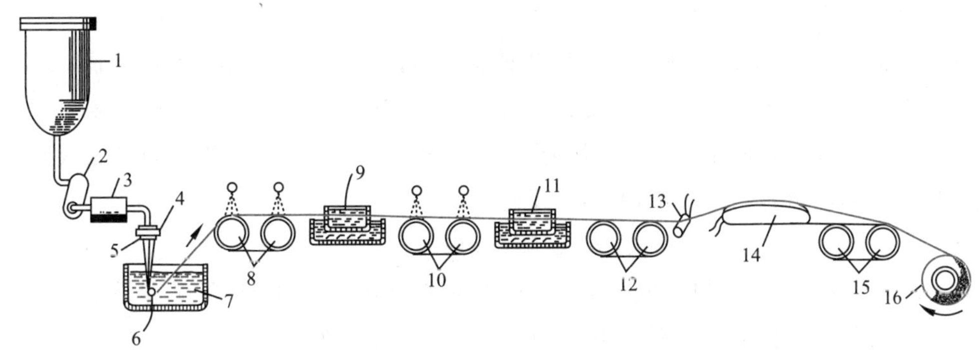

图 3-20　干喷湿纺流程图

1—浆液贮桶；2—计量泵；3—过滤器；4—喷丝组件；5—喷丝帽；6—导丝辊；7—凝固浴；8—第一导辊；9—热水拉伸浴；10—喷淋拉伸辊；11—整理浴；12—干燥辊；13—加热销；14—热管；15—拉伸辊；16—绕丝筒

采用这种工艺，纺丝拉伸倍数大，定向效果好，耐热性高。例如，湿纺纤维在 400 ℃下热收缩率为 80%，而干喷湿纺纤维<10%，湿纺的零强温度为 440 ℃，干纺为 470 ℃，而干喷湿纺可提高到 515 ℃。

3. 主要品种

1）Nomex T-430 纤维

Nomex T-430 型纤维是一种长丝，其长丝纱强度和耐化学腐蚀性较短纤纱高。一般，T-430 用于消防服及其配套设施、涂层布、电绝缘材料、暖气管、工业洗涤免烫材料等。因其较难染色，且染色不匀，所以 T-430 纤维及其织物常用其本色。

2）Nomex T-450 纤维

Nomex T-450 是一种短纤维，主要用于要求高强度、具有化学稳定性、热稳定性的场合，如：缝纫线、拉链布、消防服面料。一般用其本色针织产品，如帽兜、内衣。T-450 纤维及其织物虽然能染色，但染色性比 T-455 和 T-462 差。

3）Nomex T-455 纤维

Nomex T-455 纤维是一种短纤维，是由 Nomex 和 Kevlar 混合的一种专利产品，用于高性能热防护服。T-455 短纤维织成的织物商品名为 Nomex III，无论是纱线还是织物都较 T-450 有提高。但 T-455 纤维结晶度较 T-450 低，其纱线或织物的强度较 T-450 稍微低些。

4）Nomex T-462 纤维

Nomex T-462 是 Nomex、Kevlar 以及 P-140 的混合短纤维（其中 P-140 是一种抗静电的专利纤维），其织物商品名为 Nomex IIIA，用于热防护服。Nomex IIIA 具有 T-455 有的所有性质，并具有很高的消静电性。P-140 能够消除产生于织物之间或织物与肌肤之间摩擦产生的静电，使服装静电带来的危害减小到最低程度，并能减小静电场力，去除静电。T-462 短纤维具有可染性，其纱线可以筒纱染色，用于针织品或缝纫线，也可以匹染用作工作人员防护服。除了消静电性外，其所有特征与 Nomex T-455 纤维制成的 Nomex III 基本一致。

5)原液染色的 Nomex 纤维

原液染色的 Nomex 短纤维和长丝有好几种颜色，与 T-430 和 T-450 类似，结晶度很高，只是它们在纺丝液中直接加入染料，因此色牢度高，色泽均匀，其纱线和织物的强度也比非原液染色的相应产品高。它们主要用于军用防护服，也能用于一般的工作人员防护服或其他用途。而面向客户的颜色则丰富多彩，基本不受限制。

6) NomexCGF 和 Nomex THERMACOLOR 纤维

Nomex CGF 和 Nomex THERMACOLOR 是杜邦公司为它的色固纤维和易染色纤维注册的商标。前者是一种色彩丰富的原液染色短纤维，而后者则是一种能够自然着色的短纤维，纤维的染色过程无须任何载体，也无须加压就能染成各种颜色。杜邦公司开发这两类产品是为了满足运输及服务市场的需求，生产出具有优异的色牢度和耐热性能的产品。

7) Nomex OMEGA

Nomex OMEGA 实际上是一种为消防人员防护服的注册商标。此类防护服外层面料用杜邦 Z-200 纤维，中间有防水层，还有 Nomex E-89 的射流喷网织物作为热防护层，里料是 110dtex 的 Nomex 长丝织物。其中 Z-200 是杜邦公司专为防火服研制的纤维。

8)浆粕和纸

PMIA 还可以通过沉析的方法制得沉析纤维，做成浆粕后与短切纤维复合抄纸，制得 PMIA 纸。这种 Nomex 纸结合了优异的电性能、热性能及力学性能。它的电阻率和厚度无关，杜邦公司 410 型 Nomex 纸的介电常数和介电损耗角在温度上升到 225 ℃时，基本保持不变，其绝缘性能在 225 ℃以下时不受温度影响，250 ℃时的保持率为 95%。Nomex 纸的强度在 225 ℃保持率为 35%，200 ℃以下的断裂伸长几乎不变。在液氮中其强度比常温下增加 30%～60%。Nomex 纸还有优异的耐化学腐蚀性，对大多数的酸碱、氟利昂、变压器油稳定。它和常用的电器漆和黏合剂(如环氧、聚酯、酚醛等)相容性好。常用的工业溶剂(如醇、酮、醛等)对它只有轻微的软化和溶胀作用，影响和水相似。溶剂去除后，影响完全消失。其性能比同样厚度的牛皮纸好得多。Nomex 纸有多种产品，广泛应用于电器工业，如电机线圈、绝缘套管和变压器等。还可加工成蜂窝结构材料用于各种高速交通工具甚至用于飞机上。

3.2.3 杂环芳香族聚酰胺的制备及纺丝

俄罗斯杂环芳纶的关键是在分子结构中引入了苯并咪唑杂环结构[11]，是采用加入第三单体参与共聚的本体改性方式引入的，第三单体为 2-(4-氨基苯基)-5-氨基苯并咪唑，结构如图 3-21所示。杂环结构的引入改变了聚合物性质，从而极大地改变了制备工艺，尤其是三元对位

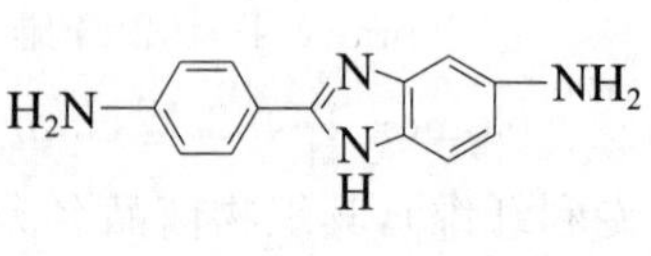

图 3-21 第三单体结构

杂环芳纶影响更大，这种杂环芳纶和芳纶 1414(PPTA)纤维的制备工艺如图 3-22 所示。PPTA 纤维是采用低温溶液缩聚反应，随着反应的进行，PPTA 树脂逐渐析出，然后经水洗和烘干，在纺丝时需要重新用浓硫酸将树脂溶解配浆，形成各向异性的溶致液晶体系，纺丝采用干喷湿纺工艺，即液晶溶液经一段气体间隙取向后进入凝固浴凝固，然后再经水洗、干燥等工艺。而对位杂环芳纶虽然也是采用低温溶液缩聚反应，但是聚合物不析出，聚合物溶液为各向同性的均相体系，经过滤和脱泡后，可直接用于纺丝而不需提纯聚合物，纺丝采用湿法纺丝工艺，即聚合物溶液先经凝固浴凝固成凝胶态以后，再进行拉伸取向、水洗等后续工艺。另外，杂环芳纶必须经过热处理才能获得很高的强度和模量，这主要是因为原丝取向度还较低且结构松散，经过高温热拉伸后，取向度进一步增加，同时结构更加致密化，强度和模量大幅度提高，对位杂环芳纶热处理前后的性能见表 3-16[12]。

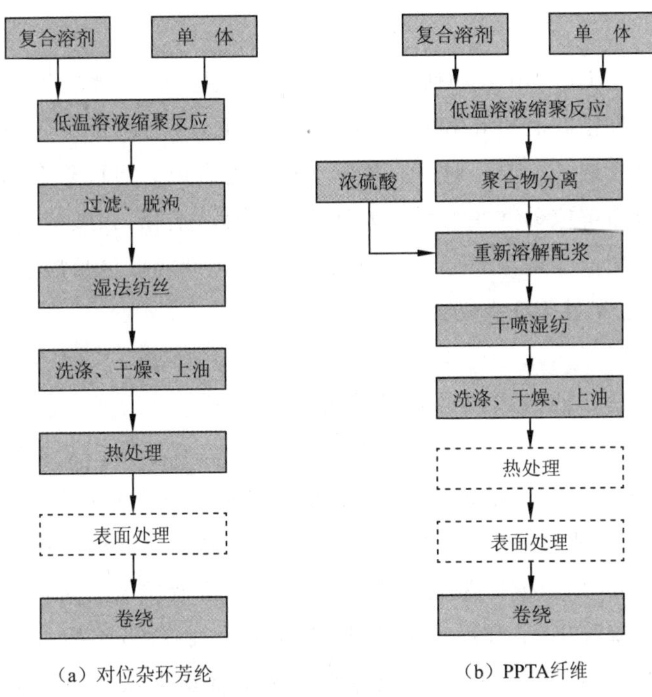

图 3-22　芳纶制备工艺

表 3-16　热处理前后纤维性能

芳纶种类	强　度/ ($cN \cdot dtex^{-1}$)	模　量/ ($cN \cdot dtex^{-1}$)	伸长率
Kevlar 29	20.4	474	3.9%
Kevlar 49	19.3	674	2.8%
未经热处理的对位杂环芳纶	6～12	280～450	2.5%～5.0%
经热处理的对位杂环芳纶	≥27	750～1100	3.0%～4.0%

芳纶 1414 是液晶 PPTA 聚合物溶液经干喷湿纺得到的，在喷丝时就高度取向，后续不经

过热处理也能得到很高的强度和模量，另外，由于分子链规整，结晶度高，初生纤维就具有很高的结晶度，后续热处理时，纤维不易被拉伸取向，纤维的强度很难进一步增加，而模量可以大幅度提高，主要是晶区结构在高温下逐渐完善。例如，Kevlar 29 就是未经高温热处理就获得很高的强度，Kevlar 49 是 Kevlar 29 经热处理后的产品，强度有少许降低，模量大幅度提高，见表 3-16。

3.3 芳香族聚酰胺纤维的研究现状与发展趋势

3.3.1 合成方法

合成芳香聚酰胺的方法是多种多样的，概括起来主要有以下几种：

1. 界面聚合

20 世纪 50 年代初，DuPont 公司研究人员发明了低温界面聚合法[13,14]，并首次应用于合成芳香聚酰胺。反应发生在有机相和水相的两相界面上，特别适合对热、光等不稳定的二胺单体，因此，得以迅速发展，并推广到聚酯、聚脲等树脂的合成。界面聚合属于低温溶液聚合，方法是将酰氯化合物溶解或分散在与水不能互溶的有机溶剂相，二胺溶解或分散在添加了缚酸剂的水相。搅拌反应液能得到高分子量的聚合物，乳化剂能促进反应进行。缺点是聚合物分子量分布较宽，不适合制备纤维复合膜[15]。

2. 低温溶液缩聚法

低温溶液缩聚法是目前最成熟的合成芳纶纤维的工艺方法。目前已工业化的 Kevlar，Technoral 纤维的合成均采用此种方法[16]。此方法是在装有不锈钢搅拌器并通有干燥 N_2 的玻璃聚合反应器中，加入含一定量无水 LiCl 和吡啶的 N-甲基吡咯烷酮(NMP) 溶液，在室温下加入粉末状对苯二胺，待其溶解后，用冰水浴将溶液降到一定温度，然后加入化学计量的粉末状对苯二甲酰氯，同时加快搅拌速度。随着反应进行，溶液黏度增大，液面凸起，数分钟后，发生爬杆现象并出现凝胶化，继续搅拌数分钟，粉碎黄色凝胶团，然后将产物静置 6 h 以上。将所得的聚合体加少量水，粉碎过滤，再用冷水及热水洗涤多次，以除去残留的溶剂、LiCl、HCl 及吡啶，至洗液显中性，再将聚合物于 100 ℃下干燥 5 h 以上，得干燥聚合体。然后将聚合体于冷浓硫酸中混合，再加热至 75 ℃，成为向列型液晶溶液，再进行纺丝。

近年来发展了芳香二胺的 N-基硅烷基化新技术[17-19]，可使反应在温和条件下进行。反应方程式为

$$(CH_3)SiNH—Ph—NHSi(CH_3)_3 + ClOC—Ph—COCl \xrightarrow{Me_3SiCl} \text{[} NH_2—Ph—NHCO—Ph—CO \text{]}_n$$

聚合时可用多种有机溶剂，反应速度快，产率高，且极易得到高黏度的聚合物，对数比浓黏度可达 7.41 dL/g。

3. Yamazaki 膦酰法

1975 年，Yamazaki[20] 首次提出了以活性较低的芳香二酸和芳香二胺直接聚合的工艺，避

免使用酰氯。聚合反应在强极性酰胺类溶剂，如 N–甲基吡咯烷酮中进行，并以芳香磷酸酯、吡啶等化合物活化反应体系，但当时只得到低分子量的聚合物。1982 年，Higashi 将 $CaCl_2$ 作为增溶剂引入到聚合体系中[21]，从而获得了中等分子量的聚酰胺。Yamazaki 膦酰化法制备聚芳酰胺的反应机理推测如图 3–23 所示。

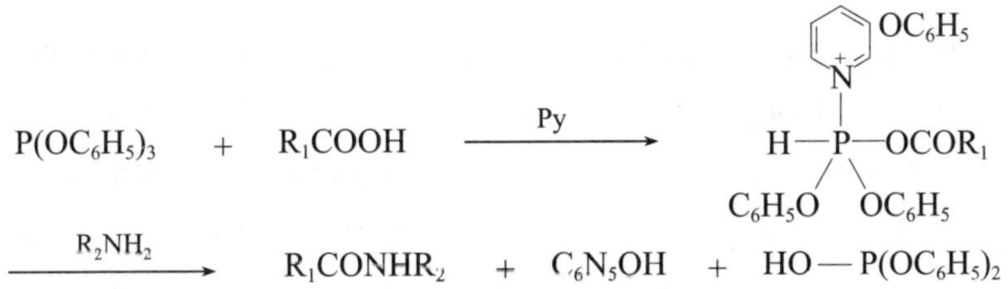

$$P(OC_6H_5)_3 + R_1COOH \xrightarrow{Py} H-\overset{\overset{\text{(}N^+\text{-pyridinium-}OC_6H_5\text{)}}{|}}{\underset{C_6H_5O\ \ OC_6H_5}{P}}-OCOR_1$$

$$\xrightarrow{R_2NH_2} R_1CONHR_2 + C_6N_5OH + HO-P(OC_6H_5)_2$$

图 3–23　Yamazaki 膦酰化法制备聚芳酰胺的反应机理推测

对于可溶性聚芳酰胺，加入 LiCl 能显著提高分子量。膦酰化法未得到高分子量聚合物，可能是因为反应时有副产物生成。棒状聚合物如 PPD–T 在 LiCl 和 $CaCl_2$ 的在下，获得了高分子量的聚芳酰胺，其特性黏度为 7.0 dL/g。近十几年来该方法被许多研究者用于开发聚芳酰胺新品种，因此发展较快。

4. 酯交换反应

帝人公司进行了直接的酯交换反应。在二芳砜（如二苯砜）和具有两个苯环或萘环的醚或碳氢化物存在下，芳香二芳酸二芳酯（如对苯二甲酸二苯酯）和芳族二胺（如对、间苯二胺）进行加热缩聚反应，反应温度高于 150 ℃，最好为 180～400 ℃，反应时间 2～30 h，为了加速反应，可以加入聚酯交换反应及缩聚反应用的催化剂。反应初期在常压或加压下进行，生成的芳族羟基化合物不需排出，反应后期将副产物及部分溶剂蒸出。

5. 钯催化的酰基化缩聚

1974 年，Schoengerg 发明了芳香卤代物、CO 和胺在钯催化下合成酰胺化合物的方法，由于原料来源充足且 CO 价格低廉等优点，该方法立即在有机合成界引起极大的兴趣。1988 年，Imai 首次将其推广到聚酰胺的合成[22]；1993 年，Perry 将其发展成为可充分利用碳资源合成高分子材料[23]，其中钯催化法制备聚芳酰胺的反应机理如图 3–24 所示。

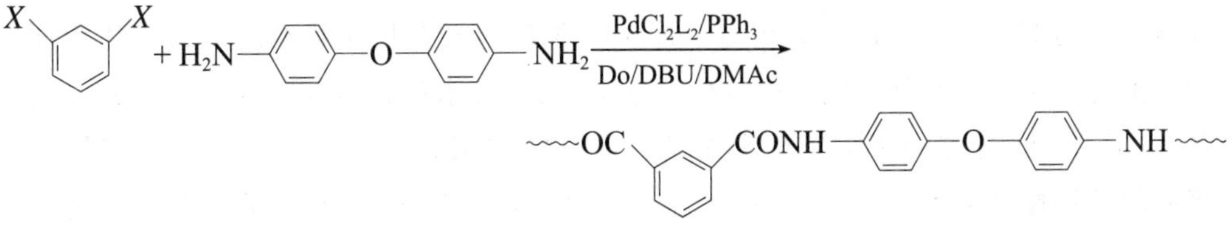

$$X\text{-}C_6H_4\text{-}X + H_2N\text{-}C_6H_4\text{-}O\text{-}C_6H_4\text{-}NH_2 \xrightarrow[Do/DBU/DMAc]{PdCl_2L_2/PPh_3} \sim\sim OC\text{-}C_6H_4\text{-}CONH\text{-}C_6H_4\text{-}O\text{-}C_6H_4\text{-}NH\sim\sim$$

图 3–24　钯催化法制备聚芳酰胺的反应机理（X=Br，I）

6. 气相聚合法

将芳香族二胺和二酰氯气化，并在惰性气体和气态叔胺类化合物（如三乙胺）存在下进行混合，然后，于管式反应器或担体式反应器中进行气相缩聚反应，单体摩尔浓度为2%～50%，反应温度为105～350 ℃，反应时间为0.01 s[24]。此法制得的芳族聚酰胺，可经干法、湿法或干湿法纺制成纤维。

3.3.2 结构改性

大量研究表明，聚芳酰胺的熔融温度或玻璃化转变温度（T_g）高以及溶解性差的原因在于大分子链较强的刚性、分子间作用力（如氢键）和聚合物的结晶性等结构特点。氢键作用和结晶性导致聚芳酰胺分子链的紧密堆砌，从而提高了聚芳酰胺的熔融温度和耐化学品能力。并且聚芳酰胺的热性能，如 T_g 和热稳定性，通常与其溶解性和加工性能呈反向关系，即提高聚合物的溶解性就会在一定程度上降低其 T_g 和热稳定性。

结构改性就是要通过聚芳酰胺分子主链结构的设计来调节聚合物的热性能和溶解性的关系，从而达到改善聚合物溶解性和保持良好耐热性的目的。因此，通过设计、合成具有适当分子结构的聚合单体，并选择合适的缩聚方法制得相应的聚芳酰胺，从而改善聚芳酰胺的溶解性和加工性，已经成为高分子合成化学家的共识。针对聚芳酰胺加工性差的难题，近十年的许多研究工作对此进行了结构改性的尝试，并取得了一定的成果。

这些结构改性主要有以下几种方法[25]：在聚合物主链中引入柔性结构单元；在聚合物主链中引入体积较大的侧基；在聚合物主链中引入扭曲非共平面结构；用共缩聚法破坏主链重复单元的规整度；酰胺基团中N—取代破坏分子间氢键作用力。

这些改性方法都是在分子水平上即在单体阶段进行的，包括设计合成新型二酸或二胺单体，控制共聚单体的反应比例等。

1. 聚合物主链中引入柔性结构单元

在聚芳酰胺的大分子主链中引入柔性基团，醚键（—O—）、硅键（—Si—）、亚甲基（$—CH_2—$）、碳基（—CO—）、异丙基（$—(CH_3)_2CH—$）、六氟代异丙基（$—(CF_3)_2CH—$）等能增加分子链的柔顺性，低全芳结构的刚性，而提高聚合物的溶解性[26,27]。但聚芳酰胺的主链中的柔性基团通常会降低聚合物的耐热性，而含氟基团的聚芳酰胺的性能特别好，强极性的C—F键在导致聚合物具有较高的耐热性的同时，又增加了聚合物的溶解性、阻燃性和自润滑性，并降低结晶度，但含氟单体的价格较高，从而限制了含氟聚芳酰胺的发展。

我国台湾的Hsiao等人报道了利用一种同时含有三氟甲基和苯基的双酚单体为原料分别与对氯苯腈和对氯硝基苯发生亲核取代反应，进而碱性水解或者还原为含有醚键结构的二元羧酸和二胺单体，并进一步缩合聚合制备含有醚键的聚芳酰胺[28]，其结构式如图3-25所示。聚酰胺的特性黏度为0.51～1.54 dL/g（5%LiCl，DMAc，30 ℃），数均分子量可以达到64 300。聚合物均为无定型结构，具有良好的耐热性，玻璃化转变温度Tg在190～266 ℃之间，在空气中和氮气气氛中10%热失重温度分别为502～544 ℃和509～563 ℃。一方面，聚合物主链中的芳醚结构使其内旋转能显著降低，改善了溶解性和加工性能，同时降低了Tg；另一方面，由于主链的对位芳环结构，增加了聚合物刚性，从而提高了聚合物的耐热性能。新型聚醚酰胺薄膜材料的拉伸强度为 76～94 MPa，拉伸模量为 1.77～2.22 GPa，断裂伸长率为 6%～69%，具有良好的力学性能。

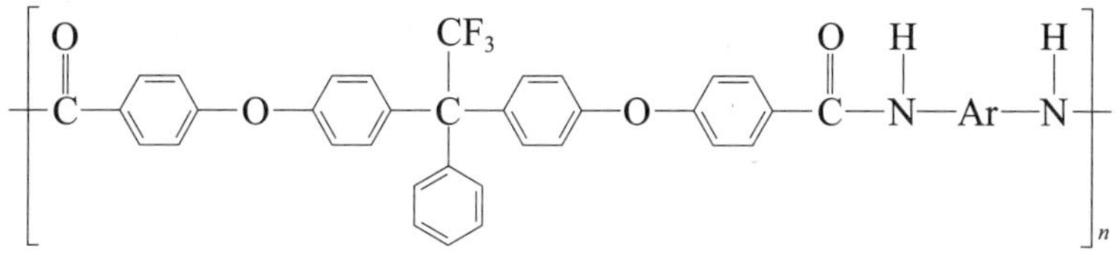

或

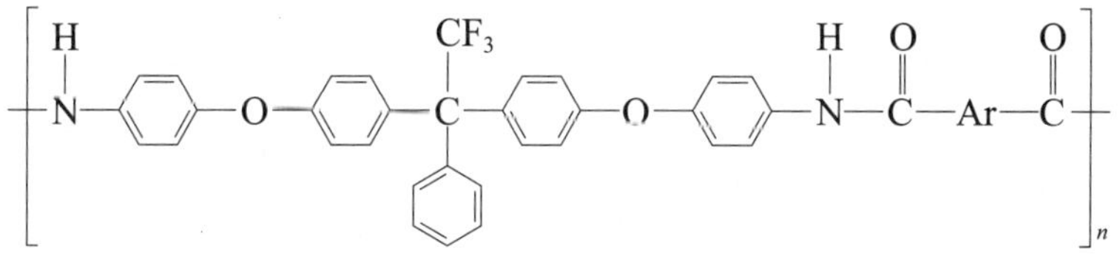

图 3-25 含醚键聚芳酰胺的结构

2. 聚合物主链中引入体积较大的侧基

在聚合物主链上引入体积较大的侧基，包括芳香或脂肪侧基，如酞酰亚胺(Pthalimide)、叔丁基(t Butyl Goup)、Cardo Group 等[29]，能有效地降低分子链之间的氢键作用力，破坏聚合物大分子链的紧密堆砌，增加了聚合物分子的自由体积，使得溶剂小分子更易于扩散进去，从而提高了溶解性能。由于侧基并不影响大分子链的刚性，因此保持了其耐高温的性质。

伊朗的 Ahmad Bnaihashemi 等人合成了两种主链含有联苯并呋喃结构的聚芳酰胺[30]，并且引入了体积大、刚性高的萘基团作为取代基。取代基团的引入以及主链的多联苯结构导致的空间位阻效应，很大程度上提高了聚合物的溶解性，在非质子极性溶剂(如 N-甲基吡咯烷酮、N,N-二甲基乙酰胺和二甲基亚砜)中都有很好的溶解性。其中一种结构式如图 3-26 所示。

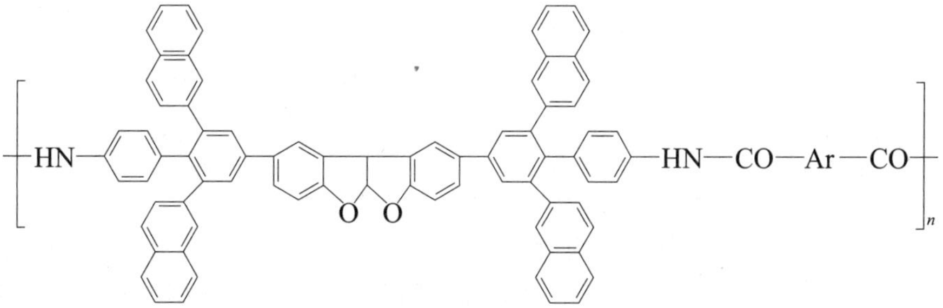

图 3-26 含萘基团取代聚芳酰胺的结构

韩国的 Kyung Ho Choi 等通过苯酐与苯胺反应，引入大酰亚胺侧基，合成了一系列结构独特的多联苯结构的二元羧酸单体，通过与 4,4′-二氨基二苯醚反应，得到了几种新型的聚芳酰胺[31]。聚合物的特性黏度为 1.04～1.53 dL/g(NMP,25 ℃)，由于含有大的柔性脂肪基取代的酰亚胺基团破坏了分子链间的强的作用力，大大提高了聚合物的溶解性能，在 NMP、吡啶、四氢呋喃中均具有较好的溶解性能。并且由于主链的芳香结构，聚合物耐热性比较好，Tg 最高为 285 ℃，5%热失重温度均高于 477.5 ℃，并且 900 ℃残碳率均在 46.9%～64.4%之间。其结构式如图 3-27 所示。

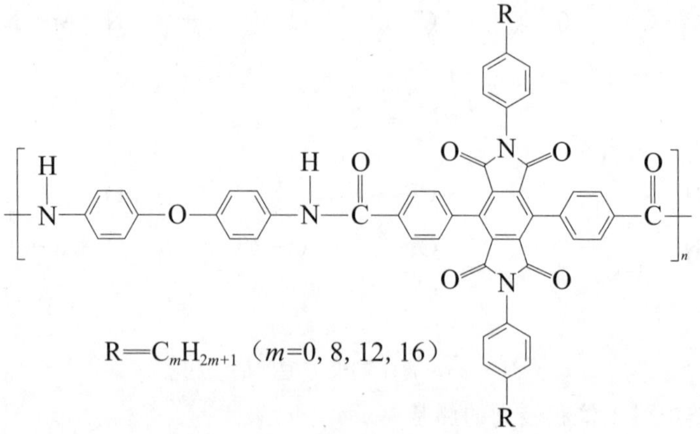

$R{=}C_mH_{2m+1}$（m=0, 8, 12, 16）

图 3-27 含酰亚胺侧基的聚芳酰胺的结构

在 PPTA 分子链的苯环上引入取代基也是 PPTA 改性的重要途径。在苯环上引入取代基最普遍的是低级烷基取代和卤素取代。低级烷基取代可以增加溶解性，但同时会降低热稳定性。不对称的导入取代基对溶解性影响更大。日本的 Ryozo Takatsuka 于 1977 年研究在苯环上引入甲基来改性 PPTA，得到结果见表 3-17[32]。卤素取代可以改善溶解性，同时产品的耐热性、电绝缘性、耐燃性提高。

表 3-17 甲基取代数目、位置对热稳定性、溶解性的影响

聚 合 物	分解温度$_{(10\%)}$/℃	溶 解 性
聚对苯二甲酰对苯二胺	513	浓 H_2SO_4、CH_3SO_3H
含 2,5-二甲基 聚对苯二甲酰对苯二胺共聚物	473	浓 H_2SO_4、CH_3SO_3H；DMAc-5%LiCl(溶胀)
含 2-甲基 聚对苯二甲酰对苯二胺共聚物	505	浓 H_2SO_4、CH_3SO_3H、DMAc-5%LiCl、DMSO-5%LiCl、DMF-5%LiCl；DMSO(溶胀)

3. 聚合物主链中引入扭曲非共平面结构

改善耐高温芳香聚合物的一个有效的方法是将扭曲非共平面结构引入，防止聚合物分子链的紧密堆砌，从而降低分子间作用力，改善溶解性。扭曲非共平面结构通常指的是联苯、联萘等芳环结构，联苯和联萘的二面角分别为 21°和 67.6°。研究表明，增大扭曲非共平面结构的二面角能够改善聚合物的溶解性能[33]。例如，在联苯环的 2,2′位引入取代基(如甲基、三氟甲基、苯基等)能在空间上迫使两个芳环形成二面角较大的非共平面结构。这种非共平面结构使得聚合物难以实现长程有序，从而提高了溶解性，同时刚性结构使其具有耐高温的特性。

我国台湾的 Yang 等人报道了对苯二酚与 3-三氟甲基-4-氯硝基苯反应制备二硝基化合

物，进而还原为芳香二胺。将二胺与一系列芳香二酸进行缩合反应，得到了新型的主链含有联苯结构的聚芳酰胺[34]。其结构式如图3-28所示，由于扭曲非共平面结构、柔性醚键以及三氟甲基取代基团的引入，大大提高了聚合物的溶解性能，在非质子极性溶剂中具有很好的溶解性，并且可以溶解在四氢呋喃之中。由GPC测试得到聚合物数均分子量和重均分子量，分别在$2.15\times10^4\sim2.66\times10^4$、$3.73\times10^4\sim4.67\times10^4$之间。聚合物玻璃化转变温度均高于251 ℃，氮气和空气气氛中10%热失重温度分别高于491 ℃和462 ℃。新型聚醚酰胺薄膜材料的断裂强度为87～120 MPa，初始模量为2.3～2.5 GPa，断裂伸长率为10%～15%，具有良好的力学性能。

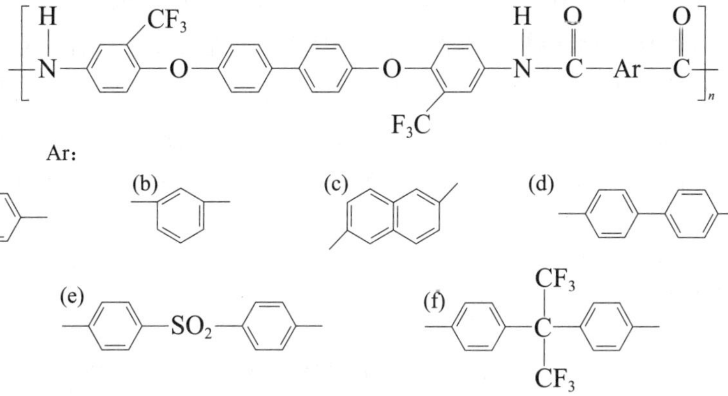

图3-28　主链含联苯基团的聚芳酰胺的结构

4. 共缩聚

用共缩聚的方法，引入第三单体，可以破坏分子链的规整性，降低链的刚性，降低大分子链间的作用力，从而改善其溶解性及加工性能。共聚方法包括用不同二胺或二酸单体进行共聚，或者是酰胺与其他树脂的共聚物，如聚醋酰胺、聚砜酰胺、聚酰胺酰亚胺等。目前，针对PPTA这一聚合物，引入第三单体的种类见表3-18。

表3-18　引入第三单体的种类

第三单体	Y为NH_2或COCl
Y-Ph-X-Ph-Y	X为O、S、SO_2、NH、CH_2、$C(CH_3)_2$、O-Ph-O、O-Ph-NH等
Y-X-Y	X为萘基、蒽基、联苯或他们的衍生物
Y-R-Y	R为烷基或环烷烃基
Y-X-Y	X为杂环
Y-R′-Y	R′为炔属烃

日本帝人公司、工业科学技术厅以及韩国的Kolon公司通过在PPTA主链上引入3,4′-二氨基二苯醚的结构[35,36]，得到的共聚酰胺纤维保持了PPAT纤维的强度和模量，显著地改善了溶解性能和耐疲劳性能，使得在有机溶剂下纺丝成为可能。宝净生等[37]以HMPA和

DMAc 为溶剂进行了 4,4′-二氨基二苯醚第三单体含量对对数比浓黏度的影响的研究，在 10%第三单体含量时得到 $\eta_{inh}\geqslant 5.95$ dL/g 的共聚酰胺。对共聚物进行热稳定性分析，370 ℃时开始失重，460 ℃时失重 5%。洪有纪等[38]以 NMP 为溶剂进行了 4,4′-二氨基二苯醚共聚酰胺的热稳定性研究[38]，认为该共聚酰胺的分解温度均大于 580 ℃。单国荣等[39]认为 PPAT 熔点高、溶解性差、耐冲击、耐疲劳性较弱，提出了以 4,4′-二氨基二苯醚为第三单体对 PPTA 进行共缩聚改性，得到 $\eta_{inh}\geqslant 5.0$ dL/g。

DuPont 公司[40]将含有 5%的 2,6-二酰氯萘与对苯二胺、对苯二甲酰氯共聚，得到特性黏度为 8.2 dL/g 的共聚酰胺经湿法纺丝后，纤维强度为 30.3 g/d，韧度为 0.66 g/d。周其庠等[41]以 1,5-萘基二胺在 NMP/LiCl 体系中与对苯二胺、对苯二甲酸氯低温溶液缩聚，详细的研究了共聚合条件、聚合物薄膜力学性能、溶解性等。但是 1,5-萘基的引入没有改善 PPTA 的溶解性。宝净生[37]以乙二胺为第三单体(含量 2.5%～30%)进行共聚改性研究，得到的共聚物热稳定性仍较好，开始失重温度为 420 ℃，但随着乙二胺含量增加，热性能变化较明显。谷立广等[42]用脂肪族二胺作为第三单体，在室温下，NMP 溶液中也能生成高分子量的聚合物。

3.3.3 表面改性

尽管芳纶具有高强度、高模量、耐高温、密度低等优异性能，但因为芳纶是由刚性分子链组成，具有独特的皮-芯结构，芯部棒状分子通过氢键平行排列，皮部由结晶度高的刚性分子链沿纤维轴向平行排列，皮部厚度约为整个纤维直径的 1%～40%。刚性分子链中，苯环对酰胺官能团上的氢具有屏蔽作用，使得该氢原子不活泼，难于被其他基团替代，且表面结晶度高，表面光滑，浸润性差，限制了其在复合材料领域中的应用[43]。芳纶的整体结构中存在大量的微缺陷，当受力时，断裂也往往从微缺陷展开，导致纤维力学性能降低[44]。因而对芳纶纤维表面进行改性，增加表面活性基团，以及对纤维结构进行改性优化，减少内部微缺陷显得尤为重要。

目前，芳纶纤维表面改性大体可分为物理方法和化学方法两种[45]。物理法又包括表面涂层、高能射线(X 射线、γ 射线、高能电子束)、等离子体、超声浸渍等；化学方法包括表面活性化(刻蚀、引入官能团)、表面接枝等。

1. 物理方法

1)涂层法

涂层法是指在纤维表面涂覆一层聚合物树脂或低分子物质，以愈合纤维表面的缺陷和损伤，增大纤维的力学性能。而且表面涂层的活性基团和物理极性，还可以增强纤维与树脂基体的黏接力，增大复合材料层间的剪切强度，提高复合材料中纤维的强度转化率[46]。曾有学者[47]采用 SVF-200 硅烷与 Estapol-7008 氨脂树脂涂覆 Kevlar 纤维，然后与还氧树脂基体制备成复合材料，发现涂层与复合两种方法对于提高材料的韧性都有一定效果；张淑慧、胡腾蛟等[48, 49]在采用涂覆法改善复合材料剪切强度等方面也做过大量的研究。

2）高能射线改性

高能射线[49]（X 射线、γ 射线、高能电子束等）改性芳纶主要发生两种作用：一是辐照交联，利用高能射线辐射使纤维的皮层与芯层之间发生交联反应，提高纤维的抗拉强度；二是辐射接枝，利用高能射线促进芳纶与表面涂覆物发生化学反应，在芳纶表面接枝上化学活性基团或提高纤维表面的物理极性，进而提高芳纶和树脂的润湿性、黏接力，改善复合材料的物理机械性能。Zhang 等[50]在运用射线对芳纶纤维进行改性方面做过典型的研究，结果表明，辐照对提高芳纶纤维与还氧树脂的结合强度等方面均有明显作用。

3）等离子体改性

利用等离子体改性芳纶表面是最近研究的热点。等离子体表面改性是利用等离子体引发高聚物产生自由基进行反应，这种自由基随后可进行裂解、自由基转移、氧化和耦合等反应，在纤维表面形成活性基团；同时等离子体对纤维还能进行刻蚀，增大纤维的表面粗糙度，改善纤维的表面性能[51]。目前国内外许多科研人员对等离子体技术进行了深入研究，发现等离子体在一定条件下（处理时间、功率、温度、处理气氛等）能够在纤维表面引入极性官能团，增大纤维比表面积，增加纤维表面能，从而提高高分子纤维复合材料的黏结强度。对于芳纶低温等离子体接枝，聚合反应一般分为两个阶段。首先是芳纶表面经等离子体处理产生的活性自由基和官能团形成活性中心，然后与反应物接触，引发单体进行接枝聚合反应。

2. 化学方法

表面活性化（刻蚀、引入官能团等）表面刻蚀技术是指直接应用化学试剂对纤维表面进行刻蚀，其实质是使纤维表面分子链的酰胺键水解或者破坏纤维表面结晶状态。已报道的化学试剂有磷酸水溶液、氟气与氦气混合气体、甲基丙烯酰氯的 CCl_4 溶液、乙酸酐、氢氧化钠水溶液等[52]。这些处理均能达到提高纤维表面活性基团含量，粗化纤维表面，增强纤维的表面极性，增加纤维与树脂基体的黏合强度等目的。表面刻蚀技术操作简单，较为经济，但也存在对纤维结构有破坏、有毒等缺点，因而限制了它的大规模使用。

1）表面接枝

表面接枝是指利用化学试剂与芳纶表面进行反应，在纤维表面以化学键形式接枝上新的分子链，以改善纤维与树脂的复合性能与树脂基体的接合能力。所涉及的化学反应有基于酰胺键仲氮氢取代反应、基于酰胺键羰基氧的反应、基于苯环的反应等[52]。其中，基于酰胺键仲氮氢取代反应中报道较多的是纤维表面的 Na 金属化反应及异氰酸酯接枝反应；基于酰胺键羰基氧的反应报道较多的是硅烷偶联处理纤维；基于苯环的反应报道较多的是硝化还原反应及氯磺化反应。这些反应经进一步转换，能在纤维表面接枝上烷基、氨基、硅烷基、硝基、硫黄基等极性基团，从而提高纤维表面的极性。表面接枝改性虽效果明显，但存在反应时间长、操作繁杂等缺点，大规模的使用还需时日。

2）超临界 CO_2 协助改性

超临界 CO_2 协助改性方法是一种新兴起来的改性加工方法，其结合了超临界 CO_2 的物理溶胀及携带功能及化学试剂的化学反应特性。超临界 CO_2 具有无毒环保、密度近于液体，黏度近于气体、扩散系数为液体的 100 倍、惊人的溶解渗透能力等优点，因而在药物提取、发泡、污水处理等领域有重要用途。国内外已有大量关于在超临界 CO_2 中聚丙烯(EE)等聚合物表面接枝的报道。超临界 CO_2 流体能溶解大多数小分子有机物及少数含氟和硅的大分子，不能溶解绝大多数聚合物，但对大多数聚合物具有不同程度的溶胀作用[53，54]。利用这一性质，可将有机小分子有效地携带入聚合物内部及表面。小分子与基体发生一定反应，可达到对纤维的内部及表面同时进行改性和修饰的目的[53]。同时，该方法还具有经济环保、反应可控、反应时间短，溶剂与产品分离简单等优点，存在较大工业应用价值。有学者[55]利用超临界 CO_2 协助改性芳纶纤维，并达到了增加纤维导电性的目的。其处理包括预处理及后处理两步，预处理又包括先利用超临界 CO_2 将三嗪硫醇注入芳纶体内，然后再利用超临界 CO_2 将有机金属化合物六氟乙酰丙酮钯(Ⅱ)处理进纤维。经电镀后，纤维表面均匀的形成了一层 Cu 层。且发现，三嗪硫醇的加入提高了电阻率，增加了纤维与 Cu 层的黏附性。Kim 等[56]运用超临界 CO_2 染色技术，成功地对芳纶进行了染色，并测试了不同染料在纤维中的溶解性等。

3.4 发展芳香族聚酰胺纤维的产业背景及战略意义

3.4.1 芳香族聚酰胺纤维在国民经济和国防建设重大工程和项目中的地位和作用

俄罗斯杂环芳纶及其制品的性能较好，尤其是对位杂环芳纶具有轻质高强、高韧性、抗冲击、阻燃等优异性能，在较多应用领域可以取代对位芳纶，而且制品性能大大提高。对杂环芳纶 Armos 和对位芳纶 Kevlar 49 缠绕容器性能的对比研究结果显示，Armos 缠绕容器的特性系数远远大于 Kevlar 49 的，Armos 的 ϕ150、ϕ480 和 ϕ1400 容器的特性系数相对于 Kevlar 49 都提高了 25%以上，结果见表 3-19[57]。目前 Armos 已装备俄罗斯多种高性能武器系统，如用于俄罗斯的 S S-24、S S-25 及当前技术最先进的“白杨-M”(即 SS-27)等洲际导弹Ⅰ、Ⅱ、Ⅲ级发动机壳体上，发动机质量比达到 0.92 以上[13]。俄罗斯最新的布拉瓦潜射导弹也采用了 Armos 纤维用于发动机壳体。俄罗斯还采用杂环对位芳纶 Armos 制备了 BOLIT 系列芳纶头盔，并装备了部队，其最新型号的 V50 达到 600～650 m/s，超过了美军 PASGT 头盔(609 m/s)、德军现役头盔(620 m/s)和北约通用芳纶头盔(487 m/s)，且质量仅约 1.25 kg，大大降低了士兵的负重，提高了机动性[14]。俄罗斯芳纶除用于树脂基复合材料外，还用于橡胶增强，如高压水龙带等。还可用于消防服，绳缆、缝纫线、降落伞等。表 3-20 列出了俄罗斯杂环芳纶的主要应用情况。

表 3-19 Armos 和 Kevlar 缠绕容器特性系数对比

芳纶种类	ϕ150	ϕ480	ϕ1400	ϕ2000
Kevlar 49	27.7～30.0	23.0～25.0	22.0～24.0	
Armos	38.0～39.6	32.6～34.0	28.2～29.0	28.8～30.0

表 3-20　俄罗斯杂环芳纶的应用

应用领域	纤维牌号	纤度规格/tex	特点
特种传送带、高强绳索、特种纺织品	SVM-H	14.3，29.4，58.8	轻质、高强
	Rusar-H	14.3，29.4，58.8	轻质、高强
弹道防护	SVM	29.4，58.8	轻质、高强、抗冲击
	Rusar	29.4，58.8，100，110，167，310	轻质、高强、抗冲击
	Artec	31，58.8	轻质、高强、抗冲击
光缆、印刷电路板、帆布等织物制品	Rusar	6.3	轻质、柔软、耐疲劳、耐高温
复合材料、航空航天、压力容器、防弹头盔等	Rusar	29.4，58.8	高强、化学稳定性好、电绝缘性好
	Armos	58.8	高强、化学稳定性好、电绝缘性好
增强材料，如光缆、飞机结构材料、火箭、高压容器、通信电缆	Rusar	650，1000	轻质高强、耐高温、耐疲劳
	Armos	650	轻质高强、耐高温、耐疲劳
橡胶增强、高压软管、输送带	Rusar	58.5，58.8/2，58.8/3	轻质高强、弯曲强度高、弯曲半径小
隔热阻燃、消防服等	Rusar	29.4，40	极限氧指数高（42%）、耐化学品

3.4.2　国外芳香族聚酰胺纤维产业发展现状及趋势

芳纶的规模化生产具有很高的技术壁垒，目前国外最主要的芳纶生产企业为美国杜邦（Nomex、Kevlar）和日本帝人（Conex、Twaron、Technora），全球 70%左右的市场份额被这两家公司垄断，其中美国杜邦是全球最大的芳纶生产商。国外其他的生产企业还有俄罗斯卡明斯克化纤股份公司（SVM、AP-ITIOC、Rusar）和特威尔化纤股份公司（SVM、Apmoc）、韩国可隆公司（Hercron）、韩国晓星公司等很少几家。

2014 年全球芳纶的产量约为 12 万 t，其中对位芳纶产能 7.68 万 t，间位芳纶产能 4.34 万 t，而 2015 年全球芳纶产能已达 14.7 万 t，预计到 2020 年世界芳纶纤维需求将达到 23 万 t。消费区域主要集中在北美、欧洲、日本和中国。国际需求主要分布在车用摩擦材料、防弹材料和光学材料，分别占到 30%、30%和 15%。从国际消费结构看，汽车相关对位芳纶需求量占比达到 45%。

3.4.3　我国芳香族聚酰胺纤维产业发展现状及趋势

我国从 20 世纪 80 年代开始，先后进行多次中试研究，积累了宝贵的工业化生产经验。目前国内多家企业已经建立 500～1000 t/a 对位芳纶生产线，开始有小批量产品，正在进行稳定化攻关和应用研究，建设规模也在不断扩大。主要企业有烟台泰和新材、中蓝晨光化工、苏州兆达特纤、河北硅谷、神马股份、仪征化纤和新纶科技等，2015 年我国对位芳纶的总产能为 5100 t/a。2016 年国内对位芳纶行业总体保持平稳发展，但只有泰和新材、中蓝晨光和仪征化纤能保持正常生产，总产量约为 1600 t 左右，产品主要包括 K29、K129、K49 三种规格。高强型对位芳纶已小批量生产，高模型对位芳纶也已突破关键技术。生产企业正通过工艺优化、设备提升，使产品在力学性能、均匀性等方面都有进一步提高，逐渐得到下游用户的认可，目前可应用于防弹、光缆、绳缆、体育用品、汽车等领域。其中烟台泰和新材料股份有限公司突破了千吨级对位芳纶工程化关键技术和装备，形成了系列化产品，并在国内首次开发出高强型和原液着色对位芳纶长丝。

我国间位芳纶的发展比较成熟，已经实现产业化稳定生产，产品近一半出口。2015 年间位芳纶产能已达 1.6 万 t/a，生产企业以烟台泰和、超美斯新材料、广东彩艳为主。2016 年国内间位芳纶产量约为 8500 t，目前应用仍以过滤材料为主，比例可达到 60%以上，而在安全防护领域的用量逐年增加。

未来十年，国内的汽车、通信、高铁、航空和防护等领域将快速发展，对位芳纶的需求呈旺盛局面。与此同时，国外下游加工企业将向我国进行产业转移，也会刺激国内对位芳纶需求的增长。预计 2020 年国内对位芳纶需求将超过 2 万 t，其中，我国自给实现 2020 年达到 80%。

总体来说，我国虽然建立了芳纶生产线，但关键技术没有突破，离大规模稳定化生产还有距离，主要表现在：

(1)产品质量不稳定(正品率偏低、纤维性能分散系数大、聚合黏度波动大)；

(2)生产成本高；

(3)还来不及考虑国产化纤维表面及复合纤维材料界面问题。

3.5 发展我国芳香族聚酰胺纤维产业的主要任务及应对策略

1. 加强基础研究是芳纶国产化稳定生产与跨越式发展的重要途径

高性能芳香族纤维破坏机制及其高性能化　研究芳香族高性能纤维在环境与载荷下的破坏机制，为研究开发具有更高综合性能的芳香族高性能提供理论指导，为跨越式发展奠定基础。

1)芳纶分子链结构控制

芳纶纤维的原料由对苯二甲酰氯和对苯二胺反应得到 PPTA 树脂，这一反应在 NMP 溶剂中进行。由于反应活性高、反应热大、反应速度快，而且当分子链长到一定程度会发生相转变，从溶液中以固体形式析出，这些分子链就难再增长。因此，聚合反应的结果是：分子量及其分布难以控制，容易形成支化交联的凝胶化结构，对纺丝的稳定性和纤维力学性能造成很大影响。因此，系统研究如何减低反应活性、减少反应热、推迟或避免相转变发生的新方法，是解决这类复杂问题的根本，同时系统研究搞清楚在双螺杆聚合反应器中各阶段的反应情况、相态情况、热量情况、分子量及其分布情况，对工艺控制和双螺杆螺纹结构设计会有很大的帮助。

2)共聚单体设计与合成

共聚单体对提高芳纶性能具有重要作用，我国应该充分发挥有机合成单位的力量，设计合成一系列新的单体，可望制备出更高性能和更低成本的芳纶"同时还要研究在芳纶Ⅱ中加入微量的共聚单体，提高 PPTA 分子链在 NMP 溶剂体系中的溶解度，改变相转变行为，同时又不影响微量共聚的 PPTA 分子链在浓硫酸中的液晶行为，甚至对液晶性能有促进作用。

3)溶解过程的降解控制

因浓硫酸的作用，PPTA 树脂在配置纺丝液过程中会发生分子链降解，影响纺丝与纤维性能。应该系统研究降解的影响因素及其规律，建立防止降解的溶解方法。包括各原料水分含量的影响、设备、工艺等。

4)液晶行为研究

芳纶纤维的最大特色是采用液晶纺丝方法，不需要进行拉伸从喷丝孔出来就可以得到高度取向的纤维，应深入研究这种高取向液晶相在拉剪、温度、凝固液作用下，结构演变的规律及影响因素，这对纤维凝聚态结构控制有质的帮助。

2. 开展多学科合作是提高产业水平的有效途径

芳纶纤维制备是多学科合作的结果，主要包括单体有机合成与纯化、高分子化学、高分子物理、聚合反应工程、溶剂纯化工程、纺丝工程、机械制造、控制等学科。目前我国芳纶与碳纤维产业研制与生产单位每家都小而全，实力单薄，应整合各方面的力量，通盘协作，建立起我国先进的芳纶产业链科研与生产体系，才能够适应我国各行业各领域对高性能芳纶纤维的需求，并缩小与国际先进芳纶产品的差距，提高国产芳纶应用比例，尽快建立具有我国自主知识产权的芳纶产品制备工艺技术。

参考文献

[1] 马亚辉. 半芳香聚酰胺 PA10T、PA12T 和 PA6T 的界面聚合工艺研究[D]. 郑州：郑州大学，2013.

[2] WARAKOMSKI J M. Synthesis and properties of star-branched nylon 6[J]. Chemistry of Materials, 2002, 4(5): 1000-1004.

[3] CHANG W L, FRISCH K C, ASHIDA K. Anionic polymerization of star-shaped nylon 6 with a trifunctional initiator[J]. Journal of Polymer Science Part A: Polymer Chemistry, 1989, 27(11): 3637-3649.

[4] 王曙中，王庆瑞，刘兆峰. 高科技纤维概论[M]. 上海：中国纺织大学出版社，2005.

[5] 江镇海. 高性能芳纶市场开发前景广阔[J]. 2008, 37(4): 51.

[6] 季家友. 芳纶 III 表面改性及其与环氧复合体系的结构与性能[D]. 武汉：武汉理工大学，2012.

[7] DOBB M G, JOHNSON D J, SAVILLE B P. Supramolecular structure of a high-modulus polyaromatic fiber (Kevlar 49) [J]. Journal of Polymer Science Polymer Physics Edition, 1977, 15(12): 2201-2211.

[8] REBOUILAT S, PENG J C M, DONNET J B. Surface Structure of Kevlar Fibers Studied by Atomic Microscopy and Inverse Gas Chromatography[J]. Polymer, 1999, 40(26): 7341-7350.

[9] RAO Y, WADDON A J, FARRIS R J. The Evolution of Structure and Properties in Poly(p-phenylene Terephthalamide) Fibers[J]. Polymer, 2001, 42(13): 5925-5935.

[10] 沈新元. 先进高分子材料[M]. 北京：中国纺织出版社，2006.

[11] 陈超峰，兰江，彭涛，等. 俄罗斯芳纶发展概况及其制备、性能与应用[J]. 高科技纤维与应用，2014，39(1)：26-29.

[12] 彭涛，蔡仁钦，王凤德，等. 成型过程中的芳纶Ⅲ纤维聚集态结构衍变[J]. 固体火箭技术，2010，33(2)：209-213.

[13] WITTBEEKER E L. Commentary: Reflections on "interfacial polycondensation. I. " [J]. Journal of Polymer Science Part A Polymer Chemistry, 1996, 34(4): 515-516.

[14] KWOLEK S L. Commentary: Reflections on "intearfeial polycondensation. Ⅱ. fundamentals of Polymer formation at liquid interfaces"[J]. Journal of Polymer Science Part A Polymer Chemistry, 1996, 34(4): 517-518.

[15] 刘鹏涛，含二氮杂萘酮结构新型聚芳酰胺树脂的合成及性能研究[D]. 大连：大连理工大学，2006.

[16] HIGASHI F, GOTO M, KAKINOKI H, Synthesis of Polyamides by a New Direct Polycondensation Reaction Using Triphenyl-Phosphite and Lithium Chloride[J]. Journal of Polymer science: Polymer Chemistry Edition, 1980, 18(6): 1711-1717.

[17] KRIEHELDORF H R, SCHMIDT B, BUERGER R. New polymer syntheses. 67. Kevlar-type polyaramides of monosubstituted terephthalic acids[J]. Macromoleucels, 1992, 25(20): 5465-5470.

[18] OISHI Y, HARADA S, KAKIMOTO M, et al. Preparation and properties of fluorine-containing aromatic polyamides from trimethylsilyl-substituted tetrafluoro-m-phenylenediamine and aromatic dicarboxylic acid chlorides[J]. Journal of Polymer Science Part A Polymer Chemistry, 1992, 30(6): 1203-1207.

[19] HATKE W, SCHMIDT H W, HEITZ W. Substituted rod-like armoatic polyamides: Synthesis and structure-Property relations[J]. Journal of Polymer Science Part A Polymer Chemistry, 1991, 29(10): 1387-1398.

[20] YAMAZAKI N, MATSUMOTO M, HIGASHI F. Studies on reactions of the N-phosphonium salts of pyridines. XIV. Wholly aromatic polyamides by the direct polycondensation reaction by using phosphites in the presence of metal salts[J]. Journal of Polymer Science Part A Polymer Chemistry, 1975, 13(6): 1373-1380.

[21] HIGASHI F, OGATA S I, AOKI Y. High-molecular weight poly(p-phenylene terephthalamide) by the direct polycondensation reaction with triphenyl phosphite[J]. Journal of Polymer Science Part A Polymer Chemistry, 1982, 20(8): 2081-2087.

[22] YONEYAMA M, KAKIMOTO M, IMAI Y. Nove lsynthesis of aromatic polyamides by palladium-catalyzed polycondensation of aromatic dibromides, aromatic diamines, and carbon monoxide[J]. Maocrmolecules, 1988, 21(7): 1908-1911.

[23] PERRY R J, TURNER S R, BLEVINS R W. Synthesis of linear, high-molecular-weight aromatic polyamides by the Palladium-catalyzed carbonylation and condensation of aromatic diiodides, diamines, and carbon monoxide[J]. Maoermoleeules, 1993, 26(7): 1509-1513.

[24] SHIN H. Vapor-phase preparation of aromatic polyamides[P]. USP4009153, 1977.

[25] 何天白. 海外高分子科学进展[M]. 北京：化学工业出版社，1977：19-38.

[26] IN I, SANG Y K. Soluble wholly aromatic polyamides containing unsymmetrical pyridyl ehter linkages [J]. Polymer, 2006, 47(2): 547-552.

[27] MEHDIPOUR-ATAEI S, SARRAFI Y, HATAMI M. Naphthalene-ring containing diamine and resulting thermally stable polyamides[J]. European Polymer Journal, 2005, 41(12): 2887-2892.

[28] HSIAO S H, CHEN W T. Syntheses and properties of novel fluorinated polyamides based on a bis(ether-carboxylic acid)or a bis(ether amine) extended from bis(4-hydroxyphenyl)phenyl-2,2,2-trifluoroethane[J]. Journal of Polymer Science Part A Polymer Chemistry, 2003, 41(10): 420-431.

[29] LIAW D J, HSU P N, CHEN J J, et al. Synthesis and characterizaiton of new soluble polyamides containing phthalimide pendent group[J]. Journal of Polymer Science Part A Polymer Chemistry, 2001, 39(10): 1557-1563.

[30] BANIHASHEMI A, FIROOZIFAR H. Synthesis and characterazation of novel aromatic polyamides derived from two heterocyclic diamines[J]. European Polymer Journal, 2003, 39(2): 281-289.

[31] CHOI K H, JIN C J. Synthesis and Characterization of New Aromatic Polyamides with N, N′-Di(4-n-alkylphenyl)benzodiimide Unit on the Main Chain[J]. Macromolecular Chemistry and Physics, 2004, 289(8): 737-742.

[32] TAKATSUKA R, UNO K, TODA F, et al. Study on wholly aromatic polyamaides containing methyl substituted phenylene linkage[J]. Journal of Polymer Science Part A Polymer Chemistry, 1977, 15(8): 1905-1915.

[33] KAKALI F, ANDRIKOPOULOS V, GRAVALOS K, et al. Synthesis of substituted aromatic polyamides containing p-terphenyl units in the main chain[J]. Polymer, 1998, 39(6-7): 1493-1496.

[34] YANG C P, SU Y Y. Fluorinated Aromatic Polyamides and Poly(amide-imide)s: Synthesis and Properties[J]. Macromolecular Chemistry and Physics, 2005, 206(19): 1947-1958.

[35] SIKKEMA D J. Composites comprising an aramid matrix[P]. EP0307993, 1992.

[36] PAKR H J, RHIM M S, KIM H M, et al. Process for preparing aromatic polyamide fiber and film[P]. EP0316486, 1989.

[37] 宝净生，杨锡建. 聚对苯二甲酰对苯二胺共聚物的研究[J]. 合成纤维工业，1981，4：1-4.

[38] 洪有纪，肖若鉴，叶秀珍. 聚对苯二甲酰对苯二胺的改性研究[J]. 合成纤维，1984，4：1-7.

[39] 单国荣，王慧芬. 高分子量芳香共聚酰胺的合成[J]. 功能高分子学报，1996，9(2)：272-278.

[40] BAIR T I. Copoly(p-phenylene terephthalamide/2,6- naphthalamide)aramide yam[P]. USP4698414, 1987.

[41] 周其庠，于燕生，赵安赤，等. 聚芳酰胺共缩聚改性的研究[J]. 高分子材料科学与工程，1989，5(5)：10-16.

[42] 谷立广，刘德山. 芳香-脂肪族共聚酰胺的序列结构和溶致液晶性能[J]. 高分子学报，1994，1：65-69.

[43] 金辉. 芳纶纤维表面改性技术及相关机理的研究进展[J]. 化工新型材料，2009，37(3)：24-26.

[44] 张佩华，丁辛. PPTA 的物理结构与微观形变和断裂的关系[J]. 国外纺织技术，1998，5：21-24.

[45] 袁海根，杨杰. 芳纶表面改性研究进展[J]. 高科技纤维与应用，2005，30(2)：26-33.

[46] MAI Y W, CASTINO F. Fracture toughness of Kevlar-epoxy composites with controlled interfacial

bonding[J]. Journal of Materials Science，1984，19(5)：1638-1655.

[47] 张康助. 芳纶纤维表面处理初探[J]. 宇航材料工艺，1991，(4)：95-96.

[48] 张淑慧，张炜，曾金芳. 纤维表面处理对复合材料壳体纤维强度转化率的影响[J]. 高科技纤维与应用，2004，29(3)：12-18.

[49] 胡腾蛟，孙难见，黎学东，等. 纤维表面改性的方法、纤维制品和用途[P]. CN101368333，2009.

[50] ZHANG Y，HUANG Y，LIU L，et al. Surface Modification of Aramid Fibers with γ-ray Radiation for Improving Interfacial Bonding Strength with Epoxy Resin[J]. Journal of Applied Polymer Science，2007，106(4)：2251-2262.

[51] WU G M. Oxygen plasma treatment of high performance fibers for composites[J]. Materials Chemistry and Physics，2004，8(1)：81-87.

[52] 刘克杰，彭涛，芳纶表面改性技术进展(二) 化学改性方法[J]. 合成纤维，2011，40(7)：26-31.

[53] 邵松海，超临界二氧化碳在聚合物整体接枝改性中的应用[J]. 高分子通报，2011，9：151-156.

[54] MUTH O，HIRTH T，VOGEL H. Polymer modification by supercritical impregnation[J]. Journal of Supercritical Fluids，2000，17(1)：65-72.

[55] BELMAS M，TABATA I，HISADA K，et al. Supercritical fluid-assisted electroless metal plating onto aramid films：The influence of thermal treatment[J]. Journal of Applied Polymer Science，2011，119(4)：2283-2291.

[56] KIM T，KIM G，PARK J Y，et al. Solubility measurement and dyeing performance evaluation of aramid NOMEX yarn by dispersed dyes in supercritical carbon dioxide[J]. Industrial & Engineering Chemistry Research，2006，45(10)：3425-3433.

[57] 侯晓，张炜，王风德，等. 芳纶Ⅲ纤维及其复合材料制品研究进展[J]. 中国材料进展，2010，29(12)：59-62.

第4章 超高分子量聚乙烯纤维

超高分子量聚乙烯纤维(UHMWPE 纤维)又称高强高模聚乙烯纤维，是目前世界上比强度和比模量最高的纤维，是继碳纤维和芳纶之后的第三大工业化高性能纤维，具有强度高、模量高、比重小、耐光性好、耐低温、耐弯曲疲劳性好、耐化学腐蚀等优点，还具有良好的化学稳定性好、比能量吸收高、电磁波透射率高、摩擦因数低、耐切割以及生物相容性好等特点[1]。

UHMWPE 纤维因其诸多的优异性能而广泛应用于国防、航空、航海、体育器材、个体防护等领域。本章就 UHMWPE 纤维的结构与性能、纺丝工艺、国内外研发现状及其应用领域作简要介绍，并对其发展前景和方向进行了预测。

4.1 超高分子量聚乙烯纤维的结构与性能

4.1.1 超高分子量聚乙烯的结构

超高分子量聚乙烯纤维由超高分子量聚乙烯(分子量在 100 万以上)通过凝胶纺丝法而制得。UHMWPE 纤维的分子结构与其他高性能纤维有着显著的不同。UHMWPE 纤维大分子的基本结构单元为$+CH_2—CH_2+_n$，碳原子上连有两个氢原子，氢原子体积很小，空间位阻小，且 C—C 键容易内旋转，大分子链呈现出良好的柔韧性，大分子链间无强的结合键，分子链中不含极性基团，无极性作用力，只有分子间作用力，易结晶，所以当聚乙烯分子相接近时，很容易有规则地排列而形成三维有序排列，产生许多微小的晶体。

20 世纪 30 年代，Staudinger 教授指出高强高模纤维的理想结构应该是大分子链无限长且以伸直链结晶存在，其结构模型如图 4-1 所示。

图 4-1 高强高模纤维的理想结构模型

据此结构模型，按照分子链断裂机理，纤维的断裂强度相当于大分子链的极限强度的加和，分子链的极限强度可由分子链中 C—C 键的强度(0.61 N)和分子链的横截面积通过计算得到[2]：

$$\text{极限强度}=\frac{0.61\ \text{N}}{\text{分子截面积}(\text{nm}^2)}=\frac{60.86}{\text{密度}(\text{g/cm}^3)\times\text{分子截面积}(\text{nm}^2)}(\text{cN/dtex})$$

表 4-1 列出了各种聚合物分子链的理论极限强度。

表 4-1 各种聚合物分子链的理论极限强度

聚合物	密度/ $(g\cdot cm^{-3})$	分子截面积/ nm^2	理论强度/ $(cN\cdot dtex^{-1})$	商业强度/ $(cN\cdot dtex^{-1})$
PE	0.96	0.193	328	7.9
PA6	1.14	0.192	278	8.4
PVA	1.28	0.228	209	8.4
Kevlar	1.43	0.205	208	22.1
PET	1.37	0.217	205	8.4
PP	0.91	0.348	192	8.7
PVC	1.39	0.294	149	3.5
PAN	1.16	0.304	173	4.4

按计算，聚乙烯晶体抗拉强度和结晶模量理论值分别为 32 GPa 和 362 GPa。从分子结构看，UHMWPE 纤维是接近理论极限强度的最理想的高聚物。聚乙烯大分子分子式及结构模型如图 4-2 所示。

$$—CH_2—CH_2—CH_2—CH_2—CH_2—CH_2—CH_2—CH_2—$$

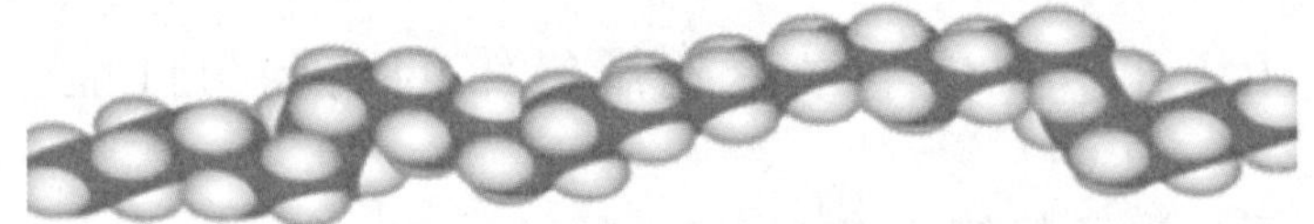

图 4-2 聚乙烯大分子分子式及结构模型

聚乙烯的分子结构还决定了其优异的柔韧性、耐磨性以及分子间自润滑性。一般通过均方末端距或大分子"链段"长度来表示大分子链的内旋转受阻程度的量度或柔性，均方末端距或链段长度越小，说明主链内旋转受阻程度越小，大分子链中独立运动的单元越多、柔性越好。表 4-2 为几种常见高聚物的均方末端距及链段长度。

表 4-2 几种常见高聚物的均方末端距及链段长度

高聚物	均方末端距/nm	链段长度/nm
聚乙烯	0.183	2.13
聚丙烯	0.24	2.18
聚丙烯腈	0.26～0.32	3.26
聚氯乙烯	—	2.96
乙基纤维素	—	20.0

由表 4-2 可见，聚乙烯的均方末端距和链段长度均最小，分别为 0.183 nm 和 2.13 nm。因此，聚乙烯分子链具有优异的柔韧性。当然，聚乙烯柔韧的分子链决定了它具有较低的玻璃化温度和熔点以及较大的蠕变。其蠕变主要为分子间滑移导致的黏流形变，由于纤维具有高取向度和高结晶度结构，纤维蠕变中普弹和高弹形变部分很少[3]。

与其他几种高性能纤维不同，超高分子量聚乙烯纤维中的分子链并非"预先形成"以构筑高强高模纤维。在芳族聚酰胺纤维及其他的刚性连高性能纤维中，分子会形成类棒结构，并且它们只需沿一个方向取向便形成高强纤维。聚乙烯分子链长且柔曲，只有采用物理机械方法处理，才能使分子链以伸直链形态沿纤维轴向定向排列。聚乙烯的所有物理和化学性质均完整保存于纤维中，所不同的是聚乙烯分子链在纤维中呈现为高度伸展、高度取向和高结晶性的结构[1]。

4.1.2　加工过程中聚乙烯大分子结构的变化

聚乙烯柔性链结晶时，分子链会折叠形成 10 nm 厚度的片状结晶。这种分子链的非折叠部分形成非晶区域，存在于结晶与结晶之间。Pennings 于 20 世纪 60 年代提出聚乙烯"羊肉串"结晶结构，如图 4-3 所示。在高分辨电子显微镜下可看到这种"羊肉串"结晶结构，晶片尺寸约在 14 nm[4]。

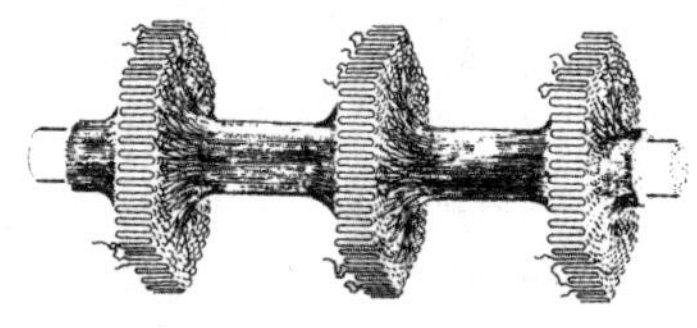

图 4-3　Pennings 提出的聚乙烯"羊肉串"结晶结构

对于冻胶纺丝，采用聚乙烯稀溶液进行纺丝，大分子链间的相互缠结大大减少，形成无取向的折叠链结晶结构，如图 4-4(a)所示，经过低倍拉伸后形成取向的折叠链结晶如图 4-4(b)所示，而经过超高倍热拉伸后就能得到高度取向的伸直链结晶聚集状态结构如图 4-4(c)所示，纤维杨氏模量会有显著的提高。图 4-4(a)中连接结晶间的缚结分子虽然比例不多，但对纤维的力学性影响很大。所以，为了得到具有优异力学性能的聚乙烯纤维，纤维大分子必须尽量具有图 4-4(c)所示的聚集状态。而为使纤维具有这种结构，纤维中的聚乙烯分子链必须充分结晶并沿拉伸方向高度取向[5]。

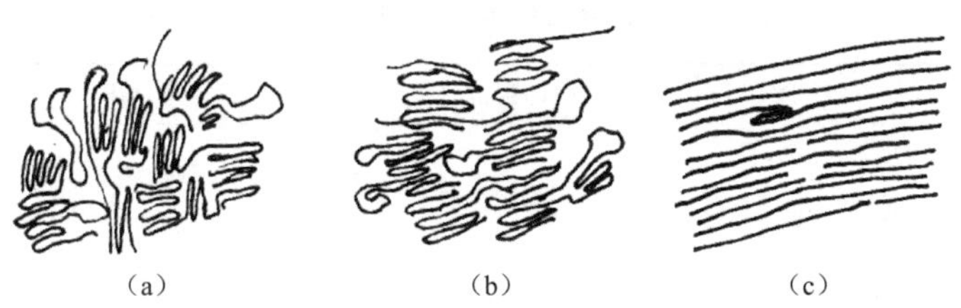

图 4-4　加工过程中聚乙烯大分子取向和结晶结构的演变

然而，对于常规熔体纺丝而言，由于聚乙烯分子链的相互缠结，拉伸是有限的。如果达到理论杨氏模量的 20%后再进行拉伸，纤维就会断裂。因此，通过熔融纺丝制备的聚乙烯纤维，即使仅拉伸 8 倍，杨氏模量上升到理论值的 20%左右，已经是极限了。

4.1.3　超高分子量聚乙烯纤维的性能

1. 机械性能

UHMWPE 纤维的拉伸强度为 2.8～4.2 GPa，断裂伸长在 3%～6%之间，与碳纤维、玻璃纤维和芳纶相比，纤维的断裂功大。UHMWPE 纤维的密度为 0.97 g/cm^3，只有芳纶的 2/3或碳纤维的 1/2，轴向拉伸性能很高，因此，与其他高性能纤维相比，在保持良好机械性能的同时，自身质量大大减少。其比拉伸强度是现有高性能纤维中最高的，比拉伸模量较碳纤维高，比芳纶高得多。表 4-3 列出了 UHMWPE 纤维与其他常见纤维的比抗张强度、比抗张模量和断裂伸长率。可见 UHMWPE 纤维的比模量接近于号称"纤维之王"的 PBO 纤维和聚芳酯纤维，而比强度居所有纤维之首，甚至超过 PBO 纤维。

表 4-3 常见纤维的比抗张强度、比抗张模量和断裂伸长率

纤维类型	密度/(g·cm^{-3})	抗张强度/GPa	初始模量/GPa	比抗张强度	比抗张模量	断裂伸长率/%
UHMWPE 纤维	0.97	4.00	165	4.12	170	≤5.0
普通 PE 纤维	0.94	0.77	8.64	0.47	9.2	≤20
高强聚酯	1.38	0.86	19.59	0.62	14.2	≤12
高强聚酰胺	1.14	0.85	5.20	0.75	4.6	≤20
聚丙烯	0.90	0.79	9.65	0.88	10.7	≤20
高强 PVA	1.32	2.10	46.0	1.59	34.9	≤4.9
PPTA	1.44	2.9	132	1.86	91.7	≤2.5
PBO	1.59	5.5	280	3.46	176.1	≤2.5
聚芳酯	1.42	4.1	134	2.89	94.4	≤3.0
碳纤维	1.78	2.10	230	1.18	129.2	≤1.4
钢丝	7.86	1.70	210	0.22	26.7	≤1.1

表 4-4 列出了一些常见聚合物纤维理论强度及商品强度，由表可知，UHMWPE 纤维的机械性能还有很大的提升空间[6]。

表 4-4 常见聚合物纤维理论强度及已达到强度

聚合物	理论强度/GPa	商品强度/GPa	理论模量/GPa	商品模量/GPa
聚乙烯	32	3.6	240	116
芳香族聚酰胺	30	3.3	183	120
锦纶 6	32	0.9	142	6
PES	28	1.1	125	14
PP	18	0.6	34	6

UHMWPE 纤维具有密度小、比强度高、比模量高等特点。采用这种纤维制作防弹衣、防弹头盔和防暴盾牌等人体防护制品时，具有优异的防弹性能。材料的防弹性能可以通过该材料对弹丸或碎片能量的吸收程度来衡量。纤维的密度、韧性、模量及断裂伸长率等都将会影响纤维织物的防弹效果。

纤维的防弹性能可以由下式表征：

$$R^2 = W \cdot C \tag{4-1}$$

式中，R 是防弹性能指标；W 是断裂能量吸收率，由纤维的韧性和模量决定，模量越高，韧性越好，吸收率越大；C 是纤维中的声速，由纤维中大分子取向度和结晶度有关，取向度和结晶度越大，声速越大。

表 4-5 列出了 UHMWPE 纤维性能对防弹效果的影响。从表可看出，纤维力学性能对防弹效果有较大的影响。随纤维强度和模量的增加，V50 值和 SEA 值均增大，说明纤维防弹性能提高[5]。

表 4-5　UHMWPE 纤维性能对防弹效果的影响

UHMWPE 纤维		弹道性能	
纤维强度/(cN·dtex^{-1})	模量/(cN·dtex^{-1})	V50/(m·s^{-1})	SEA 值/(J·m^2·kg^{-1})
25	932	623	34.9
28.9	1233	656	38.2
35.2	1520	725	48.5

注：① V50 值指有 50%的弹丸击穿试样时的弹丸速度；
② SEA 值为比吸能性，即单位面密度吸收的能量。

随着纤维强度和模量的增加，纤维防弹性能增大。另外，在制成防弹复合材料时，复合材料的制作方法对防弹性能也有影响，通常情况下，无纬布和缎纹布比平纹布防弹性能好，而无捻纤维织物比有捻纤维织物防弹性能好。

图 4-5 是几种纤维比强度、比模量的分布图。从图中可以看出，UHMWPE 纤维的比强度和比模量明显高于其他纤维，因此，等质量的材料中，UHMWPE 纤维的强度最高。

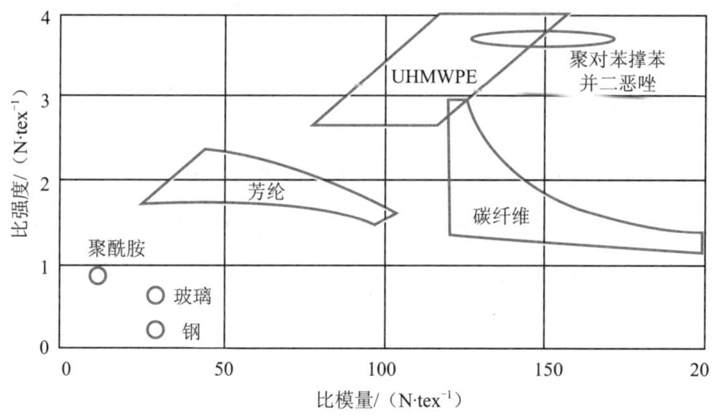

图 4-5　几种纤维的比强度和比模量[1]

纤维的强度还可用自由断裂长度表示，自由断裂长度是指纤维、纱线或绳索自由吊挂时，因自身质量而断裂的理论长度。此自由断裂长度是与材料相关的，并对应于材料的强度。自由断裂长度与纤维、纱线或绳索的粗细无关。图 4-6 是不同纤维所制成绳索自由断裂长度的形象示意图。高强高模聚乙烯纤维的自由断裂长度理论值可达 400 km，约为芳纶的 1.4 倍，能达到卫星轨道的高度[1]。

UHMWPE 纤维是玻璃化转变温度很低的热塑性纤维，韧性很好，在塑性变形过程中吸收能量大，因此，只要基体材料或黏结剂选择恰当，用它制成的复合材料在高应变率和低温下仍具有良好的力学性能，特别是抗冲击能力比碳纤维、芳纶及一般玻璃纤维复合材料高。UHMWPE 纤维复合材料的比冲击总吸收能量分别是碳纤维、芳纶和一般玻璃纤维的 1.8 倍、2.6 倍和 3 倍，其防弹能力比芳纶装甲结构的防弹能力高 2.6 倍。

2. 弯曲性能

UHMWPE纤维具有良好的弯曲性能，能在不开裂或断裂的情况下进行任何形式的织造，制成针织线圈或打结，而玻璃纤维、碳纤维和芳纶的弯曲性能较差。UHMWPE纤维的成圈性能和成圈牢度都比芳纶好。

3. 耐化学腐蚀性

UHMWPE纤维由聚乙烯制得，分子结构中不含任何芳香环、酰胺、羟基或其他易被化学物质侵蚀的化学基团。因此，聚乙烯的耐化学腐蚀性能极好，另外，UHMWPE纤维经高倍拉伸具有高取向度和高结晶度的特点，所以，其在一般使用条件下，具有优良的耐溶剂性能，只有在熔点附近或熔点以上才会出现明显的溶胀效应，由于其分子量很高，即使在良溶剂中，溶胀速度也是极其慢的。UHMWPE纤维在多种介质中，如水、油、酸和碱等溶液中浸泡半年，强度不受影响。表4-6列出了UHMWPE纤维和Kevlar纤维在多种化学介质中浸泡6个月后的强度保留率[7]。

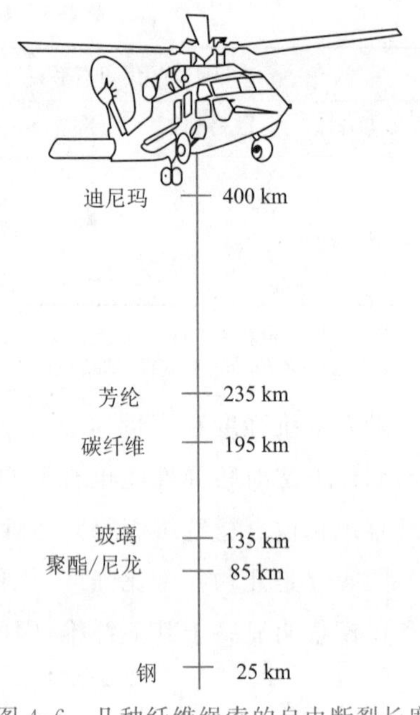

图4-6 几种纤维绳索的自由断裂长度

表4-6 UHMWPE纤维和Kevlar纤维在不同化学介质中浸泡6个月后的强度保留率(%)

介　质	Spectra	Kevlar	介　质	Spectra	Kevlar
全氯乙烯	100	75	海水	100	100
1 mol/L HCl	100	40	蒸馏水	100	100
5 mol/L NaOH	100	42	煤油	100	100
次磷酸盐溶液	100	79	汽油	100	100
氢氧化铵	100	70	冰醋酸	100	82
次氯酸钠	91	0	甲苯	100	72

由表可见，UHMWPE纤维在多种化学介质中浸泡6个月后，强度保留率仍为100%，只有在具有强氧化性的次氯酸钠溶液中，强度保留率降为91%，这是因为聚烯烃对氧化介质敏感的原因。与芳香族聚酰胺纤维相比，UHMWPE纤维还具有优异的耐酸性和耐碱性，如图4-7所示。

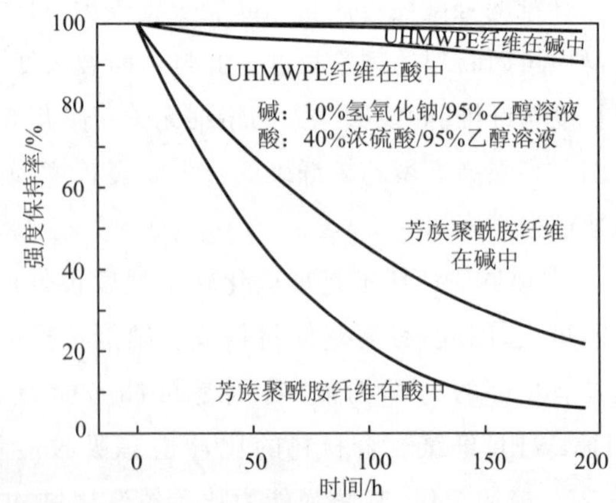

图4-7 UHMWPE纤维与芳香族聚酰胺纤维的耐酸碱性

4. 耐磨性能

材料的耐磨性一般随模量的增大而减小，但对UHMWPE纤维而言，却恰恰相反，这是因为UHMWPE纤维具有较低的摩擦因数。

UHMWPE 纤维绳子的破断循环数比 Kevlar 高 8 倍，耐磨性和弯曲疲劳也比 Kevlar 高[8]。

5. 导电性能

UHMWPE 纤维是绝缘体，分子中无偶极性基团。UHMWPE 纤维表现为高电阻(体积电阻率＞10^{14} Ω · m)，低介电常数(2.2)和低的介电损耗因子(2×10^{-4})。

以 UHMWP 纤维作为增强材料的复合材料具有较低的介电常数和介电损耗值，对雷达波的反射很少，远低于玻璃纤维复合材料。表 4-7 列出了几种不同材料的介电常数和介电损耗值，其中 UHMWPE 纤维最小，适用于制造各种雷达罩。介电强度约为 700 kV/mm，能抑制电弧和火花的转移[9]。

表 4-7　几种不同材料的介电常数和介电损耗值

性能	酚醛	尼龙 66	聚酯	芳纶	UHMWPE
密度/(g · cm^{-3})	2.0	1.15	1.39	1.45	0.97
抗拉强度/GPa	0.08	0.81	0.81	3.45	3.00
杨氏模量/GPa	—	5.05	19.55	137	172
介电常数(ε*)	4.0	3.0	3.0	3.85	2.3
介电损耗角正切(tan δ*)	0.04	0.0128	0.009	0.001	0.0004
吸湿率/%	0.5	5.0	0.4	3.5	0.01

6. 耐光性能

图 4-8 是几种不同纤维的耐日晒性能。显然，UHMWPE 纤维的耐日晒性是这些纤维中最好的，与芳纶相比，UHMWPE 纤维连续长时间暴露在日光下，其断裂强度仍有很高的保持率。经过 1 年的光照之后，UHMWPE 纤维的强度保持率仍高达 70%，而芳纶的断裂强度保持率则降至 20% 以下。

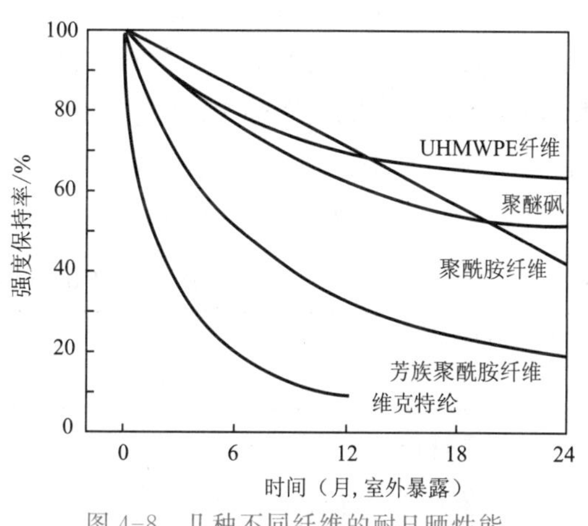

图 4-8　几种不同纤维的耐日晒性能

7. 热性能

普通聚乙烯纤维的熔点约为 134 ℃，UHMWPE 纤维的熔点一般在 144～155 ℃之间，所测的熔点值与施加在 UHMWPE 纤维上的张力有关，张力越大熔点越高。表 4-8 列出了 UHMWPE 纤维在不同温度及时间下物理性能的保持率。由表 4-8 可以看出，UHMWPE纤维的最高使用温度为 80～100 ℃。

表 4-8　不同温度和时间下，UHMWPE 纤维力学性能保持率[5]

温度/℃	时间/h	强度保持率/%	模量保持率/%	断裂伸长保持率/%
25	∞	100	100	100

续表

温度/℃	时间/h	强度保持率/%	模量保持率/%	断裂伸长保持率/%
65	4	100	100	100
	∞	92	95	110
80	4	100	100	100
	∞	68	72	150
100	4	100	100	100
	∞	45	50	250
120	4	50	50	200
	∞	25	28	300

纤维力学性能与使用温度和加工温度有关。在 80 ℃下，虽然 UHMWPE 纤维的强度和模量的保持率几乎达 100%，但在长期使用下，下降达 30%左右，而在低温（如-30 ℃）下强度和模量随之升高。120 ℃，4 h 后，强度和模量为初始纤维的 50%左右，长期在这种高温下，几乎失去作为高性能纤维必需的力学性能。如果对纤维进行长时间热处理，在负载较小时能保持它在室温时性能。处理温度一般为 130 ℃，处理后纤维的尺寸稳定性增强，因此 UHMWPE 纤维增强复合材料的固化及其织物增强复合材料的成形均在此温度下进行[10]。

8. 蠕变性能

蠕变是指在较小的恒定应力作用和一定的温度下，材料的应变随时间的增加而增大的现象。由于聚乙烯分子结构简单，分子间无氢键，分子间主要作用力为色散力，因此，PE 分子间作用力较小，UHMWPE 纤维在高温和张力下使用会发生蠕变。UHMWPE 纤维蠕变行为的大小与冻胶纺丝中使用的溶剂种类密切相关，若使用的溶剂为石蜡油、石蜡，则由于溶剂或增塑剂不易挥发或脱除而残存于纤维内，使纤维蠕变倾向显著；当使用挥发性溶剂如十氢萘时，所得纤维的蠕变性能极大地改善。UHMWPE 纤维在 35 ℃和 0.09 GPa 负荷状态下的蠕变性能见表 4-9，与常规方法得到的纤维相比，其抗蠕变性能已经相当突出。

表 4-9　UHMWPE 纤维的蠕变性能

时间/h	10	100	1000
伸长率/%	0.05	0.2	0.4

9. 疲劳性能

在绳索的使用过程中，疲劳是一项极其重要的质量指标。与普通的锦纶、涤纶绳索相比，UHMWPE 纤维不仅具有强度高的特性，而且具有高张力和高弯曲疲劳性能。与碳纤维和玻璃纤维相比，UHMWPE 纤维不仅具有高模量，而且具有优异的柔韧性和良好的耐挠曲疲劳性能。

4.2　超高分子量聚乙烯纤维的先进工艺技术

4.2.1　超高分子量聚乙烯的纺丝方法

根据纤维高强化原理，针对聚乙烯柔性分子链的特性，各国研究人员提出了许多制备

UHMWPE纤维的方法，主要包括高压固态挤出法、增塑熔融纺丝法、表面结晶生长法、区域超拉伸或局部超拉伸法和冻胶纺丝-超拉伸法等。其中冻胶纺丝-超拉伸法已成为成熟的工业化生产的技术。下面简单介绍以上几种超高分子量聚乙烯纺丝方法[2]：

1. 高压固态挤出法

该方法是将一定量的超高分子量聚乙烯置于耐高压挤出装置内加热熔融，然后以每平方厘米数千千克的压力将聚乙烯熔体从锥形喷孔挤出，随即进行高倍拉伸。在高剪切力和拉伸张力的作用下，UHMWPE大分子链得到充分伸展，以此来获得高强度纤维。由于在固相取向过程中难于形成贯穿于结晶间的分子链束，因而限制了纤维的高度拉伸，纤维强度也相应受到限制，制得纤维的强度在9 cN/dtex以下。Du Pont公司采用平均分子量为1×10^6的UHMWPE，制得的纤维强度可达19.4 cN/dtex，但这种方法难以工业化生产。

2. 增塑熔融纺丝法

通过加入一定量的增塑剂或稀释剂将超高分子量聚乙烯经熔融纺丝法纺成纤维的方法一般称为增塑熔融纺丝法。所用的稀释剂可以是聚乙烯的溶剂，也可以是能与聚乙烯相容性较好的蜡质物质。聚乙烯/增塑剂混合物经熔融挤出成形后，可在萃取剂中直接进行多级拉伸，最终得到强度为20～26 cN/dtex、模量为770～980 cN/dtex的UHMWPE纤维。

3. 表面结晶生长法

表面结晶生长法由荷兰Groningen州立大学高分子化学系的A. J. Pennings和A. Zwijnenburg首先提出。该工艺将UHMWPE的极稀溶液置于Couette装置（两个同心圆柱所构成的结晶装置）内，均匀转动装置内的转子，同心圆柱间隙尽可能小，转子表面最好稍有毛糙，则可在转子表面生成UHMWPE的冻胶膜，接着向纺丝溶液中投入晶种，使晶种与冻胶膜接触，在100～125 ℃下诱导结晶生成和长大，可得到纤维状晶体。从接触部位连续将纤维取出，取出速度与纤维状晶体生长的速度相匹配。由于纤维的引出与内圆柱的旋转方向相反，故纤维状结晶生长受到沿纤维轴向的力，所得纤维具有“羊肉串”结晶结构，由伸直链大分子串着一串折叠链的片晶形成，从而赋予纤维高强高模的特性。若进一步对上述纤维进行热拉伸处理，附着的折叠片晶向伸直链转化，纤维的强度和模量可高达50 cN/dtex和1500 cN/dtex。表面结晶生长法是一种全新的纺丝技术，然而，由于结晶生长速度缓慢，纤度控制等方面存在难度而难以工业化生产。

4. 区域超拉伸或局部超拉伸法

将被拉伸的初生纤维加热到结晶分散温度以上，进行区域超拉伸或局部超拉伸，在此温度下，折叠链结构被迅速融化解体，折叠链的大分子链重排形成伸直链结构，从而制得UHMWPE纤维。该方法在高强尼龙纤维制备上已获得成功。但该法受使用分子量的限制，分子量不能太大，并且仅靠拉伸方法使纤维强度提高是有局限性的。

5. 冻胶纺丝-超拉伸法

该方法以十氢萘、矿物油或煤油为溶剂，将UHMWPE配制成半稀溶液，经喷丝孔挤出后骤冷成冻胶原丝，再对初生冻胶原丝用低沸点溶剂进行萃取，然后经干燥和多级超倍拉伸制得 UHMWPE 纤维。因此，这种方法又称冻胶纺丝-超拉伸法(gel spinning-ultra-drawing)。这里的超倍拉伸一般指拉伸倍数大于 20 倍的拉伸。超倍拉伸不仅提高纤维的结晶度和取向度，而且使呈折叠链的聚乙烯片晶(folded-chain lamellae)结构转化成伸直链(extended-chain crystal)结构，从而极大提高纤维的强度和模量。冻胶纺丝-超拉伸法示意图如图 4-9 所示。

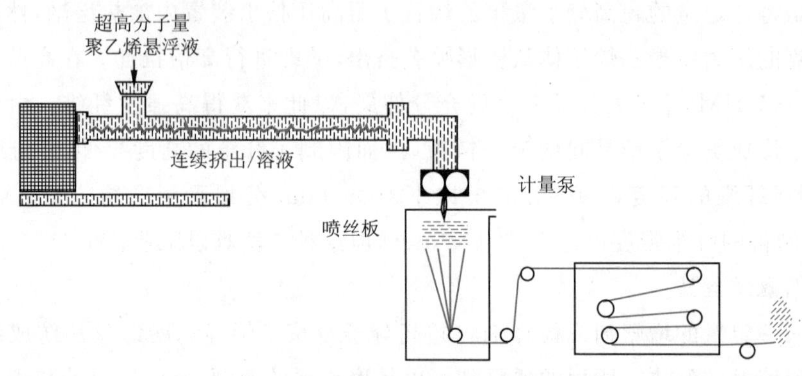

图 4-9　冻胶纺丝-超拉伸法示意图

4.2.2　UHMWPE 冻胶纺丝工艺原理

从分子结构看，UHMWPE 纤维是接近理论极限强度的最理想的高聚物，其分子具有平面锯齿形的简单结构，没有大的侧基，分子截面积仅为 0.192 nm^2，结晶度高，分子链内无强的结合键。当纤维中的大分子链完全伸展时，晶区和非晶区中的大分子链都充分伸展并沿纤维轴平行取向，此时纤维强度将是大分子链极限强度的加和。因此，单位截面积上键数目越多其理论抗拉强度越大。高分子分子量(M)与纤维强度(σ)之间的经验公式如下：

$$\sigma \propto M^a \tag{4-2}$$

式中，$a=0.25\sim0.4$。

我们知道，纤维强度随分子量增加而增大。当然，由于大分子末端的缺陷，以及分子没有完全结晶和完美取向，因此目前所能达到的最大纤维强度仅为理论极限强度的 1/10 左右。另外，随分子量增加，加工过程中大分子的缠结程度亦随之增大，形成新的缺陷，并且给加工造成一定的困难。由上所知，要获得高强高模纤维，除了尽可能增大分子量以外，很重要的一点是加大拉伸倍数，尽可能多地将折叠链大分子结晶转变为伸直链结晶，使单位面积上链的数目尽可能增大。而目前各种常规纺丝法的最大拉伸倍数较小，无法使大分子链，特别是柔性链沿纤维轴向充分伸展。

按照经典橡胶弹性理论，具有交联高分子网络结构的各种成纤聚合的最大拉伸倍数 λ_{max} 与交联点之间的统计链节数(N_C)有着如下关系：

$$\lambda_{max}=N_C \tag{4-3}$$

即交联点之间的统计链节数越大，也即缠结点越少，可拉伸倍数也越大。为了提高拉伸倍数，必须增加统计链节数，降低大分子之间的缠结点密度。这一点对于采用熔体或浓溶液作纺丝原液的常规纺丝法十分困难，因此，在实施 UHMWPE 纺丝时，通常将 UHMWPE 在适当的溶剂中制成半稀溶液，经喷丝孔挤出，并骤冷成冻胶原丝。目的是将冻胶原丝中大分子链的解缠状态很好地保持下来，而且溶液骤冷导致冻胶原丝中形成折叠链片晶。而对于超高分子量聚丙烯纤维来说，即使配制成稀溶液，但由于结晶的困难，也难以制成高强度纤维，而需添加结晶成核剂。

萃取和超倍热拉伸可除去冻胶原丝中的极大部分的溶剂，并且使解缠的大分子链充分伸展、取向和高度结晶，折叠链大分子转变为伸直链大分子结晶，从而制得高强度高模量纤维。

为了制得高强度高模量纤维，使其结构接近理想的结晶，必须尽量减少纤维中的缺陷，以下几点是非常重要的：尽可能提高聚合物大分子的相对分子质量，以使纤维非晶区中含有更多的缚结分子；尽可能减少非晶区大分子之间的缠结，使纤维拉伸时非晶区中部分缚结分子可以被拉直并形成伸直链晶；尽可能减少初生纤维中折叠链结晶的含量，增加非晶区缚结分子的含量，使拉伸后成品纤维中含有更多的伸直链晶；尽可能将非晶区均匀分散到连续的结晶基质中去。

为了达到这些目的，必须要做到：使用分子量为 100 万以上的聚乙烯；纺丝过程中采用稀溶液以减少大分子"缠结"状态，并使这种低"缠结"结构在拉伸前被"冻结"起来；将这种"冻结"起来的低"缠结"结构纤维经预拉伸和热处理形成折叠链结晶，形成具有较好的耐高倍热拉伸的结构。在接下来的高倍热拉伸中，折叠链结晶分子链被拆散成为取向的伸直链结晶结构。

4.2.3　UHMWPE 冻胶纺丝工艺路线

超高分子量聚乙烯的分子量极高，分子结构规整，结晶度高，溶剂分子很难扩散到聚乙烯分子链间，因此，很难使超高分子量聚乙烯均匀充分溶解，只有在高温下才能溶解于少数几种溶剂中，如十氢萘、二甲苯等。为了使 UHMWPE 充分均匀溶解，一般采取预溶胀工艺，这样溶剂能够最大限度地向聚合物内部渗透和扩散。溶剂的预先渗入减弱了大分子链间的强相互作用力，这种溶剂化作用能够促进 UHMWPE 的充分均匀溶解。

UHMWPE 的溶胀需要在合适的工艺下进行。若温度过低，UHMWPE 无法充分溶剂化；而温度过高又会使 UHMWPE 颗粒表面迅速形成高黏度层，反而阻碍溶剂向其内部进一步渗入，同样不利于 UHMWPE 的充分溶剂化，甚至会形成难以充分溶解的凝胶块。因此，溶胀温度和时间是 UHMWPE 溶胀工艺的主要参数。

充分溶胀的 UHMWPE 分子链上仍保持着一定数量的缠结点，这些缠结点必须依靠继续提高温度，增强溶剂化作用才能消除。不同溶剂对 UHMWPE 的溶剂化作用能力不同，因此，所用的溶解温度也不同，十氢萘、矿物油和煤油对 UHMWPE 最适宜的溶解温度分别为 145～150 ℃、170～185 ℃和 180～240 ℃。目前工业化生产聚乙烯纤维的溶解工序，主要采取双螺杆溶解工艺，制成均匀的悬浮液，或溶解成均质溶液；然后以均匀分布的悬浮液或溶液经双螺杆挤压，再经过滤、计量泵和喷丝组件，纺出纤维。

冻胶纺丝一般都采用干湿法，即均匀溶解的UHMWPE纺丝原液经计量泵和喷丝孔喷定量挤出后，先经过一段几厘米的空气浴，再进入凝固浴骤冷，使纺丝液快速凝固形成冻胶原丝。纺丝原液在凝固成形过程中，溶剂基本上不扩散，几乎全部滞留在初生丝条中。冻胶原丝在凝固浴中只发生热交换，基本上没有传质过程。UHMWPE的溶解时聚乙烯大分子解缠结的过程，而冻胶原丝的形成实质是使UHMWPE大分子保持解缠结状态，为之后大分子链的伸展奠定基础。

当冻胶纺丝所用溶剂的沸点比较低时，可通过干燥去除纤维中的溶剂。而当纺丝所用的溶剂沸点较高时，则可采取萃取法，选用沸点较低且易挥发的溶剂作为萃取剂，去除冻胶原丝中的溶剂。这一过程有利于提高冻胶原丝的超倍热拉伸的稳定性和有效拉伸比。

经萃取的冻胶纤维仍含有少量的溶剂和萃取剂，在拉伸前还必须经过干燥处理。干燥工序除了能够去除大部分残余溶剂和萃取剂，还能促使聚乙烯大分子链形成折叠链结晶。在干燥结晶过程中，大分子链规整性的提高增加了纤维的力学性能和热性能。使纤维的超倍热拉伸能够顺利进行。

与常规纺丝方法相比，冻胶纺丝-超拉伸法的最大特点是拉伸倍数大。初生UHMWPE纤维强度低、伸长大、结构稳定性差，经过萃取、干燥处理的冻胶丝只有在经过50～100的高倍热拉伸后才能获得理想的力学性能。高倍热拉伸不仅使聚乙烯大分子取向度和结晶度大大提高，而且还使干燥结晶过程形成的折叠链结晶转变为伸直链结晶，并使无定形区缚结分子均匀分散于伸直链结晶的连续基质中。纤维最终形成伸直链晶、折叠链晶和非晶区缚结分子并存的结构，纤维中这种伸直链结晶的形成正是UHMWPE纤维高强度高模量的本质所在。

4.3 超高分子量聚乙烯纤维的研究现状与发展趋势

UHMWPE纤维具有强度高、比重小、耐磨性好、耐低温、耐弯曲机抗冲击等优点，在许多高新技术领域具有不可替代的重要性。但是，UHMWPE纤维独特的化学结构和大分子结构也带来了不少局限性。从UHMWPE纤维大分子化学结构上看，其分子中不含极性基团和官能团；从超分子结构看，大分子结构简单、高度有序，无支链，加之超倍拉伸产生的高结晶度和高取向度，结构极其致密。低表面能使它难于润湿，与聚合物基体界面黏结性差；分子链无极性基团，无支链，分子链相互作用力弱使得UHMWPE纤维耐蠕变性差。这些缺陷都极大地限制了UHMWPE纤维的应用前景。

4.3.1 改善界面黏结性能

由于聚乙烯大分子的惰性，分子中不含极性基团，无化学活性，表面能极低，纤维与树脂基体间既无化学键合作用也无较强的相互作用力，因此，纤维不易被树脂浸润，进而影响到UHMWPE纤维复合树脂的机械性能，特别是层间剪切、横向拉伸和断裂韧性等性能，极大地限制了它在复合材料中的应用。因此，在制备 UHMWPE 纤维复合材料前，常常需要对 UHMWPE 纤维进行表面改性以改善其表面润湿性能。常用的表面改性方法主要有化学试剂处理法、等离子体处理法、辐射接枝处理法、纳米粒子添加法、电晕放电处理法等，也可将这几种方法复合使用。这些方法的原理都是在纤维表面引入反应性基团。UHMWPE 纤维经过上述改性方法处理后，强度会有所下降，但其与树脂基体的界面黏结强度得到了有效的改善，从而使复合材料具有较好的综合性能。

1. 化学试剂处理法

化学试剂处理法通过在纤维表面引入反应性基团能够有效改善纤维黏结强度。这是一种简单常用的改性方法，其主要原理是：通过化学试剂的强氧化作用在纤维表面引入一些极性基团，如羟基、磺酸基、羧酸基等，增加纤维表面能，并改善纤维的浸润性；同时还能去除纤维表面的弱界面层，并增大纤维表面的粗糙度，提高其与树脂基体的接触面积，从而改善纤维与复合树脂的界面黏结性能。

Hsieh 等[11]采用不同的氧化剂 CrO_3 和 $K_2Cr_2O_7$ 对 UHMWPE 纤维进行表面处理，结果表明在酸性条件下，经此两种氧化剂处理的 UHMWPE 纤维，环氧树脂浸润程度大幅提高，因此 UHMWPE 纤维与树脂的界面黏结强度也显著增加。而且，室温下短时间的氧化处理不会导致 UHMWPE 纤维力学性能的下降。

Silverstein 等[12]采用铬酸、高锰酸钾和过氧化氢对 UHMWPE 纤维进行处理，在纤维表面产生了羟基及醚基，同时还增大了纤维表面的粗糙度，这些都使得纤维和树脂间的界面结合力大大增强。

Muraoka 等[13]采用三氧化硫的氟利昂溶液对 UHMWPE 纤维进行磺化处理，在纤维表面产生一定量的磺酸基，磺酸基团的引入不仅改善了 UHMWPE 纤维的表面润湿性能，还提高了纤维表面的粗糙度，复合材料的界面剪切强度明显增大。

2. 等离子体处理法

等离子体是指在特定的气体及高温下所形成的一类具有高能的物质，该类物质可以是分子，亦可以是由分子离解作用而产生的复合离子、原子、电子、正离子及负离子等。等离子体处理仅作用于材料表面有限深度内数个分子，因此等离子体处理不会对纤维的力学性能产生较大的影响[14]。

UHMWPE 纤维经等离子体表面处理后，所产生的化学效应有链的断裂与刻蚀、引入极性基团、表面交联等。刻蚀能够增加 UHMWPE 纤维的表面粗糙度；极性基团的引入，一方面改善了 UHMWPE 纤维的表面湿润性，另一方面改进了 UHMWPE 纤维的黏结性。

Brown 等[15]将氨等离子体处理后的 UHMWPE 纤维用于增强环氧复合材料。他们发现复合材料的层间剪切强度、层间断裂能、弯曲强度和模量均有显著提升。

Tissington 等[16]发现氧等离子体处理可明显提高 UHMWPE/环氧树脂复合材料的层间剪切强度，但是对 UHMWPE 纤维/环氧树脂复合材料的拉伸、压缩、弯曲性能几乎没有影响。Bettge 等[17]的研究也表明，经氧等离子体处理的纤维拉伸强度下降了约 40%，但 UHMWPE

纤维复合材料的拉伸强度基本不变。

Moon 等[18,19]研究了氧等离子体和氩等离子体对 UHMWPE 纤维/乙烯酯树脂复合材料力学性能的影响。结果表明,等离子体处理能够显著改善 UHMWPE 纤维和乙烯酯的界面黏结性。经氧等离子体处理的 UHMWPE 纤维,其复合材料的横向拉伸强度和断裂应变有明显提高。他们认为这是由于等离子体处理不仅在纤维表面引入了极性基团还增大了纤维表面的粗糙度,这两个因素共同促进了树脂基体对纤维表面的浸润,提高了 UHMWPE 纤维与树脂基体的界面结合牢度。为了进一步研究纤维表面极性基团和纤维表面粗糙度的相对重要性,他们采用氮等离子体对 UHMWPE 纤维进行表面处理,氮等离子体一般只对纤维表面产生刻蚀作用而不会引入化学基团。结果表明,经氮气等离子体处理后纤维增强素质层间剪切强度值和与经氧等离子体处理后纤维增强树脂的相差不大,因此,与表面极性基团相比,纤维表面的粗糙度对其增强复合材料的力学性能影响更大。

3. 辐射诱导接枝聚合

辐射诱导接枝聚合是指通过辐射诱导在 UHMWPE 纤维表面引发第二单体接枝聚合,通过接枝共聚合反应在纤维表面引入一层能够改善纤维与树脂基体黏结性能的聚合物,常用的辐射源有 Co60、γ 射线、紫外光等。常用的接枝单体主要有丙烯酸[20]、丙烯酰胺[21]、甲基丙烯酸缩水甘油酯[22]等。

4. 纳米粒子添加法

在上述提及的改性方法中,化学试剂处理法可能对纤维力学性能产生不利影响,而物理法一般需要使用复杂、昂贵的设备,生产效率也比较低。东华大学于俊荣等[23]通过在冻胶纺丝的过程中引入纳米 SiO_2,提高了纤维的力学性能和与基体的界面结合强度。她们首先将纳米 SiO_2 与硅烷偶联剂(KH-550,含量为 SiO_2 的 12%)分散在二甲苯当中,配制成 SiO_2 质量分数 0.25%、0.5%、0.75 和 1.00%的萃取液。将质量分数 8%的 UHMWPE(分子量为 500 万)的矿物油悬浮液在双螺杆挤出机中进行溶胀、溶解和脱泡,在 260 ℃下通过直径为 0.9 mm、长径比为 7 的单孔喷丝板挤出成丝条,在冷水中淬冷形成冻胶丝条。研究表明,当萃取浴的浓度为 0.5%时,强度和模量分别为 3.61 GPa 和 138.29 GPa,比纯 UHMWPE 纤维的 2.93 GPa和 78.52 GPa 有非常显著的提高。将这种纤维复合到环氧树脂中,通过拔出测试发现 SiO_2/UHMWPE 复合纤维的界面剪切强度从纯 UHMWPE 纤维的 0.75 MPa 提高到 1.8 MPa,拔出后复合纤维表面粗糙附有环氧树脂。可见这种纳米复合改性方法是非常简便且有效的。

4.3.2 提高力学性能及改善耐蠕变性能

UHMWPE 纤维的玻璃化转变温度和熔点均比较低,适合低温环境下使用,长期使用温度不高于 80 ℃。高温下使用存在严重的蠕变问题,通过交联能够提高聚合物的耐热性能和耐蠕变性能。通过加入纳米粒子添加剂也能大幅改善其耐热性和耐蠕变性能。

目前改善 UHMWPE 纤维蠕变性能的一个主要方法是通过辐射处理使纤维大分子发生自

身交联。此外，还可以通过添加碳纳米管、云母、滑石粉、二氧化硅、二硫化钼等对 UHMWPE 纤维进行填充改性以提高其耐热性和耐蠕变性。然而，这些方法对 UHMWPE 纤维的蠕变性能的改善并不理想，因此，提高 UNMWPE 纤维的蠕变性仍是当前乃至今后很长一段时间的研究重点。

王依民等[24]通过冻胶纺丝制备了一系列高性能 MWCNTs/UHMWPE 复合纤维。他们将改性后 MWCNTs 的超声分散在石蜡中，然后添加 UHMWPE 粉末混合并升温溶解，得到纺丝原液。MWCNTs/UHMWPE 复合纤维的拉伸强度和杨氏模量均有所提高。热分析测试表明，复合纤维的起始降解温度和残留质量均有所提高，MWCNTs/UHMWPE 复合纤维的耐热性也提高了 5～7 ℃。和未改性 UHMWPE 纤维相比，其蠕变性能提高 20%。

高平等[25]于 2006 年也报道了 MWCNTs/UHMWPE 的冻胶纺丝，制备了高强高韧性复合纤维，并通过 SEM 和显微拉手段分析了 MWCNTs 的增强增韧机理。测试发现添加质量分数为 5% 的碳纳米管使复合纤维的拉伸强度、模量和断裂伸长率提高到 4.2 GPa、136.8 GPa和 4.7%，比相同倍数拉伸的纯 UHMWPE 纤维分别提高了 11.6%、16.8%和 15.4%，比强度和比吸收能量（韧性）远超过商业化的 Kevlar 49、玻纤和 Spectra 900 纤维。DSC 测试表明 MWCNTs 提高了冷结晶温度，说明 MWCNTs 作为成核剂促进了 UHMWPE 的结晶，但复合纤维的结晶度反而比纯 UHMWPE 纤维要低 5%，原因可能是晶粒数目增加、尺寸减小，导致晶粒之间无定形区增多。

Yeh Jen-Taut 等[26]对 MWCNTs/UHMWPE 的冻胶纺丝工艺进行了系统的研究。研究发现 MWCNTs 的含量、UHMWPE 的浓度和纺丝温度对纺丝液剪切黏度和可纺性有很大的影响。纯 UHMWPE 纺丝液黏度随浓度提高而显著增大，且随温度升高先增大减小，在 140 ℃时达到最大；MWCNTs 加入后使黏度先增大后减小，在质量分数 0.002%（相对于 UHMWPE质量分数为 0.1%）时达到最高。冻胶丝的最高拉伸倍数和双折射具有类似的浓度依赖性，均随 MWCNTs 含量提高先增大后减小。质量分数为 0.1%的复合纤维的最高拉伸倍数比同等纺丝条件下的纯纤维要高 15%～30%，且拉伸后形成的微纤更细、数量更多，100 倍拉伸下纤维的强度和模量分别高达 3 GPa 和 47 GPa。热分析发现复合纤维的结晶度和熔点随 MWCNTs 的增加分别上升和下降。更低的熔点说明结晶不完善，在热拉伸时分子链更容易排列并形成微纤，因此，拉伸倍数提高，当碳纳米管含量提高后会导致 MWCNTs 聚集体增多，作为缺陷影响拉伸倍数的提高。

从以上研究工作可以看出，纳米填料（碳纳米管、纳米 SiO_2、绿坡缕石纳米管等）的表面特性、分散溶剂、UHMWPE 的分子量、纺丝温度、冷冻温度、拉伸倍数等都会对冻胶纺复合纤维的结构（结晶度、取向）和力学性能产生重要的影响。改性纳米粒子在很低的添加量下，能够提高纤维的最大拉伸倍数、结晶度和取向，从而使纤维模量和强度大幅提高。另外，在 UHMWPE冻胶丝萃取过程中引入纳米粒子是一种新型的复合方法，它可以省却纳米粒子与纺丝液混合分散的过程，与实际生产工艺具有很好的相容性。这种方法不但可以提高复合纤维的力学性能，还能够增强与树脂基体的相容性，是一种很有前景的改性手段。

4.3.3 UHMWPE 纤维的应用

由于超高分子量聚乙烯纤维具有超高强度、超高模量、低密度、耐磨损、耐低温、耐紫外线、抗屏蔽、柔韧性好、冲击能量吸收高及耐强酸强碱化学腐蚀等众多的优异性能，在安全防护、航空、航天、航海、兵器、造船、建材、体育、医疗等诸多领域发挥着举足轻重的作用。表 4-10简要列出了 UHMWPE 纤维产品的主要应用领域。

表 4-10 UHMWPE 纤维产品的主要应用领域[27]

应用领域	用途
军工国防	降落伞、伪装网、海上布雷网、降落伞绳、软质防弹衣、坦克车装甲板、轻体装甲车车身、航行器、武装直升机装甲板、防弹运钞车防弹板、通信指挥车防弹车身、防弹头盔等
航空航天	海上救捞网、降落伞绳索、雷达保护罩、飞机舱内结构件、驾驶舱安全防护门
海洋工程	系泊缆、拖网缆、海上养殖业用缆、海上采油用缆、海底采集作业用缆、深海养殖网箱
体育器材	登山绳索、钓鱼线、球拍网线、风筝绳、弓弦、船帆、吹气船、击剑服、赛艇、射箭弓、滑雪橇、曲棍球棒、钓鱼竿
医疗卫生	缝线、人造肌、手术防割套、医疗安全包装、X 室屏蔽工作台
建筑行业	货物吊绳、防护网、货物吊网、强力包装用具、安全帽、特种围栏
运输行业	柔性集装箱、起吊绳索、车辆牵引绳、气球拉绳、直升机起吊绳索、篷盖布、运输带、特种轻型箱体、抗冲击包装箱、防割防刺箱包
安全防护	安全吊装带、软质手铐、安全绳索、防割手套、防锯割工作服、防刺服
其他领域	整形缝合材料、手术缝线、过滤材料、电缆线、光缆包覆线

1. 绳缆

由于 UHMWPE 纤维高强力，高模量，耐腐蚀，耐光照，柔韧性好，密度低，特别适合制作绳缆。由 UHMWPE 纤维制得的绳缆，使用寿命长，强度和钢缆相当，等直径时，单位长度的质量只有钢缆的 10%。UHMWPE 纤维耐光性好，可经受长时间的日晒，经日光暴晒1500 h后，强度保持率仍可达 80%，而芳纶绳缆经一段时间的日光照射后强度急剧下降；其化学稳定性好，耐海水性和耐腐蚀性好，在海水中不会发生腐蚀和损害，而钢缆在海水中会锈蚀，尼龙和聚酯绳缆在海水中也会因腐蚀和水解而引起强度下降甚至断裂；其密度小，能够浮于水面之上。基于以上特点，UHMWPE 纤维制成的绳缆可广泛用于制作各种绳缆，尤其适合船舶和海洋工程使用。除此之外，UHMWPE 纤维还能广泛用于航天降落伞、飞机悬吊重物的绳索、高空气球的吊索等[28]。

2. 安全防护

UHMWPE 纤维的高能量吸收性能、高断裂强度、比重小、韧性好等特点使其特别适合制作防弹衣、防弹装甲、防弹头盔、防刺品以及耐切割用品等。安全防护用品目前是 UHMWPE 纤维的主要应用领域，其中用于防渗透布的 UNMWPE 纤维占其总量的 45%以上，防渗透布是生产防弹衣、防弹装甲、防弹头盔的核心材料。UHMWPE 纤维安全防护用品与芳纶、碳纤维防护用品及陶瓷、钢铁、合金防护用品相比，在保证防护性能的前提下，大大降低了防护用品质量并提高了安全防护用品的舒适性。UHMWPE 纤维的使用温度可低至-150 ℃，而芳纶在-30 ℃就会失去防弹性能，因此，在高寒地区，UHMWPE 纤维可用于某些极端环境下。耐切割手套主要用于警用防护、工业生产防护，与含不锈钢丝的防割用品相比，UHMWPE 纤维耐切割用品具有耐弯曲疲劳性好、使用寿命长、舒适性好等优点。

3. 网类

由于 UHMWPE 纤维强度高，可织成高强拖渔网、围网、大型远洋中层拖网、深海网箱等。在网线强度相同的条件下，用 UHMWPE 纤维制作的渔网比普通纤维的轻 40%，能够极大地提高捕捞效率，减少渔船能耗。此外，UHMWPE 纤维还可用于制作建筑、运输行业的货物吊装网，以及建筑安全网等。

4. 体育运动用品

由于 UHMWPE 纤维比强度、比模量高，伸长小、抗拉伸、耐弯曲、耐磨，特别适合制备体育运动器械。UHMWPE 纤维已被广泛用于制作网球拍、滑雪板、冲浪板等体育用品的骨架材料。

5. 医用材料

UHMWPE 纤维的生物相容性和耐久性都较好，化学稳定性好，不会引起人体的过敏反应和生物排斥反应，可以用作医用缝合线。由于 UHMWPE 纤维强度高，以其制备的手术用缝纫线和同等强度的聚酯线相比，更细、更柔、弯曲强度更高。

4.4　发展超高分子量聚乙烯纤维产业背景及战略意义

4.4.1　超高分子量聚乙烯纤维在国民经济和国防建设重大工程和项目中的地位和作用

UHMWPE 纤维是目前世界上比强度和比模量最高的纤维，与碳纤维、芳纶并称世界三大高性能纤维，同时还是世界上最坚韧的纤维。与碳纤维、芳纶纤维相比较，超高分子量聚乙烯纤维的比重更小，强度更高，柔韧性更高，化学稳定性更好。UHMWPE 纤维广泛用于安全防护、航空、航天、航海、兵器、造船、建材、体育、医疗等诸多领域，在现代化战争和航空、航天、海域防御装备等领域发挥着举足轻重的作用，特别是用于制作直升机、坦克和舰船的装甲防护板、防暴警察的防弹衣、防刺衣等，其中以在防弹衣中的应用最为引人注目。由于 UHMWPE 纤维耐冲击性能好，比能量吸收大，它具有轻柔的优点，防弹效果优于芳纶，现已成为占领美国防弹背心市场的主要纤维，另外，UHMWPE 纤维复合材料的比弹击载荷值是钢的 10 倍，是玻璃纤维和芳纶纤维的 2 倍多。国外用该纤维增强的树脂复合材料制成的防弹、防暴头盔已成为钢盔和芳纶增强的复合材料头盔的替代品[27]。

在航天工程中，由于该纤维复合材料轻质高强和抗冲击性能好，适用于各种飞机的翼尖结构、飞船结构和浮标飞机等。该纤维也可以用作航天飞机着陆的减速降落伞和飞机上悬吊重物的绳索，取代了传统的钢缆绳和合成纤维绳索，其发展速度异常迅速。

在民用方面，特别是绳索、缆绳方面的应用。用该纤维制成的绳索、缆绳，适用于海洋工程，UHMWPE 纤维制成的绳索，在自重下的断裂长度是钢绳的 8 倍，是芳纶 2 倍。该绳索解决了以往使用钢缆遇到的锈蚀和尼龙、聚酯缆绳遇到的腐蚀、水解、紫外降解等引起缆绳强度降低和断裂，需经常进行更换的问题。用 UHMWPE 纤维制作的缆绳比水轻、能浮于水面之上，同时又耐海水的浸泡和紫外线的辐射，国内外的海事局已经陆续要求出海的船只必须配备一条重达 100 kg 的 UHMWPE 纤维缆绳以替代传统的钢索。

4.4.2 国外超高分子量聚乙烯纤维产业发展现状及趋势

1978 年，荷兰 DSM 公司高级技术顾问 Penning Smith 申请了第一份关于 UHMWPE 纤维的发明专利，随后 DSM 在荷兰 Heerlen 地区建成 5 套 UHMWPE 纤维纺纱生产装置和一套单取向高强高模聚乙烯纤维预浸材料 UD 生产装置，成为世界上首家实现 UHMWPE 纤维工业化规模生产的企业，并注册了商品名 Dyneema(迪尼玛)。随后，美国联信公司(现已被美国 Honeywell 公司收购)购买了 DSM 公司的专利，经过消化、吸收、创新，研发出了新的生产工艺。截至 20 世纪 90 年代末，国际上只有荷兰 DSM 公司、美国联信公司、日本东洋纺公司和日本三井公司等具有自主知识产权，并形成产业化生产规模。

目前，全球 UHMWPE 纤维产能分布高度集中，国外主要生产商为荷兰帝斯曼(DSM)、美国霍尼韦尔(HONEYWELL)和日本东洋纺(TOYOBO)等公司，2016 年国外年产能已达到 19 600 t 左右，其中帝斯曼公司的生产基地包括荷兰、美国、日本(东洋纺)和我国(山东爱地高分子材料有限公司)，总计产能约为 14 000 t/a。

国外几家公司不仅专注于更高强度和模量的 UHMWPE 纤维的研发，还积极开发适用于不同应用场合的下游产品。DM20 是 DSM 公司采用 Dyneema Max 技术开发的一款低蠕变 UHMWPE 纤维产品，由其加工的绳缆在标准条件下使用 25 年后的蠕变伸长率小于 0.5%，是其现有纤维品牌 Dyneema SK78 的 2%，适合用作深水作业永久系泊绳缆。Dyneema Max 技术包括优化聚合物分子链支链结构、纺丝流体高倍拉伸、低溶剂含量、保持张力下除溶剂等工艺。Dyneema XBO 是 DSM 公司开发的一种耐弯曲疲劳型产品。通过 UHMWPE 纤维与 PTFE 纤维组合、纤维涂覆有机硅氧烷和包覆具有交联功能的有机硅聚合物，减少了绳索内外纤维的摩擦损伤，UHMWPE 纤维绳索的抗弯曲循环失效寿命提高达数倍以上，可用于取代钢丝绳在深水吊装领域的应用。3G10 是 DSM 公司采用 Dyneema Diamond 技术开发的耐切割纤维产品，通过在 UHMWPE 纤维中掺入主要成分为硅铝钙镁氧化物的矿物短纤维，大幅提高了 UHMWPE 纤维的耐切割性。Honeywell 公司则通过掺混无机氧化物颗粒来改善纤维的耐切割性，并与 Dupont 公司合作开发了 Kevlar、Spectra 组合的耐切割手套。Spectra GuardTM 是 Honeywell 公司设计开发的耐切割纤维系列产品，它采用同时具有几种不同线密度的 Spectra 纤维与玻纤长丝组合、包缠形成耐切割纱线，耐切割性能是 Kevlar 或 Spectra 的 2～3 倍，同时还可以与其他纺织纤维组合形成具有不同功能性及价格选择的产品[29]。

UHMWPE 纤维在欧美和日本的应用领域存在较大的差异。欧美主要用于防弹衣和武器装备，占总量的 60%～70%，其次是绳缆，约占 20%，渔网等约占 5%，劳动防护用品约占 5%。而日本的 UHMWPE 纤维主要用于绳缆、渔网、防护类，特别是防切割手套等，在汽车生产涂漆工序中的使用已占 UHMWPE 纤维总需求量的 25%[28]。

4.4.3　我国超高分子量聚乙烯纤维产业发展现状及趋势

国内的 UHMWPE 纤维的研究始于 1984 年前后，东华大学、中国纺织科学研究院先后加入研发行列，但由于种种原因，中国直到 1999 年才实现 UHMWPE 纤维的工业化生产，成为继荷兰、日本和美国之后，第四个掌握这种纤维生产及应用技术的国家。

从生产工艺来看，目前 UHMWPE 纤维有两条工艺技术路线，一条是以高挥发性溶剂（十氢萘）干法凝胶纺丝工艺路线，简称干法路线；另一条是以低挥发性溶剂（矿物油、白油等）湿法凝胶纺丝工艺路线，简称湿法路线。干法纺丝工艺生产的 UHMWPE 纤维中溶剂含量少，强力高，抗蠕变性能好，多用于高端产品。与湿法工艺相比，干法纺丝工艺具有流程短、生产工艺环保、产品综合性能指标高等特点，该项技术一直被荷兰 DSM 公司为代表的国外厂商所垄断。2008 年底，中国石化仪征化纤股份有限公司以中国纺织科学研究院和中国石化南化集团公司研究院合作开发的高性能聚乙烯纤维干法纺成套技术为依托，通过产学研合作，建成了国内第一条年产 300 t 干法纺高性能聚乙烯纤维工业化生产线，实现了干法纺丝技术的国产化突破，填补了国内技术空白；2011 年建成国内首条年产千吨级干法纺 UHMWPE 纤维生产线，目前又新建第二条千吨级生产线，并先后开发、生产了 50 多个细旦、高强、有色等系列产品。国内采用湿法工艺技术的 UHMWPE 纤维主要生产商有上海斯瑞、北京同益中、湖南中泰、宁波大成等公司，其中，宁波大成公司超高分子量聚乙烯纤维质量已居世界先进水平。

目前，我国 UHMWPE 纤维生产厂家已发展至 20 多家，总产能可达 15 000 t/a 左右。其中，山东爱地公司从 2005 年开始进行 UHMWPE 纤维的产业化研发，经过两年多的技术攻关，先后建成了 8 条 UHMWPE 纤维生产线，目前总生产能力已达到 5000 t/a，但该公司已于 2011 年被荷兰 DSM 公司收购。2016 年，我国超高分子量聚乙烯纤维继续保持良好发展态势，全年产量突破 9000 t，全行业开工率保持在 70%以上。UHMWPE 纤维的主要生产厂商及产能见表 4-11。

表 4-11　2016 年 UHMWPE 纤维的主要生产厂商及产能

厂　商	产　能/($t \cdot a^{-1}$)	工　艺	溶　剂
荷兰 DSM	6000（不包括日本、中国合资公司的产能）	干法凝胶纺丝	十氢萘
美国 Honeywell	3000	湿法凝胶纺丝	矿物油类
日本 Toyobo	5000	干法凝胶纺丝	十氢萘
仪征化纤	2300	干法凝胶纺丝	十氢萘
宁波大成	2000	湿法凝胶纺丝	矿物油类

续表

厂　商	产　能/(t·a⁻¹)	工　艺	溶　剂
北京同益中	600	湿法凝胶纺丝	矿物油类
山东爱地(已被 DSM 收购)	5000	湿法凝胶纺丝	矿物油类
上海斯瑞	3000	湿法凝胶纺丝	矿物油类
河北坤腾	3000	湿法凝胶纺丝	矿物油类
湖南中泰	1500	湿法凝胶纺丝	矿物油类
辽宁华锦	600	湿法凝胶纺丝	矿物油类

目前,我国的 UHMWPE 纤维在军事上已经应用到航空母舰系泊缆、防弹衣、防弹板、防弹头盔、防爆毯等方面,在民用领域积极拓展绳缆、网箱、渔线、防切割手套和特殊面料等应用。特别是民用市场,下游面料企业利用超高分子量聚乙烯纤维良好的导热性能开发了纯纺机织布,用于凉席、床单等家用纺织品的面料,具有较好的凉感性能,在市场中保持增长态势。其他各应用领域用量都有不同程度增长,绳网领域的纤维材料年需求量约 3000 t;其次是防弹领域包括防弹衣、防刺服、防弹头盔等产品,市场的需求量巨大;手套领域保持较快增长,但仍以出口为主,主要因为国外以超高分子量聚乙烯纤维手套全面取代棉制手套。我国有很多企业仍采用 DSM 公司的 UHMWPE 纤维来加工防弹衣、防弹头盔等防护用品,产品出口主要以防护用品成品形式大量出口美国和欧洲。此外,我国国防现代化建设和警察装备建设对个人防护用品的需求正处于快速增长阶段,预计对纤维的需求增长将高于世界平均增长率。国内 UHMWPE 纤维的主要应用领域及需求量见表 4-12。

表 4-12　国内 UHMWPE 纤维的主要应用领域及需求量[27]

应用领域	需求量/(t·a⁻¹)	主要客户群体
海洋工程	2500	远洋运输公司、海底石油开采公司、渔业捕捞公司、海上养殖公司
军工	3500	解放军部队、武警部队
安防产品	800	公安干警、特警大队、保安公司
体育器械	100	体育运动器械制造厂
建筑业	100	建筑公司
运输业	100	物流公司
外贸出口	1500	出口代理

随着我国 UHMWPE 纤维规模化生产的日益成熟,产品质量逐步提升,加上生产成本和产品价格的下降,其在国防和民用领域的应用必将取得更大的扩展,尤其是在民用领域(绳缆、远洋渔网、海上养殖、劳动防护类等),社会惠及面将越来越广,市场需求也将保持持续增长。另外,国产 UHMWPE 纤维的发展对我国的国防建设和军事装备也有着不同寻常的战略意义[30]。

尽管我国高性能纤维产业发展已取得很大进步,但仍处于发展初级阶段,在经过近几年快速发展后，出现了生产成本高、技术创新能力弱等问题，与国外发达国家仍有一些差距，主要表现为：树脂质量不稳定，缺少纤维级专用树脂；纤维力学性能不足，指标仅达到发达国家同类产品的中等水平；纤维的纤度和强度的均匀率较差；缺乏纤维表面改性技术，导致复合材料性能不高；单套设备产能偏低，容易引起纤维质量波动等。为此，国内多家企业以及研究院所正在进行技术攻关，以期推动我国高强聚乙烯纤维产业的技术进步和产品的国际市场竞争力。虽然预计未来十年全球高强聚乙烯纤维年需求量将达到10万t，由此带动纤维直接产值300亿元人民币，下游制品产值1000亿元人民币，但目前受成本及开发能力的限制，国内产品应用范围仍局限于传统的安全防护及绳缆行业，新的应用领域有待于进一步开发和培育。

产品方面，虽然目前企业已经积累了许多宝贵的生产经验，但产品质量至今仍未能达到理想的状态。目前国内高强聚乙烯纤维行业尚处于发展初期，市场主体发育尚不成熟，大多处于自发盲目的状态。受制于资金条件，不少企业为尽快获取投资回报，在设备投入和产品研发方面采取节省的办法，这势必会给其产品品质带来很大负面影响，甚至陷入恶性循环。

4.5 发展我国超高分子量聚乙烯纤维产业的主要任务及应对策略

1. 制定UHMWPE纤维产业标准

国内开发UHMWPE纤维的研究机构和企业不少，但缺乏统一的产业标准。一方面，生产工艺路线不同，造成生产技术各异，分报专利的混杂局面；另一方面，生产标准不一，产品技术参数各不相同，使下游生产企业无所适从。因此，建议国家相关部门尽快制定出台UHMWPE纤维的产业标准和生产检测标准。同时也要避免开发生产一拥而上，有条件上的企业也应当走集约化、规模化发展之路，不断强化UHMWPE纤维科技创新体系，进行产业结构优化整合，今后应加快技术进步，加强综合利用，向大规模、高效益方向发展，以产品的质量和价格优势，实现企业的可持续发展[30]。

2. 继续提升和完善UHMWPE纤维生产工艺

目前，国内已有近十家UHMWPE纤维的生产厂家，尽管它们都有不同规模的生产和各种应用产品，但由于采用的工艺和设备各不相同，在单机产量、产品质量、消耗成本等方面差距较大。不仅国内同行之间存在差距，与国外相比也有一定的差距。当前关键在于选择最佳的工艺路线及最完善、成熟的配套设备，突破UHMWPE纤维高新技术“瓶颈”制约，加速结构优化调整和产业升级。要紧跟世界UHMWPE纤维合成与应用的发展潮流，尽快达到经济规模，进一步推进循环经济、节能减排、环境友好，在产品质量、环保、节能等方面都要有所提升，从而使国内UHMWPE纤维产业迎来一个快速发展阶段[31]。

3. 加速推动UHMWPE纤维的应用与发展

为满足民用市场的需求和国防的独特性需要，我国已几次将UHMWPE纤维确定为国家技术创新项目和国家发展重点项目。国内一些企业在保证军需、国防需求外，也在不断开发一些新的产品，产品链标准化工作急需加强，一条龙应用开拓体系尚待建立，产品的应用领域和范围还有待扩展，这些事关UHMWPE纤维产业经济安全和可持续发展，意义重大，以实现我国化纤行业由“数量型”向“技术品种效益型”的战略转变，并在市场竞争中不断发展壮大。面对当前全球新的竞争形势，必须加快树立我国UHMWPE纤维产业技术在世界上应有的形象与地位，逐步由化纤生产大国向技术强国迈进[31]。

4. 加强研发创新，深化产学研相结合

中国经济正进入重要转折期，表面上看是从高速增长向中速增长转变，实质上是从资源要素投入驱动转向创新驱动。实施创新驱动发展战略，注重协同创新，构建以企业为主体、市场为导向、产学研相结合的技术创新体系，正是立足于提高质量和效益的主要内容。包括高性能纤维企业在内的任何行业都必须重视科技创新和可持续发展，高水平的高性能纤维研发离不开科技创新的支撑，这就需要国内生产企业要重视与科研院所的合作。

回顾国内高性能纤维生产企业发展历程，在发展初期都是与科研院所合作，通过生产带动科研，科研促动生产，逐步将科研成果转化成新工艺和新产品，但是合作力度会逐渐变弱。失去科研院所的参与和支持，相当一部分企业会遭遇发展瓶颈，不是在技术进步上难有突破，就是在未来发展方向上捉摸不定。实践证明，我国高性能纤维行业初期所取得的成就离不开产学研合作，今后应与科研院校紧密联系，继续深化在基础理论研究、科技成果转化和人才队伍建设等方面产学研合作，推动高性能纤维行业转型升级，为提升行业竞争力提供技术支撑[32]。

参考文献

[1] DINGENEN V J L J. 3-Gel-spun high-performance polyethylene fibres. High-Performance Fibres [M]. Woodhead Publishing. 2001：62-92.

[2] 于俊荣. 高强高模聚乙烯纤维成形机理与工艺研究 [D]. 上海：东华大学，2002.

[3] 陈聚文，潘婉莲，于俊荣，等. 纤维分子结构与蠕变性能的关系 [J]. 高分子材料科学与工程，2004，20(2)：114-117.

[4] WARD I M，LEMSTRA P J. 12 - Production and properties of high-modulus and high-strength polyethylene fibres. Handbook of Textile Fibre Structure [M]. Woodhead Publishing. 2009：352-393.

[5] 王依民，潘鼎，胡祖明. 高技术纤维[M]. 北京：兵器工业出版社，2010.

[6] NAKAJIMA T. Advanced fiber spinning technology [M]. Elsevier，1994.

[7] 王结良，梁国正，吕生华. 超高分子量聚乙烯纤维在防弹材料上的应用[J]. 化工新型材料，2003，31(1)：21-23.

[8] 王桦. 超高分子量聚乙烯纤维[J]. 四川纺织科技，2001，1：6-10.

[9] 蔡忠龙，冼杏娟. 超高模量聚乙烯纤维复合材料 [M]. 北京：科学出版社，1997.

[10] 熊杰，萧庆亮，刘冠峰. 高强高模聚乙烯纤维力学性能的应变率和温度效应[J]. 复合材料学报，2004，20(6)：104-108.

[11] HSIEH Y L，XU S，HARTZELL M. Effects of acid oxidation on wetting and adhesion properties of ultra-high modulus and molecular weight polyethylene (UHMWPE) fibers [J]. Journal of Adhesion Sci-

ence and Technology, 1991, 5(12): 1023-1039.

[12] SILVERSTEIN M S, SADOVSKY J, ALON D, et al. Wetting of oriented and etched ultrahigh molecular weight polyethylene [J]. Journal of Applied Polymer Science, 1999, 72(3): 405-418.

[13] MURAOKA Y, RICH M J, DRZAL L T. Sulfonation of UHMW-PE fibers for adhesion promotion in epoxy polymers [J]. Journal of Adhesion Science and Technology, 2002, 16(12): 1669-1685.

[14] WANG Q, KALIAGUINE S, AIT-KADI A. Catalytic grafting: A new technique for polymer-fiber composites. III. Polyethylene-plasma-treated Kevlar™ fibers composites: Analysis of the fiber surface [J]. Journal of Applied Polymer Science, 1993, 48(1): 121-136.

[15] BROWN J, MATHYS Z. Plasma surface modification of advanced organic fibres: Part V Effects on the mechanical properties of aramid/phenolic composites [J]. Journal of Materials Science, 1997, 32(10): 2599-2604.

[16] TISSINGTON B, POLLARD G, WARD I M. A study of the influence of fibre/resin adhesion on the mechanical behaviour of ultra-high-modulus polyethylene fibre composites [J]. Journal of Materials Science, 1991, 26(1): 82-92.

[17] BETTGE D, HINRICHSEN G. Continuous manufacturing of composites of high-performance polyethylene fibers [J]. Composites Science and Technology, 1993, 47(2): 131-136.

[18] MOON S I, JANG J. The mechanical interlocking and wetting at the interface between argon plasma treated UHMPE fiber and vinylester resin [J]. Journal of Materials Science, 1999, 34(17): 4219-4224.

[19] MOON S I, JANG J. The effect of the oxygen-plasma treatment of UHMWPE fiber on the transverse properties of UHMWPE-fiber/vinylester composites [J]. Composites Science and Technology, 1999, 59(4): 487-493.

[20] KAJI K, ABE Y, MURAI M, et al. Radiation-grafting of acrylic acid onto ultrahigh molecular, high-strength polyethylene fibers [J]. Journal of Applied Polymer Science, 1993, 47(8): 1427-1438.

[21] YANG J M, HUANG P Y, YANG M C, et al. The grafting of methyl methacrylate onto ultrahigh molecular weight polyethylene fiber by plasma and UV treatment [J]. Journal of Applied Polymer Science, 1997, 65(2): 365-371.

[22] MORI M, UYAMA Y, IKADA Y. Surface modification of polyethylene fiber by graft polymerization [J]. Journal of Polymer Science Part A: Polymer Chemistry, 1994, 32(9): 1683-1690.

[23] ZHANG Y, YU J R, ZHOU C J, et al. Preparation, morphology, and adhesive and mechanical properties of ultrahigh-molecular-weight polyethylene/SiO_2 nanocomposite fibers [J]. Polymer Composites, 2010, 31(4): 684-690.

[24] WANG Y P, CHENG R L, LIANG L L, et al. Study on the preparation and characterization of ultrahigh molecular weight polyethylene-carbon nanotubes composite fiber [J]. Composites Science and Technology, 2005, 65(5): 793-797.

[25] RUAN S L, GAO P, YU T X. Ultra-strong gel-spun UHMWPE fibers reinforced using multiwalled carbon nanotubes [J]. Polymer, 2006, 47(5): 1604-1611.

[26] YEH J T, LIN S C, CHEN K N, et al. Investigation of the Ultradrawing Properties of Gel Spun Fibers of Ultra-High Molecular Weight Polyethylene/Carbon Nanotube Blends [J]. Journal of Applied Polymer

Science，2008，110(5)：2538-2548.

[27] 赵刚，赵莉，谢雄军.超高分子量聚乙烯纤维的技术与市场发展[J].纤维复合材料，2011(1)：50-56.

[28] 宋长华，肖慧敏，徐家凯，等.国内超高分子质量聚乙烯纤维生产现状及市场分析[J].弹性体，2014，24(4)：87-92.

[29] 刘兆峰，俞波.高强高模聚乙烯纤维产业化的现状及思考[J].高科技纤维与应用，2013，37(6)：15-18.

[30] 顾超英，赵永霞.国内外超高分子量聚乙烯纤维的生产与应用[J].纺织导报，2010 (4)：52-55.

[31] 汪家铭.高强高模聚乙烯纤维生产现状与市场前景[J].化工文摘，2008，6：009.

[32] 杜壮.高性能纤维：5 年缩短 30 年发展差距[J].中国战略新兴产业，2014，3：037.

第5章 聚酰亚胺纤维

聚酰亚胺(polyimide,PI)是指主链上含有亚酰胺环的一类聚合物(见图5-1),其中以含有酞酰亚胺结构的聚合物尤为重要。线型酰亚胺结构不易合成,更主要的是其热稳定性很低,所以实用价值较低。

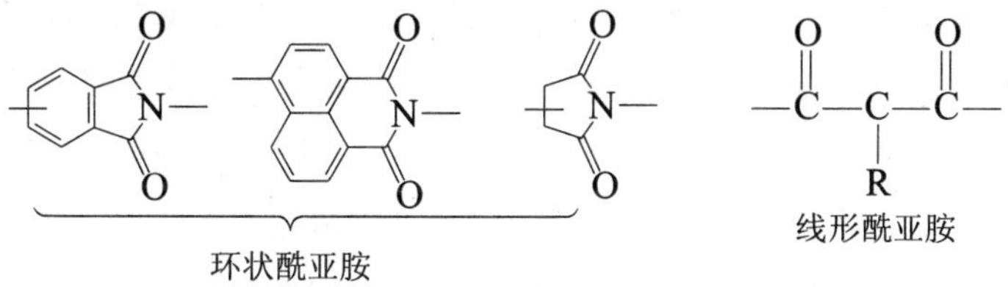

环状酰亚胺

线形酰亚胺

图5-1 聚酰亚胺结构示意图

聚酰亚胺类聚合物虽早在1908年就已有报道,但那时聚合物的本质还未被充分认识,所以没有受到重视。直到20世纪40年代中期才有一些专利出现,而真正将其作为一种高分子材料则开始于50年代。杜邦公司申请了一系列相关专利,并在60年代中期首先实现聚酰亚胺薄膜及清漆的商品化。此后,各种聚酰亚胺产品相继出现,开始了聚酰亚胺蓬勃发展的时代。在这一时期,美国和苏联开始了聚酰亚胺纤维的研究与开发。我国聚酰亚胺纤维的研究开始于60年代末,华东化工学院和上海合成纤维研究所合作由均苯二酐和二苯醚二胺的聚酰胺酸纺得聚酰亚胺纤维。

5.1 聚酰亚胺纤维的结构与性能

5.1.1 聚酰亚胺纤维的主要性能

聚酰亚胺纤维是一种杂环纤维聚合物纤维,是一种具有众多优良性能的高性能纤维。其主要优良性能有以下几点。

1. 高强高模

常见的聚酰亚胺分子主链上含有大量酰亚胺环、芳环或杂环,使分子链的芳香性高,刚性大;加之酰亚胺环上的氮氧双键键能非常高,芳杂环产生的共轭效应使分子间作用力较大;纤维在制备过程中沿轴方向高度取向,致使聚酰亚胺纤维具有高强高模的特性,尤其在模量方面更为突出。理论计算,由均苯四甲二酐(PMDA)和对苯二胺(PPD)合成的纤维模量可达410 GPa,仅次于碳纤维[1,2]。其拉伸强度优于美国杜邦Kevlar 49纤维,且拥有更高的模量,几乎与 PBO 纤维相当，见表 5-1。

表 5-1　聚酰亚胺纤维与其他高性能纤维力学性能对比

纤　　维	拉伸强度/GPa	拉伸模量/GPa	断裂伸长率/%
Kevlar 49	2.8	125	2.4
T300 碳纤维	3.5	230	1.5
PBO	5.3	245	3.4
联苯结构 PI 纤维	3.1	128	2.0
嘧啶结构 PI 纤维	5.2	280	2.0

2. 热稳定性

聚酰亚胺纤维除上述提到的高强高模特性之外，耐热性也是其主要性能之一。其中芳香族聚酰亚胺纤维的初始分解温度一般都在 500 ℃以上，最大热失重速率一般在 550～650 ℃。联苯型聚酰亚胺纤维的热分解温度更是高达 600 ℃[1,2]，含杂环聚酰亚胺纤维的初始分解温度一般为 570～610 ℃，在无氧氛围下，900 ℃时，质量残留超过 65%[3]，是迄今热稳定性最好的聚合物品种之一。含杂环聚酰亚胺纤维的玻璃化转变温度可以超过 450 ℃，极大地拓展了该种聚合物材料在航空航天等极端领域下的应用。这是因为聚酰亚胺本身属于芳杂环聚合物，主链结构中的芳环和杂环作为重复的基本结构单元，可增加分子链的刚性，削弱分子的热运动如转动和振动等；杂环可以使分子链间产生偶极吸引力等，从而改善聚合物的热稳定性。

3. 耐低温性

聚酰亚胺纤维可耐极低的温度，如在 −269 ℃的液氦中仍不会脆裂，因此可用在低温环境的考察试验中。[2]

4. 耐辐照性

聚酰亚胺分子呈刚棒状，弱键极少，保证了纤维在经高能辐射后仍能保持高强度。实验表明，聚酰亚胺纤维经 1×10^{8} Gy 快电子照射后其强度保持率仍为 90%。优异的耐辐照性能可使聚酰亚胺纤维作为高温介质及放射性物质的过滤材料，也是航空航天首选的材料之一。[4]

5. 良好的介电性能

普通芳香型 PI 的相对介电常数为 3.4 左右，若在 PI 中引入氟或大的侧基，其相对介电常数、介电损耗、介电强度分别可达到 2.5、10^{-3}、100～300 kV/mm，并且在宽广的频率范围和温度范围内其介电性能仍能保持较高水平。[2]

6. 其他性能

聚酰亚胺纤维对生物无毒，可用在医用器械上，并经得起数千次消毒。一些品种聚酰亚胺具有很好的生物相容性。例如，在血液相容性试验中为非溶血性，体外细胞毒性试验为无毒等。聚酰亚胺纤维为自熄性材料，发烟率低，由二苯酮四酸二酐（BTDA）和 4,4′-二异氰酸二苯甲烷酯（MDI）合成并纺制的聚酰亚胺纤维的极限氧指数为 38%。热膨胀系数小，在

10^{-5}～10^{-7}℃数量级。另外，它对酸及有机溶剂相对较为稳定，但不耐水解，特别是碱性水解。PI有个明显的特点，即可将其进行碱性水解来重新得到二酐和二胺，并且回收率很高。当然通过设计PI结构也可以使其极耐水解，如经得起120 ℃下水煮500 h。[2,4]

聚酰亚胺纤维的性能由其构成聚酰亚胺高分子链的化学结构及纤维物理结构所决定。

5.1.2　聚酰亚胺化学结构与性能的关系

从化学结构上看，其对聚酰亚胺和聚酰亚胺纤维的影响是相一致的。因此对聚酰亚胺各类产品进行概括性总结，而不仅仅局限于聚酰亚胺纤维。

制备聚酰亚胺最主要的合成方法是通过聚酰胺酸的环化。而通过不同二酐和二胺可以制备不同聚酰胺酸，最终得到不同化学结构的聚酰亚胺（见图5-2）。现在已经报道的用来合成聚酰亚胺的单体二酐已经超过400种，二胺则超过1000种，已经合成不同结构的聚酰亚胺数目至少达到数千种。国内聚酰亚胺奠基者丁孟贤先生在《聚酰亚胺——化学、结构与性能的关系及材料》一书中对聚酰亚胺化学结构与性能有十分全面的概括，本章节将精选其中部分内容并结合纤维相关进行这部分内容的介绍。[5]

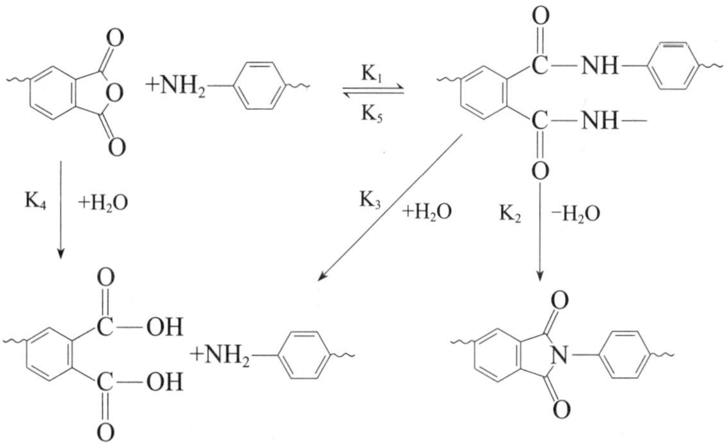

图5-2　由二酐和二胺合成聚酰亚胺过程中的主要反应

1. 聚酰亚胺结构与耐热性关系

耐热性是指材料在保持可用的性能时所能耐受的温度，通常以玻璃化转变温度（T_g）、软化点（T_s）及熔点（T_m）等参数来考察，直接影响材料的极限使用温度。对于聚酰亚胺，主要考察的是T_g。

玻璃化转变温度是非晶态高聚物由玻璃态转变为高弹态的温度，但温度高于玻璃化转变温度时分子链虽不能移动，但是链段开始运动，表现出高弹性质。聚酰亚胺的玻璃化转变温度一方面与其环状相关链长有关，另一方面，分子链上的二酐单元（电子接受体）与二胺单元（电子给予体）能形成电荷转移络合物，从而增加分子间的作用力，使链段运动受限，使聚酰亚胺表现出高的玻璃化转变温度。二酐电子亲和力（E_a）对聚酰亚胺玻璃化转变温度的影响见表5-2。

表 5-2　芳香族二酐的电子亲和性和所得到的聚酰亚胺的玻璃化转变温度[6]

二　酐	E_a/ eV	与各种二胺得到的聚酰亚胺的 T_g/℃					
		PPD	MPD	DABP	Bz	ODA	MDA
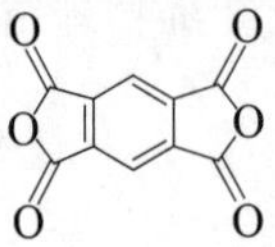	1.90	702	442	412	577	402	339
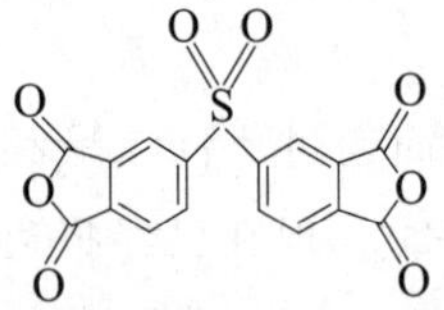	1.57	—	—	—	—	335	—
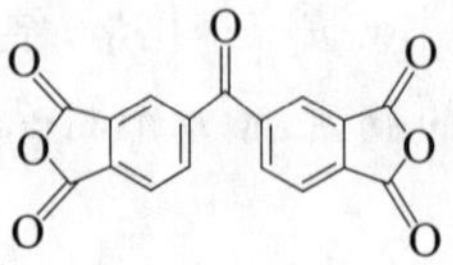	1.55	353	300	288	337	293	296
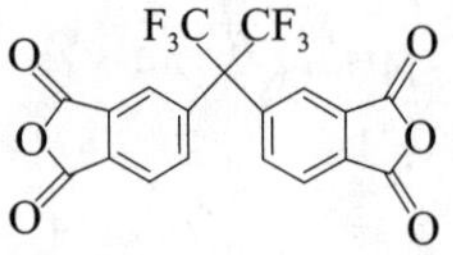 F_3C　CF_3	(1.48)	339	303	311	337	285	290
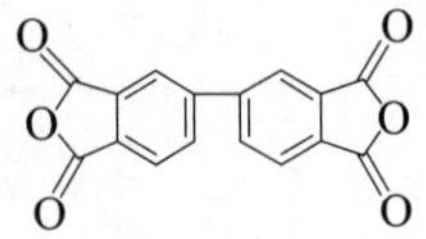	1.38	>500	—	—	—	285	308
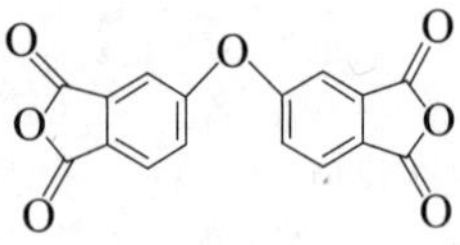	1.30	342	313	280	341	272	275
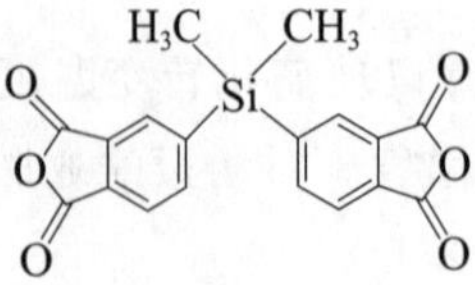 H_3C　CH_3 Si	1.26	—	—	—	—	274	280
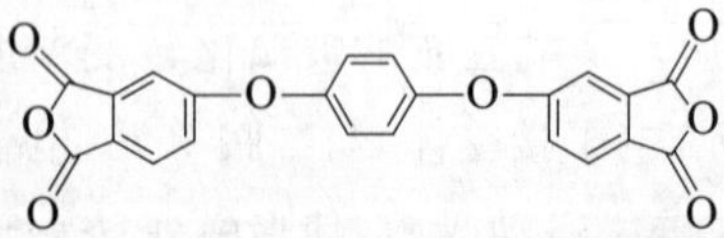	1.19	—	255	—	—	232	—

续表

二　　酐	E_a/ eV	与各种二胺得到的聚酰亚胺的 T_g/℃					
		PPD	MPD	DABP	Bz	ODA	MDA
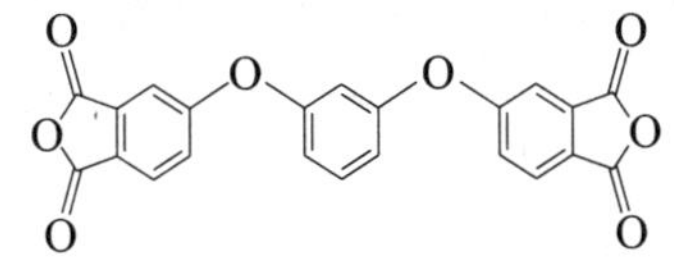 O O O O O O O O	1.13	—	224	—	—	215	—
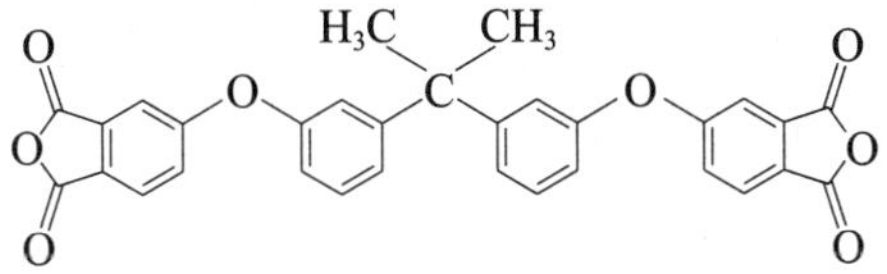 H_3C CH_3 C O O O O O O O O	1.12	225	215	—		215	214

注：括号内的数值由估算得到。

由表中可以看出，—O—及—CO—的存在能降低二酐的电子亲和力，从而降低分子链间作用力，降低 T_g。给电子桥基（如—O—）会增加相邻芳环上的电子密度，反之，吸电子基团则会降低其电子密度。对于电子给予体的二胺单元，增加电子密度将增加所形成电荷转移络合物的链间作用力。另外，C ═O 及 O ═S ═O 中未成对电子能与二酐单元中缺电子的芳环作用。当两个酞酐之间的距离增大时，二酐 E_a 与 T_g 之间的关系变得不明显。T_g 与二酐 E_a 及二胺结构之间没有定量的联系，只能对 T_g 做定性分析及预测。并且也会有特例存在。例如，二苯酮二酐的电子亲和性比联苯二酐大，但由二苯酮二酐制得的聚酰亚胺的 T_g 却比联苯二酐制得的聚酰亚胺低。

另外，亚酰胺的 C—N 键邻位取代基团类型对 T_g 大小有重要影响。这是因为 C—N 键连接了分子链上的电子给予体和电子接受体，邻位取代后将产生空间位阻，阻碍苯环绕 C—N 键的旋转，破坏共平面结构，从而妨碍链内电子转移及分子内的电荷转移络合物形成，同时增加大分子链刚性。因此由具有位阻的二胺得到的聚酰亚胺都显示出高的 T_g。由表 5-3 可以看出，随着甲基取代数目的增加，T_g 逐渐增加。但更为柔性的乙基代替甲基，则会由于增塑作用及自由体积的增加而使 T_g 有所降低。与对苯二胺比较，二氨基二苯甲烷中苯环绕 CH_2 的旋转降低了 T_g，而 CH_2 邻位用氯取代则会阻碍这种旋转，从而增加了 T_g。[7]

表 5-3　BTDA 基聚酰亚胺的 T_g

二　　胺	T_g/℃	二　　胺	T_g/℃
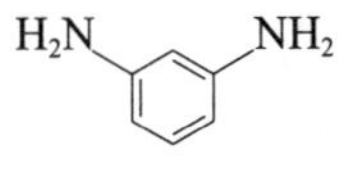 H_2N NH_2	300	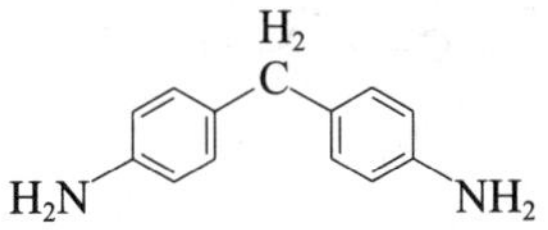 H_2 C H_2N NH_2	290
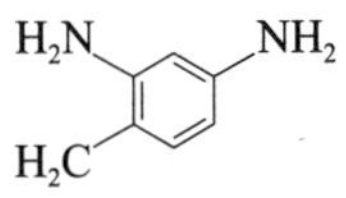 H_2N NH_2 H_2C	315	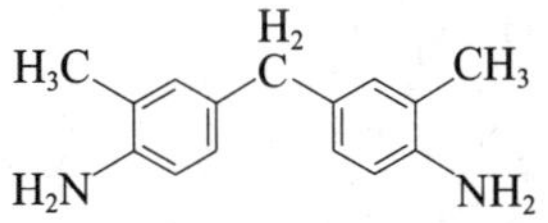 H_2 C H_3C CH_3 H_2N NH_2	285

续表

二　胺	T_g/℃	二　胺	T_g/℃
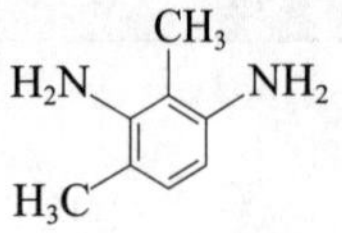 CH_3, H_2N, NH_2, H_3C	384	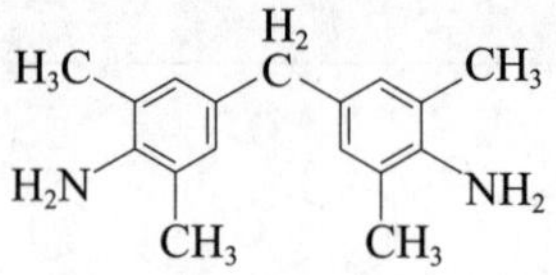 H_2C, H_3C, CH_3, H_2N, NH_2, CH_3, CH_3	309
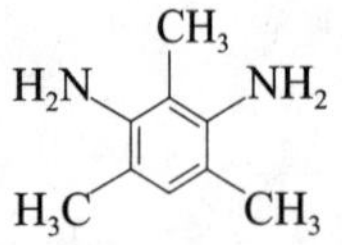 CH_3, H_2N, NH_2, H_3C, CH_3	398	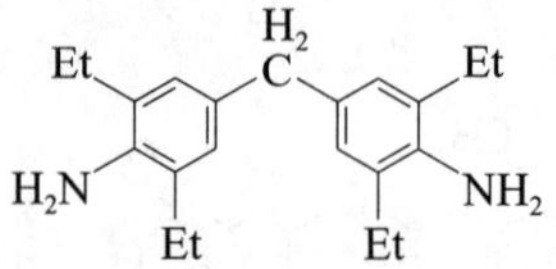 H_2C, Et, Et, H_2N, NH_2, Et, Et	249
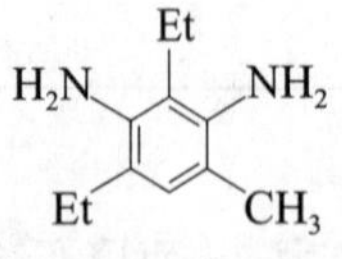 Et, H_2N, NH_2, Et, CH_3	385	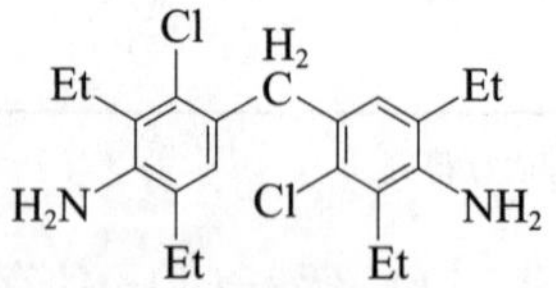 Cl, H_2C, Et, Et, H_2N, Cl, NH_2, Et, Et	300

除了 C—N 邻位基团的影响，引入醚键和硫醚键能在保持聚合物热稳定性的同时，显著降低 T_g（见表 5-4）。是获得热塑性聚酰亚胺的主要方法，从而实现熔融纺丝。

表 5-4　热塑性聚酰亚胺

聚 酰 亚 胺	T_g/℃	T_m/℃
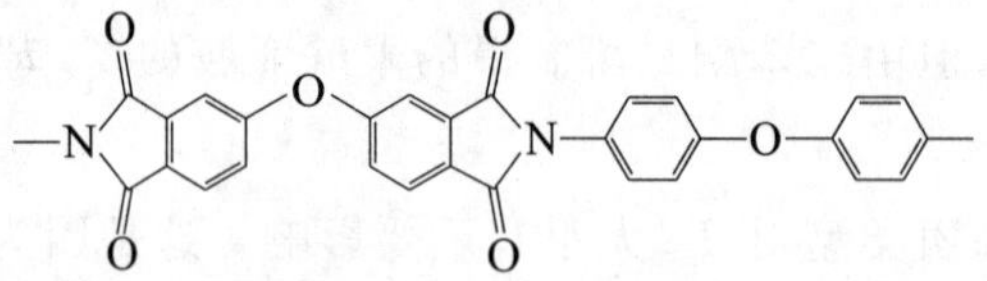 —N, O, O, O, O, O, N, O	270	350
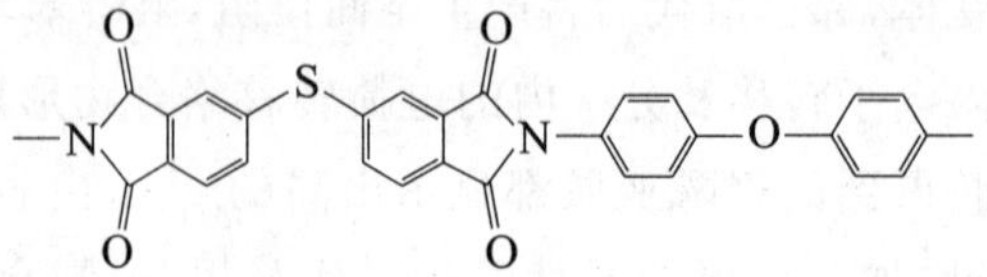 —N, O, O, S, O, O, N, O	269	—
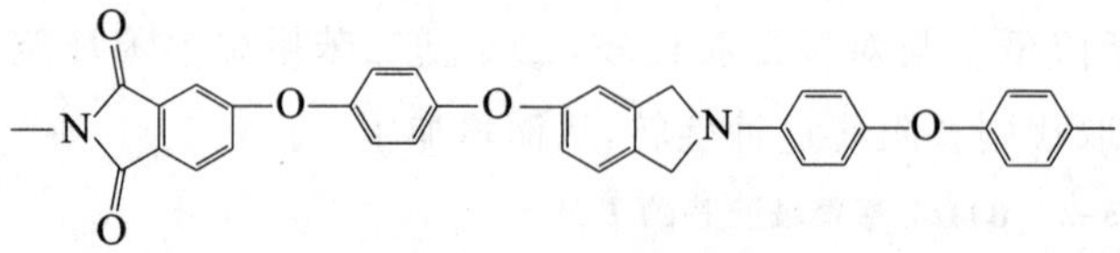 —N, O, O, O, O, N, O	232	—
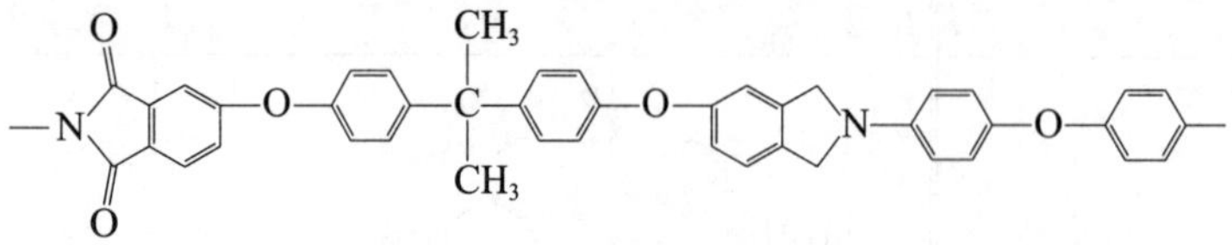 —N, O, O, O, CH_3, C, CH_3, O, N, O	215	—
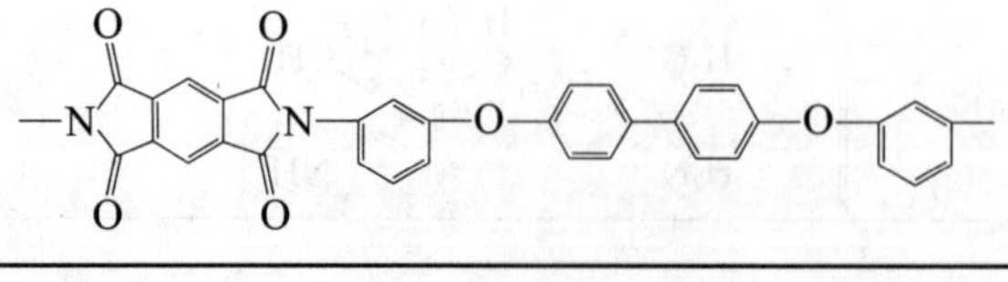 —N, O, O, O, O, N, O, O	255	380

2. 聚酰亚胺结构与热稳定性关系

热稳定性是指聚合物发生热分解的温度高低，一般可用起始分解温度（T_d）、失重 1%的温度（$T_{1\%}$）、失重 5%的温度（$T_{5\%}$）及失重 10%的温度（$T_{10\%}$）等参数来考察。

聚酰亚胺的热稳定性取决于分子链中各结构单元的分解温度，表 5-5 为可作为聚酰亚胺结构单元的芳环化合物热稳定性。

表 5-5　一些芳杂环化合物在凝聚态的热分解温度

化合物	结构式	分解温度/℃
萘	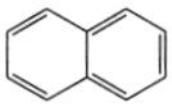	570
硫芴	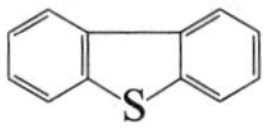 S	545
联苯	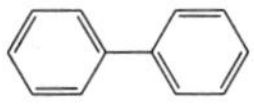	543
二苯醚	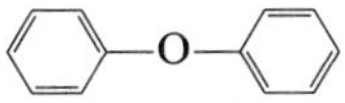 O	538
2,2′-联萘	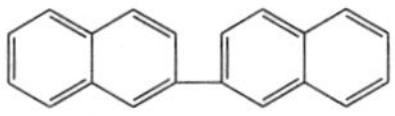	518
二苯并呋喃	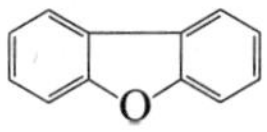 O	518
芴	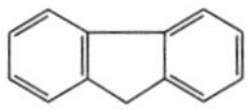	518
喹啉	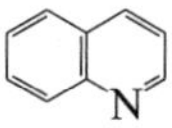 N	510～535
2-苯基萘	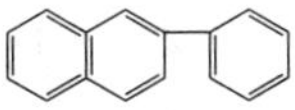	507
三苯胺	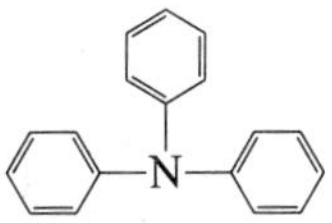 N	502
对四联苯	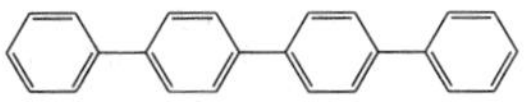	482～504
2,2′-联吡啶	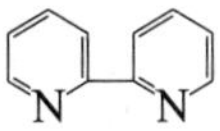 N N	482
四苯基硅烷	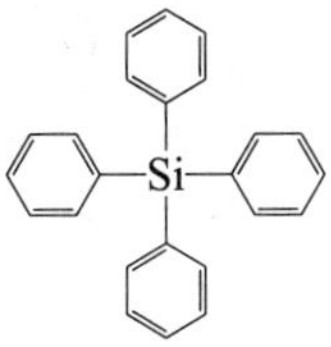 Si	482
二苯基二苯氧基硅烷	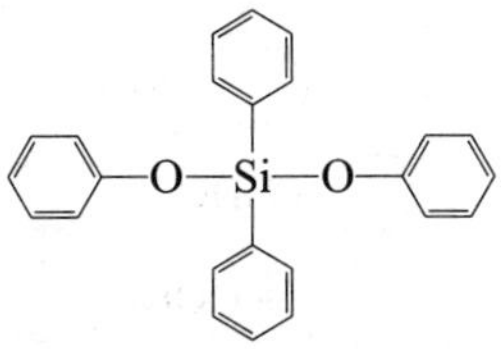 O—Si—O	470～490

续表

化合物	结构式	分解温度/℃
三苯基对称三嗪	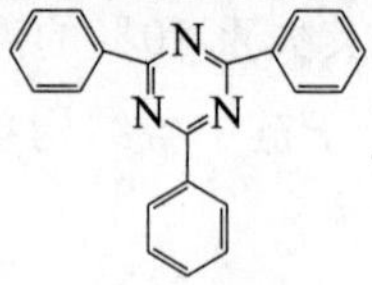	467
均苯四酰二亚胺	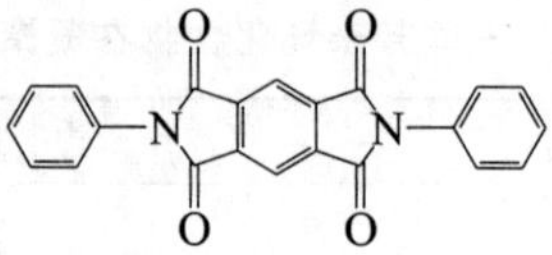	<456
间五苯四醚	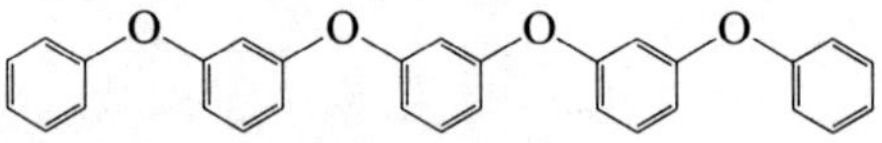	455
二苯甲烷	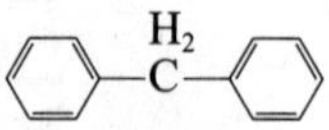 $-CH_2-$	454
三苯基氧膦	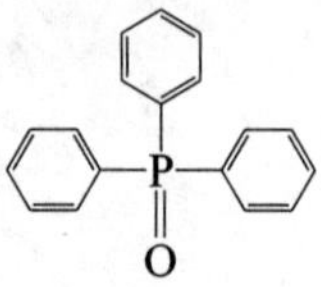 $P=O$	454
1,1′-联萘	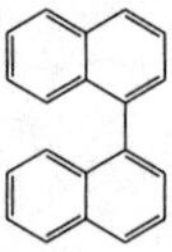	452
2,2′-二苯基苯并二咪唑	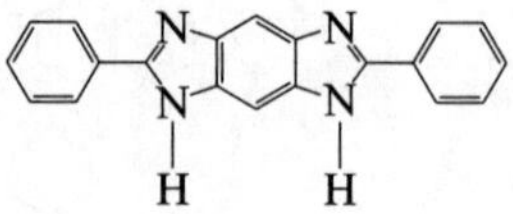	432
1,2-苯基四氟乙烷	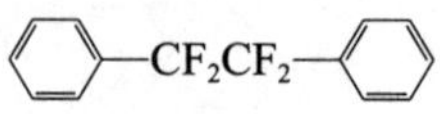 $-CF_2CF_2-$	427～440
二苯乙炔	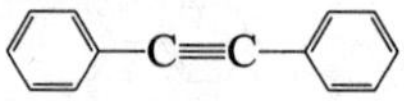 $-C\equiv C-$	421
1,2-二苯乙烯	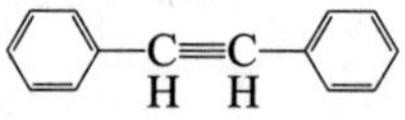 $-CH=CH-$	418
1,3-苯基二酞酰亚胺	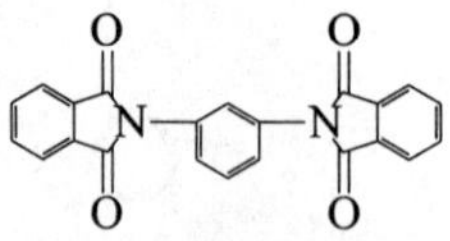	390
1,2-二苯乙烷	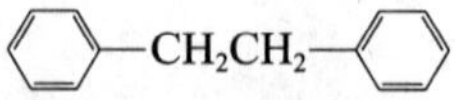 $-CH_2CH_2-$	382
对三苯二硫醚	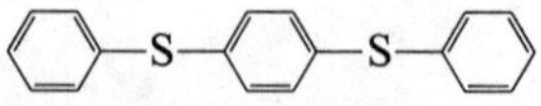 $-S-$ … $-S-$	365
对苯二酰苯胺	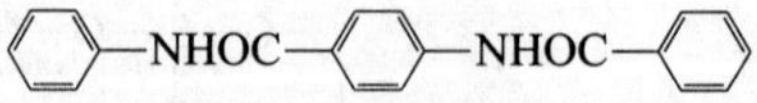 $-NHOC-$ … $-NHOC-$	354
对苯二酸二苯酯	 $-OOC-$ … $-OOC-$	353

续表

化 合 物	结 构 式	分解温度/℃
对苯二甲酸对苯二酚酯	$C_6H_5-COO-C_6H_4-OOC-C_6H_5$	322
二苯基二氟代甲烷	$C_6H_5-CF_2-C_6H_5$	318
2,5-二苯基-1,3,4-噁二唑	$C_6H_5-C(=N-N=)(O)C-C_6H_5$	304
2,5-二苯基-1,3,4-噻二唑	$C_6H_5-C(=N-N=)(S)C-C_6H_5$	301
2,5-二苯基-1,3,4-三唑	$C_6H_5-C(=N-N=)(NH)C-C_6H_5$	279
对三苯二胺	$C_6H_5-NH-C_6H_4-NH-C_6H_5$	265
二碳酸三苯酯	$C_6H_5-OC(=O)O-C_6H_4-OC(=O)O-C_6H_5$	<168

注：分解温度是分解速率达到 1% mol/h 时的温度。

需要指出的是，这些结构单元组成的高分子的热稳定性由于链刚性和聚集态的不同等原因，并不能与低分子的热稳定性完全一一对应。通常由上述结构单元组成的高分子比相应的低分子会具有更高的热稳定性。[8]

从分子设计的理念出发，对于聚酰亚胺结构与热稳定性关系有以下几点经验规律：

(1)由酞酰亚胺、苯环及单键组成的聚酰亚胺具有最高的热稳定性，例如由均苯二酐和对苯二胺或由联苯二酐和对苯二胺得到的聚酰亚胺的分解温度都在 600 ℃左右；

(2)由单原子连接基团(如 O，S，$C{=}O$，CH_2，$C(CF_3)_2$ 等)作为桥连键的聚酰亚胺具有较高的热稳定性，其分解温度多在 500 ℃；

(3)由脂环结构组成的聚酰亚胺具有较高热稳定性；

(4)引入两个碳以上的直链单元会明显降低聚酰亚胺的热稳定性；

(5)对很多高聚物而言，引入氟原子能增加其热稳定性，但对于芳香聚酰亚胺，氟的引入不会对热稳定性有所贡献。

3. 聚酰亚胺结构与溶解性关系

早期的聚酰亚胺都具有不溶于有机溶剂的特点，例如，均苯二酐和二苯醚二胺的聚酰亚胺只能溶解在浓硫酸、发烟硝酸、$SbCl_3$ 或 $SbCl_3$ 和 $AsCl_3$ 的混合物中，不溶于有机试剂。随着技术的发展，人们对于可溶于有机试剂的聚酰亚胺要求越来越迫切，促使了相关科研人员对可溶性聚酰亚胺的研究。改善聚酰亚胺溶解性的基本途径有两种：一种是引入对溶剂具有亲和力的结构,例如引入含氟、硅或磷的基团;二是使聚合物的结构变得“松散”,例如引入桥连基团、侧基、“圈”形结构等。实际上引入含氟、硅或磷的基团经常同时具有使聚合物的结构变“松散”的作用,尤其是引入六氟丙基。值得指出的是,聚酰亚胺的溶解性与其合成方法,尤其是环化方法有很大关系,通常,用化学环化所得到的聚酰亚胺比热环化得到的溶解性要好。这是由于高温不仅能引起分子链较高取向,甚至结晶,同时过高的温度还可能引起聚合物的交联。作为全芳香不带取代基的聚酰亚胺,最常见的溶剂是酚类,如苯酚、间甲酚和对氯苯酚等,例如,由含醚或硫醚的二酐合成的聚酰亚胺可以溶于苯酚和间甲酚。由联苯二酐与二苯醚二胺或对苯二胺合成的聚酰亚胺可以溶于对氯苯酚。含氟的聚酰亚胺多溶解于非质子极性溶剂,甚至一些低沸点普通溶剂,如四氢呋喃、卤代烃或酮类溶剂(如丙酮、环己酮或甲乙酮等)。聚酰亚胺在吡啶及其他碱中不稳定,特别是在高温下,因此不能用作聚酰亚胺的溶剂。

某些可以溶解的聚酰亚胺的溶剂具有对抗效应(antagonistic effect),即两种溶剂分别可以溶解聚酰亚胺,但其混合物却不再具有溶解性。具有对抗效应的溶剂见表 5-6。

表 5-6 具有对抗效应的溶剂

第一种溶剂	第二种溶剂
DMF	CH_2Cl_2
DMAC	$CHCl_3$
DMSO	$CHCl_2—CHCl_2$
NMP	$PhNO_2$

这种特殊的溶解效应可能是由于溶剂间的亲和力强于各溶剂与聚合物间的亲和力。例如,ODPA/DAF 的聚酰亚胺可以溶于 DMF 和氯仿,但不能溶于两种试剂 1∶1 的混合物。

另外,某些本不可溶解聚酰亚胺的溶剂具有协同效应,即某些溶剂单独使用时不能溶解聚酰亚胺,但将其配成一定比例的混合物却能溶解。例如,NTDA/DAPT 聚酰亚胺在 NMP 和硝基苯中都不溶,但可以溶于它们的混合物。含水 1%～5%的二氧六环可以溶解 PDPA/DAF,但这种聚酰亚胺却不能溶于水或纯的二氧六环。氟代酮类(如六氟丙酮、一氯五氟丙酮及二氯四氟丙酮等)和水的混合物可以溶解多种聚酰亚胺,这是由于氟代酮与水能够相互作用,形成单水化合物或一个半的水合物,这种水合物才是聚酰亚胺的真正溶剂。[9]

可溶性聚酰亚胺的分子设计可采取以下几条途径。

1)引入羟基或含氟、硅、磷的基团[10]

利用这些元素和基团影响溶剂的亲和性及空间效应,减少分子间的作用力,从而增加聚合物的溶解性(见表 5-7)。

表 5-7 具有羟基或含氟、硅、磷的基团的聚酰亚胺溶解性

聚 酰 亚 胺	溶 解 性
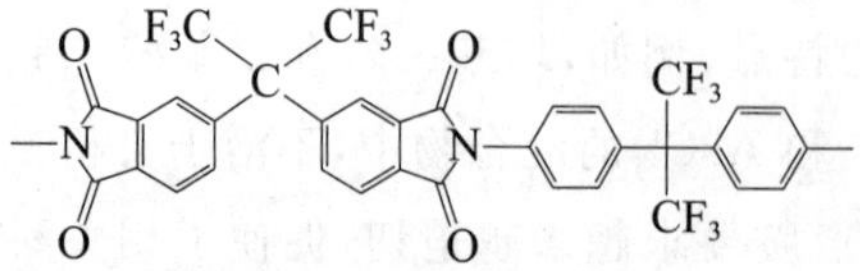 F_3C C CF_3 O O —N N— CF_3 CF_3 O O	可溶于氯仿、苯、二氧六环及丙酮

续表

聚酰亚胺	溶解性
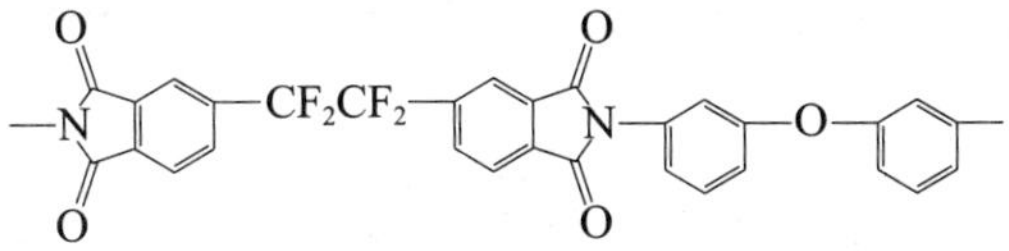	可溶于氯仿、丙酮、苯及二氧六环
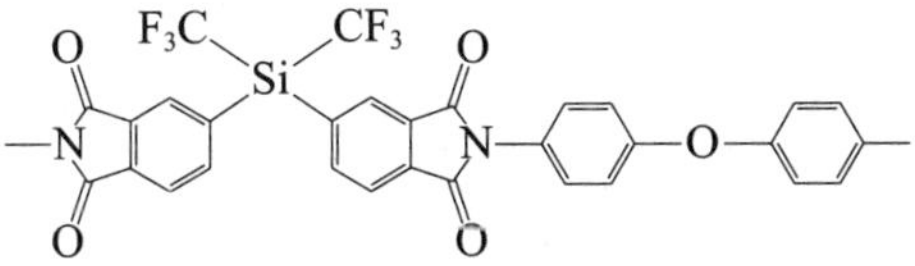	可溶于氯仿
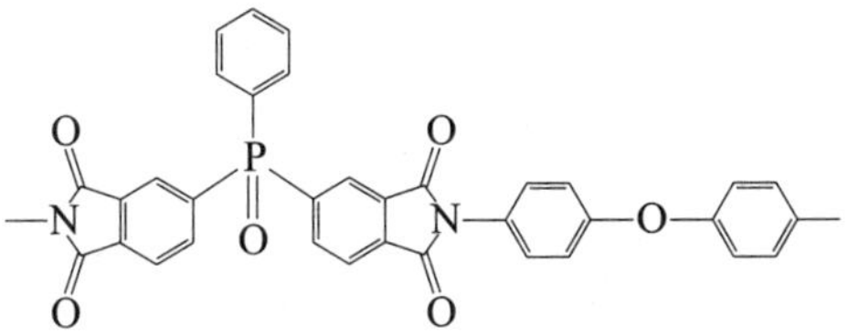	可溶于 DMAC、DMF、硝基苯
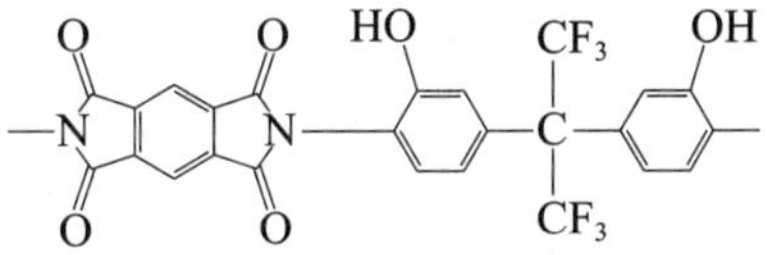	可溶于 DMAC、DMF、THF、甲醇、丙酮、氯仿等

2)引入"圈"形结构

"圈"形结构是指一个原子在主链上的环状结构单元。含这类结构的聚酰亚胺可以溶解于氯代烃和酰胺类溶剂,而且还能保持高的 T_g 和分解温度。[11] 常引入二酐或二胺的"圈"形结构如图 5-3 所示。

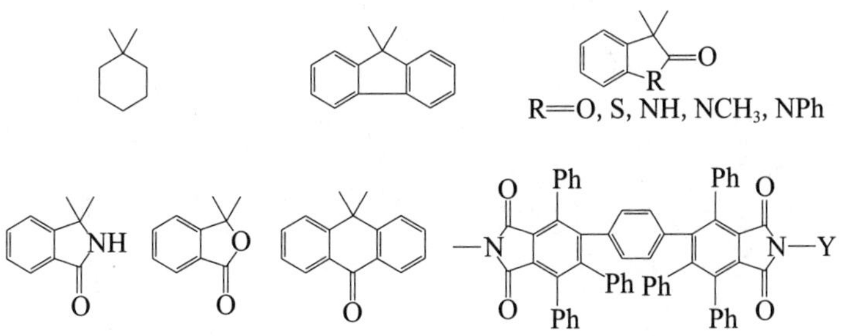

R=O, S, NH, NCH$_3$, NPh

图 5-3　常引入二酐或二胺的"圈"形结构

含有"圈"形结构的聚酰亚胺的溶解性见表 5-8[12]。

表 5-8　含有"圈"形结构的聚酰亚胺的溶解性

聚酰亚胺	溶剂					
	DMF	DMAc	氯仿	四氯乙烷	硝基苯	三甲酚
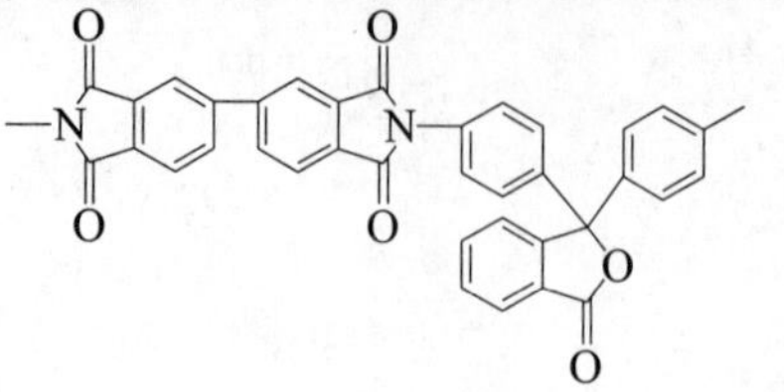	—	不溶	不溶	溶	溶	溶
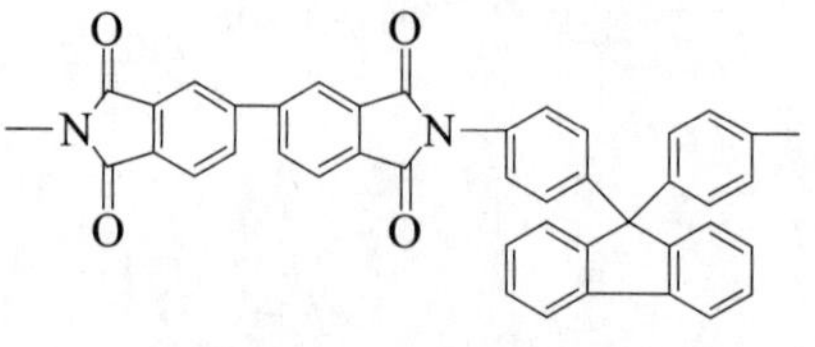	—	不溶	—	溶	溶	溶
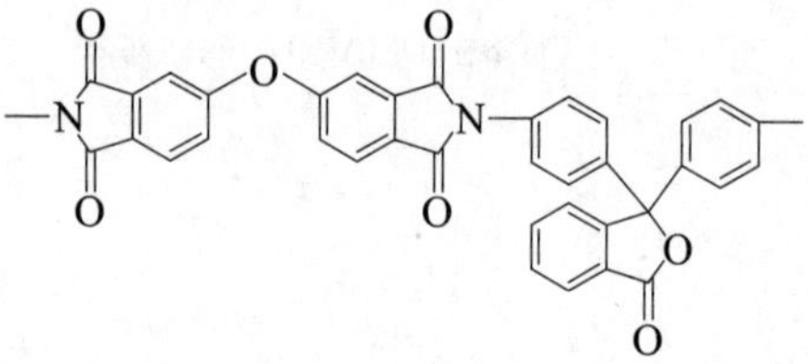	溶	溶	溶	溶	溶	溶
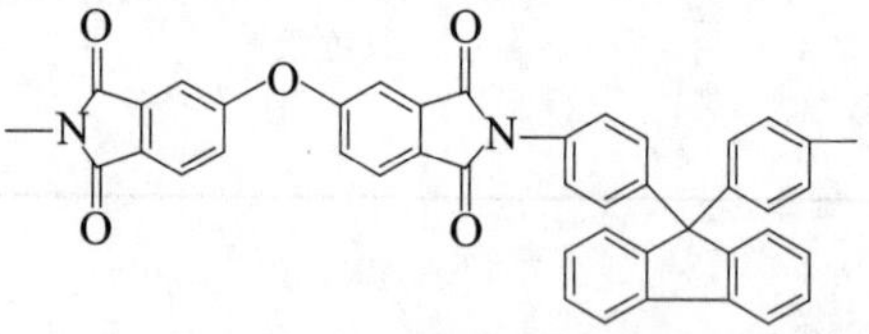	溶	溶	溶	溶	溶	溶
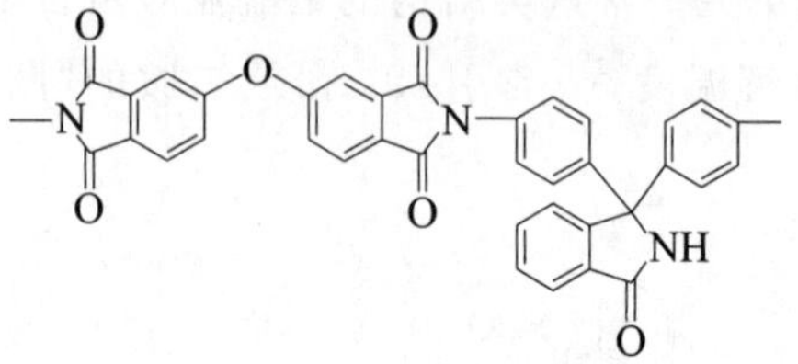	溶	溶	不溶	不溶	不溶	溶
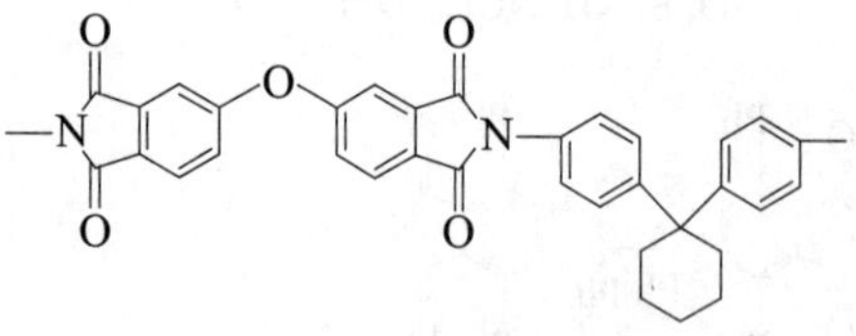	溶	溶	—	溶	溶	溶
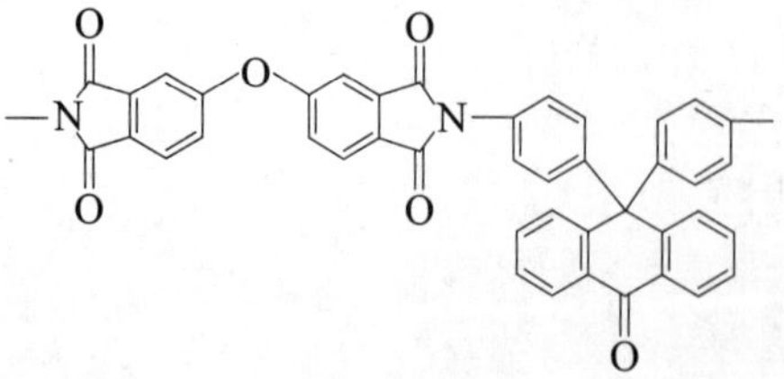	不溶	不溶	溶	溶	溶	溶

续表

聚酰亚胺	溶剂					
	DMF	DMAc	氯仿	四氯乙烷	硝基苯	三甲酚
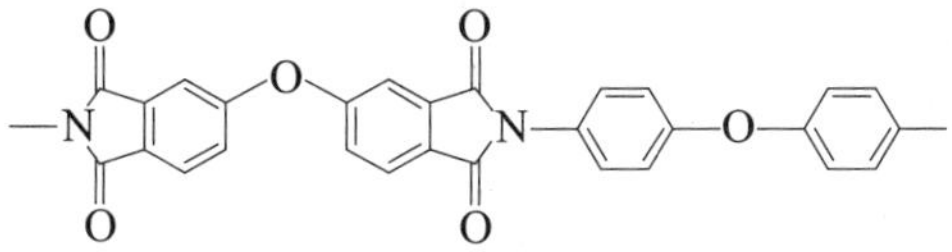	不溶	不溶	不溶	不溶	不溶	不溶
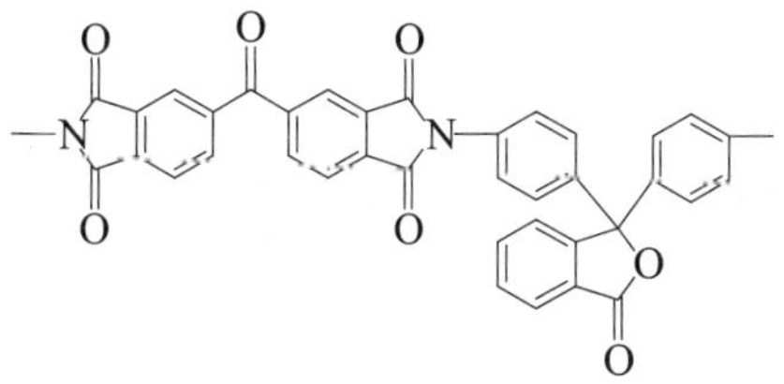	溶	溶	—	溶	不溶	溶
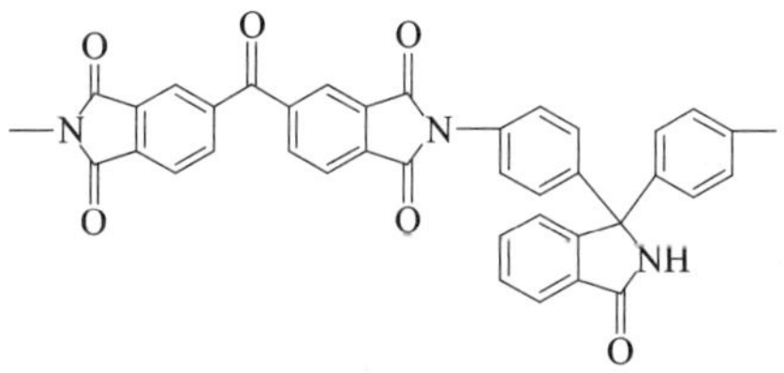	不溶	溶	不溶	不溶	不溶	溶
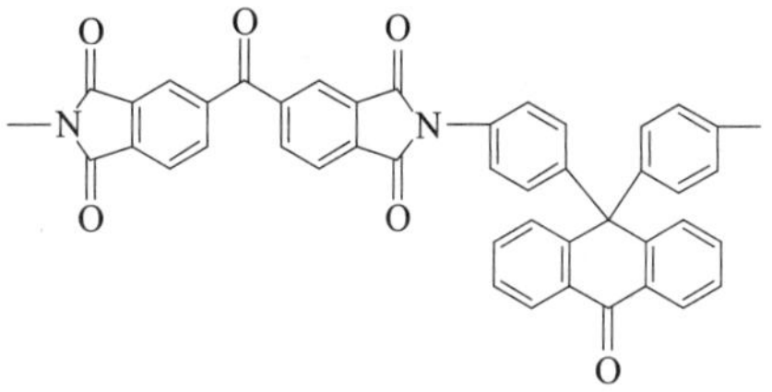	不溶	不溶	不溶	不溶	不溶	不溶
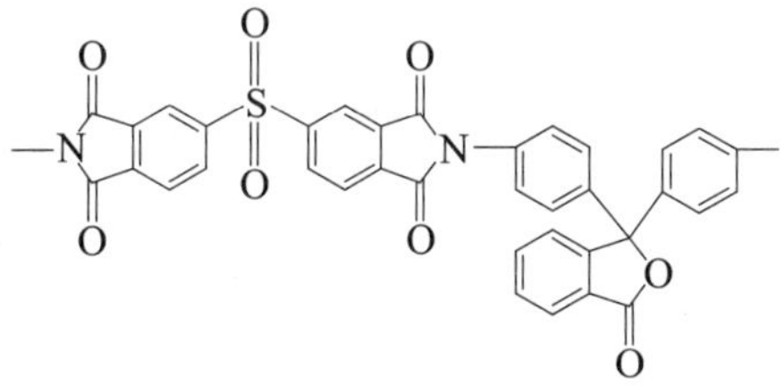	溶	溶	不溶	—	不溶	—

3)引入侧基

引入侧基是提高聚酰亚胺溶解性的最常用方法。在联苯胺单体 2,2′-位引入取代基如甲基或三氟甲基，侧基的引入除了降低了分子间作用力外，还由于两个基团的空间作用使联苯的两个苯环平面发生扭曲，不能处在同一个平面上，从而破坏了共轭作用，也阻碍了分子内的传荷作用，可以明显地增加聚酰亚胺在有机溶剂中的溶解性能。烷基取代的聚酰亚胺可以很好地溶于氯代烃，个别甚至可以溶于甲苯。苯基取代的聚酰亚胺也具有良好的溶解性，例如，图 5-4 所示的苯基取代的聚酰亚胺可溶于氯仿、四氯乙烷等[13]。

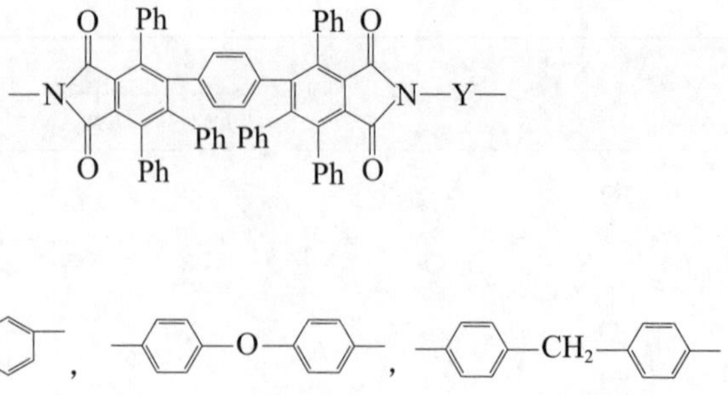

$Y=$ —⟨苯⟩—，⟨间苯⟩，—⟨苯⟩—O—⟨苯⟩—，—⟨苯⟩—CH_2—⟨苯⟩—

图 5-4　苯基取代聚酰亚胺

带有大量苯基侧基的单体可以增加聚酰亚胺的溶解性，见表 5-9 和表 5-10。

表 5-9　由苯基取代的二胺得到聚酰亚胺的溶解性[14]

聚合物	间甲酚	NMP	四氯乙烯或氯仿	硫酸
PMDA/A	−	−	−	+
PMDA/B	−	−	−	++
PMDA/C	−	−	−	++
BPDA/A	+	−	−	++
BPDA /B	++	++	++	++
BPDA /C	+	+	+	++
BTDA/A	+	−	−	++
ODPA/A	++	++	++	++
ODPA /B	++	++	++	++
ODPA /C	+	+	−	++
DSDA/A	++	++	++	++
DSDA /B	++	++	++	++
DSDA /C	++	++	−	++
6FDA/A	++	++	++	++

注：++表示室温溶解；+表示加热溶解；−表示不溶。

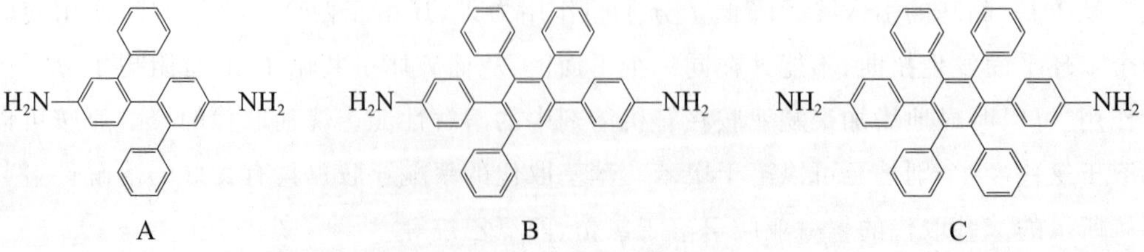

A　　B　　C

表 5-10 由苯基取代的二胺和联苯基取代的二胺所得到的聚酰亚胺的溶解性比较[15]

聚合物	DMF	NMP	DMSO	二氯乙酸	硫酸	1,4-二氧六环	环己酮	邻二氯苯
PMDA/a	+	+	+	+	+	±	±	±
PMDA/b	++	++	+	+	+	±	±	±
BTDA/a	+	+	+	+	+	±	±	±
BTDA/b	++	++	++	++	+	±	±	±

注：++表示室温溶解；+表示加热溶解；±表示部分溶解。

三维立体结构的三蝶烯具有高的分子间自由体积，由 6FDA 和三蝶烯二胺得到的聚酰亚胺（见图 5-5）可以溶解在乙酸乙酯、丙酮、氯仿、THF 及极性非质子溶剂中。[16]

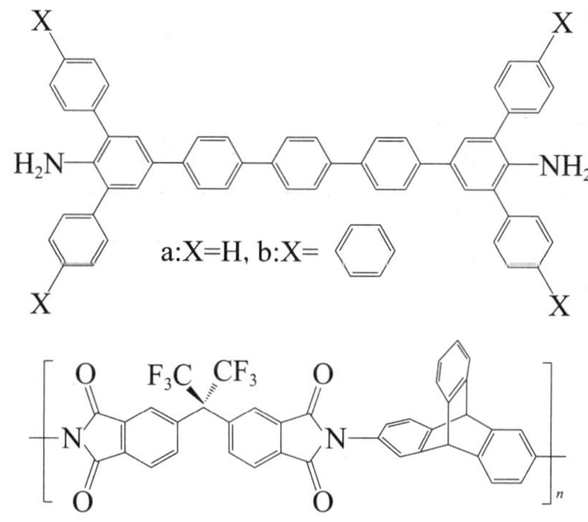

图 5-5 由 6FDA 和三蝶烯二胺得到的聚酰亚胺
（图中，楔形实线：沿纸面向外（伸向纸面外），楔形虚线：沿纸面向内（伸向纸面内））

4）使大分子链弯曲

引入桥连结构使大分子具有弯曲的构象，从而增加自由体积，减弱分子间的作用。以异构的聚酰亚胺为例（见表 5-11），由 3，3′-联苯二酐所得到的聚酰亚胺大分子链要比由 4，4′-联苯二酐得到的聚酰亚胺的链弯曲，所以前者的溶解性也明显优于后者。[17]同样，表 5-12 中由可以使大分子链弯曲增加的二胺所得到的聚酰亚胺都具有更好的溶解性。[18]

表 5-11 由 4，4′-和 3，3′-联苯二酐得到的聚酰亚胺的溶解性

二 胺	BPDA	溶剂							
		间甲酚	NMP	DMAC	DMSO	TCE	$CHCl_3$	THF	丙酮
$H_2N-C_6H_4-NH_2$	3，3－	±	±	±	±	±	－	－	－
$H_2N-C_6H_4-NH_2$	4，4－	－	－	－	－	－	－	－	－
$H_2N-C_6H_4-O-C_6H_4-NH_2$	3，3－	++	++	++	++	++	++	－	±

续表

二胺	BPDA	间甲酚	NMP	DMAC	DMSO	TCE	$CHCl_3$	THF	丙酮
$H_2N-C_6H_4-O-C_6H_4-NH_2$	4，4	±	−	−	−	−	−	−	−
$H_2N-C_6H_4-CH_2-C_6H_4-NH_2$	3，3	＋＋	＋＋	＋＋	＋＋	＋＋	＋＋	−	−
$H_2N-C_6H_4-CH_2-C_6H_4-NH_2$	4，4	±	−	−	−	−	−	−	−
$H_2N-C_6H_4-O-C_6H_4-O-C_6H_4-NH_2$	3，3	＋＋	＋＋	＋＋	＋＋	＋＋	＋＋	±	−
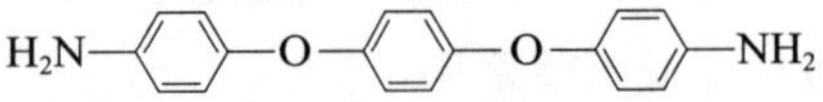 $H_2N-C_6H_4-O-C_6H_4-O-C_6H_4-NH_2$	4，4	±	−	−	−	−	−	−	−
$H_2N-(CH_2)_{10}-NH_2$	3，3	＋＋	＋	＋	＋	＋	＋	−	−
$H_2N-(CH_2)_{10}-NH_2$	4，4	＋＋	±	±	±	±	−	−	−

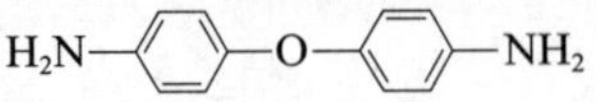

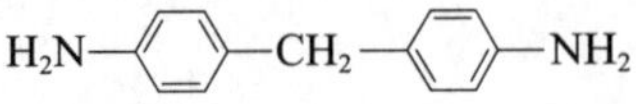

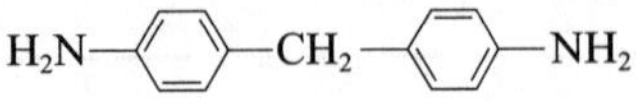

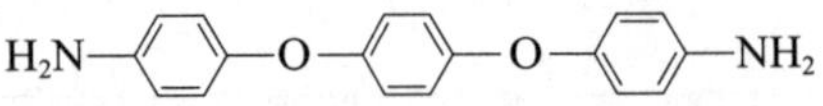

表 5-12　6FDA 和 ODPA 与各种异构二胺所得到的聚酰亚胺的溶解性

二胺	6FDA			ODPA		
	DMAC	DMF	CHCl3	DMAC	DMF	CHCl3
3，3′-ODA	＋	＋	＋	＋	−	＋
2，4′-ODA	＋	＋	＋	＋	−	−
3，4′-ODA	＋	＋	＋	＋	−	−
4，4′-ODA	−	＋	＋	−	−	−
1，4，4-APB	−	＋	＋	−	−	−
1，3，4- APB	＋	＋	＋	−	−	−
1，4，3- APB	＋	±	±	−	−	−
1，3，3- APB	＋	＋	＋	±	±	±

注：测试方法为在室温浸泡一天。＋，溶解；±，部分溶解；−，不溶。

5）引入脂肪结构

引入脂肪结构尤其是柔性的结构可以增加聚酰亚胺的溶解性。全脂环聚酰亚胺的溶解性见表 5-13[19]。

表 5-13　全脂环聚酰亚胺的溶解性

溶剂	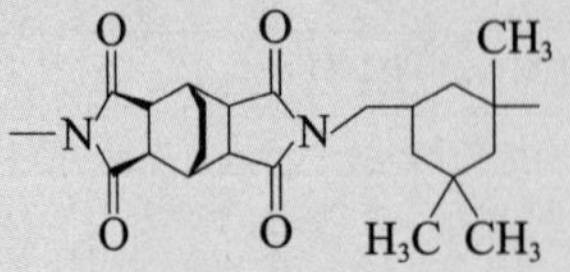 O O O O —N N— CH_3 H_3C CH_3	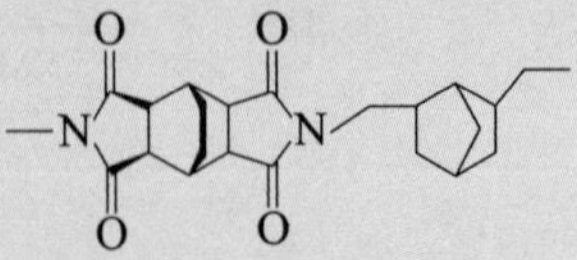 O O O O —N N—	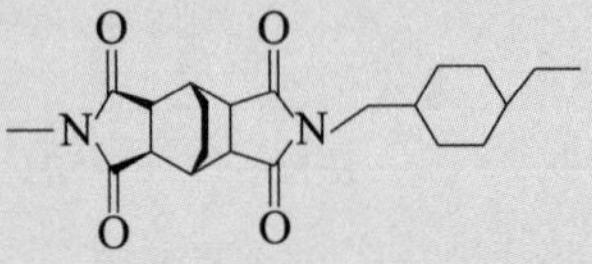 O O O O —N N—
环己酮	＋	＋	−
间甲酚	＋	＋	−

续表

溶　剂	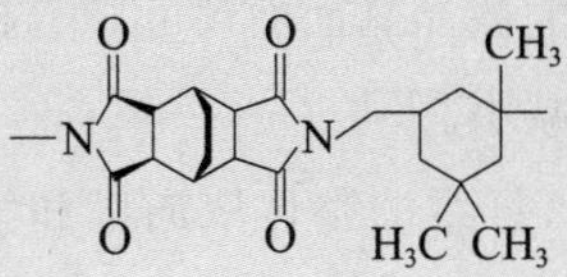	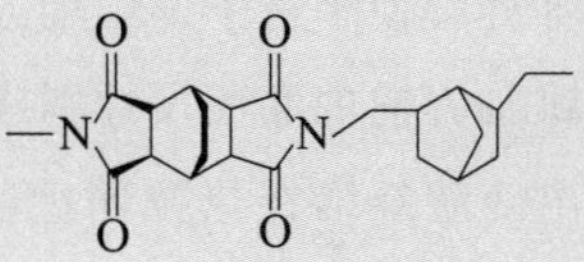	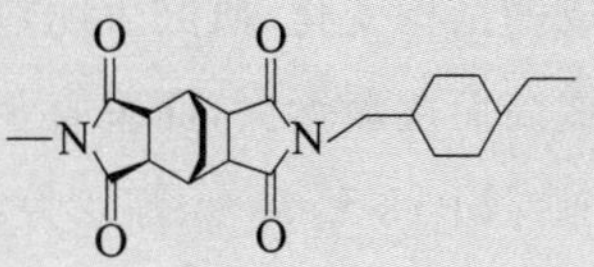
THF	+	−	−
二氧六环	+	−	−
DMAC	+	+	−
DMSO	+	+	−
NMP	+	+	−

注：+，溶解；−，不溶。

分子式中粗线表示：沿纸面向外（伸向纸面外）

5.1.3　聚酰亚胺纤维物理结构与性能的关系

聚酰亚胺纤维具有的优异性能，不仅源于其特殊的化学结构，而且源于分子链沿纤维轴方向的高度取向及横向的二维有序排列。聚酰亚胺纤维一般为半结晶型聚合物材料，通过热拉伸处理，其无定形区以及结晶区域都会沿纤维轴方向进行取向，但要得到高性能的聚酰亚胺纤维，则需要高的结晶度和高的取向度。Frank W. Harris 等认为，要得到力学性能优异的聚酰亚胺纤维，必须对纤维在拉伸过程中的结晶速率进行控制，结晶速率太快，不利于纤维的拉伸，从而不利于微晶的取向；同时，纤维在热拉伸过程中由于工艺的差别还会直接引起其结晶度的改变，导致晶体的尺寸和形态的变化[20,21]。另外，他们还发现，主链苯环上取代基的位置及体积大小的不同，也会对聚酰亚胺纤维的形态结构及物理性能产生很大的影响。例如，采用 3，3′-二甲基-4，4′-二胺基联苯、2，2′-二甲基-4，4′-二胺基联苯（DMB）和 2，2′-三氟甲基-4，4′-二胺基联苯（FMB）二胺单体，分别与 3，3′，4，4′-联苯酐进行聚合、纺丝、热处理等，所得的聚酰亚胺纤维的结晶形貌分别为斜方晶、三斜晶、和单斜晶，其力学性能比较见表 5-14。

表 5-14　主链苯环上取代基的位置及体积大小对纤维性能的影响

性　能	BPDA/FMB	BPDA/DMB
纺丝方法	干/湿法	干/湿法
拉伸倍率	10	10
拉伸强度/$(g \cdot d^{-1})$	24	26
拉伸模量/$(g \cdot d^{-1})$	1000	1300
压缩强度/MPa	450	650
结晶度/%	50	65
取向度/%	85	85

Stephen Z. D. Cheng 等还用广角 X 射线衍射方法研究了热拉伸处理对聚酰亚胺纤维造成的结构变化，研究表明热拉伸处理使平行于纤维轴方向的微晶晶面的尺寸随着拉伸倍率的提高而逐渐增大，而垂直于纤维轴方向的晶面尺寸则逐渐减小。[22]

Mark Eashoo 等认为，聚酰亚胺纤维在热拉伸过程中，纤维的整体取向度和结晶区取向度都随着拉伸倍率的提高而增大，但当拉伸倍率达到一定程度以后，纤维的整体取向度的增大主要归因于非结晶区分子取向度的提高。[23]

另外，纺丝及干燥过程依然会产生诸如孔隙、残余应力等缺陷，这些缺陷经过 Tg 以上温度进行热处理后，残余应力得到释放，残余的溶剂被除去，改善了力学性能；但仍不能完全消除这些宏观缺陷。Dorogy 等用扫描电镜研究了聚酰胺酸纤维的微相结构，结果表明，纺丝阶段孔隙的形成是和纺丝温度、凝固液温度以及组成相关，温度高、空隙形成多，且凝固液的沉淀剂浓度高，空隙会急剧增加；同时酰亚胺化过程中，小分子水的释放，会进一步加大空隙，因此整个纺丝及热处理工艺过程的形态及结构控制就显得十分重要。[24]

5.2 聚酰亚胺纤维的先进工艺技术

溶液纺丝（干法、湿法、干喷湿法）及熔融纺丝都可以制备聚酰亚胺纤维，而通过静电纺丝可以制备聚酰亚胺纳米纤维。目前，聚酰亚胺的纺丝工艺以溶液纺丝中的湿纺或干湿纺为主。根据纺丝浆液是聚酰亚胺还是聚酰胺酸，该纺丝方法又有一步法纺丝和二步法纺丝之分。

5.2.1 二步法纺制聚酰亚胺纤维

二步法纺制聚酰亚胺纤维是研制聚酰亚胺纤维以来一直普遍使用的方法。制备纤维分为两步：第一步是将聚酰胺酸的浓溶液经湿法或干喷湿法得到聚酰胺酸纤维；第二步是将第一步纺制的聚酰胺酸纤维经化学环化或热环化得到的聚酰亚胺纤维，因而称为二步法。纤维的拉抻工序可以在第一步进行，也可在第二步酰亚胺化的过程中进行，或者每一步都进行一定的拉伸。聚酰胺酸浆液常用的溶剂有二甲基甲酰胺（DMF）、二甲基乙酰胺（DMAc）、二甲基亚砜（DMSo）、N-甲基-2-吡咯烷酮（NMP）等非质子极性溶剂，因此聚酰胺酸纤维中残留的溶剂比较容易洗净，有利于后期的酰亚胺化和拉伸工序的进行。

日本的神田拓马报道[25,26]，将 4，4′-二苯醚二胺（4，4′-ODA）和均苯四甲酸二酐（PMDA）在 NMP 中缩聚生成聚酰胺酸溶液，经湿法纺丝、热环化或化学环化、290 ℃的热拉伸后，得到的 ODA-PMDA 聚酰亚胺纤维强度仅为 0.36～0.40 GPa，初始模量为 6.6～7.2 GPa，而延伸率却高达 8.3%～9.7%。随后的实验采用一氯对苯二胺（ClPPD）、4，4′-联苯胺（BzD）、2-氯-4，4′-联苯胺（ClBz）和 2，2′-二氯-4，4′-联苯胺（DiClBz）替代二胺 ODA 进行无规共聚，经湿法纺线和化学环化或热环化制得的聚酰亚胺纤维，其物理机械性能大大提高，一些性能见表 5-15[27]。

表 5-15　由均苯二酐和 DiClBz 及 ClPPD 制得的聚酰亚胺纤维的性能

二胺组成		拉伸比	拉伸温度/℃	强度/GPa	模量/GPa	延伸率/%
ClBz/ClPPD	100/0	1.3	550	1.45	150	1.0
	80/20	1.8	550	2.13	147	1.6
	60/40	2.0	550	2.40	150	1.8
	50/50	2.0	550	2.39	147	1.8
DiClBz/ClPPD	100/0	1.6	550	1.61	117	1.5
	70/30	3.9	550	3.11	168	2.0
	50/50	3.2	550	2.76	164	1.9
	30/70	2.3	550	2.12	137	1.7
ClPPD/ClBz	20/80	1.2	550	2.34	164	1.6
	40/60	2.0	550	2.40	150	1.8
	50/50	2.0	550	2.39	147	1.6
	70/30	1.4	550	2.14	149	1.6

日本帝人公司[28,29]在 NMP 中合成聚酰胺酸溶液，将该溶液挤入空气，然后进入以 90：10 的水-NMP 混合液为凝固浴中，在拉伸浴中拉伸 2 倍，卷绕，然后进入第二步工序，将聚酰胺酸纤维浸在醋酸酐和吡啶的混合液中进行化学酰亚胺化，温度为 20～70 ℃，得到聚酰亚胺纤维。此时得到的聚酰亚胺纤维的物理机械性能并不很高，采用高温（450～600 ℃）处理，同时对纤维进行小倍数的拉伸，可使聚酰亚胺大分子发生部分交联，进一步提高纤维的物理机械性能，其抗张强度为 2.20 GPa，初始模量为 145 GPa。

NASA[30-32]的 Clair 与其合作者以 BTDA 和 4,4′-ODA 为单体在 DMAc 中缩合聚合得到可以纺丝的聚酰胺酸浓溶液，以乙醇或乙二醇的水溶液为凝固浴，干湿法纺制聚酰胺酸纤维。纤维去除溶剂干燥后，分别在 100 ℃、200 ℃和 300 ℃下拉伸热处理纤维各 1 h，得到的聚酰亚胺纤维的强度为 0.19 GPa，初始模量为 3.6 GPa。

5.2.2　一步法纺制聚酰亚胺纤维

随着聚酰亚胺合成技术的不断发展，出现了许多可溶性聚酰亚胺，从而推动了一步法纺制聚酰亚胺纤维的技术。与二步法不同，一步法纺制聚酰亚胺纤维是以聚酰亚胺溶液为纺丝浆液，初生纤维就是聚酰亚胺纤维，而不是聚酰胺酸纤维，因此该方法没有酰亚胺化的工序。可溶性聚酰亚胺溶液一般采用酚类（如间甲酚、对氯酚、间氯酚等）为溶剂，以醇类（如甲醇、乙醇、乙二醇等）或醇与水的混合物为凝固浴，湿法或干喷湿纺法纺制聚酰亚胺纤维，纤维经初步拉伸后有一定的强度，去除溶剂后，进行热拉伸和热处理（300～500 ℃），可得到高强高模的聚酰亚胺纤维。

美国阿克隆大学程正迪教授课题组[33-35]用间甲酚为溶剂，以 3,3′,4,4′-联苯四甲酸二酐（BPDA）和 2,2′-二（三氟甲基）-4,4′-联苯二胺（PFMB）为单体合成了聚酰亚胺浆液，浓度为 12%～15%，采用干湿法纺丝，进入水和甲醇的混合液中，在 380 ℃以上的温度下拉伸近 10

倍，强度达到3.2 GPa，初始模量超过130 GPa。纤维的耐热性能良好，400 ℃处理3 h，模量损失为7%。用同样的方法，以对氯酚为溶剂纺制的BPDA-DMB(2,2′-二甲基-4,4′-联苯二胺)纤维物理机械性能比BPDA-PFMB稍高，热重损失5%的温度为530 ℃。

Kaneda等将各种二胺和BPDA的聚酰亚胺溶于对氯苯酚中，用乙醇的水溶液作为凝固浴进行一步法纺丝，在高温下拉伸后得到纤维的物理机械性能见表5-16。与Kevlar 49相比，该纤维有较低的吸湿率和较强的耐强酸性。

表5-16　由二酐BPDA和PMDA与不同的二胺得到的聚酰亚胺纤维的性能

组　成		拉　伸　比	拉伸温度/℃	强度/GPa	模量/GPa	延伸率/%
二　酐	二　胺					
BPDA/PMDA	OTOL					
100/0	—	1.7	450	1.71	73	2.7
80/20	—	3.4	500	2.83	122	2.4
70/30	—	3.8	500	3.11	129	2.6
60/40	—	4.9	500	2.44	111	2.3
50/50	—	3.9	456	1.74	119	1.5
BPDA/PMDA	3,4′-ODA					
90/10	—	1.7	390	1.38	36	8.3
80/20	—	5.0	350	1.73	48	5.1
70/30	—	9.2	350	2.25	60	4.4
BPDA	3,4′-ODA/PPD					
—	100/0	3.0	390	1.36	34	6.7
—	80/20	8.4	360	2.25	68	4.4
—	60/40	8.3	350	2.03	69	3.6
—	50/50	10.4	370	2.12	61	4.0

注：OTOL——3,3′-二甲基-4,4′-联苯胺，PPD——对苯二胺。

对比以上纺制聚酰亚胺纤维的两种不同路线，可发现各有其特点。二步法路线采用聚酰胺酸溶液为浆液，其溶剂通常为DMF、DMAc、DMSo、NMP等，这些溶剂在湿纺的过程中很容易去除掉，比较容易回收，毒性也比较小。缺点是纤维的物理机械性能较难提高，这也是20世纪六七十年代聚酰亚胺纤维的研制工作出现中断的重要原因之一。采用二步法制得的聚酰亚胺纤维的机械性能相对较差的原因可能是，纤维在后期的热环化或化学环化的过程中破坏了业已在前期形成的取向结构和其他超分子结构。与二步法不同，一步法纺制聚酰亚胺的路线采用聚酰亚胺溶液，而不是聚酰胺酸，制造纤维的整个过程没有酰亚胺化过程，因此，有利于纤维的超分子结构保持下来，但从目前聚酰亚胺的合成来看，普遍使用的溶剂是酚类，酚类溶剂(如间甲酚、对氯苯酚)不仅毒性较大，而且在纤维中的残余量较大，很难去除干净。因此，如果能够合成出可以溶解在低毒、易去除、甚至低成本的溶剂中的聚酰亚胺品种，那么采用一步法路线制备高性能的聚酰亚胺纤维则会更加方便。

5.2.3　干法纺丝方法制聚酰亚胺纤维

在聚酰亚胺纤维研究初期，由聚酰胺酸溶液纺丝大多采用干纺。第一个有关聚酰亚胺纤维的干法纺丝报道出现在 1966 年，这是由均苯二酐和 ODA 及 4,4′-二氨基二苯硫醚（SDA）在 DMAc 中得到聚酰胺酸，干纺成纤后再在一定温度下和张力下转化为聚酰亚胺，最后再在 550 ℃牵伸得到聚酰亚胺纤维[36]。Lenzing AG 公司的 P84 纤维采用缩聚工艺，然后由干法纺丝技术制成，纺丝固含量为 25%～35%，纺丝温度为 200～350 ℃，热拉伸温度为 315～450 ℃。其成功的商业化使得 P84 纤维被广泛用于过滤、包装和防护等产业，并显示出良好的耐热和过滤性能。20 世纪 60 年代上海合成纤维研究所采用干法纺丝工艺小批量试制了 PMDA/ODA 聚酰亚胺纤维，拉伸强度为 0.35～0.55 GPa，初始模量 4.3～5.9 GPa。Clair 等则将聚酰亚胺的间甲酚溶液进行干纺。[37,38]

干法纺丝的优点是不需凝固浴，也就避免了将高沸点的溶剂从凝固的纤维中去除的复杂过程。

5.2.4　熔融纺丝方法制聚酰亚胺纤维

由于大多数聚酰亚胺是不熔融或具有很高的熔点，而有机高分子在 400 ℃以上都会发生分解或交联，采用常规的熔融纺丝方法显然是不可行的，为解决这一难点，常用的方法是在聚酰亚胺主链上引入聚酯或聚醚，降低其熔点，使之在可接受的温度下具有足够低的熔体黏度，从而能够进行熔融纺丝。所以熔纺的聚酰亚胺纤维耐热性较低。

日本帝人公司[39]将聚醚酰亚胺纤维在 345～475 ℃下进行熔纺，并使纤维通过温度为 200～350 ℃的纺丝管制成，纤维具有一定的物理机械性能，但仍没有高强高模的特性。旭化成[40]熔纺的一种聚醚酰亚胺，纺丝温度 250 ℃，拉伸倍数 5.5 倍，可得到强度为 0.49 GPa 和模量为 3.0 GPa 的纤维。Irwin[41,42]采用聚酰亚胺酯在 300～400 ℃间进行纺丝，卷绕速度 300～500 m/min，初生纤维的强度为 0.59 GPa 左右，经热处理后（190 ℃下保持 1 h，190～279 ℃下 4 h，297 ℃下 16 h），强度可提高到 1.55 GPa 以上，初始拉伸模量为 48 GPa 左右。Dorsey K D 等[43]采用商品名为 LaRc-IA 的热塑性聚酰亚胺进行熔融纺丝，LaRc-IA 的熔纺纤维的性能见表 5-17。该聚酰亚胺是由 3,4′-ODA 和 3,3′,4,4′-二苯醚四甲酸二酐（ODPA）缩聚而得，并用邻苯二酸酐对其进行封端以控制聚合物的分子量。

表 5-17　熔纺 LaRc-IA 聚酰亚胺纤维的性能

纺丝温度/℃	纤维直径/mm	强度/GPa	模量/GPa	延伸率/%
340	0.24	0.16	2.8	113
350	0.17	0.16	3.0	102
360	0.18	0.14	2.7	84

聚酰亚胺的熔融纺丝的纺丝温度相对较高，目前得到的纤维的强度一般较低，还需从纺丝技术方面进行改进，但它仍具有耐高温、耐腐蚀等特性，可用于过滤、耐火毡及混编法制造复合材料等领域。

5.2.5 静电纺丝方法制聚酰亚胺纤维

静电纺丝简称电纺，是指聚合物溶液（或熔体）在高压电场作用下纺制成纤维的过程。静电纺丝的重要特点是可以制备直径在数十纳米到数百纳米之间的纤维。静电纺丝可以直接形成超细纤维膜，这种膜具有很大的比表面积和很小的孔径。[44]

韩国的 Nah 等[45]在 2003 年首次发表了对电纺丝制备聚酰亚胺纤维的研究，其利用低浓度的 PAA 溶液进行静电纺丝得到 PAA 纳米纤维，然后通过高温加热亚胺化得到聚酰亚胺纤维，纤维直径在 500 nm 以下；王岩等[46]针对 PI 耐热等特点，制备 PI 绝缘无纺布，纤维直径分布在 0.5～2 μm，纤维间出现弯曲、扭转和黏连现象，其热分解温度在 500 ℃ 以上；王兆礼等[47]以 PMDA 和 ODA 合成浓度为 12%的 PAA 溶液，通过高压静电纺丝技术，制备出 PAA 纳米纤维无纺布，通过等温阶梯升温可将 PAA 环化得到 PI 纳米纤维无纺布，此实验得到了具有微孔结构的 PI 纳米纤维无纺布，可在锂电池隔膜、精细过滤材料及高温分离领域发挥重大作用。Aflori 等[48]在静电纺纺丝原液中引入三氯化金水合物作为金前驱体，纺丝后通过加热制备出金纳米颗粒与聚酰亚胺的有机无机杂化纳米纤维，金前驱体的引入使纤维直径减小达 48%。

5.3 聚酰亚胺纤维的研究现状与发展趋势

有关聚酰亚胺纤维的最早报道见于 1965 年[49]，以均苯四甲酸酐（PMDA）和 4,4′二氨基二苯甲烷（MDA）在 DMF 中合成聚酰胺酸，以水为凝固浴经湿法纺丝得到聚酰胺酸纤维，初生纤维经环化和拉伸得到的聚酰亚胺纤维的断裂强度 97.02 GPa，初始模量为 3.9 GPa。Galasso 等[50]在 20 世纪 70 年代对两步法湿纺聚酰亚胺纤维做了大量的工作，他们报道了以 N,N-二甲基乙酰胺（DMAc）、N-甲基吡咯烷酮（NMP）或者两者混合为溶剂，以乙醇等为凝固浴湿法纺制聚酰胺酸纤维，经真空干燥后在 250～300 ℃下热环化处理即得到聚酰亚胺纤维。

以上以聚酰胺酸为纺丝溶液的二步法得到的初生纤维，在纤维环化过程中会产生微量水等，从而在纤维内部产生微孔等缺陷，直接给纤维机械性能带来影响。与二步法不同，一步法纺制聚酰亚胺纤维是以聚酰亚胺溶液为纺丝浆液，初生纤维就是聚酰亚胺纤维，因此该方法没有酰亚胺化的工序。可溶性聚酰亚胺溶液一般采用酚类（如间甲酚、对氯酚、间氯酚等）为溶剂，以醇类（如甲醇、乙醇、乙二醇等）或醇与水的混合物为凝固浴，湿法或干喷-湿法纺制聚酰亚胺纤维，纤维经初步拉伸后有一定的强度，去除溶剂后，进行热拉伸和热处理（300～500 ℃），可得到高强度高模量的聚酰亚胺纤维。[51]日本宇部公司在 20 世纪 80 年代就开始采用一步法研制聚酰亚胺纤维，最初由 Makino 等[52]用 BPDA/ODA 在 DMAc 中合成聚酰胺酸之后，采用化学环化的方法得到聚酰亚胺粉末，之后将其溶解在对氯苯酚和邻苯酚的混合溶剂中，发现能形成均相溶液，然后采用甲醇作为凝固浴，在低温下湿纺得到聚酰亚胺纤维，高温下牵伸 3 倍其强度能达到 1.1 GPa。在发现聚酰亚胺粉末能溶解于对氯苯酚后，他们即采用对氯苯酚[53]为溶剂，在 175 ℃的高温下直接一步合成得到均相的共聚聚酰亚胺溶液，并以乙醇为凝固浴湿纺，得到的初生丝强度较低，其高温热稳定性优于芳香族的聚酰胺纤维。

近期聚酰亚胺纤维的研究，主要集中在新结构聚酰亚胺的设计合成、新型纺丝工艺的开发及新的应用领域的探索方面。[54-57]新结构尤其是含芳杂环结构（如咪唑环、噁唑环和嘧啶结构等）聚酰亚胺的合成，得益于苏联特维尔化纤自由股份有限公司于 1985 年成功开发商品名为 Armos 的纤维。采用含咪唑环或噻唑环的二胺单体引入到大分子结构中，使纤维的力学性能、耐化学腐蚀等性能得到大幅度的提高。将杂环二胺单体引入到聚酰亚胺分子链结构，也成为聚酰亚胺开发的热点，并已取得了很好的成果。近年来，俄罗斯学者在制备含杂环结构聚酰亚胺纤维方面也做了大量的工作，其中影响较大的当属他们成功开发出一系列含嘧啶单元结构的高强高模型聚酰亚胺纤维（见表 5-18）。他们利用高分辨扫描电镜（HRSEM）观察了纤维断裂表面（见图 5-6），发现纤维中存在两种解理面，一种平行于纤维轴方向，另一种垂直于纤维轴方向。

表 5-18　含嘧啶单元聚酰亚胺纤维的力学性能

结构式	拉伸强度/GPa	模量/GPa
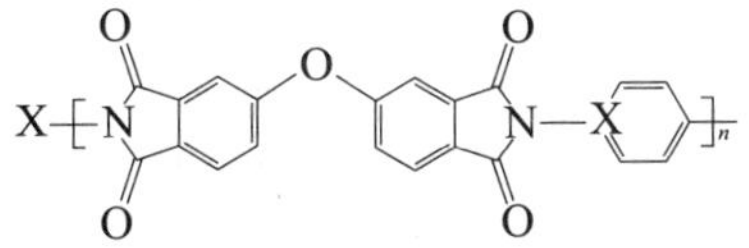	1.0	91
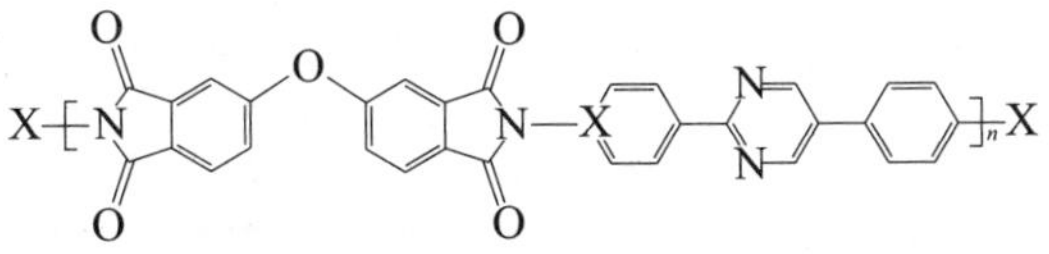	1.5	118
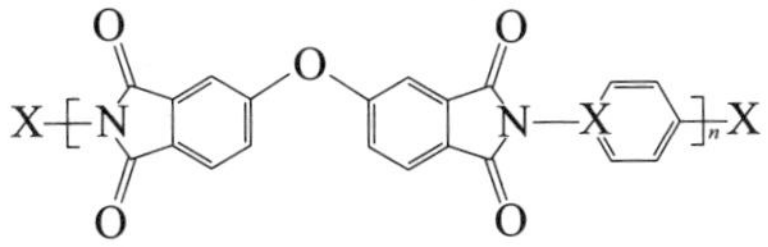 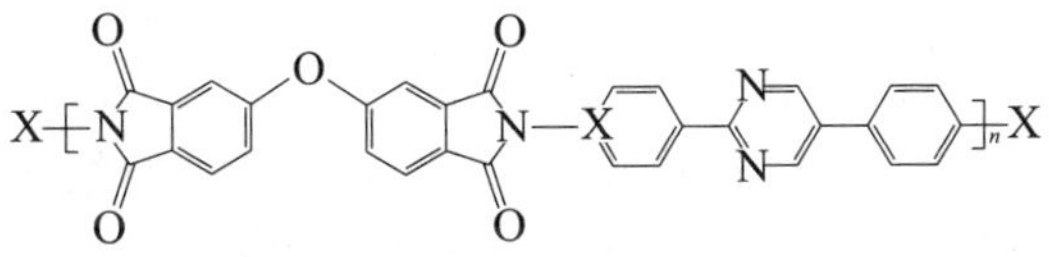	3.0	130

东华大学张清华课题组[58]合成了含有苯并咪唑和苯并恶唑单元的聚酰亚胺，并通过二步湿法纺丝制备成纤维，当含咪唑环的二胺单体 BIA 与单体 BOA 的投料比为 7∶3 时，其拉伸强度和模量可分别高达 1.74 GPa 和 74.4 GPa。

图 5-6　含嘧啶单元聚酰亚胺纤维的断面的 HRSEM 照片

四川大学顾宜课题组[59]利用 BIA/ODA/PMDA 三元共聚，将含咪唑环的二胺单体 BIA 引入到主链结构中，并利用湿法纺丝制备了高性能的聚酰亚胺纤维。他们研究发现，随着 BIA/ODA 比例的不同，聚酰亚胺纤维表现出不同的机械性能，当 BIA：ODA＝7：3 时，纤维的强度和模量分别达到 1.53 GPa 和 220.5 GPa，比 ODA/PMDA 结构纤维材料的强度和模量分别提高了 2.5 倍和 26 倍。研究发现，BIA 单体中咪唑环的引入使聚合物分子链间产生了强烈的氢键作用。

中国科学院长春应用化学研究所是我国最早从事聚酰亚胺研究的单位之一，近年来他们在含杂环聚酰亚胺纤维开发上做了大量的研究工作，并已取得了一定的成果。他们利用干喷湿法纺丝工艺路线分别开发出了 BPDA/PPD/ODA、BPDA/PPD/BIA、BPDA/PPD/BOA 及 BPDA/PPD/PRM 系列聚酰亚胺纤维，并对各个系列纤维的结构特征、机械性能、制备工艺等关键环节做了详细的研究。以 BPDA/PPD/BIA 系列为例(见表 5-19)，他们研究发现当 PPD：BIA＝85：15 时，制备出的聚酰亚胺纤维的拉伸强度可达到 2.4 GPa，弹性模量为 130 GPa，断裂伸长率为 3.1%左右。利用 SEM 观察纤维的截面，发现断面呈现致密结构。

表 5-19　BPDA/PPD/BIA 系列纤维的机械性能

编　号	PPD：BOA	强　度/GPa	模　量/GPa	延 伸 率/%	HD/℃	$T_{5\%}$/℃
D1	95：5	0.95	95	3.02	570	537
D2	90：10	1.85	125	2.30	535	569
D3	85：15	2.40	130	3.10	520	552
D4	80：20	1.40	115	2.13	510	562

合成及纺丝工艺方面，新的实践不断地被尝试，也取得了一定令人满意的结果。Park 等[60]采用对聚酰胺酸先部分化学环化，再通过干喷湿法纺丝制备出聚酰胺酸纤维，经过高温环化成聚酰亚胺纤维，虽然他们最终得到的纤维强度仅为 400 MPa，模量仅有 5.2 GPa，但他们通过先部分化学环化，再进行干喷湿法纺丝，解决了在干喷湿纺过程中纤维需高倍拉伸而聚酰胺酸纤维本身无法承受高倍拉伸的难题，为这一纺丝工艺的开发打开了思路。

东华大学陈大俊、张清华课题组与中科院长春应化所合作[61-64]使用联苯二酐和 ODA 在对氯苯酚中合成了聚酰亚胺浆液，以水和乙醇的混合溶液为凝固浴，采用干湿法纺丝工艺路线制备联苯型聚酰亚胺纤维，研究了初生纤维的形态结构。SEM 观察发现聚酰亚胺出生纤维的内部孔洞较小，且受凝固浴的组成影响也较小，并存在轻微的原纤化现象。对初生纤维进行热拉伸处理，发现纤维在拉伸倍数为 5.5 时，强度和模量分别能达到 2.4 GPa 和 114 GPa。用动态力学分析方法研究了该纤维的 γ、β 和 α 转变，因所施频率的不同而发生的相应转变温度分别出现在 −100～−40 ℃、100 ℃和 270～300 ℃，计算了纤维的 γ 转变活化能为 38.7 kJ/mol，α 转变活化能为 853 kJ/mol。

Giesa 等[65]采用如下合成路线（见图 5-7），先合成出特性黏度为 5.89 g/dL 的 PAE 浆液。全芳环的 PAE 在 80 ℃、40％的 NMP 中形成液晶溶液，利用丙酮溶剂作凝固浴，在凝固浴中初生纤维可以高倍拉伸，利用液晶纺丝技术制备出聚酰亚胺纤维，最终热环化得到聚酰亚胺纤维的强度和模量分别为 700 MPa 和 68 GPa，利用 SEM 观察到纤维呈现典型的皮芯结构（见图 5-8），同时他们利用 WAXS 研究了不同热处理温度下聚酰亚胺纤维的聚集态结构。

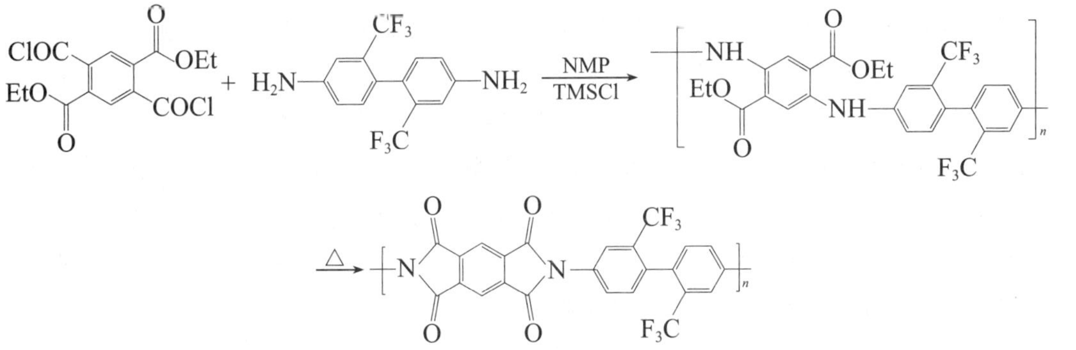

图 5-7　PAE 及对应聚酰亚胺的合成

（a）皮芯结构　　（b）纤维断面原纤化现象

图 5-8　液晶纺丝技术制备的聚酰亚胺纤维 SEM 照片

Chen 等[66]利用静电纺丝技术，首次制备出聚酰亚胺/MWNTs 纳米纤维膜。他们研究发现，与单纯的静电纺聚酰亚胺纳米纤维相比，MWNTs 的加入使得纳米纤维膜的力学性能和耐高温性能大幅度提高，当纳米纤维膜中 MWNTs 的含量为 3.5% 时，其断裂延伸率可达到 100%。他们利用原位复合技术制备纳米复合纤维具有更高的取向度，因而力学性能更为优异，为制备高性能聚酰亚胺纤维纳米复合材料提供了良好的范例。

5.4 发展聚酰亚胺纤维的产业背景及战略意义

5.4.1 聚酰亚胺纤维在国民经济和国防建设重大工程和项目中的地位和作用

聚酰亚胺纤维在高温过滤、航空航天、国防军工、新型建材、环保防火等领域中发挥着越来越重要的作用。

随着环保要求的日益提高，袋式除尘在燃煤发电、水泥、钢铁冶炼、城市垃圾焚烧等行业的应用比例快速增长，并已经成为燃煤电厂烟道气除尘的主要工业技术之一，而应用高新技术纤维为基材的高温过滤材料是袋式除尘技术应用的关键。因此，高温滤料在高温烟气治理领域的需求日益增大，聚酰亚胺纤维在耐高温滤料领域的需求随之增大。目前袋式除尘器所用滤料主要为聚苯硫醚纤维以及聚苯硫醚纤维和其他耐高温纤维的混纺产品，但聚苯硫醚滤料耐高温性能还稍显不足，寿命较短，聚酰亚胺纤维滤料是很好的替代产品。以聚酰亚胺纤维与聚苯硫醚纤维混纺的袋式除尘器滤料计算，聚酰亚胺纤维在电厂除尘滤料领域的年需求量约 1 kt。在水泥行业除尘滤料领域，聚酰亚胺纤维年需求量预计超过 3 kt。同时，聚酰亚胺纤维能够满足钢铁冶炼超高温工作环境（高于 200 ℃）的使用要求，聚酰亚胺纤维用于钢铁行业除尘滤料的年需求量至少为 1 kt。聚酰亚胺纤维除了耐高温性外，还具有吸水性、耐光耐热性、耐腐蚀、高弹性模量等优异特性，其在电厂尤其是垃圾发电厂、钢铁厂和水泥厂的节能减排中将发挥越来越重要的作用。目前，燃煤电厂袋式除尘应用比例已由 10% 提高到了 20% 以上，“十三五”期间袋式除尘技术和过滤用纺织品依然是产业用纺织品行业支持发展的重点，业内人士预计聚酰亚胺纤维在国内袋式除尘市场的潜在消费量可达 1.5 万 t。[67, 68]

聚酰亚胺纤维可织成无纺布，用作高温、放射性和有机气体及液体的过滤网、隔火毯，装甲部队的防护服、赛车防燃服、飞行服等防火阻燃服装。劳动防护服方面，我国冶金部门每年需隔热、透气、柔软的阻燃工作服 5 万套，水电、核工业、地矿、石化、油田等部门年需 30 万套防护用服，年需耐高温阻燃特种防护服用纤维 300 t 左右。聚酰亚胺纤维隔热防护服穿着舒适、具有皮肤适应性和永久阻燃性，而且尺寸稳定、安全性好、使用寿命长，是制作这些防护服装的最为理想的纤维材料。

在航空航天应用领域，随着我国航空航天事业的飞速发展，特种纤维材料的应用必将有更大突破。聚酰亚胺纤维也是先进复合材料的增强剂，用于航空、航天器、火箭的轻质电缆护套、高温绝缘电器、发动机喷管及耐高温特种编织电缆的制造，还可用于制作新一代战斗机壳体、大口径展开式卫星天线张力索、空间飞行器囊体材料的增强编织材料和防护服装等。此外，快速发展的交通沥青筑路、新型垃圾焚烧等行业产生的烟尘由于温度更高，都存在使用聚酰亚胺纤维的可行性和可能性，为聚酰亚胺纤维提供至少 500～1000 t/a 的市场容量。

由于聚酰亚胺纤维具有突出的防火阻燃性能、应用于军工航天的防护罩及特种防火材料、原子能设施中的结构材料，可以预见在其他防火织物上的应用也会迅速增加，其市场前景是非常广阔的。由于我国在聚酰亚胺原料生产技术方面的技术和价格优势、对聚酰亚胺纤维的国际市场开拓也具有非常乐观的前景。

5.4.2　国外聚酰亚胺纤维产业发展现状及趋势

20 世纪 60 年代，美国杜邦公司最先开始聚酰亚胺纤维的相关研究，但受限于当时的纤维制备技术和聚酰亚胺合成技术，难以实现聚酰亚胺纤维产业化，仅限于实验室研究。70 年代，苏联报道了关于军用聚酰亚胺纤维的相关研究，生产规模较小，限于军工应用。很长一段时期内，由于聚酰亚胺的高成本以及其聚合、纺丝工艺落后，世界聚酰亚胺纤维的发展较慢。随着聚酰亚胺合成技术、纺丝工艺的发展，聚酰亚胺纤维的生产成本下降，聚酰亚胺纤维又逐渐成为研究热点。80 年代中期，Lenzing A. G 公司，即现在的 Evonik Fibres（赢创纤维股份有限公司），采用聚酰亚胺溶液进行干法纺丝，实现了产业化，P84 是其生产的聚酰亚胺产品品牌。P84 聚酰亚胺纤维的特征是不规则裂横截面，这种界面具有高容积性。根据典型机械纤维数据，P84 是一种具有良好结节强度和悬挂强度的纺织纤维。主要应用在高温滤料、防护服、隔热织物、密封编织材料等领域。但价格昂贵且实行限量销售。[69] 随后，法国 Phone-Poulene 公司推出具有优异阻燃性能的聚酰亚胺纤维 Kernel-235AGF，应用于安全毯、防护服、消防服等领域。90 年代，俄罗斯科学家在聚合物中引入含氮杂环单元，开发的聚酰亚胺纤维断裂强度达到 5.8 GPa，初始模量为 285 GPa，这对实现航空航天飞行器轻质高强具有重大意义。2007 年 5 月，美国通用电气公司与 FIT（Fiber Innovation Technology Inc）达成合作协议，开发聚酰亚胺纤维，预计生产规模 2000 t/a。表 5-20 为目前国内外聚酰亚胺纤维的主要产品。

表 5-20　PI 纤维主要的品种

品　种	国　家
聚苯四甲酰胺	美国（Du Pont）
PRD-14	美国（Du Pont）
Arimid T	俄罗斯
Arimid T-TK 160	俄罗斯
Arimid PM	俄罗斯
Arimid PFT	俄罗斯
Vniivsan	俄罗斯
P84	奥地利（Lenzing）
Kermel	法国（Kermel）
YILUN	中国

5.4.3　我国聚酰亚胺纤维产业发展现状及趋势

在 20 世纪 60 年代末，华东化工学院和上海合成纤维研究所率先由均苯二酐和二苯醚二胺的聚酰亚胺采用干法纺丝工艺小批量生产聚酰亚胺纤维，其用途主要是电缆的防辐射包覆、耐辐射的降落伞绳和带等，不久由于市场原因停产。

中国科学院长春应用化学研究所针对聚酰亚胺的合成、应用经过多年研究攻关，得到了具有自主知识产权的聚酰亚胺合成路线[70]。长春应用化学研究所对聚酰亚胺纤维的研究始于 2000 年，研发了聚酰亚胺溶液纺丝相关技术，并与长春高琦聚酰亚胺材料有限公司合作进行聚酰亚胺纤维产业化研究。在耐热型聚酰亚胺纤维研究方面，突破了纺丝液的制备和聚酰胺酸初生纤维的酰亚胺化等关键工艺技术。高琦聚酰亚胺材料有限公司对耐高温聚酰亚胺纤维材料的产业化分为三个阶段。第一阶段：在十吨级试验线上完成技术集成，2008 年底至 2009 年中，高琦公司成功完成耐高温聚酰亚胺纤维吨级化的研究和中试生产，产能 10 t/a 小型试验生产线获得成功。第二阶段：完成百吨级生产线的建立，2010 年开始至 2011 年，高琦公司自主研发设计并施工建立了产能 300 t/a 耐高温聚酰亚胺纤维的生产线。公司自主创新并设计的由聚酰胺酸溶液出发全连续化聚酰亚胺纤维生产线，也成为我国首条也是当时国际最先进的聚酰亚胺纤维生产线。经试车和纤维性能稳定后正式投产，并开始接收订单，向市场提供高品质的耐高温聚酰亚胺纤维。高琦公司的耐高温聚酰亚胺纤维牌号为轶纶(YI-LUN)。第三阶段：完成千吨级生产线的建立。为了推进纤维的产业化，依托控股公司——深圳惠程公司募集的巨资，用于耐高温聚酰亚胺纤维千吨级产业化项目，大大缩短了耐高温聚酰亚胺纤维千吨级产业化的周期。现高琦公司已实现产能 1000 t/a 的生产能力，目前开发了轶纶短纤维、轶纶 95 纤维、轶纶短切纤维、轶纶长丝、纺前染色轶纶长丝、轶纶高强长丝等系列产品，获得了 2013 年中国纺织工业联合会科学技术一等奖和 2014 年中纺联产品开发贡献奖。其生产的 YI-LUN 聚酰亚胺纤维可满足烟道气除尘滤袋的使用要求。YI-LUN纤维可作为 P84 替代品，填补了国内聚酰亚胺纤维的生产空白。目前，YI-LUN 纤维及其制品已获中国环境保护产业协会袋式除尘委员会和多家高温滤材生产厂家的认可，正在进行 3000 t/a 规模生产线的设计与建设。

东华大学在聚酰亚胺纤维研究方面取得了一定的产业化成果。江苏奥神集团 2011 年 3 月在连云港经济技术开发区大浦工业区投资成立江苏奥神新材料股份有限公司，该公司与东华大学纤维材料改性国家重点实验室合作，实施自主开发聚酰亚胺纤维研究及产业化项目。该项目总投资 5 亿元，开发出拥有完全自主知识产权的干法纺丝及一体化生产技术，建成了全球第一条干法纺聚酰亚胺纤维千吨级生产线。生产工艺效率高、产品均匀性好、溶剂回收率高、节能环保，在国际上属于首创。并且成功研发了聚酰亚胺纤维成套生产设备，突破了发达国家采用的湿法或干湿法纺丝路线所存在的环保处理压力大、投资成本高等局限。目前该项目获得了“一种用于干法纺制聚酰亚胺异形纤维的喷丝板”“一种用于聚酰亚胺纤维的环化装置”等授权专利，以及“一种碳纳米管/聚酰亚胺复合纤维的制备方法”独占许可专利。主要产品为甲纶 Suplon 聚酰亚胺短纤、长丝，目前已具有 2000 t/a 的生产能力，产品具有极好的耐高温性能及优异的力学、绝缘、阻燃、耐辐照、耐化学等性能，已广泛应用于高温烟气除尘、特种防护、工业阻燃隔热和功能性复合材料等领域。其“干法聚酰亚胺纤维制备关键技术及产业化”成果获 2015 年度“纺织之光”中国纺织工业联合会科技进步一等奖，2016 年更是荣获国家科技进步二等奖，实现了我国高性能纤维研发从跟随到自主创新的转变。

2012年10月，由正威国际集团和君华科技材料有限责任公司共同投资的中国聚酰亚胺产业基地暨高威(辽宁)铜业项目在辽宁营口仙人岛能源化工区开工建设。中国聚酰亚胺产业基地项目预算总投资为1080亿元，共分三期工程建设，通过构建研发、生产、应用于一体的聚酰亚胺产业集群，建设成为中国聚酰亚胺高新材料产业基地，最终将形成年产聚酰亚胺单体及高纯精细化学品15.1万t、聚酰亚胺及多层共挤出薄膜10.4万t、高性能聚酰亚胺纤维1.5万t生产能力，使我国聚酰亚胺及其薄膜、纤维实现大规模产业化生产，对推动我国聚酰亚胺行业进步和产业化全面升级具有十分重要的意义。2017年，江苏先诺新材料科技有限公司与北京化工大学合作，采用聚酰胺酸溶液的凝固、牵伸、热亚胺化的一体化纺丝工艺，实现了从聚酰亚胺预聚体—聚酰胺酸溶液出发直接获得高强高模聚酰亚胺纤维，并研制和建成了国内外首条年产30 t规模高强高模聚酰亚胺纤维的生产线，实现了小批量稳定生产，所获得的高强高模聚酰亚胺纤维，其拉伸强度达到3.5 GPa。此外，四川大学、浙江理工大学等高校也在进行高性能聚酰亚胺纤维的研发工作，但还没进行至工业化，目前处于实验室研究阶段。[71]

5.5　发展我国聚酰亚胺纤维产业的主要任务及应对策略

目前我国长春高琦聚酰亚胺材料有限公司和江苏奥神新材料股份有限公司均已建成两条千吨级生产线，分别形成湿法和干法两种工艺路线。国家有关部门应继续从政策方面加以引导，对高性能聚酰亚胺纤维的开发和生产予以足够的重视和支持，促进高性能聚酰亚胺纤维进一步发展。建议继续加大聚酰亚胺纤维产业化技术的研发力度，尽快采用具有更多自主知识产权的不同品种聚酰亚胺纤维生产工艺技术并逐步实现产业化工程技术的突破，推动聚酰亚胺纤维及其制品的国产化进程，满足国内需求，逐步替代进口。实现聚酰亚胺纤维产—学—研学科链的形成。

当前亟需积极开发生产稳定的原材料，为聚酰亚胺纤维产业化提供坚实的基础。重点建设配套的从二酐和二胺单体、聚酰亚胺聚合体和纤维纺丝制造的系列生产装置，加强技术创新和合作。生产企业应向规模化、系列化方向发展，形成上下游完整的产业链，填补我国在相关技术领域空白，打破国外对这一技术的垄断，并能为国内发展这类高新技术纤维提供全套成熟的关键性技术，推动我国行业进步和产业升级。

以聚酰亚胺纤维优异的特性，加快市场的开发，进一步拓展其在高强度、高负荷、高温领域内的应用，将更加巩固聚酰亚胺纤维在复合材料领域中的重要地位，使其发挥更大作用，成为最具有发展潜力和高附加价值和广阔应用前景的产业用技术性纺织品，逐渐在一些关键应用领域取代其他的高性能纤维。这对于我国在国防军工、航空航天等高科技领域内的科学发展和现代化建设具有十分重要的意义，也将有利于我国高性能纤维领域整体产品结构调整和效益结构优化升级，同时要实现经济规模生产，降低产品成本，与进口产品竞争，并在国内市场站稳脚跟。[72]

参考文献

[1] 陈英韬，张清华. 聚酰亚胺纤维的制备与应用研究进展[J]. 高分子通报，2013，10：71-79.

[2] 张清华，陈大俊，丁孟贤. 聚酰亚胺纤维[J]. 高分子通报，2001，5：66-73.

[3] LIU J P，ZHANG Q H，XIA Q M，et al. Synthesis，characterization and properties of polyimides derived from a symmetrical diamine containing bis-benzimidazole rings[J]. Polymer Degradation and Stability，2012，97(6)：987-994.

[4] 张银峰. 聚酰亚胺纤维的制备及其结构性能研究[D]. 杭州：浙江理工大学. 2013.

[5] 丁孟贤. 聚酰亚胺：化学、结构与性能的关系及材料. 2 版[M]. 北京：科学出版社，2012.

[6] PLAKSII V T，SVETLICHNYI V M. Breakdown phenomena in metal/semimetal point contacts[J]. Lietuvos Fizikos Rinkinys，1974，14：685-688.

[7] ACAR H Y，OSTROWSKI C，MATHIAS L J，et al. Polyimides and other high temperature polymers：synthesis，characterization and applications[C]. CRC Press. Vol. 1. 2001：3.

[8] SERAFINI T T，DELVIGS P，LIGHTSEY G R. Thermally stable polyimides from solutions of monomeric reactants[J]. Journal of Applied Polymer Science，1972，16(4)：905-915.

[9] VOYGODSKII Y S. Proceedings of the 4th European Technical Symposium on Polyimides and High Performance Polymers[C]. May 13-15，Montpellier France，1996：217.

[10] KIM T H，KOROS W J，HUSK G R，et al. Relationship between gas separation properties and chemical structure in a series of aromatic polyimides[J]. Journal of Membrane Science，1988，37(1)：45-62.

[11] VASILIEV V G，ROGOVINA L Z，SLONIMSKY G L. Dependence of properties of swollen and dry polymer networks on the conditions of their formation in solution[J]. Polymer，1985，26(85)：1667-1676.

[12] SROOG C E. Polyimides[J]. Progress in Polymer Science，1991，16(4)：561-694.

[13] VINOGRADOVA S V，VYGODSKIJ J S，KORSAK V V，et al. Synthesis And Properties Of Aromatic Polyamides Prepared By Matrix Polycondensation At Low-Temperatures[J]. Acta Polymerica，1990，41(9)：489-492.

[14] HARRIS F W，SAKAGUCHI Y，SHIBATA M，et al. Organo-Soluble Polyimides：Synthesis And Characterization Of Polyimides Containing Phenylated P-Biphenyl And P-Terphenyl Units[J]. High Performance Polymers，1997，9(3)：251-261.

[15] SPILIOPOULOS I K，MIKROYANNIDIS J A. Synthesis Of Soluble，Blue-Light-Emitting Rigid-Rod Polyamides And Polyimides Prepared From 2′，6′，3″，5‴-Tetraphenyl-Or Tetra (4-Biphenylyl)-4，4‴-Diamino-P-Quinquephenyl[J]. Macromolecules，1998，31(2)：515-521.

[16] CHO Y J，PARK H B. High Performance Polyimide With High Internal Free Volume Elements[J]. Macromolecular Rapid Communications，2011，32(7)：579-586.

[17] TONG Y J，LIU S L，GUAN H M，et al. Polyimides From Isomeric Biphenyltetracarboxylic Dianhydrides And The Effects Of Chemical Structure On Solubility[J]. Polymer Engineering & Science，2002，42(1)：101-110.

[18] SEINO H，SASAKI T，MOCHIZUKI A，et al. Synthesis of Fully Aliphatic Polyimides[J]. High Per-

formance Polymers, 1999, 11(3): 255-262.

[19] GOTO K. Proceedings of 5th China-Japan Seminar On Advanced Aromatic Polymers[C], Changchun, China, 27-31 July, 2002.

[20] 刘向阳，顾宜. 高性能聚酰亚胺纤维[J]. 化工新型材料，2005，33(5)：14-17.

[21] HARRIS F W, CHENG S Z D. Process For Preparing Aromatic Polyimide Fibers[P]: U. S. Patent 5 378 420. 1995-1-3.

[22] CHENG S Z D, WU Z, MARK E, et al. A high-performance aromatic polyimide fibre: 1. Structure, properties and mechanical-history dependence[J]. Polymer, 1991, 32(10): 1803-1810.

[23] EASHOO M, SHEN D, WU Z, et al. High-performance aromatic polyimide fibres: 2. Thermal mechanical and dynamic properties[J]. Polymer, 1993, 34(15): 3209-3215.

[24] DOROGY W E, CLAIR A K S. Fibers from a soluble, fluorinated polyimide[J]. Journal of Applied Polymer Science, 1993, 49(3): 501-510.

[25] JINDA T. Preparation and properties of highly dyeable aramid fiber[J]. Sen'i Gakkaishi, 1991, 47(11): 621-624.

[26] JINDA T. High-strength and high-modulus copoly(p-phenylenepyromellitimide/biphenyltetracarboximide) fibers[J]. Sen'i Gakkaishi, 1991, 47(11): 625-627.

[27] JINDA T, MATSUDA T. High-strength and high-modulus polyimide fibers from chlorinated rigid aromatic diamines and pyromellitic dianhydride[J]. Sen'i Gakkaishi, 1986,42(10): T554-559.

[28] TOYOHARA K, ISHIWATA T, OZAKI D, et al. Resin Composition Containing Crystalline Polyimide [P]: U. S. Patent 6,646,060. 2003-11-11.

[29] KOSHIMAE T, KANNO K. Racquet String[P]: U. S. Patent 6,460,321 . 2002-10-8.

[30] DOROGY W E, CLAIR A K S. Wet spinning of solid polyamic acid fibers[J]. Journal of Applied Polymer Science, 1991, 43(3): 501-519.

[31] DOROGY W E, CLAIR A K S. Fibers from a soluble, fluorinated polyimide[J]. Journal of Applied Polymer Science, 1993, 49(3): 501-510.

[32] DOROGY JR W E, CLAIR A K S. Wet Spinning Of Solid Polyamic Acid Fibers[P]: U. S. Patent 5, 023,034. 1991-6-11.

[33] EASHOO M, WU Z, ZHANG A, et al. High performance aromatic polyimide fibers, 3. A polyimide synthesized from 3,3′,4,4′-biphenyltetracarboxylic dianhydride and 2,2′-dimethyl-4,4′-diaminobiphenyl[J]. Macromolecular Chemistry and Physics, 1994, 195(6): 2207-2225.

[34] LI W H, WU Z Q, JIANG H, et al. High-performance aromatic polyimide fibres Part V Compressive properties of BPDA-DMB fibre[J]. Journal of Materials Science, 1996, 31(16): 4423-4431.

[35] WU Z, LI F, HUANG L, et al. The Thermal Degradation Mechanism And Thermal Mechanical Properties Of Two High Performance Heterocyclic Polymer Fibers[J]. Journal of Thermal Analysis and Calorimetry, 2000, 59(1-2): 361-373.

[36] 向红兵，陈蕾，胡祖明. 聚酰亚胺纤维及其纺丝工艺研究进展[J]. 高分子通报，2011 (1)：40-50.

[37] PROGAR D J, CLAIR T L S T. A new flexible backbone polyimide adhesive[J]. Journal of Adhesion Science and Technology, 1990, 4(1): 527-549.

[38] CLAIR T L S, PROGAR D J. Polyimide Molding Powder, Coating, Adhesive And Matrix Resin[P]: U. S. Patent 5,147,966. 1992-9-15.

[39] MASATO Y, TOSHIMASA K. J1-306614 [P], 1989, 12, 11.

[40] TETSUO S, TAICHI I. J1-298211 [P], 1989, 12, 1.

[41] IRWIN R S. N-Heterocyclic Polymers; Polylactone Copolymers; High Modulus; Films; Reinforcement [P]: U. S. Patent 4,383,105. 1983-5-10.

[42] GANNETT T P, GIBBS H H, KASSAL R J. Melt-Fusible Polyimides[P]: U. S. Patent 4 485 140. 1984-11-27.

[43] DORSEY K D, DESAI P, ABHIRAMAN A S, et al. Structure and properties of melt-extruded laRC-IA (3,4′-ODA 4,4′-ODPA) polyimide fibers[J]. Journal of Applied Polymer Science, 1999, 73(7): 1215-1222.

[44] 张倩. 静电纺丝制备聚酰亚胺/银纳米复合纤维[D]. 北京:北京化工大学,2007.

[45] NAH C, HAN S H, LEE M H, et al. Characteristics of polyimide ultrafine fibers prepared through electrospinning[J]. Polymer International, 2003, 52(3): 429-432.

[46] 王岩,张玉伟,张明艳,等. 聚酰亚胺绝缘无纺布的研究[J]. 绝缘材料, 2006, 39(4): 16-18.

[47] 王兆礼,张明艳,张玉军. 静电纺丝法制备聚酰亚胺纳米纤维[J]. 绝缘材料, 2007, 39(6): 7-8.

[48] AFLORI M, SERBEZEANU D, CARJA I D, et al. Gold Nanoparticles Incorporated into Electrospun Polyimide Fibers[J]. Chemistry Letters, 2015, 44(10): 1440-1442.

[49] WALTER M E. Polyamide-Acids, Compositions Thereof, And Process For Their Preparation[P]: U. S. Patent 3,179,614. 1965-4-20.

[50] GALASSO F S, BOURDEAU R G, PIKE R A. Process For Forming Filaments From Polyamic Acid [P]: U. S. Patent 4,056,598. 1977-11-1.

[51] YIN C, DONG J, ZHANG Z, et al. Structure and properties of polyimide fibers containing benzimidazole and Amide Units[J]. Journal of Polymer Science Part B: Polymer Physics, 2015, 53(3): 183-191.

[52] MAKINO H, KUSUKI Y, HARADA T, et al. Process For Producing Aromatic Polyimide Filaments [P]: U. S. Patent 4,370,290. 1983-1-25.

[53] KANEDA T, KATSURA T, NAKAGAWA K, et al. High-strength - high-modulus polyimide fibers II. Spinning and properties of fibers[J]. Journal of Applied Polymer Science, 1986, 32(1): 3151-3176.

[54] DING M X. Isomeric Polyimides[J]. Progress in Polymer Science, 2007, 32(6): 623-668.

[55] LIU X, XU W, YE G, et al. Novel aromatic polyimide fiber with biphenyl side-groups: Dope synthesis and filament internal morphology control[J]. Polymer Engineering & Science, 2006, 46(2): 123-128.

[56] LIU M, DU Y, MIAO Y E, et al. Anisotropic conductive films based on highly aligned polyimide fibers containing hybrid materials of graphene nanoribbons and carbon nanotubes[J]. Nanoscale, 2015, 7(3): 1037-1046.

[57] SUKHANOVA T E, BAKLAGINA Y G, KUDRYAVTSEV V V, et al. Morphology, deformation and failure behaviour of homo- and copolyimide fibres: 1. Fibres from 4,4′-oxybis(phthalic anhydride) (DPhO) and p-phenylenediamine (PPh) or/and 2,5-bis(4-aminophenyl)-pyrimidine (2,5PRM) [J].

Polymer，1999，40(23)：6265-6276.

[58] YIN C，DONG J，ZHANG D，et al. Enhanced mechanical and hydrophobic properties of polyimide fibers containing benzimidazole and benzoxazole units[J]. European Polymer Journal，2015，67：88-98.

[59] LIU X Y，GAO G Q，DONG L，et al. Correlation between hydrogen-bonding interaction and mechanical properties of polyimide fibers[J]. Polymers for Advanced Technologies，2009，20(4)：362-366.

[60] PARK S K，FARRIS R J. Dry-jet wet spinning of aromatic polyamic acid fiber using chemical imidization[J]. Polymer，2001，42(26)：10087-10093.

[61] DENG G，XIA Q M，XU Y，et al. Simulation of dry-spinning process of polyimide fibers[J]. Journal of Applied Polymer Science，2009，113(5)：3059-3067.

[62] ZHANG Q H，DAI M，DING M X，et al. Mechanical properties of BPDA - ODA polyimide fibers[J]. European Polymer Journal，2004，40(11)：2487-2493.

[63] ZHANG Q H，LUO W Q，GAO L X，et al. Thermal mechanical and dynamic mechanical property of biphenyl polyimide fibers[J]. Journal of Applied Polymer Science，2004，92(3)：1653-1657.

[64] ZHANG Q H，DAI M，DING M X，et al. Morphology of polyimide fibers derived from 3,3′,4,4′-biphenyltetracarboxylic dianhydride and 4,4′-oxydianiline[J]. Journal of Applied Polymer Science，2004，93(2)：669-675.

[65] NEUBER C，SCHMIDT H W，GIESA R. Polyimide Fibers Obtained By Spinning Lyotropic Solution Of Rigid-Rod Aromatic Poly（Amic Ethyl Ester）[J]. Macromolecular Materials and Engineering，2006，291(11)：1315-1326.

[66] CHEN D，LIU T，ZHOU X，et al. Electrospinning Fabrication Of High Strength And Toughness Polyimide Nanofiber Membranes Containing Multiwalled Carbon Nanotubes[J]. The Journal of Physical Chemistry B，2009，113(29)：9741-9748.

[67] 汪家铭. 芳砜纶纤维发展概况及市场前景[J]. 精细化工原料及中间体，2009，6：18-21.

[68] 雷瑞. 高性能聚酰亚胺纤维研究进展[J]. 合成纤维工业，2014，37(3)：53-55.

[69] 丁孟贤，杨诚，卢晶. 耐高温聚酰亚胺纤维的生产技术及性能研究[J]. 中国环保产业，2012（3）：50-53.

[70] 钱伯章，朱建芳. 生物降解聚酯开发和生产进展[J]. 国外塑料，2008，26(6)：59-61.

[71] 汪家铭. 聚酰亚胺纤维生产现状与市场前景:上[J]. 上海化工，2013（2）：37-40.

[72] 汪家铭. 聚酰亚胺纤维发展概况与应用前景[J]. 石油化工技术与经济，2011，27(4)：58-62.

第 6 章 聚苯硫醚纤维

聚苯硫醚(PPS)是一种由苄基和硫原子结构单元交替连接的线性高分子,其分子通式为

$$\left[\!\!-\!\!\left\langle\bigcirc\right\rangle\!\!-\!S\!-\!\!\right]_n$$

PPS 树脂通过熔融纺丝工艺、熔喷工艺可制备成高性能纤维和无纺布。PPS 纤维制品开发于 1973 年,20 世纪 80 年代日本东丽和美国 Philips Fibers 公司等相继推出商业化 PPS 纤维制品。目前,国内外公司和研究单位致力于 PPS 纺丝级切片及其纤维制品的研发、改性与规模化生产,以满足市场的发展需求。PPS 纤维具有优异的阻燃性、耐化学腐蚀性以及良好的耐热性(长期使用温度为 180～200 ℃),广泛应用于火力发电厂、钢铁厂、垃圾焚烧厂等工业的烟尘过滤系统中,提高 PM10 和 PM2.5 微尘的截留率,对空气质量的改善起到了举足轻重的作用[1]。此外,由于 PPS 纤维的耐酸碱腐蚀性仅次于 PTFE(“塑料王”)纤维,加上其优异的易加工性、阻燃性[2]和保暖性,在工业防护、军工等领域具有潜在应用前景。

6.1 聚苯硫醚纤维的结构与性能

PPS 由苯环结构赋予其分子链刚性,硫原子提供一定的柔顺性;分子链中苯环的大 π 键结构及硫原子的极性,赋予 PPS 优异的力学性能。PPS 是一种半结晶的高分子聚合物,PPS 纤维的结晶度为 30%～50%。PPS 纺丝级切片的相对分子质量为 4 万～6 万,熔点(T_m)为 280～285 ℃,玻璃化转变温度(T_g)为 85～90 ℃,结晶温度(T_c)为 205～220 ℃,冷结晶温度为 105～120 ℃[3-5]。通过控制 PPS 的分子链结构(相对分子质量、相对分子质量分布、支化度等)和熔融纺丝工艺(纺丝温度、侧吹风温度及速率、牵伸温度及倍率、热定型温度、卷绕速率及张力等),直接影响 PPS 熔体的熔体流变性能,并最终影响 PPS 纤维的结构与性能[6,7]。

PPS 树脂的非牛顿指数小于 1,熔体为假塑性流体,其流变行为受剪切速率和温度的影响。PPS 作为一种刚性链高分子聚合物,在低剪切速率下,熔体表观黏度主要依赖于温度的变化。当剪切速率增加时,PPS 的黏流活化能呈减小趋势,其结构黏度随温度升高而降低[8]。这直接影响 PPS 纤维的纺丝工艺参数。PPS 纤维的熔融纺丝温度一般为 320～340 ℃,不同的纺丝参数和后处理工艺直接影响 PPS 纤维的结晶和取向程度,最终决定 PPS 纤维制品的力学性能和综合性能。

6.1.1 初生丝结构与性能研究

PPS 初生丝的力学性能和纤度主要受树脂的相对分子质量、纺丝泵供量、卷绕速度、纺丝

箱体温度、缓冷加热温度、喷丝板毛细管长径比 L/D 等综合因素的影响。

相对分子质量(MW)提高，PPS 基体中分子链末端相对含量降低，纤维链端缺陷减少，大分子链段缠结增加，形成物理交联点，分子链间相对滑移程度降低，促使 PPS 纤维的断裂强度提高，断裂伸长率降低。Prabhakar Gulgunje 等[13]研究表明，这是由于在相同的挤出温度和卷绕速度下，随着相对分子质量的增加，PPS 熔体黏度增大，纺丝应力升高，大分子链的取向度提高，因此初生丝的断裂性能相应提升。但由于大分子链缠结，大分子链段运动能力降低，分子链结晶能力下降，高 MW 纤维的结晶度相比低 MW 纤维显著下降。此外，由于高 MW 纤维的结晶度较低，结晶不完善，因此，其具有较低的冷结晶温度，这直接影响纤维后牵伸温度的设定。

随着卷绕速度的提升，PPS 纤维的纺丝应力提高，丝束的取向程度增加，分子链段沿纺丝轴向整齐排列，诱导结晶，因此纤维的结晶度也相应提高。由于卷绕速度提高，熔体冷却至 T_g 的时间减少，结晶度也有所降低。因此，纤维结晶度随卷绕速度的提升效果小于取向程度[9]。此外，纺丝应力随着卷绕速度增加而提高，较高卷绕速度的纤维，其链段取向速度越快，更快地形成结晶，在纺丝过程中，发生取向的晶体数量也相应增加。在结晶度和取向度两者综合作用下(见图 6-1)，促使纤维的断裂强度升高，断裂伸长率下降。熔融纺丝时泵供量对 PPS 初生丝的影响趋势与卷绕速度相反。这是由于卷绕速度不变时，泵供量增大，纺丝应力相应降低，纤维的拉伸比减小，导致纤维取向度和结晶度下降，最终纤维断裂强度呈下降趋势。另外，纺丝箱体温度对纤维的影响与泵供量相似：温度的提高，促使 PPS 熔体黏度下降，熔体挤出和卷绕过程中，剪切应力和拉伸应力随之下降，因此，导致取向和结晶程度降低，影响初生丝性能，但降低效果较小。张蕊萍等[10]还研究了不同缓冷加热温度对 PPS 初生丝和牵伸丝的影响。结果表明，缓冷加热温度的提高，PPS 卷绕丝结晶度和取向度降低，牵伸丝结晶度增大，而取向度先增大后降低，且两者的断裂强度随着温度提高而略微增加。这是由于缓冷加热有利于降低熔体冷却速度，使大分子结晶和取向程度趋于完全。温度增加至结晶温度范围时，初生纤维的分子热运动导致晶核形成速度降低，结晶度下降，分子链发生解取向，取向程度降低。由于结晶度下降，后牵伸过程中，无定形区含量增加，大分子链更容易发生牵伸取向，取向度提高，力学性能在两者相互作用下，略有提升。

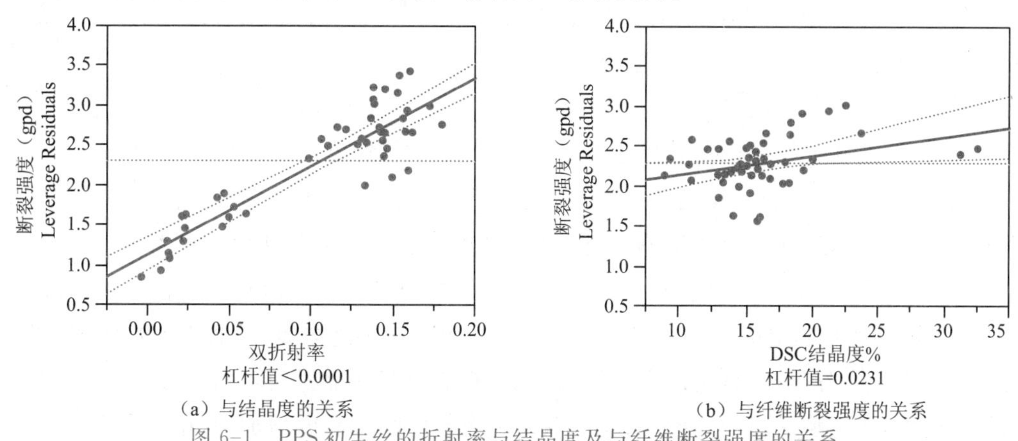

(a) 与结晶度的关系　　(b) 与纤维断裂强度的关系

图 6-1　PPS 初生丝的折射率与结晶度及与纤维断裂强度的关系

注：1gpd＝0.882 cN/dtex

6.1.2 牵伸丝结构与性能研究

牵伸-热定型工艺通过提高温度和牵伸应力综合作用，改变纤维的微观结构（如结晶度、取向度等），进而影响纤维的力学性能。首先，在热牵伸作用下，初生丝晶区的取向度大幅提升，在拉伸应力和温度作用下，分子链热运动能垒降低，无定形区大分子链沿纤维轴向发生取向，紧密排列，部分形成新的高度取向的微晶，因此纤维的取向度（结晶取向 F_c、无定形区分子链取向）Fam 和结晶度有显著提高。在两者共同提高作用下，拉伸丝断裂强度显著提高。Prabhakar Gulgunje 等[11]研究了不同拉伸温度对牵伸丝断裂性能的影响。在 T_g 以上拉伸和热定型温度（150 ℃）相同的条件下，随着拉伸温度的提高，牵伸丝的断裂强度先升高后降低。这是由于随着温度的提高，牵伸丝的结晶取向度、双折射率和结晶度皆达到一个最高值，与断裂强度的增长趋势相一致。当温度继续提高时，纤维中的晶粒和无定形区发生解取向，且无定形区解取向程度更大。因此，分子链间发生相对滑移和卷曲，分子链紧密程度降低，取向度下降，导致力学性能降低。而由于断裂韧性取决于无定形区链段的紧密排列程度，因此，随着牵伸温度提高，无定形区的分子链取向度下降，分子排列不紧密，拉伸模量下降。此外，由于PPS 拉伸丝的断裂强度由纤维取向度（特别是取决于非晶区取向度）。高 MW 的大分子链解缠需要更高的温度进行。黄庆等[12]研究表明，当 PPS 纤维的拉伸温度为 90 ℃时，断裂强度高达 4.8 cN/dtex。与 Prabhakar Gulgunje[11]得出的最佳拉伸温度为 95 ℃的结论不同，因此，根据不同原料，拉伸温度需要进一步精确调节。

拉伸倍数增大，PPS 大分子链在外力作用下沿纤维轴向发生取向，尤其是非晶区分子链的规整排列增强，所受作用力增大，大分子链沿纤维轴的取向程度增高，强度也增大，如图 6-2 所示。另外，在拉伸温度较低时，随着拉伸倍率的提高，牵伸丝的干热收缩率升高。这是由于非晶区取向越大，在干热环境下，发生解取向，收缩率越高。然而，当拉伸温度提高时，牵伸丝中的结晶结构趋于完善，晶核密度提高，形成物理交联网络，纤维更加稳定[13]。

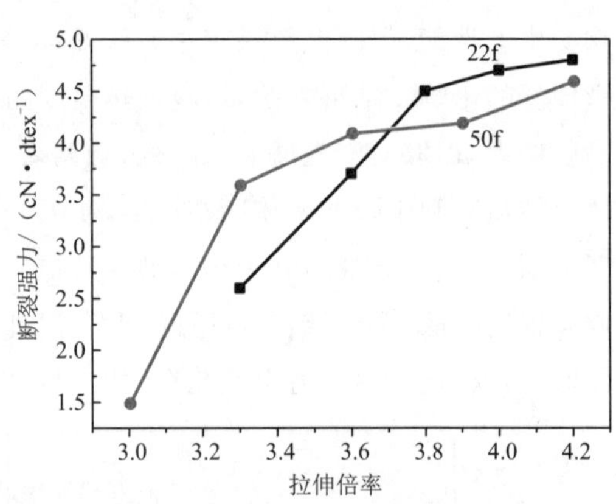

图 6-2 牵伸倍率与纤维断裂强度的关系[12,13]

其次，由于热致分子链运动和热定型定长拉伸作用下，纤维沿轴向应力增强，以及过冷条件下纤维中来不及结晶的晶体继续生长，致使分子链解缠。解缠的分子链在牵引作用下，沿纤维轴向发生取向，进一步形成结晶和链取向，因此纤维的结晶度和取向度都有所提高。未牵伸丝热定型后，其断裂强度由 3.1 cN/dtex 提高至 4.0 cN/dtex，断裂伸长率降低至 24%[13]。对于牵伸-热定型的纤维，热定型处理后，折叠分子链增加，纤维的晶粒尺寸增大，结晶度增加。由于大分子取向，结晶完整性，纤维结构的周期性都得到增强，因此纤维的断裂强度增强。此外，热定型过程中，纤维的晶区取向和无定形区取向度增加，其中无定形区取向度增加较大。这是由于热定型过程中，晶区分子链发生重排，晶粒尺寸增长。分子链发生紧密排列，无定形区的分子链受到拉伸应力和热致迁移，其分子链沿纤维轴向取向。因此，拉伸-热定型的纤维取向度高于拉伸丝。随着热定型温度的提高，牵伸丝的结晶结构趋于完整，纤维结构内应力消除，非晶区分子链发生解取向。PPS 牵伸丝在 150～190 ℃时，以结晶结构完整化为主，纤维断裂强度增强；当温度高于 190 ℃时，纤维非晶区分子链解取向加剧，纤维力学性能下降[14]。

最后，多次拉伸可以进一步提升 PPS 的力学性能[15]。Krins 等[16]研究表明蒸汽辅助多次牵伸与后处理制备的 PPS 牵伸丝，其断裂强度可达 6 cN/dtex，断裂伸长率大约为 18%。从 Prabhakar Gulgunje 的研究[13]可以看出，PPS 二次拉伸丝的非晶区取向度由 0.839 增加至 0.872，晶粒尺寸和长周期相应增大。因此，高含量大分子链沿纤维轴向紧密排列，非晶区取向提高，促使纤维断裂强度增加，断裂伸长率下降，其断裂强度可达 5.4 cN/dtex，断裂伸长率为 20%。

制备高模量的纤维，其分子结构需要具有较高的非晶区取向度、高含量和均匀长度分布的紧密排列分子链、较高的结晶度[17]。由于 PPS 牵伸丝具有较高的非晶区取向度，为 0.839，因此，PPS 纤维的模量较低，其原因在于较低含量的紧密排列分子链和内部微纤维的紧密排列分子链长度分布不均。从图 6-3 可以看出，PPS 纤维长周期所对应的 SAXS 能量分布较宽，且能量较低。而晶粒 WAXS 数据表明，PPS 的晶粒尺寸均一。因此，可以说明微纤维中的非晶区分子链长度不均一，且分子链长度较低，微纤维中的紧密排列分子链长度分布不均一。

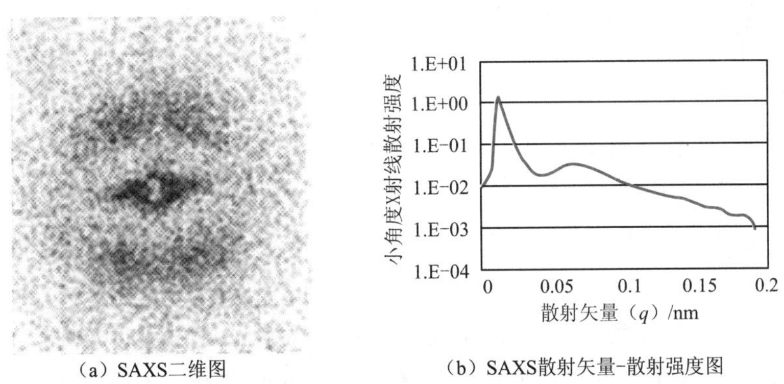

图 6-3　PPS 的二次拉伸丝的 SAXS 测试 SAXS 二维图和 SAXS 散射矢量-散射强度图[13]

6.1.3　牵伸丝的沸水收缩率研究

收缩率是表征纤维稳定性的一种手段。日本东丽公司制备的 PPS 纤维断裂强度大于 3.5 cN/dtex，但是收缩率过大[18]。通过降低 PPS 纤维的牵伸倍率，制备热收缩率低于 2%的纤维，其断裂强度下降为 2.65 cN/dtex[19]。PPS 纤维热收缩行为直接影响 PPS 除尘滤袋服役寿命。张须臻等[20]通过调整 PPS 纤维生产工艺，使纤维保持断裂强度的同时降低了热收缩率，如图 6-4 所示，600 m/min 纺丝速率制备的 PPS 长丝经不同倍数的牵伸，样品的沸水收缩率随牵伸倍数的增大逐渐变大。当牵伸倍数低于 3.72 时，沸水收缩率始终低于 4%，而当牵伸倍率大于 3.72 时，纤维的沸水收缩率急剧增大，但均低于 5%。

PPS 长丝经 3.85 倍牵伸后，对其晶型进行不同温度热定型，样品沸水收缩率变化如图 6-5 所示。随着热定型温度的升高，样品的沸水收缩率明显降低，当热定型温度为 220 ℃时沸水收缩率降至 4.05%。这是由于随着热定型温度的提高，样品的分子链有了足够的时间进行松弛，同时结晶度大幅度提高，从而使得沸水收缩率减小。

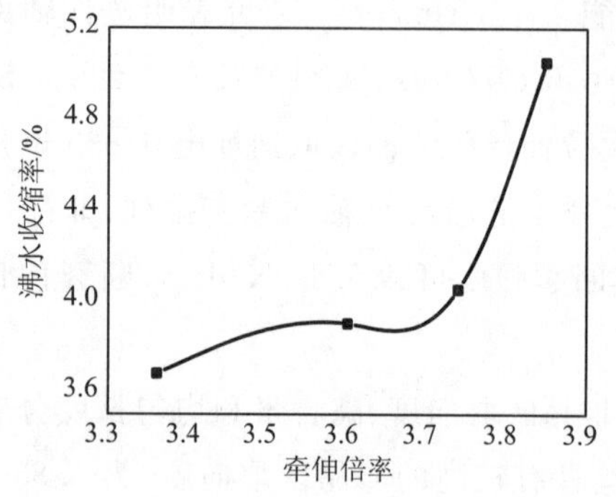

图 6-4 PPS 长丝牵伸倍数对沸水收缩率的影响

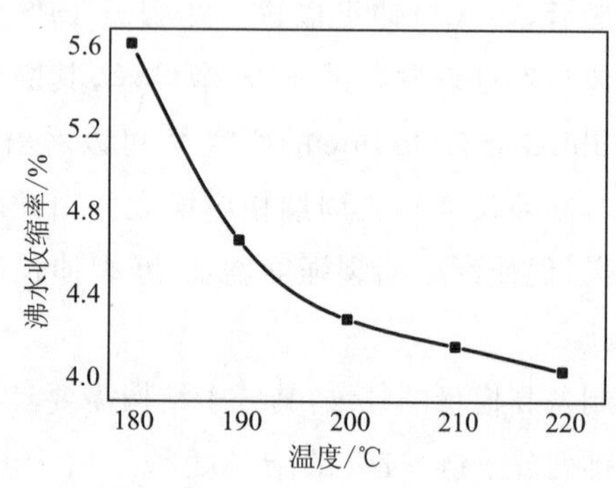

图 6-5 PPS 长丝热定型温度对沸水收缩率的影响

6.2 聚苯硫醚纤维的先进工艺技术

PPS 纤维具有耐高温性、耐化学腐蚀性、阻燃性等优异的综合性能，但是其紫外光稳定性、耐氧化性能仍存在缺陷。亟需采用先进工艺技术对 PPS 纤维进行改性研究，进一步提高其综合性能，以满足工业化发展需求。目前，纳米改性技术作为一种全新的制备工艺，可赋予材料优异的性能，受到国内外专家学者广泛研究。由于纳米复合材料具有优越的热学、电学、光学、导电等性能，其在汽车工业、电力工业和其他应用领域的需求量急剧增加。截至 2011 年，在美国纳米复合材料的需求量就已达到 15 万 t。随着纳米填料的价格和其在基体中的分散性进一步得到解决，预计到 2025 年纳米复合材料的需求量将达到 500 万 t[21]。此外，聚合物复合改性和表面改性研究也是目前研究聚苯硫醚纤维的重点。本节着重介绍近十年国内外对 PPS 纤维或有望应用于 PPS 纤维的改性研究。

6.2.1 聚苯硫醚及其纤维的耐热氧性研究

PPS 的耐热氧性差，这是由于 PPS 分子链结构中存在硫醚弱键，在加工或制品使用中的高温情况下，空气中的氧气会进攻硫醚键，造成分子链发生复杂的交联和降解，最后导致纤维制品的变硬变脆，使用寿命急剧下降。因此，必须通过物理或化学改性，提高 PPS 的抗热氧性能。目前，比较常用的改性方法主要是加入小含量的添加剂。抗热氧性的添加剂主要有两大类：有机抗氧剂和无机纳米粒子。有机抗氧剂的分散好、效果佳，但是在制品使用过程中，容易产生析出现象，而且PPS的纺丝温度较高，适用的小分子抗氧化剂较少，因此有一定的缺陷，故必须选用合适的纳米填料改善PPS的耐热氧性能。

纳米碳材料表面具有许多活性基团，可以与热降解的自由基反应，有效地阻碍自由基进一步与大分子链反应，防止进一步发生降解。另外，纳米碳材料具有良好的导热性，两者协同作用，可以将基体中的热量耗散到空气中，降低基体温度。两个效果相互作用，共同提高了PPS的热稳定性，因此，纳米碳材料可提高聚合物的热性能。Mohammed Naffakh[22]通过添加聚醚酰亚胺修饰的单壁碳纳米管（SWCNT-PEI）和富勒烯二硫化钨（IF-WS_2）对PPS进行改性。如表6-1所示，当SWCNT-PEI的质量分数分别为0.5%和2.0%时，PPS的热降解温度分别提高了11 ℃和22 ℃。当SWCNT-PET与IF-WS_2质量分数分别分别为1.5%和0.5%时，复合材料的热降解温度达到最高，相比纯PPS(459 ℃)提高了27 ℃。其中，IF-WS_2进一步提高了PPS纳米复合材料的导热性能，使其热性能进一步提高。纳米炭黑具有丰富的自由基猝灭基团和表面缺陷，可以阻碍高温断裂产生的自由基与大分子链进一步反应，也具有提高PPS耐热性能的效果[23]。

表6-1　SWCNT-PEI/IF-WS_2/PPS复合材料的热降解数据(10 ℃/min，空气)[22]

x=SWCNT-PEI 质量分数/%	y=IF-WS_2 质量分数/%	T_i/℃	T_{10}/℃	T_{mr}/℃
0.0	0.0	459	502	541
0.1	0.0	462	505	544
0.5	0.0	470	509	544
1.0	0.0	472	511	556
2.0	0.0	479	517	565
1.5	0.5	486	526	573
1.0	1.0	485	520	568
0.5	1.5	474	513	564
2[a]	0.0	465	505	549

[a]无包裹的单壁碳纳半管

注：T_i：起始降解温度；T_{10}：降解10%的温度；T_{mr}：最大降解速率的温度。

含硅氧基团的纳米填料在高温下，可以吸附热降解的自由基，降低其反应活性，阻碍其进一步与大分子链反应。盛向前等[24]通过在PPS上加入SiO_2制备母料，然后熔融纺丝制备SiO_2/PPS复合纤维。通过研究表明，相比纯PPS纤维在180 ℃高温下，力学性能急剧下降，复合纤维在240 ℃的高温下处理后，其力学强度不降反升。因此，SiO_2/PPS复合纤维的使用温度提高了60 ℃。祝万山等[25]研究表明，利用纳米黏土的天然片层结构，阻隔了氧气分子和被氧化的分子链在基体中的运动，降低了高分子的热氧老化程度。通过添加有机抗氧化剂和纳米蒙拓土的PPS复合纤维经过等温氧化处理后，力学强度保持率较高，因此可以将PPS复合纤维的使用温度提高至200～220 ℃。朱美芳等通过添加棒状硅氧填料HNTs对PPS纤维进行改性研究，并制备了 HNTs/PPS 纳米复合织物。通过第三方测试，PPS 纳米复合织物在 240 ℃热氧处理 24 h 后，其断裂强力保持率仍为 100%，PPS 纳米复合织物的使用温度相比 PPS 织物提高了 60 ℃。HNTs/PPS 纳米复合纤维具有较高的断裂强度为 4.32 cN/dtex，具有广泛的应用前景。

6.2.2 聚苯硫醚及其纤维的力学性能研究

PPS 纤维结晶度的高低将直接影响纤维制品的力学性能，其热收缩率、拉伸强度、断裂伸长率、耐蠕变性、耐热水性及耐候性等性能均受结晶性能影响。结晶度越高，并不表明性能越好，制品的力学性能有结晶相和无定形相的综合作用[26]。此外，结晶性能还包括高分子的结晶速率、结晶温度等。通过系统控制结晶度、结晶温度和结晶速率，进而实现对 PPS 纤维成型工程中的最佳工艺参数设定，以及对纤维制品力学性能的控制。目前，控制结晶性能的方法很多，主要有加工条件（如结晶温度、冷却速率、热处理温度和时间）、原料（如分子量、分子结构）和填料与添加剂（如有机成核剂、无机纳米填料）等。本书主要介绍纳米填料对 PPS 结晶性能和力学的影响。

目前，许多研究通过填充纳米 SiO_2[27]、纳米 $CaCO_3$[28,29]、IF-WS_2[30,31]等非碳素无机填料对 PPS 进行改性。纳米 SiO_2具有较高的比表面积和表面能，因此，可以促进 PPS 大分子链与纳米 SiO_2表面形成物理键，限制大分子链滑移，提高 PPS 的力学性能。Dan Lu 等[27]通过填充接枝环氧基团的纳米 SiO_2，对 PPS 进行改性。研究表明，当纳米 SiO_2的质量分数达 3%时，PPS 纳米复合材料的冲击强度提高了 90%。由于纳米粒子的限制作用，PPS 的结晶度降低了 27%。朱怀远等[32]研究了 PPS 及纳米二氧化硅复合材料的等温结晶动力学，加入少量的 nano-SiO_2（质量分数 3%），明显降低了 PPS 的结晶活化能 ΔE 和端表面自由能 σe，提高了 PPS 的结晶速率。此外，加入纳米二氧化硅不仅会改变 PPS 的结晶性能，同时也提高了 PPS 的储能模量[33]，对 PPS 具有一定的增强效应。欧阳芬等[29]的研究结果表明硬脂酸处理后的纳米 $CaCO_3$也降低了 PPS 的结晶度，但其复合材料的储能模量和损耗角正切皆相应提高。当纳米 $CaCO_3$质量分数为 4%时 PPS 复合材料的杨氏模量提高了 11%，断裂伸长率提高了 51%。

富勒烯型二硫化钨（IF-WS_2）对 PPS 的结晶性能有独特影响。Naffakh M 等[30,31]对 IF-WS_2/PPS 复合材料的等温和非等温结晶动力学进行了系统研究。当 IF-WS_2的质量分数为 0.1%时，大分子的折叠链表面自由能增加 10%，阻碍了其成核作用，降低了 PPS 的结晶速率。这与传统纳米填料对高分子结晶的影响方式不同。由于折叠链的表面自由能降低至纯 PPS 的一半，导致促进 PPS 的结晶速率。这表明这个含量的 IF-WS_2可作为 PPS 的异相成核剂，提高其结晶速率。此外，加入 IF-WS_2并不会影响 PPS 典型的双重结晶行为。而 PPS 双重熔融放热峰与其等温结晶晶体的尺寸和晶体完整度相关，这些受到了等温结晶温度和 IF-WS_2质量分数[34]的影响。加入 IF-WS_2改变了 PPS 的结晶性能，同时也影响了其力学性能。当 IF-WS_2的质量分数低于 0.5%时，复合材料的储能模量与纯 PPS 提高不多，且在 50～

100 ℃时，填料质量分数为 0.5%的复合材料损耗角正切有很大提高[30]。当纳米填料质量分数大于 0.5%时，复合材料的储能模量提高 40%～50%，且在 50～100 ℃时，低于纯 PPS。因此，通过控制 IF-WS_2的质量分数结合纤维加工参数设定，可以很好地控制 PPS 纤维的结晶能力和相应的力学性能。

此外，纳米碳/PPS 共混复合物体系，纳米碳的作用往往是起到异相成核剂作用，因此，使得晶体的生长速率加快，并提高结晶温度。但当纳米碳组分含量过高时，有可能发生团聚，阻碍分子链段运动，对结晶会起到一定的抑制作用[3,35-37]。而在力学性能方面，纳米碳材料（如多壁碳纳米管、单壁碳纳米管等）对 PPS 纤维具有较好的提高。由于碳纳米管具有六圆环结构，与 PPS 结构相似，两者之间能够发生 π-π 共轭效应，因此，碳纳米管可以均匀的分散于 PPS 基体中，与基体具有较强的界面相互作用，有利于界面间应力的传递，能够增强 PPS 的力学性能[38,39]。Diacuteez-Pascual A M[37] 通过填充氨基化 PPS 改性的单壁碳纳米管（SWCNT），制备了 PPS-NH_2-*g*-SWCNT/PPS 纳米复合材料。如图 6-6 所示，当纳米 SWCNT的质量分数为 1.0%时，PPS-NH_2-*g*-SWCNT/PPS 纳米复合材料相对与纯 PPS，杨氏模量和抗张强度分别提高了 51%和 37%。此外，纤维制备过程中拉伸作用诱导碳纳米管沿纤维轴向发生取向排列，分子链间应力的传递效果进一步提升，复合纤维的模量有了明显的提高，拉伸强度可以提高近 3 倍[40]。

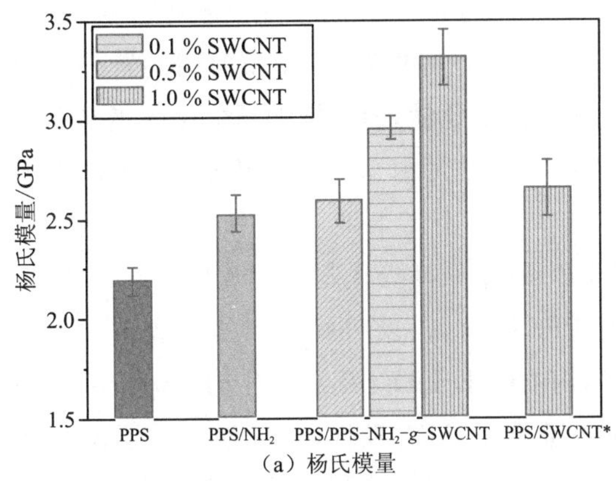

（a）杨氏模量

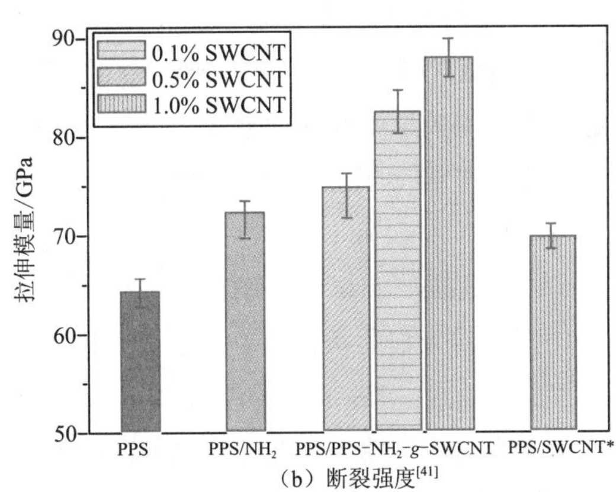

（b）断裂强度[41]

图 6-6　纯 PPS、SWCNT/PPS、PPS-NH_2-*g*-SWCNT/PPS 的力学性能

6.2.3　聚苯硫醚及其纤维的紫外光稳定性研究

PPS 纤维紫外光稳定性的研究与应用，主要集中于添加有机[42,43]或无机紫外光稳定剂。有机紫外光稳定剂虽然具有良好的紫外光吸收和自由基猝灭性能，但是，PPS 纤维的加工温度高，以及有机小分子的迁移特性，极大地限制了其在 PPS 纤维中的应用。无机纳米填料以其优良的紫外光吸收与屏蔽性能和耐溶剂性，常用于高分子材料的紫外光改性研究中。目前，纳米粒子改性 PPS 紫外光稳定性的研究不多。

由于纳米碳材料（如氧化石墨烯[44]、纳米炭黑[23]）对紫外光具有较强的吸收，可以减少紫外光对 PPS 纤维的破坏；炭黑表面还具有多种猝灭基团，可以猝灭单线态氧和链自由基，并防止 PPS 断链端自由基与基体反应，进一步交联降解。王升等[23]研究了纳米色素炭黑对 PPS 纤维的改性，结果表明炭黑质量分数为 1.5%时，经紫外光照射 192 h 后，与纯 PPS 纤维相比，其断裂强度保留率和断裂伸长保留率大幅提高，分别为 30.3%和 41.4%，抗紫外光老化性能得到了改善。

由于纳米二氧化钛具有很强的紫外光吸收性能（见图 6-7），且金红石型纳米 TiO_2 通过电子—空穴对的产生和复合将高能紫外光转化为对高分子材料无害的荧光或热能，因此使纳米 TiO_2 可用作紫外吸收剂提高高分子材料的耐紫外线老化性能。朱美芳课题组[45]首先填充纳米二氧化钛和苯并三唑，对 PPS 纤维进行改性。通过加入 1.5%互配体系的紫外光稳定剂，制备出 PPS 复合纤维。紫外光老化的测试结果表明，复合 PPS 纤维对比纯 PPS 纤维，颜色变深程度明显降低，PPS 纤维的紫外光稳定性显著提高。纳米二氧化钛具有宽频的紫外光散射性能，在紫外光波长为 387 nm 左右具有较强的紫外吸收峰，与紫外吸收峰在 340 nm 左右的苯并三唑相互协同，吸收和屏蔽太阳光中的大量紫外光，降低 PPS 纤维的紫外光降解程度，赋予长时间的紫外光稳定性。四川大学叶光斗课题组[46]加入不同含量的纳米二氧化钛，通过熔融纺丝制备了具有抗紫外功能的 PPS 长丝。经过 192 h 的紫外光照射后，TiO_2 含量为 1.5%的 PPS 纤维的断裂强度保留率和断裂伸长保留率分别为 66.7%和 70.5%，明显高于纯 PPS 纤维的 39.1%和 26.6%。这进一步证明了纳米二氧化钛具有提高 PPS 纤维紫外光稳定性的效果。但是，纳米 TiO_2 固有的光催化活性，在一定条件下，容易加速 PPS 降解，需要寻找适当的方式进一步降低其催化活性。Hu Z X 等[47]通过填充具有核壳结构的纳米 TiO_2@SiO_2，对 PPS 纤维的紫外光稳定性进行改性。研究结果表明，由于表面 SiO_2 降低了 TiO_2 极性，提高纳米粒子的分散性，PPS 纳米复合纤维的力学性能最高为 4.07 cN/dtex，相比 PPS 提高了 0.2 cN/dtex。经过氙灯老化 180 h 后，PPS/TiO_2@SiO_2-25 nm 纳米复合纤维仍保持 2.87 cN/dtex，相比 PPS 纤维提高了 0.45 cN/dtex，具有良好的紫外光稳定性。此外，由于 TiO_2@SiO_2 表面的 SiO_2 与 PPS 的苯环具有较强的相互作用，降低的 PPS 的高温交联效应。戴晋明等研究表明[48]，PPS/TiO_2@SiO_2 纳米复合纤维在 230 ℃下老化 96 h 后，其强度保持率仍高于 85%，具有良好的热稳定性。

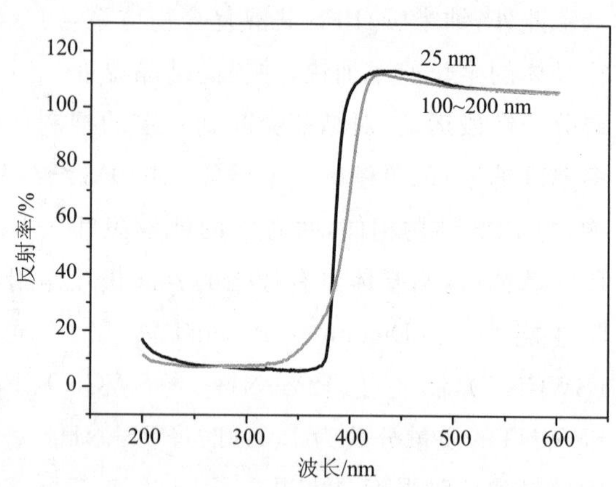

图 6-7　金红石型纳米 TiO_2 的紫外光全反射图

6.2.4　聚苯硫醚/聚合物复合改性研究

PPS 的韧性低，熔融过程中黏度稳定性差，且价格昂贵。通过将 PPS 与其他聚合物进行共混改性是解决以上缺点的主要方法之一。目前 PPS 共混改性体系可分为抗冲击强度、耐磨性、电性能以及特殊性能等改性研究。此外，可利用 PPS 改善其他高分子的性能。目前，PPS

与PTFE、PA、PET、热塑性弹性体共混研究得到广泛关注。

Sperling等[49]制备了PET和PPS的共聚接枝物作为PPS用ET共混物的增容剂，对其相形态以及结晶结构进行了研究。Ste′phanie Houis等[50]通过复合纺丝法，制备了PET/PPS皮芯型复合纤维，并对其力学性能、热性能、阻燃性能和耐化学性能进行了研究。当PPS@PET比例为1/2时，断裂强度最高，大于3 cN/dtex。碱性处理后，PET@PPS纤维的表面基本无损伤，其耐碱性大于PPS@PET纤维。由于PPS的熔融纺丝温度高于PET，复合纺丝成形过程中，热量传递与PET基体中，延缓其结晶速度，促进PET形成尺寸一致的晶片。PPS/PET皮芯型结构相比PPS/PPS皮芯型结构，具有更高的取向度。这归因于PET与PPS界面应力促使PPS的应变速率变大，大分子取向度提高[51]。Monika Konieczna等[52]在PPS/PET体系中添加纳米钛酸钡，研究复合材料的介电性能，发现复合体系的介电常数相比纯PPS有所提高，但纳米钛酸钡对其影响较小。

PPS/PA66由于具有相似的浓度参数，因此其具有良好的相容性。Chen Zhaobin等[53-55]通过填充PTFE、玻璃纤维和碳纤维，对复合材料的耐磨性能进行改性。PTFE的溶度参数低于PPS/PA66，其增加了复合体系的界面张力，但是，其在复合材料表面形成转移膜，降低复合材料的摩擦系数，提高耐磨性。相反，玻璃纤维、碳纤维对复合材料的耐磨性和机械强度皆有所提高。这是由于两种纤维与基体具有较好的相容性。Zou Hao等[56,57]通过添加纳米Clay对PPS/PA66复合体系进行改性。研究表明，纳米Clay与PA66具有良好的结合力，能够锁定PA66连续相，而后加入的PPS则为分散相，这与同时共混时的相分布完全相反，通过这个方法可以控制共混体系的相转变。随着Clay含量的增加，复合材料的力学性能提高15%。此外，填充MWCNTS也具有控制相转变的性能[58]。Tang Weihua等[59]通过填充热塑性弹性体SEBS和马来酸酐改性SEBS(SEBS-*g*-MA)对PPS/PA66进行增韧改性。由于SEBS-*g*-MA含有酸酐基团，可以与PA66大分子末端的NH_2反应具有良好的相容性。因此，当SEBS-*g*-MA含量大于20%，复合材料体系的冲击强度显著增强。

Rath T.等[60]对热塑性液晶高分子(TLCP)/PPS体系的相容性进行了研究。马来酸酐改性PP的填充可以促TLCP与PPS的相容性，促使TLCP形成原纤维，增强复合材料的拉伸强度。此外，PPS大分子链在复合体系中的链折叠自由能提高，结晶性能有所增强[61]。Nayak G. C.等[62]通过加入SiC-MWCNTs和聚磷腈改善复合体系的相容性，提高其热力学性能。研究表明，SiC-MWCNTs体系的热稳定性最高。

6.2.5　等离子改性聚苯硫醚及其纤维的研究

通过等离子处理可以赋予PPS大分子链大量的活性基团，增强其反应活性提高其黏附性能。Norihiro Inagaki等[63]分别在Ar、O_2、N_2、NH_3气氛下，对PPS膜进行低温等离子处理。PPS表面大部分的苯环和硫醚键被氧化，形成含氧基团，并出现含氮功能团；在NH_3气氛下，PPS的硫醚键发生断裂，形成—SH键。研究结果表明，NH_3气氛下低温等离子处理的PPS与Cu的黏附性能最佳。Hall G等[64]在空气气氛下对PPS进行了低温等离子处理，PPS与玻璃纤维的黏附性得到显著提高。Li Y N 等[65]控制等离子强度、处理时间、聚合温度，通过聚合反应，在 PPS 表面接枝了聚丙烯酸大分子链，对 PPS 进行功能化处理。

6.2.6 结论

随着我国经济发展和对环境保护的高度重视，PPS 及其纤维的需求量急剧增加。目前，PPS 树脂的改性研究受到了广泛的关注，通过纳米复合改性、高分子共混改性、等离子改性等方法，显著提高了 PPS 树脂的机械性能、热性能、耐磨性、黏结性能等，并赋予 PPS 功能性，极大地拓展了 PPS 树脂制品的应用领域。而 PPS 纤维的研究主要集中于单组分纤维力学性能的研究，其紫外光老化、热氧老化、溶剂氧化老化还没有得到解决，热变形温度、力学性能还需进一步提高，以扩展其应用领域。

6.3 聚苯硫醚纤维的研究现状与发展趋势

6.3.1 聚苯硫醚基离子交换纤维

PPS 纤维具有优异的耐化学腐蚀性，在极端恶劣条件下，能长时间保持良好的力学性能。在 93 ℃测试条件下，将 PPS 纤维放置于(除了强氧化剂以外)酸、碱和盐溶液中，处理 1 周后，仍具有极高的力学保持率；在 200 ℃下没有相应的溶剂，具有优异的耐有机溶剂性能；在 220 ℃以上仅溶于 α—氯代萘，联苯醚等溶剂中，其能够防止氯烃、烃类、醇、酯等化学品腐蚀；其耐化学性与“塑料之王”PTFE 相近[66]。由于聚苯硫醚具有较强的氧化活性，通过表面接枝法制备的具有离子吸附功能的聚苯硫醚基离子交换纤维，可广泛应用于强酸、强碱等苛刻化学环境的重金属、贵金属吸附领域，对水环境保护、资源回收具有重要的意义。

Huang J J 等[67]在催化剂 $SnCl_4$ 的作用下，采用氯甲基甲醚将 PPS 纤维进行交联反应，制备氯甲基化 PPS 纤维；然后，通过氨化反应制备了强碱阴离子交换纤维(QAPPS)，如合成路线图 6-8 所示。

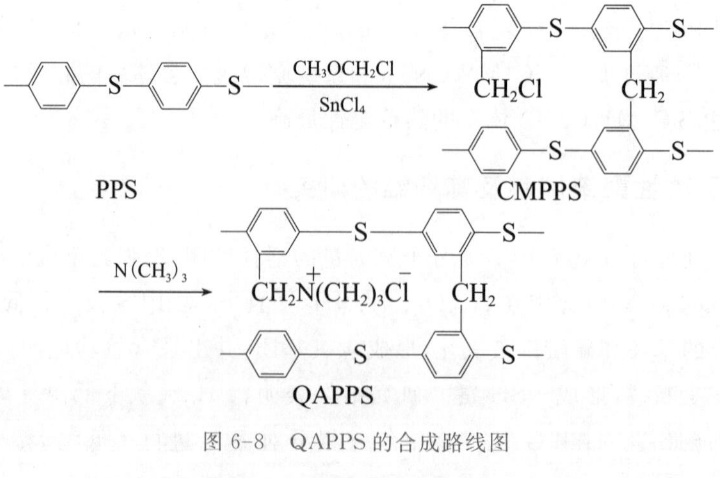

CH_3OCH_2Cl / $SnCl_4$

PPS　CMPPS

CH_2Cl　CH_2

$N(CH_3)_3$

$CH_2\overset{+}{N}(CH_2)_3\overset{-}{Cl}$　CH_2

QAPPS

图 6-8　QAPPS 的合成路线图

在不同 pH 的溶液中，QAPPS 对 Cr(Ⅵ)的吸附研究表明，QAPPS 在 pH 为 3.5～6.0 的溶液中具有较优异的吸附性能，每克纤维对 Cr 的吸附量大于 150 mg(见图 6-9)。这是由于低 pH 时，Cr(Ⅵ)将转变为非离子型小分子 H_2CrO_4，且胺基的质子化程度降低，导致吸附率下降。当 pH 大于 7.5 时，Cr(Ⅵ)以 CrO_4^{2-} 基团存在，需要消耗 QAPPS 的两个活性基团，导致吸附率下降。但是，QAPPS 的吸附性能仍高于其他商业离子吸附树脂。此外，QAPPS 的再生性和解吸附能力优异，循环 6 次后，每克纤维对 Cr 的吸附量仍高于 150 mg，解吸附率高于 98%，具有良好的使用寿命。

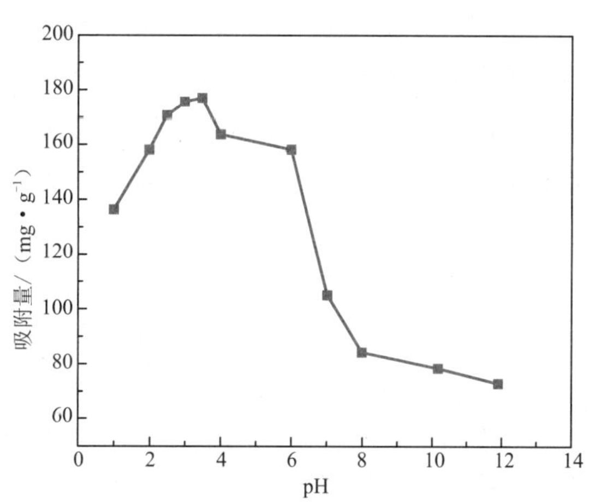

图 6-9　pH 对 QAPPS 的 Cr(Ⅵ)吸附量的影响

倪慧等[68]进一步将制备的 CMPPS 进行叔胺化，制备了叔胺型离子交换纤维(DAPPS)，并研究了 $Cr_2O_7^{2-}$ 和 SO_4^{2-} 共存体系中 DAPPS 对 Cr(Ⅵ)的选择性吸附。研究表明，OH^- 型和 SO_4^{2-} 型叔胺离子交换纤维对 Cr(VI)的吸附容量分别达到 308.09 mg/g 和 335.56 mg/g，具有优异的吸附和再生使用性能。此外，通过 PPS 纤维表面交联磺化处理后，制备的 PPS 基强酸交换纤维对 Cr(Ⅲ)的吸附容量达到了 59.43 mg/g，同时也具有良好的循环使用性能。将制备的 CMPPS 进行 N—甲基咪唑功能化接枝改性后，制备了新型强碱型离子交换纤维(MZPPS)。该离子交换纤维处理 20 mg/L 的 As(Ⅴ)溶液，砷残留浓度低于国家饮用水中残留砷标准，具有良好的应用前景[69]。通过对 CMPPS 的功能化接枝，可制备具有各种功能基团的 PPS 螯合纤维，可广泛应用于水处理领域。因此，PPS 离子交换纤维作为一种新型的 PPS 纤维制品，可进一步扩展 PPS 的使用范围，充分发挥 PPS 具有的优异的耐热性、耐高温性和极大的比表面积。

6.3.2　聚苯硫醚纤维负载催化剂

PPS 纤维的比表面积较大、柔韧性好，可编织成任何形状的织物；且由于 PPS 纤维的高温耐溶剂性能，因此负载催化剂的 PPS 织物可广泛应用于各种化学合成、环境保护领域等。PPS 具有电负性较大的硫醚基团，属于 Lewis 软碱，能与 Pd(Ⅱ)等 Lewis 软酸生成稳定的配合物，在一定的条件下对贵金属具有良好的吸附性能和选择性。康忠镕等[70]研究表明，PPS 树脂在酸性条件下，对 Pd 饱和吸附容量达 10 mg/g。PPS 纤维螯合 Pd(Ⅱ)后，进行还原反应，可制备负载 Pd 的 PPS 纤维，可用于 Suzuki 交叉偶联反应[71]。范红兵等[72]通过简易的浸渍加工法，在 PPS 纤维表面负载 $V_2O_5-WO_3/TiO_2$ 催化剂，研究不同烟气成分对 $V_2O_5-WO_3/TiO_2$ 聚苯硫醚纤维脱除烟气中 Hg^0 的影响。结果表明，该纤维在不同烟气组分条件下，对 Hg^0 的脱除均具有较好的持久稳定性。

6.3.3 聚苯硫醚超细纤维及多孔纤维

PPS纤维具有优异的综合性能，通过新型工艺制备出的超细PPS纤维可进一步提高PPS纤维的比表面积、柔性等。在实际应用过程中，可提高PPS滤袋的过滤精度，提高PPS纤维的催化剂负载量、服用PPS织物的舒适性等。

王孝军等[73]将PPS升温至熔点以上，置于5～30 kV的静电场中，通过静电纺丝制备了0.01～1 μm的PPS超细纤维。静电纺丝法制备的PPS纤维纤度较低，但是其成束收集与分丝工艺较为困难，且产量较低。目前，该方法制备的纳米纤维膜仅能应用于高附加值领域。为了提高PPS超细纤维的产量，制备一种PPS纤维高等级电绝缘纸，王桦等[74]通过熔融纺丝与高温高压气流喷吹成网相结合的方式，制备了纤度为0.01～0.5 dtex的PPS超细纤维。该方法制备的PPS电绝缘纸在电机、变压器、电缆、电容器等电工设备有着非常重要的作用和广泛的用途。

陈浩等[75]将PPS与可溶性聚合物熔融复合，制备海相为可溶性聚合物、岛相为PPS的聚合物合金，并制备了这种聚合物合金纤维。通过碱减量法移除可溶性聚合物，制备了直径为50～500 nm的PPS短纤维。这种方法制备的PPS短纤维具有纳米级的直径，但是其长度和直径都无法精确控制，制备精度应进一步提高。王锐等[76]采用相同的方式制备了PPS/PA合金纤维，并溶解PA相制备了直径为20～400 nm的PPS纳米纤维。由于甲酸试剂难以回收，易损伤机器，王锐等[77]进一步将PA更换为PP，并调整工艺，制备了直径为130～1500 nm的PPS超细纤维。

由于合金纤维制备的PPS超细纤维，无法精确单一的控制纤维的直径和长度。崔宁等[78]通过定岛型海岛纤维法制备了PPS/coPET海岛纤维，通过碱减量法制备了单丝纤度低于0.1 dtex的PPS超细纤维。这种方法制备的纤维直径可控，为超细长丝，具有可编织的特性，可广泛应用于工业各种领域。

6.4 发展聚苯硫醚纤维产业背景及战略意义

6.4.1 聚苯硫醚纤维在国民经济和国防建设重大工程和项目中的地位和作用

近年来，全球经济飞速增长，工业化水平不断升高，随之带来了一系列环境污染问题。其中，粉尘污染严重危及人类健康。对此，2012年国家新修订的《环境空气质量标准》(GB 3095—2012)中，增设了PM2.5平均浓度限值和臭氧8 h平均浓度限值，收紧了PM10、二氧化氮等污染物的浓度限值。PM2.5主要是由火力发电厂、水泥厂、垃圾焚烧厂、钢铁厂等工业排放所造成的。20世纪末我国主要是采用静电除尘器，但已无法满足环境保护要求。因此，袋式除尘器以其优异的过滤效能受到了全球工业界的认同。

由于大部分的工业排放尾气温度高，含有多种腐蚀性气体(如NO_2、SO_x、HCl等)。通用纤维都不能满足其苛刻条件，在高温及腐蚀性气体中很快失去性能，而芳纶滤袋也无法长时间使用。PPS纤维以其180～200 ℃的长期使用温度和优异的耐化学腐蚀性，具有更长的使用寿命。因此，采用PPS除尘滤袋，可取得良好的高温除尘效果。

PPS纤维具有的绝缘性、耐磨性及阻燃性，使其有望应用于电绝缘材料（如电缆和电器绝缘材料）。由于良好的阻燃性能、较低的热传导率、优异的耐腐蚀性能，PPS纤维还有望应用于防护服装领域（如阻燃防护服、耐酸碱防护服、电弧防护服、保温服等）。PPS还具有优异的耐辐射性能，可用于宇航和核动力站所需的各种织物，如具有防辐射功能的帐篷、导弹外壳、防辐射织物等，与碳纤维、芳纶、P84等混纺可作为高性能复合材料的增强织物[66]。

6.4.2　国外聚苯硫醚纤维产业发展现状及趋势

Philips公司于1979年制备了纤维级的PPS树脂，并于1983年成功制备出PPS短纤维，实现工业化，其商品名称为Ryton。1985年Phillips公司专利失效后，美、日以及西欧许多国家纷纷利用该技术建设PPS树脂生产装置。日本东丽、东洋纺、吴羽等公司相继进行了PPS纤维的开发。1998年，日本东丽公司开始生产PPS纤维，其商品名称为Torcon200。该公司宣布并购美国Fibers&Yarns公司的聚苯硫醚纤维部门，从而成为全球世界上PPS纤维的最大供应商，同时拥有PPS纺丝工业生产专利技术。该公司PPS纤维中短纤维的产能为1 500 t/a，长丝产能为100 t/a。日本东洋纺（TORAY）公司的PPS纤维商品名为Proeon，产量约600～700 t/a，日本吴羽化学公司的PPS纤维产量约400 t/a。美国菲利浦公司在20世纪90年代将PPS纤维生产技术转让给东丽公司后不再生产PPS纤维。奥地利兰精公司有一套PPS纤维生产线，但由于东丽公司同兰精公司签署了欧洲市场分销合同，兰精公司承诺不再生产PPS纤维。此外，日本帝人、德国拜耳公司都有类似产品销售。据悉，奥地利InspeeFibers公司也曾开发出PPS纤维，主要用于制造高温过滤材料。因此，目前PPS纤维生产技术几乎全部掌握在日本几家公司手中，垄断了PPS纤维的全球市场，产量占世界总产量估计在80%以上。目前日本上述公司已成为全球PPS纤维的主要供应商，PPS纤维产品有短纤、长丝、中空纤维、复合纤维、非织布和毡等。全球PPS纤维的总产量尚无准确的统计，主要是一些公司用于自用，估计在4000～6000 t/a之间。随着现在对PM2.5的重视，环境问题的解决刻不容缓，国外各大公司扩大产量，以满足更大的市场需求。

6.4.3　我国聚苯硫醚纤维产业发展现状及趋势

在20世纪80年代末，四川大学、四川省纺织工业研究所、中国纺织大学等单位开始进行了聚苯硫醚纤维的纺制工作，试制出了纤维样品并进行了初步的性能研究；1993年四川省纺织工业研究所研制出单丝纤度为6 dtex、断裂强度为2.8～3.2 cN/dtex的聚苯硫醚纤维，并试织成了聚苯硫醚纤维的织物，但这些工作都没有继续深入形成商业化产品和批量生产能力。

直至2002年，四川得阳科技股份有限公司建成国内首条千吨级PPS树脂生产线，被列入国家高技术产业化示范工程、国家科技部火炬计划项目。在取得技术性突破的基础上，公司加快对国产化树脂的应用研究，随后建成了国内6000 t/a的PPS纤维级树脂生产装置和4000 t/a PPS短纤及1000 t/a PPS长丝的生产线，首次实现了PPS从树脂到纤维的全程国产化，填补了国内空白，并成为国内最大的聚苯硫醚树脂及系列化产品研发和生产企业。江苏瑞泰科技有限公司是一家以PPS纤维为主的生产企业，2010年在张家港投资兴建PPS新厂，设计产能为短纤1万t/a、长丝3000 t/a。目前，一期工程生产已经达到设计指标，形成前纺2500 t/a、后纺5000 t/a的生产规模。据瑞泰公司原副总经理王桦介绍，瑞泰的聚苯硫醚短纤各项技术指标已经与日本东丽公司产品接近，产能接近2500 t/a；长丝部分实现了规模化生产，预计产能将达3000 t/a。2017年，重庆普力晟新材料有限公司也启动年产1万t PPS纤维的项目。此外，随着PPS需求量的急剧提升，国内陆续出现多家PPS纤维级树脂及纤维制品的生产厂家。但是，在原料国产化与国外企业市场压迫的双重压力下，国内的PPS纤维生产厂家实际产量远低于产能，还需国家继续支持。

在差别化PPS纤维企业中，东华纤维制造有限公司生产了三叶形PPS纤维、超细旦PPS纤维等，但实际产量偏低。2014年，常熟市金泉化纤开始投入生产PPS纳米复合短纤维，产量为600 t/a，目前产能已增加到3500 t/a。PPS纳米复合纤维满足了PPS纤维耐高温、高强度、耐紫外的主要需求，提高了PPS纤维的使用寿命，是国内发展PPS纤维的主要突破口，需进一步研究开发。

6.5　发展我国聚苯硫醚纤维产业的主要任务及应对策略

2012年以来，我国粉尘微粒(PM2.5/PM10)空气污染问题日益突出。聚苯硫醚纤维作为工业用高温除尘滤袋的一种基础材料，需求量日益攀升。为了满足聚苯硫醚纤维原料供应需求，国家各地区政府和企业全力推动纤维级聚苯硫醚树脂的国产化生产。截至2017年，纤维级聚苯硫醚树脂的设计产能已高达10万t/a，原料价格降低至5万元/t。这极大地推动了聚苯硫醚纤维的国产化进程，为我国环境保护产业提供了强有力的支撑。

面对国外高端聚苯硫醚纤维和其他品种耐高温纤维产品的冲击，国产化聚苯硫醚纤维产品仅仅具有微弱的价格优势，但性能劣势较为明显。因此，发展我国聚苯硫醚纤维产业的主要任务有两个方面：一、提高国产化纤维原料和产品的质量稳定性，提高纤维综合性能；二、利用聚苯硫醚纤维优异的综合性能，开发应用新领域，实现应用多元化。针对这两个问题，我国应采取以下对策：一、产品高品质化，耐高温、耐氧化、耐候性能进一步提升，显著提高复杂苛刻工况下的服役寿命，打破国外对高品质产品的垄断，提高国产化产品竞争力；二、产品系列化、功能化，通过直径微细化(细旦、微纳米)、截面异形化、纤维复合化(多组分)以及功能化(抗熔滴、导电、抗静电等)，丰富产品系列，拓展应用领域；三、纤维制备技术低碳化，聚苯硫醚粉末功能改性-纺丝“一步法”生产技术开发，降低能源损耗，提质增效。

参考文献

[1] 杨杰. 聚苯硫醚树脂及其应用[M]. 北京:北京工业出版社，2006.

[2] HEARLE J W S，马渝茳. 高性能纤维[M]. 北京:中国纺织出版社，2004.

[3] 宋李平，董知之，张志英，等. 聚苯硫醚结晶的研究现状[J]. 材料导报，2012，24(8)：81-84.

[4] FERRARA J A，SEFERIS J C，SHEPPARD C H. Dual-Mechanism Kinetics of Polyphenylene Sulfide (PPS) Melt-Crystallization[J]. Journal of Thermal Analysis，1994，42(2-3)：467-484.

[5] JOG J P，BULAKH N，NADKARNI V M. Crystallization of Polyphenylene sulfide[J]. Bulletin of Materials Science，1994，17(6)：1079-1089.

[6] 刘鹏清，吴炜誉，李守群，等. 拉伸与热定型对聚苯硫醚长丝结构性能的影响[J]. 合成纤维工业，2008，31(2)：8-15.

[7] CHUNG J S，BODZIUCH J，CEBE P. Effects of Thermal History on crystal structure of poly(phenylene sulphide) [J]. Journal of Material Science，1992，27(20)：5609-5619.

[8] 孔清，崔宁，张志英，等. 聚苯硫醚流变行为研究[J]. 中国塑料，2011，25(7)：23-26.

[9] VASSILATOS G K，KNOX B H，FRANKFORT H R E. In High-speed fiber spinning [M]. Wiley：NewYork，1985. 14.

[10] 张蕊萍，相鹏伟，郭健，等. 徐冷温度对聚苯硫醚纤维结构与性能的影响[J]. 纺织学报，2013，34(8)：17-21.

[11] GULGUNJE P，BHAT G，SPRUIELL J. Structure and properties development in poly(phenylene sulfide) fibers. II. Effect of one-zone draw annealing[J]. Journal of Applied Polymer Science，2012，125(3)：1890-1990.

[12] 黄庆，吴鹏飞，崔宁，等. 聚苯硫醚纤维的抗张强度与工艺和结构的关系[J]. 高分子学报，2012，3：326-333.

[13] GULGUNJE P，BHAT G，SPRUIELL J. Structure and properties enhancement in poly(phenylene sulfide) melt spun fibers. III. Effect of two zone drawing and annealing[J]. Journal of Applied Polymer Science，2012，125(3)：1693-1700.

[14] 孔清，崔宁，董知之，等. 拉伸热定型对 PPS 纤维结构与性能的影响[J]. 高分子材料科学与工程，2012，10：85-89.

[15] SUZUKI A，KOHNO T，KUNUGI T. Application of zone-drawing and zone-annealing method to poly (p-phenylene sulfide) fibers[J]. Journal of Polymer Science Part B：Polymer Physics，1998，36(10)：1731-1738.

[16] KRINS B，FEIJEN H H W，HEUZEVELDT P，et al. Process for producing polyphenylene sulfide filament yarns[P]，in CA 2601751 2006：Canadian.

[17] HOFMANN D，GÖSCHEL U，WALENTA E，et al. Reply to comments[J]. Polymer，1989，30(12)：2333-2334.

[18] NOBUHISA H. Poly(phenylene sulfide) fibers with increased durability and abrasion resistance[P]. 2004：Japan：JP 2004292984A .

[19] KINOSHITA A，YAMAGAMI T，TSUBAKI Y. Poly(phenylene sulfide) fibers with improved resist-

ance to cracking by repeated bending and good abrasion[P]. Japan, 2002. JP 2002038332 A.

[20] 张须臻，孟思，胡泽旭，等. 高强低缩聚苯硫醚长丝的制备[C]. 2013 年中国纺织工程学会化纤专业委员会学术年会论文集，2013. 1：342-346.

[21] RAHMAN A, ALI I, AL ZAHRANI S M, et al. A review of the applications of nanocarbon polymer composites[J]. Nano, 2011, 6(3): 185-203.

[22] NAFFAKH M, DIEZPASCUAL A M, MARCO C, et al. Morphology and thermal properties of novel poly(phenylene sulfide) hybrid nanocomposites based on single-walled carbon nanotubes and inorganic fullerene-like WS_2 nanoparticles[J]. Journal of Materials Chemistry, 2012, 22(4): 1418-1425.

[23] 王升，刘鹏清，朱墨，等. 炭黑改性聚苯硫醚纤维性能研究[J]. 合成纤维工业，2010. 33(3)：5-8.

[24] 盛向前，张蕊萍，牛梅，等. 耐热聚苯硫醚纤维性能的研究[J]. 产业用纺织品，2011，29(2)：23-26.

[25] 祝万山，祝成振，赵玉萍. 抗氧聚苯硫醚(PPS)纤维的研究与开发[J]. 非织造布，2007，6(15)：28-30.

[26] YANG Y Q, DUAN H J, ZHANG G, et al. Effect of the contribution of crystalline and amorphous phase on tensile behavior of poly (phenylene sulfide) [J]. Journal of Polymer Research, 2013, 20(7): 198-206.

[27] LU D, MAI Y W, LI R K Y, et al. Impact Strength and Crystallization Behavior of Nano-SiO x /Poly (phenylene sulfide) (PPS) Composites with Heat-Treated PPS[J]. Macromolecular Materials and Engineering, 2003, 288(9): 693-698.

[28] LIANG J Z. Mechanical Properties of PPS/PC/GF/Nano-$CaCO_3$ Hybrid Composites[J]. Polymer-Plastics Technology and Engineering, 2009, 48(3): 292-296.

[29] 欧阳芬，张瑜，闫波，等. PPS/$CaCO_3$复合材料的结晶行为及动态力学研究[J]. 合成技术与应用，2007，22(4)：5-7.

[30] NAFFAKH M, MARCO C, Gómez M A, et al. Unique Isothermal Crystallization Behavior of Novel Polyphenylene Sulfide/Inorganic Fullerene-like WS_2 Nanocomposites[J]. Journal of Physical Chemistry B, 2008, 112(47): 14819-14828.

[31] MARBACHER S, MILAVEC H, NEUSCHMELTING V, et al. Unique Nucleation Activity of Inorganic Fullerene-like WS2 Nanoparticles in Polyphenylene Sulfide Nanocomposites: Isokinetic and Isoconversional Study of Dynamic Crystallization Kinetics[J]. Journal of Physical Chemistry B, 2009, 113(20): 7107-7115.

[32] 朱怀远，余兴海，倪秀元. 聚苯硫醚及纳米二氧化硅复合材料的等温结晶动力学[J]. 高分子材料科学与工程，2006，22(6)：103-105.

[33] 朱怀远，余兴海，倪秀元. 聚苯硫醚/纳米二氧化硅复合材料的非等温结晶动力学及动态力学性能[J]. 功能高分子学报，2005. 18(4)：635-641.

[34] NAFFAKH M, MARCO C, Gómez M A, et al. Use of Inorganic Fullerene-like WS2 to Produce New High-Performance Polyphenylene Sulfide Nanocomposites: Role of the Nanoparticle Concentration[J]. Journal of Physical Chemistry B, 2009, 113(30): 10104-10111.

[35] 吴思蝶，兰建武，王新雷. 聚苯硫醚的等温结晶动力学[J]. 合成纤维工业，2011，34(3)：14-16.

[36] JIANG S L, GU X Y, ZHANG Z Y. Nucleation Effect of Hydroxyl-Purified Multiwalled Carbon Nanotubes in Poly(p-phenylene sulfide) Composites[J]. Journal of Applied Polymer Science, 2013,

127(1)：224-229.

[37] DIACUTEEZ-PASCUAL A M，NAFFAKH M. Towards the development of poly(phenylene sulphide) based nanocomposites with enhanced mechanical，electrical and tribological properties[J]. Materials Chemistry and Physics，2012，135(2-3)：348-357.

[38] NAYAK G C，RAJASEKAR R，SAHOO S，et al. Effect of polyphosphazene and modified carbon nanotubes on the morphological and thermo-mechanical properties of polyphenylene sulfide and liquid crystalline polymer blend system[J]. Journal of Material Science，2011，46(24)：7672-7680.

[39] JIANG Z Y，HORNSBY P，MCCOOL R，et al. Mechanical and thermal properties of polyphenylene sulfide/multiwalled carbon nanotube composites[J]. Journal of Applied Polymer Science，2012，123：2676-2683.

[40] 傅思睿，杨静晖，傅强. 碳纳米管改性聚苯硫醚熔纺纤维的结构与性能研究[J]. 高分子学报，2012，3：344-350.

[41] CHO M H，BAHADUR S. Friction and wear of polyphenylene sulfide composites filled with micro and nano CuO particles in water-lubricated sliding[J]. Tribology Letters，2007，27(1)：45-52.

[42] 张磊，望月克彦，清水壮夫，等. 一种聚苯硫醚纤维及其生产方法[P]. 2010：中国，CN102477594A.

[43] 张磊，望月克彦，李旭. 一种耐光性聚苯硫醚纤维[P]. 2011：中国：CN102839446A.

[44] HE W H，LU L H. Revisiting the Structure of Graphene Oxide for Preparing New-Style Graphene-Based Ultraviolet Absorbers[J]. Advanced Functional Materials. 2012，22(12)：2542-2549.

[45] 刘婷，陈彦模，闫波，等. 共混改性聚苯硫醚纤维光稳定性的研究[J]. 合成纤维工业，2008，31(3)：8-11.

[46] 王晓，刘鹏清，王升，等. 纳米 TiO_2/PPS 共混纤维的结构及耐紫外老化性能[J]. 合成纤维工业，2012，35(4)：20-23.

[47] HU Z X，LI L L，SUN B，et al. Effect of TiO_2@SiO_2 nanoparticles on the mechanical and UV-resistance properties of polyphenylene sulfide fibers[J]. Progress in Natural Science：Materials International，2015，25(4)：310-315.

[48] LIAN D D，DAI J M，ZHANG R P，et al. Enhancing the resistance against oxidation of polyphenylene sulphide fiber via incorporation of nano TiO_2-SiO_2 and its mechanistic analysis[J]. Polymer Degradation and Stability，2016，129：77-86.

[49] HANLEY S J，NESHEIWAT A M，CHEN R T，et al. Phase separation in semicrystalline blends of poly(phenylene sulfide) and poly(ethylene terephthalate). II. Effect of poly(phenylene sulfide) homopolymer solubilization of PPS-graft-PET copolymer on morphology and crystallization behavior[J]. Journal of Polymer Science Part B Polymer Physics，2000，38(4)：599-610.

[50] HOUIS S，SCHMID M，LÜBBEN J. New functional bicomponent fibers with core/sheath -configuration using poly(phenylene sulfide) and poly(ethylene terephthalate) [J]. Journal of Applied Polymer Science，2007，106(3)：1757-1767.

[51] PERRET E，REIFLER F A，HUFENUS R，et al. Modified Crystallization in PET/PPS Bicomponent Fibers Revealed by Small-Angle and Wide-Angle X-ray Scattering[J]. Macromolecules，2013，46(2)：440-448.

[52] KONIECZNA M, MARKIEWICZ E, JURGA J. Dielectric Properties of Polyethylene Terephthalate/Polyphenylene Sulfide/Barium Titanate Nanocomposite for Application in Electronic Industry[J]. Polymer Engineering and Science, 2010, 50(8): 1613-1619.

[53] CHEN Z B, LIU X J, LI T S, et al. Mechanical and tribological properties of PA66/PPS blend. II. Filled with PTFE[J]. Journal of Applied Polymer Science, 2006, 102(2): 523-529.

[54] CHEN Z B, LIU X J, LU R G, et al. Mechanical and tribological properties of PA66/PPS blend. III. Reinforced with GF[J]. Journal of Applied Polymer Science, 2006, 102(1): 523-529.

[55] CHEN Z B, LIU X J, LU R G, et al. Friction and wear mechanisms of PA66/PPS blend reinforced with carbon fiber[J]. Journal of Applied Polymer Science, 2006, 105(2): 602-608.

[56] ZOU, H., Q. ZHANG, et al., Clay locked phase morphology in the PPS/PA66/clay blends during compounding in an internal mixer[J]. 2006, 47(1): 6-11.

[57] ZOU H, NING N Y, SUN R, et al. Manipulating the phase morphology in PPS/PA66 blends using clay[J]. Journal of Applied Polymer Science, 2007, 106(4): 2238-2250.

[58] ZOU H, WANG K, ZHANG Q, et al. A change of phase morphology in poly(p-phenylene sulfide)/polyamide 66 blends induced by adding multi-walled carbon nanotubes[J]. Polymer, 2006, 47(22): 7821-7826.

[59] TANG W H, HU X Y, TANG J, et al. Toughening and compatibilization of polyphenylene sulfide/nylon 66 blends with SEBS and maleic anhydride grafted SEBS triblock copolymers[J]. Journal of Applied Polymer Science, 2007, 106(4): 2648-2655.

[60] RATH T, KUMAR S, MAHALING R N, et al. Mechanical and morphological study of polyphenylene sulfide/liquid crystalline polymer blends compatibilized with a maleic anhydride grafted copolymer[J]. Journal of Applied Polymer Science, 2007, 106(6): 3721-3728.

[61] KALKAR A K, DESHPANDE V D, KULKARNI M J. Isothermal Isothermal crystallization kinetics of poly(phenylene sulfide)/TLCP composites[J]. Polymer Engineering and Science, 2009, 49(2): 397-417.

[62] NAYAK G C, RAJASEKAR R, SAHOO S, et al. Effect of polyphosphazene and modified carbon nanotubes on the morphological and thermo-mechanical properties of polyphenylene sulfide and liquid crystalline polymer blend system[J]. Journal of Materials Science, 2011, 46(24): 7672-7680.

[63] INAGAKI N, NARUSHIMA K, MORITA M. Plasma surface modification of poly(phenylene sulfide) films for copper metallization[J]. Journal of Adhesion Science and Technology, 2006, 20(9): 917-938.

[64] HALL G, ANGUS H B. Effect of air plasma treatment on the mechanical properties of polyphenylene sulfide/glass fiber cloth composites[J]. Journal of Reinforced Plastics & Composites, 2013, 32(11): 786-793.

[65] LI Y N, SUN Y, DENG X H, et al. Graft polymerization of acrylic acid onto polyphenylene sulfide nonwoven initiated by low temperature plasma[J]. Journal of Applied Polymer Science, 2006, 102(6): 5884-5889.

[66] 王桦，覃俊，陈丽萍. 聚苯硫醚纤维及其应用[J]. 合成纤维，2012，41(3)：7-12.

[67] HUANG J J, ZHANG X, BAI L L, et al. Polyphenylene sulfide based anion exchange fiber: Synthesis, characterization and adsorption of Cr(VI) [J]. Journal of Environmental Sciences, 2012, 24(8):

1433-1438.

[68] 倪慧，代立波，周冬菊，等. PPS 基叔胺离子交换纤维对 Cr(VI) 选择性吸附研究[J]. 离子交换与吸附，2013，29(4)：306-313.

[69] 姚化杰，周冬菊，代立波，等. PPS 基 N-甲基咪唑离子交换纤维对 As(V)的吸附性能[J]. 功能材料，2014，45(9)：104-107.

[70] 康忠镕，陈文浚，蒋树斌，等. 在酸性介质中聚苯硫醚对钯的吸附行为[J]. 贵金属，1996，17(2)：22-25.

[71] DIEDERICH F，STANG P J. Metal-Catalyzed Cross-coupling Reactions[M]. Wiley-VCH，Weinheim，1998.

[72] 范红兵，刁永发，李攀，等. 烟气成分对负载 V_2O_5-WO_3/TiO_2 聚苯硫醚纤维脱除烟气中 HgO 的影响[J]. 环境工程学报，2014，8(7)：2957-2962.

[73] 王孝军，杨 杰，龙盛如，等. 聚芳硫醚超细纤维及其制备方法[P]. 2008：中国:CN101302665A.

[74] 王桦，陈丽萍，覃俊，等. 一种纯聚苯硫醚纤维高等级电绝缘纸及其制备方法[P]. 2013：中国:CN103276533.

[75] 陈浩，张磊，望月克彦. 一种聚合物合金纤维和聚苯硫醚超细纤维[P]. 2010：中国:CN102345188.

[76] 王锐，张秀芹，马文娟，等. 一种聚苯硫醚超细纤维的制备方法[P]. 2013：中国:CN103409847.

[77] 王锐，张秀芹，马文娟，等. 一种聚苯硫醚超细纤维及其制备方法[P]. 2014：中国:CN103774277A.

[78] 崔宁，崔华帅，吴鹏飞，等. 一种聚苯硫醚海岛纤维或超细纤维及其制备方法[P]. 2014：中国:CN104372442A.

第7章 聚四氟乙烯纤维

聚四氟乙烯(poly tetra fluoroethylene，PTFE)最早于1938年由美国DuPont公司的Roy Plunkett博士在研究含氟制冷剂过程中偶然发现，它是一种由氟取代聚乙烯中所有氢原子的人工合成高分子材料，具有极佳的耐热性、耐化学腐蚀性，几乎不溶于任何溶剂，具有耐久性、低折射率、低电容、较低表面能(既不亲水也不亲油)、低吸湿性能和超强耐氧化能力。当时，美国为实现曼哈顿计划亟需一种新型的耐腐蚀材料，用于处理六氟化铀的设备内衬和密封材料，PTFE不溶解于任何酸、碱、有机溶剂，而且直到熔融也只形成韧性的透明胶体，不发生流动，它的发现恰好满足了这方面的应用要求。

聚四氟乙烯纤维是通过载体纺丝、糊料挤出纺丝或制成薄膜使用刀具切割再进行原纤化制得的一种合成纤维。在我国，PTFE纤维的商品名为“氟纶”，在美国和日本PTFE纤维的商品名为“特氟纶(Teflon)”，俄罗斯则称之为“波利芬”，国际标准化组织(ISO)把特氟纶纤维称为“萤石纤维(fluorofiber)”。这种纤维具有优异的化学稳定性、耐高低温性、不黏性、润滑性、电绝缘性、耐老化性、抗辐射性等特点，但价格较昂贵。随着材料应用技术的不断发展，PTFE材料的三大缺点(冷流性、难焊接性、难熔融加工性)正在逐渐被克服。目前，PTFE纤维的应用已从最初的航空航天和军工等国防领域扩展到石油化工、机械、电子电器、建筑、纺织等高性能产业用纺织品领域[1]。

7.1 聚四氟乙烯纤维及织物的结构与性能

聚四氟乙烯分子为完全对称的无支链线性高分子，其分子结构单元为$\left[CF_2-CF_2\right]$。C—F键键能高达485 kJ·mol^{-1}，是键能最大的共价键，氟原子有较低的极化率，最强的电负性(4.0)，较小的范德瓦尔斯半径(0.132 nm)。与聚乙烯分子呈锯齿状的碳链结构不同，电负性大的氟原子上负电荷密度大，加上氟原子范德瓦尔斯半径比氢原子大，相邻氟原子间的相互排斥作用和位阻非常大，导致两个氟原子不能处在同一平面内，因此PTFE在晶态中采取螺旋构象[2]。

由于氟原子恰当的原子半径，两个氟原子可以把两个碳原子之间的空隙(2.54×10^{-10} m)填满，包围在C—C主链周围形成一个低表面能的保护层，使其他基团或反应性分子难以插入，这是PTFE具有优良的化学稳定性和热稳定性的重要原因。此外，氟原子与碳原子形成的C—F键的键能高于C—H键，氟原子的电子云对C—C键的屏蔽作用较氢原子强，因而可以保护C—C键免受紫外线和化学品的破坏，具有优异的耐候性和耐久性；氟原子核对电子及成键电子云的束缚较强，氟原子极化率低、分布对称，分子无极性，其介电常数和损耗因子均较小,所以 PTFE 材料高度绝缘[3]。表 7-1 为 PTFE 薄膜在各种化学药品中浸渍后性能的变化情况[4]。从表中数据可以看出,PTFE 具有优异的化学稳定性,目前没有任何材料可以替代 PTFE 在高温、腐蚀性等苛刻条件下作为滤料的使用。

表 7-1　PTFE 薄膜在各种化学药品中浸渍后性能的变化情况[4]

化学药品	浸渍 7 天后			
	断裂强度变化/%	断裂伸长率变化/%	质量变化/%	厚度变化/%
硝酸	−6.5	+4.8	※	+0.3
氢氧化钠	−3.2	+1.5	+0.3	0.0
四氯化碳	+1.1	−4.1	+1.7	※
甲苯	+4.1	0.0	+0.3	0.0
醋酸	+6.2	+2.5	※	−0.3
丙酮	+2.2	+4.2	+1.5	−4.1

注:※ 表示变化率数值小于 0.01。

1. 表面特性

PTFE 纱表面是由微孔、结点和取向度较高的微纤组成,与 PTFE 薄膜内的微纤相比,PTFE 纱表面的微纤排列更规则,取向度更高,无毛羽,表面光滑。这是由于在成纱过程中,PTFE 受到一定的牵伸,使得微纤大分子的取向度提高。宏观上表现为 PTFE 纱的延伸性降低,有利于织造工序的顺利进行,并且能够提高产品的尺寸稳定性。另外,PTFE 纱线表面的微孔结构可以改变对光的吸收、反射、折射和散射性能,因此,所织造的织物不仅具有良好的光泽,而且对太阳能的反射率较高,吸收量很少。PTFE 织物外观表面光滑,不易黏附粉尘,可以实现表面自清洁。

2. 耐热性能

PTFE 纱的热导率低,为 0.20～0.24 $W \cdot m^{-1} \cdot K^{-1}$,热膨胀系数较大,约为$(10 \sim 15) \times 10^{-5}$ K,为钢材的 10～20 倍,比多数塑料大,且线膨胀系数随温度升高明显增大。PTFE 纤维低温时延展性较差,但仍然十分耐用,部分应用温度可低至−268 ℃[5]。由于氟原子对骨架碳原子有屏蔽作用,加之 C—F 键键能极高,PTFE 具有极优异的耐高低温性能,长时间工作的适用温度范围很广。

PTFE 纱的玻璃化转变温度约为 120.9 ℃,所以,一般加工温度应低于该温度,而在涂层和交联等反应过程则需高于该温度。随着温度升高,PTFE 纱发生热熔融,熔点约为 286.4 ℃。PTFE 纤维在 100 ℃下热处理 12 h 后,断裂强度保持率基本在 98%以上,断裂伸长保持率在 95%以上;在 120 ℃时,纤维的强伸性能明显下降,由于接近玻璃化转变温度,内部分子链段获得了足够的运动能量和必要的自由运动空间,改变了纤维内部结构,从而导致性能下降;240 ℃下长时间使用,强度仅能维持 80%。PTFE 纱线在 280 ℃下,经过 10 min 的热处理断裂强度及断裂伸长变化不大,但之后随时间延长,急剧下降;处理 1 h 后,纤维容易在外力作用下破坏,断裂强度及伸长均不到 30%。因此,PTFE 纤维的最佳使用温度应低于

240 ℃,在 280 ℃高温下使用不宜超过 10 min[6,7]。

3. 阻燃性能

PTFE 极限氧指数 LOI 值为 90%～95%,在高氧浓度下也几乎不燃[8,9]。PTFE 织物点燃时间约为 60 s,热释放速率峰值为 9.28 kW·m^{-1},有效燃烧热为 5.06 mJ·kg^{-1},烟释放速率最大值约为 1.41 L·s^{-1}[10]。

4. 耐紫外辐射性能

PTFE 纤维具有很强的抗阳光辐射能力,在户外放置 15 年也不会出现老化现象[11];连续三年日光曝露及大气实验结果显示,其断裂强度仅降低 2%。

5. 摩擦性能

PTFE 分子链具有螺旋结构,C—C 主链被氟原子完全包覆,分子比较僵硬,分子间吸引力很弱,易滑动,所以,PTFE 纤维的摩擦系数小,是已知纤维中最小的,约为尼龙纤维的 1/6。PTFE 纤维的动态摩擦系数随载荷及温度的增加而减小,具有免保养、不黏性和易滑动特性,大量应用于无油润滑场合,尤其是在滑动速度较低,压力不高的情况下更为适宜[12]。另外,PTFE 表面张力小,仅为 0.019 N·m^{-1},是已知固体材料中表面自由能最小的品种,现有的固体材料几乎都无法黏附在其表面。

6. 耐化学性能

PTFE 纤维最突出的优点是耐化学性,所有的强酸、强碱、强氧化剂、盐类都不与其作用,即使在高温下也具有良好的耐化学药品性,在沸腾的王水中仍然很稳定,只有氟元素本身和熔融的碱金属才对 PTFE 有侵蚀作用。目前,发现仅某些全氟有机溶剂可以溶解 PTFE 纤维,但温度要达到 299 ℃以上,其他有机溶剂均对其无作用。虽然 PTFE 纤维可以被漂白,但由于其紧密的分子结构,耐水及耐溶剂,不能染色。

综上所述,PTFE 纤维具有强度高、耐久性好、低收缩、防火难燃、耐磨、自清洁,耐气候、耐腐蚀、使用寿命长等优点,因而被广泛应用于纺织、医疗、建筑、国防、航天等领域。表 7-2 列出了 PTFE 主要的性能参数[13]。

表 7-2　PTFE 主要性能参数[13]

项目分类	性能指标	性能参数
力学性能	拉伸强度(23 ℃)/MPa	7～28
	断裂伸长率(23 ℃)/%	100～200
	弯曲强度(23 ℃)/MPa	无断裂
	弯曲模量(23 ℃)/MPa	350～630
	冲击强度(24 ℃)/(J·m^{-1})	160
	洛氏硬度 D	50～60
	压应力(变形 1%,23 ℃)/MPa	4.2
	复合下变形(26 ℃,13.72 MPa,24 h)/%	15

续表

项目分类	性能指标	性能参数
摩擦性能	静摩擦因数	0.05～0.08
	磨损量(负荷 2 MPa,30 mm)/mg	249
	磨痕宽度(负荷 2 MPa,30 mm)/mm	15.8
热性能	熔点/℃	286
	维卡软化点/℃	110
	热分解温度/℃	410
	热导率(4.6 mm)/($W \cdot m^{-1} \cdot K^{-1}$)	0.24

但 PTFE 纤维断裂强度低,初始模量小,断裂伸长率较大,由这种纱线织造的织物很容易变形,所以需要降低断裂伸长率后才易于使用。此外,PTFE 抗蠕变性与抗蠕变回复性差,尤其是在高温条件下,因此将高温下低蠕变及尺寸稳定性较好的长丝与 PTFE 长丝复合编织,是克服 PTFE 长丝缺陷的理想方法,最常见的是用高拉伸强度的芳纶与 PTFE 长丝复合纺制,或用碳基材料长丝复合生产高性能纱,如 m-aramids(耐火耐热芳纶)、Kynol(酚醛树脂纤维)、P84(聚酰亚胺纤维)等。还有一种复合方式是用较刚性的 PTFE 长丝和较柔软、较有弹性的 PTFE 长丝复合得到硬度和密度可变的密封材料,前者在高温下可确保不泄漏及尺寸稳定性,后者在最低密封压力情况下可确保密闭性,可作为对刚性和尺寸稳定性要求高、同时对密封表面柔软性和适应性要求高的密封材料,此外不同质长丝复合纱间可产生多种咬合增强作用。

7.2　聚四氟乙烯纤维的生产工艺技术

聚四氟乙烯由四氟乙烯单体在高温高压及引发剂等作用下聚合而成,其聚合工艺包括本体聚合、溶液聚合、悬浮聚合和乳液聚合等,工业生产中主要采用悬浮聚合和乳液聚合。一般在 40～80 ℃,3～26 kgf · cm^2,无机过硫酸盐、有机过氧化物作为引发剂的条件下进行聚合反应[33-35]。

PTFE 纤维于 1953 年由美国 DuPont 公司开发,1957 年实现工业化生产。但由于 PTFE 过高的稳定性,不溶于绝大多数溶剂,因此不能采用溶液纺丝方式生产;另外,PTFE 分子刚性大,即使在熔点以上也不流动,仅形成凝胶状物,黏度约为 10^{11}～10^{13} Pa · s,而一般的熔体纺丝黏度需要小于 30 000 Pa · s,因此也不能采用熔体纺丝生产。目前,主要有载体纺丝法、糊料挤出纺丝法、凝胶状挤压纺丝法、膜裂纺丝工艺法、PTFE 共聚物熔体纺丝法[14]。这几种不同纺丝法纺制的纤维在应力/应变性能、收缩率、表面特性、压缩系数及蠕变率等方面有一些差异,但均可用于密封材料领域[15]。

7.2.1　载体纺丝法

载体纺丝法也称乳液纺丝法,该技术由美国 DuPont 公司于 20 世纪 50 年代后期开发成功，常以黏胶、聚丙烯腈或聚乙烯醇水溶液为载体[16,17]，因此称为“载体纺丝法”。将 PTFE 粉末与载体混合，制成纺丝液，采用溶液纺丝，经酸洗后制成 PTFE 含量很高的纤维，成形纤维经洗涤、干燥后，在 380～400 ℃高温下烧结，使载体部分发生降解而消除，剩下的 PTFE 在高温下黏接而成为均匀的丝条，再于 350 ℃下对已在高温下黏接的 PTFE 丝条进行适当牵伸，即得到 PTFE 纤维。载体纺丝过程中采用的喷丝头与传统溶液纺丝的喷丝头相似。目前，载体纺丝工艺可生产出纤度为 3.6 dtex 的较细短纤维，用其纺成的机织纱和缝纫线强度可达 13 cN/dtex，断裂伸长约 25%[18]。该方法最为成熟，但缺点是载体用量较大，损耗多，且纺丝原液不太稳定。

以聚乙烯醇(PVA)为载体制备 PTFE 纤维的工艺流程如图 7-1 所示。

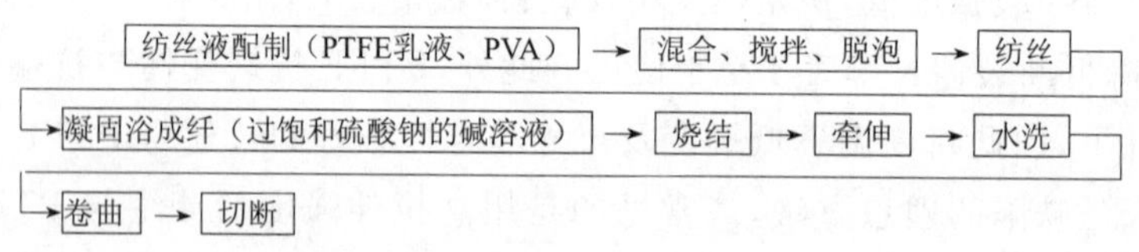

图 7-1　以聚乙烯醇为载体制备 PTFE 纤维的工艺流程

载体纺丝法仍存在一些问题[20]：

(1)纤维经过硫酸钠等制成的凝固浴，干燥后，在纤维表面通常会有大量硫酸钠沉积，硫酸钠会使 PTFE 纤维不易拉伸，而纤维的洗涤至少需要两道；同时，纤维洗涤时表面的硫酸钠溶解在水中，易造成环境污染。

(2)由于纺丝液中含有大量水分，需要较长的凝固时间，因而生产效率不高，并导致凝固浴所需的凝固槽长度增加。

(3)在烧结过程中，完全依赖高温去除载体，耗时、耗能，同时高温碳化物会降低 PTFE 纤维的强度。

烧结时间和温度都会影响载体的去除率，高温烧结过程中碳化的载体仍有极少残留物留存于 PTFE 纤维中，因此 PTFE 纤维成深褐色。PTFE 长丝除了可直接作为无须染色的密封材料外，其他还需经过后道加捻以用于织造用纱、缝合线，或经切断加工后用于热烟气过滤用短纤，或与绒屑和浆粕共同加工以用于耐磨减磨材料。

日本 Toray 公司[19]采用含 60%、平均直径为 0.3 μm 的 PTFE 的 2% 藻朊酸钠水溶液为岛，2% 藻朊酸钠水溶液为海的乳胶体混合纺丝，两者重量比为 1∶1。初生纤维经凝固浴后再洗涤、干燥，最后在辊温为 380 ℃时拉伸 7 倍，从纤维中去除藻朊酸钠，得到 PTFE 纤维，其单丝强力为 0.67 cN，强度为 1.25 cN/dtex，断裂伸长可达 59%，可用于过滤材料，该体系纺丝液的可纺性优于黏胶为载体的纺丝液。

日本昭和工业公司[19]生产单丝纤度小于 3.3 dtex，强度和拉伸性能均优异的 PTFE 纤维，其纺丝工艺流程为：用 114 份 60%的 PTFE 乳液与 100 份纤维素含量为 8.9%的黏胶配制成纺丝液，纺丝液通过孔径为 0.12 mm 的喷丝帽后进入凝固浴纺成初生丝，然后水洗、榨液，用 0.05

mol/L 的烧碱处理，再将纤维在 280 ℃ 下热处理，并在 320 ℃ 下拉伸 7 倍，最后在 320 ℃ 下热处理 72 h，所得纤维的强度达 1.16 cN/dtex，伸长为 16.1%。

7.2.2　凝胶状挤压纺丝法

凝胶状挤压纺丝是乳液纺丝的优化，在以聚乙烯醇（PVA）为载体的乳液纺丝的基础上，利用硼、钛、铜、钒等化合物与 PVA 溶液形成交联凝胶结构，通过凝胶纺丝制备 PVA 纤维[21]，PVA 与硼酸络合反应原理如图 7-2 所示[22]。

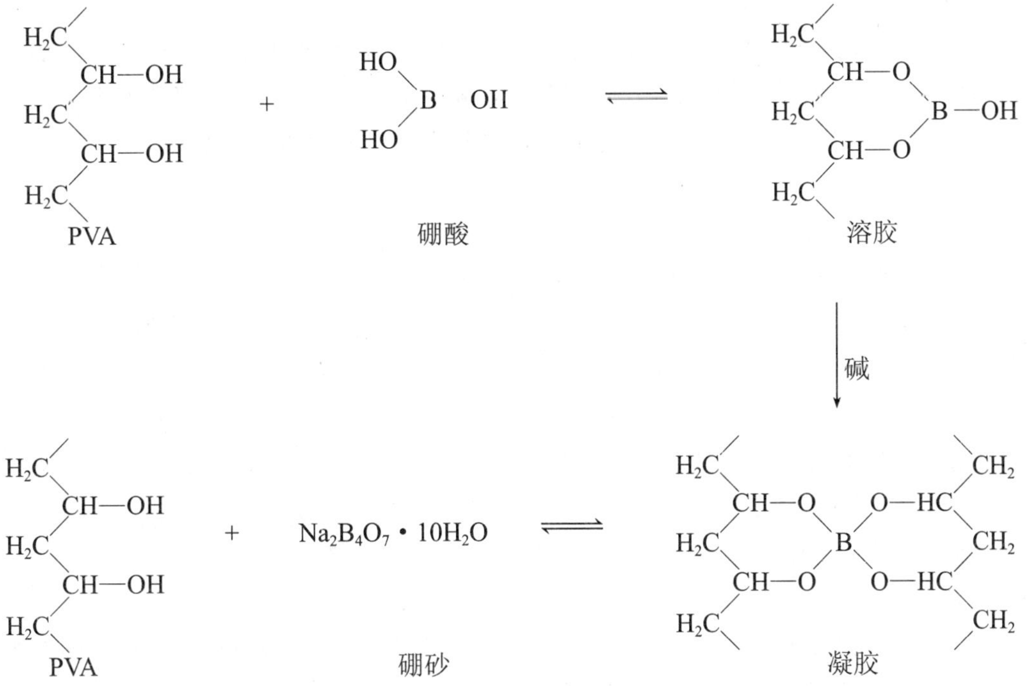

PVA + 硼酸 ⇌ 溶胶 —碱→

PVA + $Na_2B_4O_7 \cdot 10H_2O$（硼砂） ⇌ 凝胶

图 7-2　PVA 与硼酸（硼砂）的络合反应[22]

在纺丝液中，硼酸和 PVA 在酸性条件下发生交联形成二维络合物，随着硼酸用量的增加，加大了络合交联程度。通过调整硼酸的用量来控制纺丝液黏度，从而大幅降低纺丝液中 PVA 载体的用量，减小后道工序中烧结的压力[14]。控制纺丝液 pH 值为 4～6，在硼酸的作用下，PVA 用量可由原来的 10% 以上降至 3%（与 PTFE 干重比）。在凝固浴中，pH 值为 9～10 的碱性条件下硼酸生成硼砂，与 PVA 形成三维网状络合物，从而提高初生纤维的强度。研究表明，经过凝固浴后，纤维强度可增加 0.07 cN/dtex，还能有效减少初生纤维断头，便于缠绕。

浙江理工大学、西安工程大学及上海灵氟隆膜技术有限公司共同研发了一种基于凝胶制备 PTFE 纤维的方法，将 PTFE 浓缩分散乳液与 PVA 混合，并加入硼酸或硼酸盐，调节 pH 值至碱性，形成凝胶，得到纺丝液；然后采用常规的干法纺丝得到纤维；最后烧结、拉伸，以去除 PVA。该工艺简单易行，加工成本低，具有无污染的优点。

7.2.3 膜裂纺丝法

膜裂纺丝法最早由奥地利 Lenzing 公司于 20 世纪 20 年代初开发，并申请“切割膜裂法”的专利，可制造高纯度的 PTFE 长丝和短纤[29]。PTFE 膜裂成纤工艺较为简单，制备的 PTFE 薄膜具有“原纤-结点”的微孔结构，通过调整加工工艺参数和设备可以调控微孔结构，使之适用于不同领域。首先，将 PTFE 薄膜用刀具切削成具有一定宽度(3～16 mm)的窄条，再使用锯齿状刀具将薄膜割裂成丝，然后加热至 PTFE 熔点以上，经牵引辊拉伸热处理，以达到其最终的纤度和拉伸强度，最后卷绕。

该方法不采用喷丝头即可加工出 PTFE 纤维，加工效率高；但由于切割设备的限制，材料无法切到很细，因而经该法得到的纤维较粗，且纤度不均匀，不利于使用，纤维富含微孔导致热收缩率大。通过膜裂纺丝法得到的 PTFE 复丝常用于密封填充，短纤维则用于制造针刺毡[19]。

郭玉海等[14]针对膜裂纤维细度、均匀度、力学性能、热收缩率难以控制的问题，经过多年探索，从控制纤维用膜中的原纤取向、降低微孔和结晶度出发，研发出六项控制技术，形成长丝和短纤成套加工技术，如图 7-3 所示。

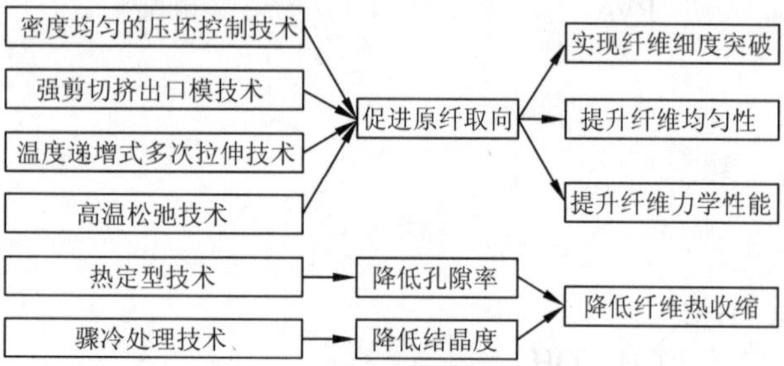

图 7-3 膜裂 PTFE 纤维加工关键技术[14]

压坯是该方法中的第一步，是控制纤维用膜和纤维密度均匀的关键步骤，密度均匀的坯料可以确保纤维细度和力学性能，在剪切作用下，PTFE 形成“原纤—结点”的形态结构。通过控制挤出机口模锥度、长径比和压缩比等参数，可增强剪切作用力，提高原纤取向度；随温度增加，PTFE 基带由硬而脆转变为软而韧，具有明显的温度敏感性，多次热处理可降低结点数量，促使形成更多原纤，多次拉伸提高原纤取向；基带脱脂和纵向拉伸后的高温松弛处理，使 PTFE 消除内应力，利于分子链拉伸取向，提高最大拉伸倍数，提高原纤取向；分散聚合的 PTFE 树脂在拉伸作用下形成多微孔的形态结构，通过强化热定型条件，促进结点的重组并合，填补孔隙，纤维也逐步由白色变成透明，降低孔隙率可降低纤维热收缩率；基带热定型后的淬火处理可降低材料结晶度，从而降低纤维热收缩率[18,30]。

Lenzing 公司通过膜裂纺丝工艺开发出一种特别适用于针刺毡的 PTFE 短纤维[19]，线密度为10 dtex，切断长度为 80 mm，纤维截面呈矩形，长宽比为 8∶80，密度为 2.2 g/cm^3，强度为40 cN/dtex。由于这种矩形的截面形状，该纤维能达到更细的纤度。将含孔率为 48%的 PTFE 膜切割成 222 dtex 的纤维，加捻到 750 捻/m，在 440 ℃ ，1 km/min 条件下拉伸，得到纤度为 55 dtex、含孔率 1%的纤维，该纤维抗张模量可达 294 cN/dtex，250 ℃ 时收缩率为 0.5%。以其他纤维织物作增强基布，这种 PTFE 纤维针刺毡可用作热气体或具有较大腐蚀性气体的滤布。

大金工业株式会社开发了一种膨松且手感良好富于交织性的 PTFE 裂膜丝及长纤维[31]，可以用于制造 PTFE 集尘用滤布棉状物，并且具有很高的捕集效率。其中，长纤维的制造方法是将 PTFE 单向拉伸膜利用针辊，在拉伸方向上进行裂膜，得到一种具有网络结构的裂膜丝，然后再将该裂膜丝的网络结构在长度方向上切断，进而得到具有分支结构的长纤维。

上海凌桥公司采用了独特的膜裂工艺[20]，利用不同拉力、不同拉伸倍数、不同温度场、不同工艺部件拉伸技术进行研究，并开发了膜裂专用设备及相应工艺参数，生产出的 PTFE 纤维具有近似六边形断面，有效增大了比表面积，提高了粉尘的捕集效率，该纤维的强度有显著提高，长纤维抗拉强度达 2.9 cN/dtex 以上。

7.2.4　糊料挤出纺丝法

糊料挤出纺丝法是将 PTFE 细粉末与石油、煤油等润滑助剂混合，调制成糊状，再将其放入挤出装置中，在 15～20 MPa 下通过具有狭长模孔的喷头挤出，制成基础薄膜或细条，再经后道纵向切割加工，然后干燥、烧结，使润滑助剂挥发，然后在约 250 ℃高温下高度拉伸，得到非均相的白色带条纱。还可以通过加入其他添加剂，如石墨，以改善由 PTFE 长丝编织成的密封材料的散热性能[19]。经糊料挤出的初生纤维表面光滑无孔，经过热牵伸后形成“结点-原纤”的形态结构，再经热定型固定纤维尺寸[22-26]。糊料挤出纺丝工艺流程如图 7-4 所示。

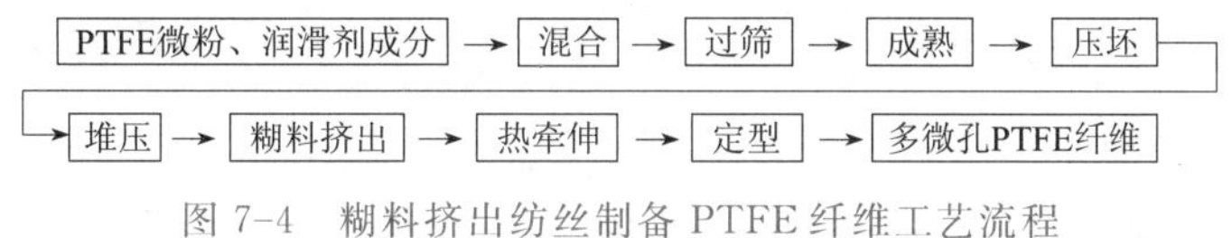

图 7-4　糊料挤出纺丝制备 PTFE 纤维工艺流程

与双向拉伸 PTFE 微孔薄膜不同，糊料挤出 PTFE 长丝是在较大的压缩比下进行的。大压缩比条件下，材料密度增加，便于纤维拉伸，提高强度，一般情况下控制压缩比为 800～1000。糊状 PTFE 树脂的特点是在剪切作用下易原纤化，在糊状挤出纤维过程中，入口和导入段锥度及物料流变特性决定了物料所受的剪切力，进而影响树脂的原纤化，因此纺丝组件的导入口、导入段锥度和毛细孔长径比至关重要，其喷丝头结构示意图及实物照片图如图 7-5 和图 7-6 所示。[14]

PTFE 长纤维用喷丝头应具有以下特点：

(1)喷头由具有特殊曲线形态的导入口、导入段和毛细孔组成，与传统的熔融纺丝或溶液纺丝用喷丝头最显著区别是：相邻喷丝头导入口均相交，导入口间相连的部分呈锐角，有效防止物料受到过度剪切而在导入口位置过早原纤化，破坏 PTFE 分子链取向，降低初生纤维强度。

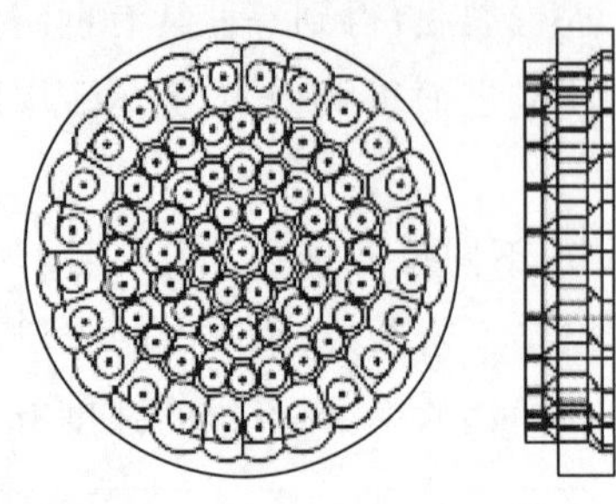

图 7-5 喷丝头结构示意图[14]

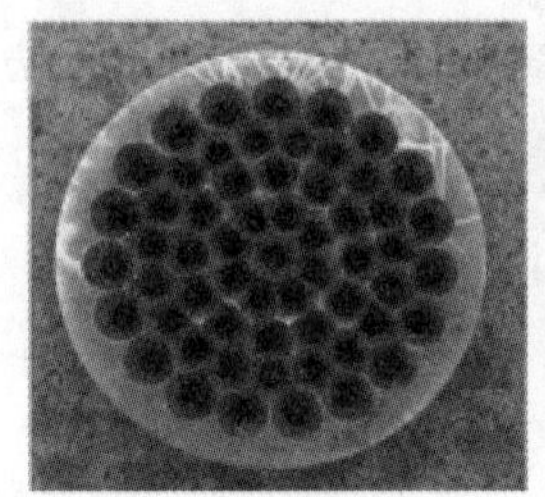
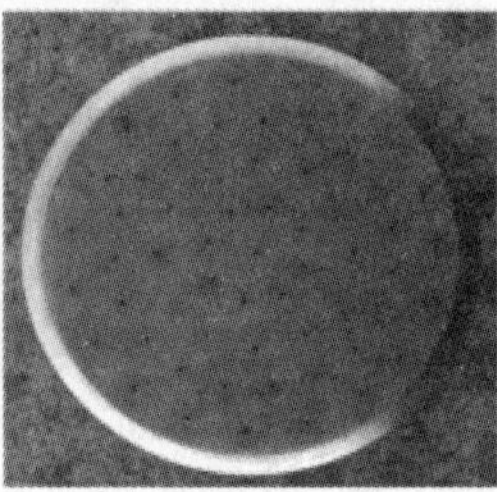

图 7-6 喷丝头实物照片[14]

(2)根据润滑剂品种、柱塞挤出压力和纤维力学性能间的关系，以提高初生纤维强度为目的，设计小角度挤出(导入口和毛细孔锥度均为 60°～90°)，毛细孔的长径比为 1～4∶1，以满足糊状 PTFE 树脂在大压缩比下的加工要求，提高 PTFE 初生纤维的强度。

通过糊料挤出法得到的 PTFE 纤维没有确切的纤度。除了直接用 PTFE 糊状物纺丝外，还可以通过挤出装置将 PTFE 糊状物制成薄膜或细条，采用压轧的方法去除润滑剂，再将薄膜进行纵向切割，拉伸和蓬松加工后，得到纤维。通过糊状挤出法得到的纤维强度较高，由其制成的机织纱、单丝、加捻薄膜带、除尘袋和缝纫线均具有较高的抗张强度。

美国专利[27]报道，在 PTFE 粉料中加入 20%润滑剂，经压胚、挤出单丝，接着在 350 ℃ 下热处理 1.5 h，然后在 387 ℃ 下以 50 mm/min 的速度拉伸 75 倍，可得到直径为 31～49 μm，强度高达 1.56～2.82 GPa 的 PTFE 纤维。

日立电线株式会社开发了一种高强度聚四氟乙烯纤维[28-31]。由糊料挤出成型后，对该单丝进行自由端退火，然后拉伸退火成纤，该工艺使 PTFE 分子链沿平行于纤维轴向取向，纤维强度可达 0.5 GPa。

7.2.5 PTFE 共聚物熔体纺丝法

可熔性聚四氟乙烯(PFA)是四氟乙烯(TFE)与全氟烷基乙烯基醚(PAVE)的共聚物，分子式如图 7-7 所示[32]。PFA 的化学稳定性、物理机械性能、电绝缘性、润滑性、不黏性、耐老化性、不燃性和热稳定性都非常出色，与普通 PTFE 相似，但其高温机械强度比普通 PTFE 高 2 倍左右，表 7-3 对比了 PFA 与 PTFE 的性能[32]。

$$\left[\left(CF_2 - CF_2 \right)_n CF(OR) - CF_2 \right]_m$$

图 7-7 可熔性聚四氟乙烯 PFA 分子式[32]

表 7-3　PFA 与 PTFE 性能数据[32]

性　　能	测试条件	DyneonTM PFA	DyneonTM PTFE
长期使用温度/℃		－200～260	－200～260
密度/(g·cm⁻³)		2.15	2.16
熔点/℃		310	327
拉伸强度/MPa	23 ℃	30	33
	100 ℃	24	22
断裂伸长率/%	23 ℃	380	360
	100 ℃	440	520
拉伸模量/MPa	23 ℃	530	540
	100 ℃	160	210
热变形温度/%	23 ℃,15 MPa	2	11
	100 ℃,8.8 MPa	10	34.5
	205 ℃,5.2 MPa	14.5	18.5
硬度/ShD		56	60
极限氧指数/%		＞95	96
阻燃等级		V-0	V-0

不同于只含有质量分数≤1%六氟丙烷(HFP)、偏氟乙烯(VDF)或全氟丙基乙烯基醚(PPVE)等共聚单体的改性 PTFE,PFA 中含有质量分数为 1%～10%的 PAVE,显著改善了高分子链的柔性,降低了结晶度,使其具有良好的热塑性,克服了 PTFE 难加工的缺点,可采用一般热塑性高分子的成型加工工艺进行加工[33]。PFA 首先由美国 DuPont 公司于 1973 年开发成功,商品名为 Teflon PFA。现世界上主要生产厂家主要有 3M(商品名 Dyneon PFA)、DuPont(商品名 Teflono PFA)、Daikin(商品名 Neoflon PFA)、Asahi Glass(商品名 Aflon PFA)、Solvay(商品名 Hyflon PFA)五家公司。

目前,市面上常见的 PTFE 纤维分为棕色纤维和白色纤维两种。

棕色 PTFE 纤维通常是以聚乙烯醇或黏胶为载体,将 PTFE 分散成乳液与载体均匀混合后纺丝,随后将初生的复合纤维进行高温烧结,除去载体制得,其纤维截面一般为圆形。但由于在高温烧结过程中聚乙烯醇或黏胶会发生碳化,并有微量碳化物残留在 PTFE 纤维表面,所以制得的 PTFE 纤维呈棕褐色。表 7-4 列举了棕色 PTFE 纤维的物理性能[3]。

表 7-4　棕色 PTFE 纤维物理性能[3]

项　　目	规　　格/dtex	断裂强度/(cN·dtex⁻¹)	延　伸　率/%
棕色纤维	3.3	＞0.7	＜20

棕色 PTFE 纤维柔软且摩擦系数低，长纤可用于 PTFE 基布的织造，产品在机械行业、无油润滑、抗磨领域有广泛应用，中长型短纤可针刺成为过滤材料，用于高温、强腐蚀气体过滤。

白色 PTFE 纤维一般采用膜裂切割法制得，先将 PTFE 纤维树脂压制成薄片，再通过机械切割得到纤维，由此法制得的纤维截面一般为异形，且没有准确的纤度。但由于膜裂法制得的白色纤维强力大于载体纺丝法生产的棕色纤维，还能根据需要加入色素添加剂制成各种有色纤维，因此用途更为广泛。白色 PTFE 纤维化学稳定性极佳，耐高温，抗老化。表 7-5 列举了白色 PTFE 纤维的物理性能[3]。

表 7-5　白色 PTFE 纤维物理性能[3]

项　目	断裂强度/($cN \cdot dtex^{-1}$)	延伸率/%	平均纤度/dtex
白色纤维	0.88	<20	4.4

使用白色 PTFE 纤维制成的滤料可以增加过滤面积，提高过滤精度，且生产中无须使用聚乙烯醇或黏胶等载体，也不会产生烟尘，较棕色 PTFE 纤维的生产过程更加环保。但是制造白色 PTFE 纤维时，所使用的 PTFE 膨胀粉末的价格较生产棕色纤维所需的载体和 PTFE 分散乳液价格高很多。

7.3　聚四氟乙烯纤维的改性研究

PTFE 具有优异的化学稳定性、耐老化性、抗辐射性、热稳定性等，但同时也存在一些缺点，如成型和二次加工困难、机械性能和承载能力差、线膨胀系数较大、导热性差、耐蠕变性差、耐磨性差、生产成本较高，这些劣势限制了其应用，为提高 PTFE 纤维综合性能，需对其进行改性。改性主要采用复合的原则，使其与其他材料相结合，以弥补自身的缺陷，改性方法主要有表面改性、填充改性、共混改性等。

7.3.1　表面改性

1. 化学腐蚀改性

化学腐蚀改性主要是通过腐蚀液与 PTFE 表面发生化学反应，消去部分氟原子，在表面上留下碳化层或某些极性基团。PTFE 的表面腐蚀剂主要有钠铵或钠萘溶液、钠联苯二氧六环或钠萘乙二醇二甲醚处理液、碱金属汞齐、锇酸腐蚀液和五羰基铁腐蚀液[34]。化学改性是目前研究中较为常用的方法，但存在一些缺点，例如，表面变暗或变黑、腐蚀液操作条件苛刻、高温环境下表面电阻降低、长期暴露在光照下胶结性能大大下降等。

A. Shojaei 等[35]采用化学改性方法将 PTFE 粉末进行表面褪氟处理，提高其与聚己二酰己二胺(PA66)的共混相容性，主要使用钠、萘两种物质，改性后的 PTFE 粉末由于分子链中引入了羧酸基团，改变了分子链的极性，增加了与 PA66 间相互作用，图 7-8 为该方法改性机理图。改性后，PTFE 在 PA66 中能够均匀分散，制得的产品力学强度高于纯 PTFE 掺杂的 PA66 产品，且保留了 PTFE 不吸水的特性，使得 PA66 的湿强度提高，摩擦系数降低。

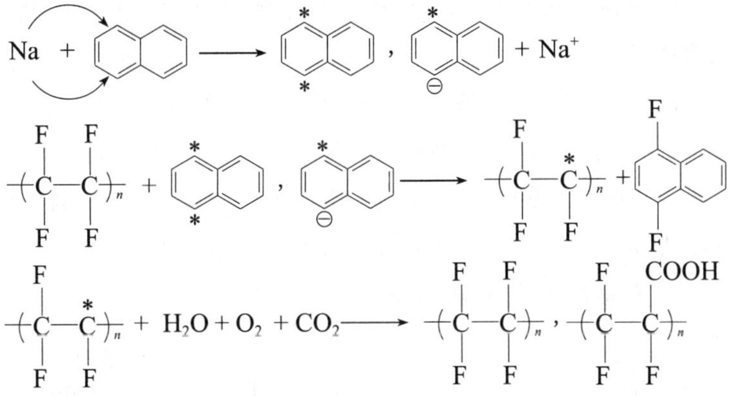

图 7-8　钠萘化学改性 PTFE 机理[35]

2. 等离子处理技术

等离子处理技术是将 PTFE 置于特定的离子处理装置内，通过离子轰击或注入聚合物表面，使 C—F 键及 C—C 键断裂，产生大量自由基，同时引入活性基团，增加 PTFE 的表面自由能，改善其润湿性和黏结性[36]。目前，已报道的等离子气体有 CF_4、C_2F_6、CF_3H、CF_3Cl、CF_3Br、NH_3、N_2、NO、O_2、H_2O、CO_2、SO_2、H_2/N_2、CF_4/O_2、O_2/He、He、Ar、Kr、Ne 等。

20 世纪 60 年代以来，等离子技术，尤其是冷等离子技术对高分子材料的表面改性研究十分活跃，这种改性方法的优点在于：

(1)可以快速改变表面组成，而不影响其本体性质，如力学强度、介电性等；

(2)可以通过调整工作参数，选择最佳条件，如气氛、压力、功率、时间等；

(3)可以在表面引入各种官能团，为进一步处理创造条件。

但等离子处理的聚合物表面耐久性不佳，因此后处理工艺(如涂覆、黏接等)应尽快进行。同时，由于表面结构重组，不能长时间保持表面亲水性不降低。

3. 准分子激光处理

准分子激光处理相对于钠-萘金属溶液和等离子处理，具有较好的选择性和耐久性，准分子激光处理有以下三种方式：

(1)采用 ArF、KrF 或 XeCl 等激光器对处于某气态物质氛围中的 PTFE 进行照射，气态物质(N_2H_4)发生光分解，生成活性原子或基团(H、NH_2、N_2H_3和 NH)攻击 PTFE 的表面发生脱氟反应，进而降低 PTFE 表面氟原子含量、表面能和亲水性增加；

(2)用 ArF 激光器照射处在某气态物质氛围中的 PTFE，使该物质与 PTFE 表面发生基团反应，引入活性基团，改善黏结性；

(3)在激光器的直接照射下，观察空气中接触角的降低，当脉冲达到一定值时，接触角已不再明显变化。

根据PTFE用途不同，选择不同介质，如以$[B(CH_3)_3]_3$作反应物质，改性后表面是亲油的；以NH_3、B_2H_6、N_2H_4或H_2O_2作反应物质，改性后表面是亲水的或利用ArF激光引发，使PTFE表面脱氟，引发单体在其上聚合，形成接枝聚合物，附在PTFE薄膜表面[37,38]。

4. 辐照接枝改性

将PTFE薄膜置于苯乙烯、反丁烯二酸、甲基丙烯酸类等可聚合的单体中，经辐射引发单体在PTFE薄膜表面发生接枝反应，使薄膜表面形成一层具有活性的聚合物[39,40]。

张政朴等以PTFE纤维为基体通过^{60}Co辐射引发与丙烯酸接枝制备弱酸性阳离子交换纤维，得到功能基含量为3.06 mmol/g的纤维。该纤维在pH为5时，对Cu^{2+}的最大动态吸附量为107.48 mg/g，并具有优异的解吸附性能。

5. 硅酸改性

硅酸改性最早由Herr和Beck在1959年提出，在此基础上，Mohammed和Rossbach对该技术做了进一步改进，将PTFE先用$SiCl_4$处理，再经水解生成硅酸，利用硅酸使PTFE表面活化，该方法不会对PTFE材料表面造成任何破坏，在保留材料绝缘特性的同时使表面活化。但由于操作过程中，需要控制复杂的压力条件，且所需的设备复杂，实验条件的影响对表面改性结果影响很大，使得改性的重复性难以保证[41]。

7.3.2 填充改性

填充改性是在PTFE中加入填充剂，从而改善和克服纯PTFE的缺陷，在保持其原有优点的基础上，利用复合效应，改善综合性能。通过在PTFE树脂中添加金属类、无机非金属类及高分子类等不同填料来改善PTFE的耐压性、耐磨性和冷却性。填充后的制品与纯PTFE相比，耐压性提高5～10倍，耐磨性提高100倍，线性膨胀系数降低80%，导热性提高5倍，并且降低了体积电阻与表面电阻，主要应用于机械工业中无油润滑轴承、轴承垫衬、活塞环、机床导轨等。

1. 金属及金属氧化物填充材料

金属具有力学强度高、线膨胀系数小及导热性能好等优点，能改善PTFE的力学性能和摩擦、磨损性能，提高抗蠕变性、抗压强度、硬度和尺寸稳定性，主要填充剂包括铜、锑、铅、钼、镍、锡、铁等。另外，一些金属氧化物如PbO、Pb_3O_4、Cu_2O、ZnO、CuO和CdO等填料都对PTFE有很好的减磨效果，且能提高材料的承载能力，大幅降低PTFE复合材料的磨损。

2. 无机非金属材料

常用的无机填料主要有二硫化钼、石墨、碳纤维、玻璃纤维、陶瓷颗粒等。PTFE中添加MoS_2能明显改善耐磨性及尺寸稳定性，增加表面硬度；石墨填充的PTFE具有优良的耐化学药品性、压缩蠕变性和较好的热导性；碳纤维、玻璃纤维填料能显著改善复合材料的物理机械性能，提高复合材料的耐磨能力；陶瓷颗粒包括Al_2O_3、SiC、SiO_2、Si_3N_4、BN、B_2O_3等，陶瓷颗粒大多属于刚性填料，会增加PTFE复合材料的摩擦系数。

3. 纳米材料填充

纳米粒子对 PTFE 填充改性后，可以提高复合材料的性能，增加了材料的刚度和强度。同时，纳米粒子可束缚 PTFE 大分子的链间运动，防止大面积的带状磨损留；在材料表面磨损时脱黏的纳米填料因具有很强的表面活性，而易于与对偶结合形成细密的转移层，减缓复合材料的磨损。

7.3.3　聚合物共混改性

PTFE 与一般聚合物缺乏相容性，因此以 PTFE 为主的共混物很少。PTFE 可与四氟乙烯-六氟丙烯共聚物（FEP）共混，当共混物中含 FEP 10%～35%时，可显著提高拉伸强度。PTFE/聚对羟基苯甲酸酯共混材料是一种理想的耐高温、自润滑耐磨耗、耐腐蚀的机械滑动材料，特别适用于制作在高温、无润滑油、腐蚀性等苛刻条件下耐磨滑动零部件。聚苯硫醚（PPS）改性 PTFE 共混材料具有优良的耐蠕变性和尺寸稳定性，磨耗很小。

7.4　发展聚四氟乙烯纤维产业背景及战略意义

7.4.1　聚四氟乙烯纤维的应用

PTFE 纤维由于稳定、牢固的分子结构，具有很高的拉伸强度和压缩强度，相当高的密度（2.2 g/cm^3），以及独特的物理、化学和热学性能，可用于普通纤维不适用的领域。PTFE 纤维可生产各种线密度的纤维、具有长丝线密度和短纤长度的复丝、短纤和短绒，可梳理、拉绒、编织、机织及针织成面料，被广泛应用于机械、电子电器零部件、石油化工、纺织、垃圾焚烧及航空航天等领域，各主要消费领域的使用情况大致为：石油化工 33%、机械 24%、电子电气 12%、轻工日用品 10%、纺织 6%、建筑 4%、航空航天 2%[42]。

1. PTFE 针刺滤料

空气净化用纤维材料一般需具有孔径小、孔隙率高、孔径联通性好、透气性好等优点，不仅能过滤微粒，对于尺寸更小的病原体、吸附性气体污染物等也应有较好的过滤效果。长期以来，我国垃圾焚烧、电力行业燃煤锅炉、水泥和玻璃窑等建工、冶炼、化工行业所使用的烟尘控制以及物料回收设备，由于采用的过滤材料不能解决恶劣工矿下寿命短的问题，难以满足设计要求，造成烟尘排放量居高不下，空气严重污染，严重影响行业发展及国民健康[44-46]。在烟道除尘领域还要求纤维耐温和抗腐蚀性能好，耐温不低于 100～250 ℃，纤维断裂强度大，一般不小于 4 cN/dtex，纤维钩接强度应较高，断裂伸长率应在 15%左右。此外，还需具备高性能化和多功能化，有自清洁、抗菌除臭、耐高温、耐酸碱、耐溶剂、阻燃等性能。

目前，耐高温针刺毡过滤材料主要有合成纤维（如芳纶、聚苯硫醚纤维、聚酰亚胺纤维）、无机纤维（如玻璃纤维、陶瓷纤维、碳纤维）和金属纤维等。但应用中往往会涉及一些非常极端的工况，如垃圾焚烧炉尾气。高温、高湿、化学腐蚀性强；燃煤、燃气锅炉富含高黏性粉尘的高温烟气，经常造成烧袋、糊袋、腐蚀等问题；火电厂燃烧高硫煤后，产生高温、高含硫、重腐蚀性气体；城市热电供应锅炉频繁启停操作，导致炉内出现低温结霜，停炉后的露点氧化反应会使滤料过早脆化，降低使用寿命[43]。

PTFE 纤维所具有的热稳定性、耐化学腐蚀性及抗穿刺能力、微孔、大比表面积等特性，使其适用于过滤材料，通过纯纺或与其他耐高温纤维混用制成高温复合过滤毡。PTFE 纤维复合针刺毡过滤材料具有突出的耐腐蚀性、耐高温性，耐折、耐磨、耐久性好，尺寸稳定性好，强度高，不吸水、过滤效率高、粉尘剥离性好等特点。PTFE 纤维还可以经过不同的化学处理及后整理方式，满足特殊行业工况，如高温、高湿、化学腐蚀性烟尘、高黏性粉尘净化的过滤要求，延长在恶劣条件下的使用寿命，降低设备运行阻力与成本。PTFE 短纤维加工而成滤布经覆膜后制备的高性能覆膜滤袋，可控制 PM2.5 的排放高达 99.995%以上，粉尘浓度可控制在 10 mg/m^3 以下，是我国垃圾焚烧行业的首选滤袋[44-46]。

2. 轴承与低摩擦率零部件

轴承、低摩擦元件、轴衬是 PTFE 长丝和织物的主要应用领域，产品具有免维护、低摩擦率、耐热、耐化学腐蚀和使用寿命长等优点，特别适用于强载荷、交变负载或低速运转的传动系统。广泛用于必须采用载荷强、免维护、体积小及重量轻的轴承的特种工业及国防、航天工业领域[43]。但 PTFE 纤维的热导率低，热膨胀系数较大，不宜散热，可通过在纤维中添加石墨粉来改善；也可将热塑性、热固性或弹性的树脂掺入 PTFE 纤维中，制成性能更佳的滑动轴承表面。例如，美国 DuPont 公司开发了添加 PTFE 纤维的缩醛树脂。

食品加工机械中使用 PTFE 纤维可消除湿式和多油式带来的污染，确保食品卫生安全。漂白的 PTFE 纤维已经通过美国食品和药品管理局(FDA)认证[47]，使用温度为 0～260 ℃，鉴定为一种惰性和保持弹性的物质，可用于制造传送带，具有卫生、无凸出表面、不黏等优点。

3. 润滑材料

PTFE 柔软、摩擦系数低，耐高低温，可在 −200～260 ℃ 较广温度范围内使用，但与其他合成纤维（如聚酯、聚酰胺）相比，PTFE 纤维强度较低、耐磨性较差，限制了它在机械等领域的应用。常用 PTFE 纤维与碳素纤维或芳纶混合编织成润滑材料，在 PTFE 中混杂芳纶纤维既能保持较好的润滑效果，又提高了材料的耐磨性，使承载能力提高，磨损量减少，使用寿命延长。

4. 密封填料

软填料密封是广为应用的一种密封形式，固体润滑材料依靠材料本身或其转移膜的低剪切特性，而具有优良的抗磨性，使润滑材料能有效吸附并渗透到金属表面的微孔中或凹凸不平的摩擦表面，形成一层牢固的化学吸附膜，使金属表面光滑致密、摩擦系数低、摩擦生热小，抗压、抗磨、抗腐蚀[48]。PTFE 纤维密封填料的主体材料为 PTFE 纤维，根据生产工艺的不同，从色泽上分为深褐色和白色两种，前者是用载体法生产的 PTFE 纤维，后者是 PTFE 膜裂纤维。两种纤维性能差异较大（见表 7-6[49]），前者优于后者，尤其是在强度方面。

表 7-6　PTFE 纤维填料的性能[49]

纤维种类	拉伸强度/MPa	伸长率/%	压缩强度/MPa	摩擦系数	线速度/(m·s^{-1})	耐热性/℃	使用寿命/h
载体纺丝纤维	290	13	410	0.01	15	300	8200
膜裂纤维	14	260～350	15	0.02	8	160	2000

在同种工况条件下，与其他填料相比，PTFE 纤维填料寿命高出十几倍，可减少更换次数，节省维护费用。PTFE 填料的摩擦系数小，对接触部件磨损少，同时在运转中扭矩小，减少了能耗，温度适应范围大，具有很好的化学稳定性，除了熔融的金属钠外，一般能适用于所有的酸碱和溶剂等介质。PTFE 纤维相比树脂，耐热性、化学稳定性、自润滑性和蠕变性等都有成倍的提高，在高压、高强度腐蚀流体密封中更凸显优势。

填料的摩擦系数不仅影响运动轴的力矩，而且影响填料的密封性能，直接决定了填料的使用寿命。对于不同的用途，生产过程中还应赋予纤维不同的卷曲性、压缩性、收缩性及滑动性。一般来说，纯 PTFE 纤维填料用于需要高纯度填料的领域，如食品工业、原子能厂及供养部门等；PTFE 树脂因其能制成刚性强的填料，分散涂层填料可用于阀门，在高压条件下使用；用硅油浸渍的 PTFE 填料，通常用于动态部件；石墨涂层 PTFE 纤维制成的填料，常用于滑动速率高及热传递量大的场合。在加工过程中，添加剂的加入有可能会影响填料的密封性能，因此，需要针对各种不同工况条件，选择适合的 PTFE 纤维，并使用恰当的添加剂和编织方式才能生产出适合的密封填料。

5. 交通工具

PTFE 纤维广泛用于交通工具制造，具有免保养、轻便、使用寿命长的优势。例如，将 PTFE 纤维用于车辆底盘和游艇方向舵系统，能节省空间，消除底盘辗轧噪声，极好地延长使用寿命；利用 PTFE 纤维制造车窗导轨，滑动性能好，功耗小，进而促进车窗升降马达体积减小，降低成本。

6. 纺织工业

PTFE 纤维制成的高性能缝纫线，适用于热气体过滤制品的缝纫和对收缩强度、耐热和耐化学腐蚀要求高的制品的缝制，还可用于耐磨服装的耐擦伤拼料。例如，运动袜上的 PTFE 纤维拼织部分可减少皮肤与袜子间的摩擦，从而避免因摩擦而产生的水肿。在海外，橄榄球运动员、自行车运动员、足球运动员和步兵等用的袜子已经商品化[48]。

7. 航空航天

PTFE 纤维在尖端科技、国防工业等领域也有广泛的用途，其制成的增强塑料可作为飞机和其他飞行器的结构材料，也可作为火箭发射台的屏蔽物。

PTFE 纤维织物耐磨材料是以 PTFE 纤维织物作为表面层，金属或非金属材料为基体，通过黏接形成的一种自润滑材料，其承载能力好、摩擦系数低、摩擦生热小、耐磨寿命长，适用于制作衬套和护环瓦等受力零部件的摩擦面材料[50]。PTFE 纤维还可用在航空航天和其他高标准电缆线上，作为可弯曲包覆变频电缆的编结绳，用于扁形电缆。宇航服要求保护宇航员免受冷热、微流星体、压力波动、宇宙射线等的危害。其中，气密限制层的结构分为气密和限制两个部分，限制层采用聚酰胺纤维、PTFE 纤维与芳纶共同构成；防撕裂层的主要材料包括芳纶、PTFE 纤维织物，NASA 的宇航服的防撕裂层就是由 NOMEX 和 PTFE 纤维交织而成。

8. 医疗卫生

PTFE 纤维本身没有任何毒性，仅在被加热到 200 ℃以上时，才可能释放少量毒气，用作人造器官非常安全，加之其出色的抗微生物、抗菌性、挠曲寿命长及零回潮率的特性，可用于医疗卫生领域。

美国 W. L. Core & Associates. Inc. 公司开发了一种 PTFE 膨化纤维，命名为 Gore-Tex Expanded Rastex，强度为 2.85～3.05 cN/dtex，模量为 9 GPa，具有良好的耐摩擦性和挠曲性能，用于制造人工韧带。将该纤维以多股的形式编织或机织，再经一定的加工，固定在相邻两骨头之间，具有良好的韧带功能。

美国 DuPont 公司开发 PTFE 纤维作为弥补或置换心瓣膜材料的主要组分，将 PTFE 针织物环绕在心瓣膜周围，因 PTFE 纤维具有优越的流体密封特性，故可起到弥补或取代心瓣膜的作用。

9. 废水处理

来自于采矿、电镀、冶金、化工等工业排放的废水和固体垃圾填埋场的渗滤液富含多种重金属离子，会导致严重的环境污染。以 PTFE 纤维为基体，通过辐射引发与丙烯酸接枝制备弱酸性阳离子交换纤维[49]，因引入了具有—COOH 功能基的单体，获得了具有优异吸附性和耐腐蚀性的离子交换纤维材料，不仅吸附性能良好，还能在比较苛刻的条件下使用，离子交换容量可达 5.2 mmol/g，对于重金属离子 Pb^{2+}、Cu^{2+} 都具有很好的吸附性能，对前者的吸附可达 505 mg/g，后者可达 129 mg/g。

10. 其他应用

PTFE 纤维在其他领域的应用也非常广泛，如 Hoechst 公司生产的 Hostaflon TF PTFE 纤维可用于制造层压玻璃，作为屋顶结构片材；与羊毛混纺，生产高级耐酸工作服；与 PET 混用，制造高性能非织造布等；PTFE 纤维还应用于对耐热、耐磨性能要求极高的照相、影印设备的零部件上，用其制成的清洁滑板、刷子、滚筒和润滑毡等，可提高装置运转速率、降低噪声、增加可靠性；在海水电解生产氢氧化钠和氯气方面也非常有用；还可用于桥梁及其他建筑构建的免维护伸缩接头。

7.4.2 国外聚四氟乙烯纤维产业发展现状

PTFE 纤维，最初由美国 DuPont 公司研发，是最早工业化的特种合成纤维，商品名为 Teflon，其品种有单丝、复丝、短纤维及膜裂纤维，特别适用于具有耐热和耐化学腐蚀要求高的领域。奥地利 Lenzing 公司于 20 世纪 70 年代开发出了 PTFE 膜裂纤维，其强度接近乳液纺丝法纤维的水平，生产效率极高。

美国 W. L. Core & Associates. Inc. 公司针对现有 PTFE 纤维强度太低的缺点，开发了 GORE-TEX 和(GORE)TENARA 的 PTFE 面料[51]，以高强度膨化聚四氟乙烯(ePTFE)纱为骨架(其骨架材料是将 ePTFE 膜先切割成条，再加捻成纱，然后织布)，表层再覆以氟聚合物膜，形成 100% 氟聚合物膜结构材料，强度达到了 5.4 cN/dtex，超过目前 PTFE 纤维 50%，因而具有更广的使用范围。表 7-7 列举了美国 GORE 公司的 PTFE 纤维与其他纤维各方面性能的对比[20]。

表 7-7　美国 GORE 公司 PTFE 纤维与其他纤维性能对比

纤　维	耐酸性	耐碱性	抗紫外辐射性	热稳定性	阻燃性	耐水解性	耐磨性	弯曲疲劳性	低摩擦系数
聚四氟乙烯 GOREPTFE	★	★	★	★	★	★	★	★	★
聚醚醚酮 PEEK	△	★	○	★	★	△	△	△	△
聚苯硫醚 PPS	△	★	△	△	★	★	○	○	○
液晶聚合物 LCP	△	△	○	△	★	△	★	○	△
芳纶 1414 Para-Aramid	○	△	○	★	★	○	○	○	○
芳纶 1313 Meta-Aramid	○	○	○	★	★	○	△	○	△
聚对苯撑苯并二恶唑 PBO	○	○	○	★	★	○	○	○	△
超高分子量聚乙烯 UHMW PE	△	△	△	○	○	★	★	★	△
聚酯 Polyester	○	○	○	○	○	△	○	★	○
聚酰胺 Nylon	○	○	○	○	○	○	△	★	○

注：★-很好，△-较好，○-较差。

该工艺保证了膜材可以达到一定的拉伸强度，特别是撕裂强度远远高于玻纤或涤纶为骨架的材料。该材料的另一特点是色泽可长久保持洁白，易清洗，透光率好，减少照明用电。现已广泛用于织制疏松薄织物，并与耐高温针刺毡配套使用过滤高温气体，织造建筑建材、航空航天装备和汽车织物，以及用于生产需同时满足耐化学腐蚀、抗紫外线、抗高温和高强度等极恶劣工况下装备[52]。

奥地利 Lenzing AG 公司发明了一种新型 PTFE 牙线[53]，这种丝线主要使用低原纤化模塑成型的 PTFE 包芯纱制成，这种新型纱线柔软，还具有良好的清洁效果。美国专利 6238605 报道了一种 PTFE 牙线的生产方法，将 PTFE 夹在两根压辊之间制成扁丝，纤度一般在 600～1200 dtex间，拉伸方向上的韧度为 2.1～2.6 cN/dtex，密度为 16～18 g/cm^3。

美国 DuPont 公司开发的 Tefaire 过滤毡是 PTFE 纤维与超细玻璃纤维混合进行针刺而成的复合过滤材料[54]。这种 Tefaire 过滤毡以 100% PTFE 长丝织物作为骨架材料，加入超细玻璃纤维，使得过滤毡有效面积成倍增加，而且降低了毡的孔隙率，提高了过滤效率，保留了PTFE滤料的特点。Tefaire过滤毡比100% PTFE针刺毡有更好的透气性，所以在相同过滤速度下，其过滤阻力要小得多；但这种滤料耐碱性差，碱处理后滤料中玻璃纤维的强度几乎为零。虽然玻璃纤维耐折性能差，但PTFE纤维有很好的润滑性，能够减少玻璃纤维在加工中的机械损伤，所以Tefaire过滤毡相对纯玻璃纤维滤料有较好的耐折性能。在250 ℃下苛刻的化学环境中，Tefaire过滤毡连续使用寿命达4年。

俄罗斯在开发多种含氟纤维方面也颇有成效，其中包括氟乙烯-六氟丙烯共聚纤维。欧美和日本不仅在PTFE纤维传统的化工、电力和环保等应用领域已经展开了深入研究，而且在医疗卫生方面的应用研究也走在了世界的前列。目前，世界上较大的PTFE纤维生产厂家主要有美国DuPont公司、英国ICI公司、日本大金公司和德国Hoechst公司。

2014年，市场上曾一度出现"PTFE纤维将用于4D打印技术，未来或迎爆发式需求"的传言，在一定程度上刺激了行业的上行发展。2015年，美国专利商标局公布了一项苹果公司最新专利申请，名为"防止导光板刮痕失真的体系和方法"，该专利详述了使用自我修复PTFE涂层来保护屏幕表层的可能性，从而避免PTFE纤维苹果产品显示屏呈现失真的情况。

7.4.3 我国聚四氟乙烯纤维产业发展现状

我国的PTFE生产与研究起步较早，但由于受制于多种因素，长期以来生产规模和工艺技术整体水平较低。1964年，原化工部在上海合成橡胶研究所建成了30 t/a PTFE装置，生产出了合格产品。由于我国氟石资源丰富，约占世界总储量的1/3，加上进入21世纪后国内需求快速增加，我国的PTFE工业开始步入快速发展的阶段[55]。2014年我国PTFE产能119 240 t，与2010相比年均增长率为13.32%，产量91 608 t，年均增长率为15.16%；2014年我国PTFE出口21 660 t，进口6336 t，表观消费量为76 283 t，年均增长率为19.97%。"十二五"期间，我国自主开发了万吨级四氟乙烯生产装置成套技术，8 m^3悬浮聚合釜、4 m^3分散聚合釜和8 m^3捣碎洗涤装置等设备，并成功应用于工业化生产，装备技术已接近国际先进水平，但是配套加工工艺方面尚有差距，比较进出口平均价格，发现进口价格较出口价格高出近40%，甚至更高，这一表观现象折射出我国PTFE产品结构不合理，大量产品为普通化、大众化通用品种，缺乏高端特种领域产品。在高产能、高产量背后，并不能以高性能、高精尖、高技术作为支撑，存在的问题不仅仅局限于PTFE纤维或树脂生产，而是整个国内氟化工行业都面临的亟待突破的瓶颈。

由于PTFE自身的理化性质导致难以加工这一技术瓶颈，使我国曾有相当长的时期不能生产PTFE纤维。我国的PTFE纤维研究起步较晚，而且由于客观因素的影响，发展初期又受到一定的制约，所以不论是科研还是生产都与发达国家存在一定的差距。如今，在PTFE纤维市场上已经有近百个品种，但耐高温PTFE纤维的生产仍主要依靠从国际市场进口。从国内市场技术方面看，自主研发、原始创新技术的比例较低，总体上处于初、中级水平，与国外先进水平相比还存在一定的差距，高端产品差距更大。目前，我国虽然已经实现了PTFE滤料的自主工业化生产，将 PTFE 长纤维用于编织基布，短纤维覆在基布表面经加工制成针刺毡，但是仍然存在梳理、成网困难等问题[56]。综合来看，起步较晚、行业发展早期不规范、市场培育引导不足、消费者对 PTFE 纤维纺织品接受度不高，都是影响我国 PTFE 纤维产业发展的原因。

自 20 世纪 90 年代中期起，上海凌桥环保设备厂就组织科技人员开展 PTFE 纤维技术研发和生产设备的攻关研究。经过十多年的试验和改进，技术人员成功开发出 PTFE 均匀立体加工制膜工艺技术。产品有纯 PTFE 覆膜滤料，由 PTFE 基布与 PTFE 短纤维制成，采用针刺技术，穿透式高温热定型，确保低收缩率，辅以 ePTFE 覆膜后处理，抗腐蚀能力出色，耐 250 ℃高温，耐酸耐碱，不氧化、不水解，使用寿命可长达四年。

浙江理工大学、总后勤部军需装备研究所、上海金由氟材料股份有限公司、浙江格尔泰斯环保特材科技有限公司等单位共同开发了 PTFE 纤维用膜生产技术、PTFE 膜裂纤维长丝和短纤生产技术以及 PTFE 高精度梯度滤料生产技术及成套生产设备，研制了纯 PTFE 纤维梯度覆膜滤料系列产品，实现了高温烟尘中 PM2.5 和二噁英的有效隔离，突破了高性能滤料使用寿命短的技术难题，达到长丝产能 2300 t/a，短纤产能 2200 t/a。该工艺中，PTFE 树脂经多次混合、多步加压、多道拉伸等环节，解决了膜生产过程中微孔控制和厚度不均匀等技术难题。此外，该项目还开发出温度梯度控制非等速、变幅宽、多道拉伸、膜裂分纤等多项新技术，由此提高了膜裂法生产 PTFE 纤维的强度和线密度均匀性。其中，PTFE 长丝以超细短纤作为迎尘层的过滤材料，集尘率 99.99%，生活垃圾焚烧中二噁英排放低于 0.1 ng-TEQ/m^3（TEQ：国际毒性当量），烟尘低于 4.30 mg/m^3；燃煤电厂烟尘在 12～15 mg/m^3之间，烟尘和二噁英排放浓度达到国家和欧盟相关标准要求。2009 年公司生产垃圾焚烧炉的袋式除尘器滤料中所使用的 PTFE 长纤维为 40 t，短纤维的用量则达到 240 t，占国内垃圾焚烧行业用量的 91%。

上海金由氟材料股份有限公司利用 PTFE 纤维开发出了高效长寿命耐高温的新颖滤料[57]，其特征在于经向纤维线由玻璃纤维拼捻为束而成，纬向纤维线由 PTFE 纤维束和玻璃纤维束拼捻成。该过滤毡与传统的滤料相比具有耐温性优越，可耐 250 ℃高温；耐酸碱性强，抗氧化性好；表面光滑，易清洁，运行阻力低；具有良好的低摩擦性、难燃性、绝缘性和隔热性；过滤效率高，使用寿命长。

上海材料研究所[58]研制了一种以非石棉纤维、橡胶、无机填料增强的 PTFE 密封材料，并用其夹衬金属制成复合密封材料。该复合材料具有高的机械强度，良好的压缩回弹性，优良的密封性能，并具有耐油、耐水等特性。主要应用于汽车工业，如发动机气缸垫片、进气垫片、汽车变速箱、油泵、水泵、空压机、油底壳等各类密封垫片。可替代进口产品，为汽车工业提供性能优异的密封材料。该材料的技术性能达到国际同类产品的技术指标，同时符合美国 SAE 技术条件。并经中试批量生产试验和实地应用考核，证明材料配方合理、工艺稳定、技术路线可靠；该材料还可广泛用于石油化工、船舶工业、摩托车制造业、冰箱压缩机等领域。

目前，世界 PTFE 纤维总产量约 2000 t/a，国内企业成功实现 PTFE 纤维生产从无到有的突破后，产品质量已可与国际同类媲美，部分性能超过国外。与国际上 PTFE 纤维每吨约 100 万元的价格相比，国产 PTFE 纤维产品价格仅为进口的 1/3。

7.5　发展我国聚四氟乙烯纤维产业的主要任务及发展方向

氟化工是资源、技术、资金密集型产业，该产业在我国起始于 20 世纪 50 年代，经过 60 多年发展，形成了氟烷烃、含氟聚合物、无机氟化物及含氟精细化学品四大类产品体系和完整的门类。21 世纪以来，我国的氟化工行业高速发展，取得了令人瞩目的成就，氟化工已成为国家战略新型产业的重要组成部分，同时也是发展新能源等其他战略新型产业和提升传统产业所需的配套材料，对促进我国制造业结构调整和产品升级起着十分重要的作用。

“十三五”将是我国氟化工产业“转型升级，创新发展”的关键时期，国家实施的“一带一路”倡议和《中国制造 2025》战略，坚持创新驱动、智能转型、强化基础、绿色发展，加快从制造大国向制造强国的转变，为氟化工行业发展提供了千载难逢的机遇。随着纤维材料的快速发展与专业细分，定制化产品，满足消费者多元化需求，践行低碳、绿色、环保理念，实现纤维与人、纤维与环境的和谐相处必将成为发展的潮流。中国制造 2025 的核心概念在于提高生产链的灵活生产能力，同时生产自动化，将进一步地实现分工细化，提高整个产业的协同效用。一切从终端市场需求出发，将丰富的产品系列投入到市场上，根据客户反应，对产品进行升级迭代，创造新价值，将人工智能、互联网、云制造等现代化制造技术运用到其中，实现柔性生产线升级和供给侧改革。加快产品结构调整与升级，以市场需求为导向，加强宏观调控；以技术创新为依托，提升产业层次，降低原料消耗和能耗，实施清洁生产，实现产品精细化、系列化、集群发展，合理布局，突出重点，优化资源配置，向优势企业集聚，形成几家有特色的龙头企业，提高抗风险能力和国际竞争力，重点增加技术含量高，高性能、高附加值，成长性好的产品，替代进口，满足内需。

随着城镇化和工业的发展，全球范围内的水体和大气污染日益严重。一方面，由于全球性水资源的短缺，污水处理问题越来越引起人们的重视。特别是我国的水污染情况日益严重，仅纺织印染行业，每年废水排放量高达 25 亿 t，加之我国水资源短缺，对废水的处理和再次利用就显得非常重要。另一方面，根据世界卫生组织报道，每年城市中有超过 200 万人因空气污染而死亡。PM2.5 粒子粒径小，漂浮能力强，在大气中停留时间长、输送距离远，比表面积大，可携带大量有毒、有害及重金属物质，对人体健康和空气质量影响极大，是对人体呼吸道及肺外器官造成危害的主要诱因。从根源上断绝污染物排放的同时，采用过滤吸附以拦截空气中有害颗粒是治理空气污染的有效手段之一。其中，新型纤维材料分离及防护技术是当前公认最有效实现烟气除尘、脱硫脱硝、硫尘过滤与捕集，以及空气洁净、汽车尾气、PM2.5 等高效过滤和个体防护的途径。

PTFE 纤维及滤料被中国环境保护产业协会评为“2011 年国家重点环境保护实用技术”，入选 2015 年工信部节能和综合利用司发布的《国家鼓励发展的重大环保技术装备目录》，将为落实国务院《大气污染防治十条措施》和《大气污染防治行动计划》提供技术和材料支撑。2016 年全国两会，雾霾治理再次成为热议焦点，将 PTFE 纤维应用于雾霾环境治理的话题再度引起关注。近年来，过滤材料的年销售额超过 30 亿美元，面对市场所需要的高效、低耗产品，纤维膜分离材料、纤维吸附材料和非织造材料等的创新利用将起到至关重要的作用，过滤市场将拥有空前的发展机遇。预计"十三五"期间，PTFE 产品主要将在线缆、节能环保领域中加大应用，预测其需求量将保持 8%左右的增长速度。氟化工行业"十三五"发展规划中指出，"十三五"期间要适度控制通用氟聚合物规模的增长，至 2020 年，我国含氟聚合物总产能控制在 26 万 t 左右，年均增长率 5%左右，产量控制在 21.4 万 t 左右，年均增长 8%左右。其中，PTFE 产能控制在 16 万 t，年均增长 5.02%，在氟聚合物中占比由 70%下降至 68%，产量控制在 14 万 t，年均增长 7.32%，占比由 73%下降至 71%。

参考文献

[1] MARSCHE M, SCHICK W. PTFE 纤维：通过专利生产技术获取的特性[J]. 国际纺织导报，2006，(12)：4-6.

[2] 韩晓燕. 聚四氟乙烯的辐照接枝改性及其应用[D]. 天津：南开大学，2009.

[3] 何正兴. 国产聚四氟乙烯纤维的特性与应用[J]. 合成纤维，2007，(4)：16-18.

[4] 张磊. 聚四氟乙烯纤维的制备与表征[D]. 上海：东华大学，2014.

[5] 付海梅. 聚四氟乙烯先进生产工艺[D]. 北京：北京化工大学，2006.

[6] 张明霞，曲丽君，王金泉，等. 聚四氟乙烯膜裂纱的性能分析[J]. 棉纺织技术，2009，37(2)：74-77.

[7] 申建明. 特氟纶纤维的特性与应用[J]. 国外纺织技术，2001 (1)：8-10.

[8] WIMMER A. 氟聚合物纤维满足非织造布技术要求[J]. 技术创新，2004 (11)：27-30.

[9] 江辉，齐鲁. 耐高温阻燃纤维的现状与展望[J]. 合成纤维工业，2003 (3)：41-43.

[10] 曲丽君，张明霞，郭肖青，等. 聚四氟乙烯的燃烧性能分析[J]. 棉纺织技术，2010，38(4)：9-11.

[11] 胡友斌，安源胜，赵小平. 聚四氟乙烯纤维性能及其制造工艺[J]. 化工新材料，2009，9(37)：24-25.

[12] 李建强，刘宏. 氟纶纤维的特性、应用及鉴别检验[J]. 中国纤检，2002 (9)：22-24.

[13] 付海梅. 聚四氟乙烯先进生产工艺[D]. 北京：北京化工大学，2006.

[14] 郭玉海，张华鹏. 聚四氟乙烯纤维加工技术[J]. 高分子通报，2013，10：80-88.

[15] 申建鸣. 碳氟化合物纤维和纱线[J]. 国外纺织技术，2001，(2)：21-23.

[16] KUZHAROV A S. Polytetrafluoroethylene fiber-based composite antifriction coatings[J]. Industrial & Engineering Chemistry Research，1993，32(5)：763-773.

[17] OCHOA I, HATZIKIRIAKOS S G. Paste extrusion of polytetrafluoroethylene (PTFE)：Surface tension and viscosity effects[J]. Powder Technology，2005，153(2)，108-118.

[18] 郭玉海，孙润军，薛刚. 聚四氟乙烯纤维的制备方法[P]. CN1962917A. 2007-05.

[19] 陈念. 国外聚四氟乙烯纤维的开发和应用[J]. 产业用纺织品，1992 (3)：15-19.

[20] 胡友斌，安源胜，赵小平. 聚四氟乙烯纤维性能及其制造工艺[J]. 化工新材料，2009，9(37)：24-25.

[21] 马训明，郭玉海，陈建勇，等. 聚四氟乙烯纤维的凝胶纺丝[J]. 纺织学报，2003，30(3)：10-13.

[22] 黄雅夫，周钦俊，周钦杰. 聚四氟乙烯纤维及制造[P]. CN1676688A，2005，10.

[23] BENBOW J J, BRIDGEWATER J. Paste Flow and Extrusion[J], Oxford University Press, NY, 1993.

[24] Mazur S. Paste Extrusion of Polytetrafluoroethylene Fine Powders. Polymer Powder Technology[J], John Wiley and Sons, NY, 1995.

[25] 何正兴，陆小强，李仕金. 高强度聚四氟乙烯纤维及制造工艺[P]. CN1966786A，2007-5-23.

[26] OCHOA I, HATZIKIRIAKOS S G. Polytetrafluoroethylene paste preforming: viscosity and surface tension effects[J]. Powder Technology, 2004, 146(1-2):73-83.

[27] SHIMIZU M. Process of Making PTFE Fibers[P]. US5686033. 1997-11-11.

[28] 日立电线株式会社. 聚四氟乙烯的高强度纤维及其制造方法[P]. CN1118387，1996-3-13.

[29] 张明霞. 聚四氟乙烯膜裂成纱工艺及其性能研究[D]. 青岛：青岛大学，2009.

[30] 郭玉海，来侃，孙润军. 聚四氟乙烯纤维的凝胶制造方法[P]. CN1970857A. 2007-5-30.

[31] 大金工业株式会社. 膨松聚四氟乙烯长纤维及膜裂丝、其制造方法、使用其制造棉状物的方法及集尘用滤布[P]. CN1152948，1997-6-25.

[32] 郭志洪. 可熔性聚四氟乙烯纤维的制备与性能表征[D]. 上海：东华大学，2013.

[33] 金莹，姚蓉晖，朱友良. 可熔性聚四氟乙烯的制备[J]. 化工生产与技术，2004，(2)：1-4.

[34] MOHAMMED M A, ROSSBACH V. Surface activation of polytetrafluoroethylene by bonding of polymeric silicic acid[J], Journal of Applied Polymer Science, 1993, 50(6): 929-932.

[35] SHOJAEL A, GHOLAMALIPOUR S. Effect of chemical treatment of Teflon powder on the properties of polyamide 66/Teflon composites prepared by melt mixing[J]. Macromolecular Research, 2011, 19(6): 613-621.

[36] 刘学恕. 低温等离子体对聚四氟乙烯表面处理的研究[J]. 化学与黏合，1985，94：2-5.

[37] NIINO H, YABE A. Surface modification and metallization of fluorocarbon polymers by excimer laser processing[J], Applied Physics Letters, 1994, 63(25): 3257-3529.

[38] HOPPA B, FRESZB N, KOKAVECZB J, et al. Adhesive and morphological characteristics of surface chemically modified polytetrafluoroethylene films[J]. Applied Surface Science, 2004, 221(1-4): 437-443.

[39] 许观潘，罗云霞，杨弘. 聚四氟乙烯微粉辐照接枝苯乙烯的 XPS 研究[J]. 高分子学报，1994，2：226-228.

[40] 李慧. 辐照接枝聚四氟乙烯基酸性离子交换纤维的制备及其性能研究[D]. 天津：天津工业大学，2004.

[41] 谢江苏. 聚四氟乙烯的改性及应用[J]. 化学新型材料，2002，30(11)：26-30.

[42] 郭志洪，林佩洁，王燕萍，等. 聚四氟乙烯纤维的成型方法[J]. 合成技术及应用，2011，6(26)：28-32.

[43] 魏征，王妮. 特氟纶纤维的生产、性能与应用[J]. 陕西纺织，2002 (1)：43-45.

[44] 黄斌香，黄磊. 聚四氟乙烯在垃圾焚烧烟气除尘中的应用[J]. 中国环保产业，2006 (4)：25-27.

[45] BEHRENDT T. Preparing Modern Concepts for Wastes Management[C]. Shanghai: International conference on Energy and environment, 1995: 58-60.

[46] ALEXANDER M, ROB F, CSILLA Z W. Architectural Fabric Structures: Exploration, Modeling and

Implementation[C]. National Textile Center Annual Report，2001：1-9.

[47] 鲍萍，王秋美. 特氟纶纤维的制造、性能与应用[J]. 产业用纺织品，2003，21(4)：35-37.

[48] 胡萍，姜明. 聚四氟乙烯芳纶纤维密封润滑材料结构表征[J]. 润滑与密封，2006 (6)：133-134.

[49] 魏俊富，胡容霞，张政朴. 聚四氟乙烯基离子交换纤维及其对 Pb2＋、Cu2＋吸附性能研究[D]. 天津工业大学学报，2005，24(1)：4-8.

[50] 任忠梅，王庆华，武中德，等. 聚四氟乙烯纤维织物耐磨材料的摩擦学特性研究[J]. 摩擦学学报，2002，22(3)：193-196.

[51] DONCKERS M. Thermally Stable Polytetrafluoroethylene Fiber and Method of Making Same[P]. US2008066854，2008-1-24.

[52] 沈元，沈新元. Gore:强度更高的 PTFE 纤维[J]. 国际纺织导报,2001 (4)：34.

[53] LENZING A G. Polytetrafluoroethylene Dental Floss[J]. Advances in Textiles Technology，2002 (4)：12.

[54] 范立君. 高温高湿袋除尘器滤袋使用寿命浅析[J]. 水泥,2007 (2)：46-48.

[55] 吕楠. 聚四氟乙烯生产现状及改性进展[J]. 有机氟工业，2004 (2)：10-13.

[56] 罗亚敏. 我国含氟材料产业现状和发展趋势[J]. 化工新型材料，2010，38(11)：31-34.

[57] 黄斌香，黄磊. 高效长寿命耐高温的新颖滤料[P]. CN200710172988，2009-7-1.

[58] 上海材料研究所. 特种纤维增强复合密封材料的研究[J]. 机电产品开发与创新,1999(3).

第8章 碳纳米管和石墨烯纤维

现代科技的快速发展,推动了航空航天、军事、能源、医药、生物科技等多个领域对于纤维材料的要求。航空航天领域需要高强度、低密度的纤维材料;军工领域需要耐氧化性好、化学稳定性高且耐腐蚀性的纤维材料;能源领域要求兼具高导电性和电化学活性的纤维材料;医学领域需要类似肌肉的纤维材料制成"人工肌肉""人体器官"等。对纤维的需求推动了这一科研领域的发展,在过去的数十年内,新型高性能纤维材料的开发始终吸引着无数研发者。碳纳米管和石墨烯作为一种新兴材料越来越多地进入了人们的视野,越来越多研究者尝试将碳纳米管和石墨烯用于制备一维纤维材料。

8.1 碳纳米管纤维

碳纳米管作为富勒烯家族新成员,自 1991 年被发现以来吸引了研究者们的广泛关注[1]。碳纳米管可分为单壁碳纳米管和多壁碳纳米管。多壁碳纳米管由一系列间距约为 0.34 nm 的同心单壁碳纳米管组成[2]。实验和理论研究均得出结论:由于较强的 C—C 共价键和独特的原子结构,碳纳米管具有极好的机械和物理性能。例如,它们的弹性模量和强度大约为 1.0 TPa 和 50 GPa[3]。单壁碳纳米管的电导率高达 10^6 S/cm,高于铜的电导率[4],多壁碳纳米管的为 3×10^4 S/cm[5]。多壁和单壁碳纳米管的室温热导率分别为 3000 W/(m·K)和 3500 W/(m·K),这远高于体状的石墨的热导率 2000 W/(m·K)[6]。碳纳米管优良的机械和物理性能为研究人员开发基于碳纳米管的高性能宏观体如碳纳米管矩阵、膜和纤维提供了动力。与单个碳纳米管相比,碳纳米管宏观体更加便于使用。碳纳米管在这些宏观体中大多平行排列。很多研究者都致力于碳纳米管宏观体的机械和物理性能研究。碳纳米管纤维由沿纤维轴取向且高度堆积的碳纳米管组成,它们的模量和强度比商品化的碳纤维和聚合物纤维要高得多[7,8]。与一些商品化的纤维相比,碳纳米管纤维更加柔软,并且具有更高的断裂能。另外,碳纳米管纤维具有更高的电导率和热导率。由于具有这些优良的性能,碳纳米管纤维可能在增强复合材料、机械工程、生物传感器、输电线路和微电极等方面具有潜在的应用。

8.1.1 碳纳米管纤维的制备

在制备碳纳米管纤维的过程中一个关键性问题是如何使碳纳米管沿着纤维轴取向。到目前为止,主要有四种制备碳纳米管纤维的方法[9]:①碳纳米管溶液纺丝[10-12];②用垂直取向的碳纳米管阵列纺丝[13-15];③用碳纳米管气凝胶纺丝[16-18];④用碳纳米管膜捻丝[19,20]。第一种方法也称溶液

(或湿法)纺丝,其他方法则称为固态(或干法)纺丝。纯碳纳米管纤维和聚合物渗透复合纤维均可通过以上四种方法制备。其他制备方法还包括类似于棉纱的纺丝[21,22]和双向纺丝[23]。

1. 碳纳米管溶液纺丝

湿法纺丝被广泛用于制造 Kevlar、丙烯酸和聚丙烯腈纤维。在这个过程中,聚合物溶液被挤入装有能与溶剂互溶,但聚合物不溶解的液体中[24]。在过去的十年中,各种湿法纺丝法被用于碳纳米管复合纤维[10,25]和纯碳纳米管纤维[12,24,26-29]的纺丝中。2000 年,Vigolo[10]等首先发现采用湿法纺丝可以将碳纳米管组装成丝带和纤维。图 8-1(a)给出了用于制备纳米管带的实验装置。在这种方法中,单壁碳纳米管均匀分散在含有十二烷基硫酸钠的水溶液中。十二烷基硫酸钠可以吸附到纳米管的表面,平衡掉分子间作用力以使纳米管稳定。将单壁碳纳米管溶液通过注射器注入含有质量分数为 5%聚乙烯醇的聚合物溶液中。聚乙烯醇首先吸附到碳纳米管上,然后取代一些十二烷基硫酸钠分子而形成纳米带。图 8-1(b)为碳纳米管带的光学显微照片,证实了流动诱导可以使碳纳米管在丝带中产生预取向。由图 8-1(c)可知,将碳纳米管带洗涤、烘干后大多数表面活性剂和聚合物被洗掉,由于毛细管效应,丝带坍塌收缩成纤维。通过 X 射线散射研究了碳纳米管纤维的成分,测试表明纤维由单壁碳纳米管、聚乙烯醇链、石墨粒子和催化剂粒子组成。石墨和催化剂粒子是碳纳米管合成过程中产生的,而聚乙烯醇链是在纤维的制备过程中产生的[30]。碳纳米管纤维的直径分布在几微米到 100 μm,它的大小取决于制备条件,如注射器的直径和注射速度。不同于传统的碳纤维,碳纳米管纤维在严重弯曲变形下也不会被破坏,如图 8-1(d)所示。这些纤维的拉伸强度和杨氏模量分别约为 300 MPa 和 40 GPa,高于高质量的巴基纸。在室温下,它们的电导率约为 10 S/cm,当温度降低时会表现出非金属的行为。热拉伸等后加工将有助于纳米管的取向排列,从而改善碳纳米纤维的力学性能[31,32]。

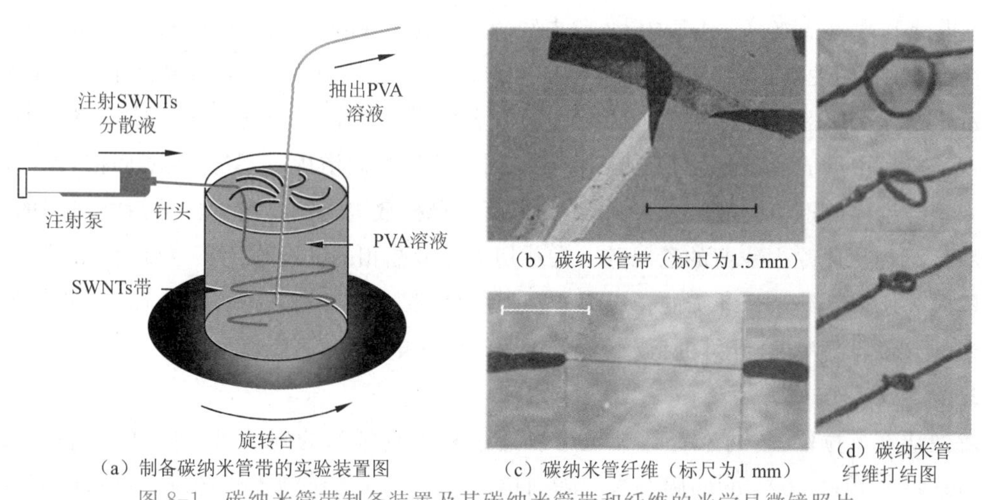

(a) 制备碳纳米管带的实验装置图　(b) 碳纳米管带(标尺为1.5 mm)　(c) 碳纳米管纤维(标尺为1 mm)　(d) 碳纳米管纤维打结图

图 8-1　碳纳米管带制备装置及其碳纳米管带和纤维的光学显微镜照片

虽然使用 Vigolo 等[10]的方法制备碳纳米管纤维有很多优点,但该方法仍然存在一些缺点。例如,Dalton 等[33]认为这种方法纺丝速度太慢(～1 cm/min)且得到的纤维太短

(～10 cm)。得到的凝胶纤维太弱以至于很难操作，除非对它进行极慢的牵伸，另外采用旋转浴很难获得较长的、不缠结的凝胶纤维。且与碳纳米管相比，这种纤维的力学性能还较低。通过对 Vigolo 等[10]方法的改进，Dalton 等[33]能够在超过 70 cm/min 的纺丝速度下，得到一卷碳纳米管凝胶纤维，最后得到长达 100 m 的固态碳纳米管复合纤维。在这个过程中，最主要的改进是采用十二烷基硫酸锂作为表面活性剂，将碳纳米管溶液注入装有聚乙烯醇凝固溶液的圆柱管中[33,34]。所得到的纤维直径为 50 μm，包含重量比为 60%单壁碳纳米管和 40%的聚乙烯醇。这些纤维显示出非常好的力学性能，抗拉强度和杨氏模量分别为 1.8 GPa 和 80 GPa。此外，这种纤维比蜘蛛丝、Kevlar 纤维和石墨纤维具有更高的破坏能。

聚乙烯醇链可以提高碳纳米管之间的负载传递效率，从而提高纤维的机械性能。但是，由于聚乙烯醇是非导电聚合物，过多的聚乙烯醇负载量会降低碳纳米管纤维的导电性和导热性[26]。因此，人们渴望得到纯碳纳米管纤维。在 Ericson 等人提出的方法中[12]，单壁碳纳米管首先被分散在 102%的硫酸中，形成液晶态以提高它们的取向度。再将此溶致型液晶溶液挤入到凝固浴中，如二乙醚、5%的硫酸或水，从而形成连续的纯单壁碳纳米管纤维。所得纤维的直径约为 50 μm，长 30 m。纯单壁碳纳米管纤维具有良好的机械性能，其杨氏模量和拉伸强度分别为(120±10)GPa 和(116±10)MPa。由于这些纯单壁碳纳米管纤维不含聚合物，它们的电导率和热导率都非常高。电导率约为 500 S/cm，这要比含聚合物的单壁碳纳米管纤维高两个数量级。以乙醚为凝固浴的纤维的热传导率为～21 W/(m·K)。

Kozlov 等[26]指出由于与硫酸长时间接触，在纺丝过程中一些材料会发生质子化，因此需要特种防护装备。为了避免这种情况，不使用硫酸的湿法纺丝法已经被开发出来[24,26,28]。例如，将稀释的单壁碳纳米管/十二烷基硫酸锂纺丝溶液注入含有盐酸的旋转凝固浴中，当纺丝液与凝固浴接触时 pH 值发生变化，单壁碳纳米管发生凝固形成凝胶纤维[26]。将凝胶纤维洗涤以除去盐酸，然后在张力下进行干燥，在 1000 ℃ 氩气中退火除去残余的杂质，得到纯单壁碳纳米管纤维。虽然这种方法得到的纤维机械性能比较低，但其电导率高达 140 S/cm，这比单壁碳纳米管复合纤维高得多。

Zhang 等[24]开发了另一种不使用超强酸制备纯碳纳米管纤维的方法。他们将碳纳米管分散在乙二醇中形成液晶分散液，随后将其挤到二乙醚凝固浴中，一旦进入凝固浴，乙二醇从碳纳米管纤维内部迅速扩散出进入到凝固浴，而乙醚扩散进入到纤维内。然后将得到的纤维在 280 ℃下加热以除去残留的乙二醇。在剪切力和液晶相的共同作用下，纤维内的碳纳米管高度取向。所得碳纳米管纤维的杨氏模量和强度分别为(69±41)GPa、(0.15±0.06)GPa，比碳纳米管/聚乙烯醇复合纤维的低。但是，这些纤维的电导率高达 80 S/cm。

2. 碳纳米管阵列纺丝

就像从蚕茧拉丝，碳纳米管纤维也可以通过从垂直排列的碳纳米管阵列来制造。2002年，Jiang 等[13]由高 100 μm 的碳纳米管阵列拉出长 30 cm 的碳纳米管纤维。自那时起，研究者做了很多工作对这种纺丝工艺进行优化，以提高碳纳米管纤维的性能。研究发现，并非所有的碳纳米管阵列都可以纺成纤维，其可纺性与碳纳米管阵列的形态密切相关[35,36]。到目前为止，世界上已经有几个研究小组使用这种方法制备出连续的碳纳米管纤维。

(1)拉伸加捻加工:在 Jiang 等[13]制备的纤维中,碳纳米管是松散堆积的,这大大降低了纤维的强度。为了提高纤维的密度,Zhang 等[14]提出了一种改进方法,即在拉丝的过程中加捻。图 8-2(a)给出了拉伸加捻加工中纤维成形过程的扫描电镜图,从图中可以看到碳纳米管阵列、楔形碳纳米管带和加捻的碳纳米管纤维。该碳纳米管纤维的直径可以小到 1 μm,而它们的拉伸强度为 150～300 MPa。纤维的室温电导率为～300 S/cm,随温度的升高而降低。浸润聚乙烯醇可以使纤维的强度增加到 850 MPa,但电导率降低约 30%。

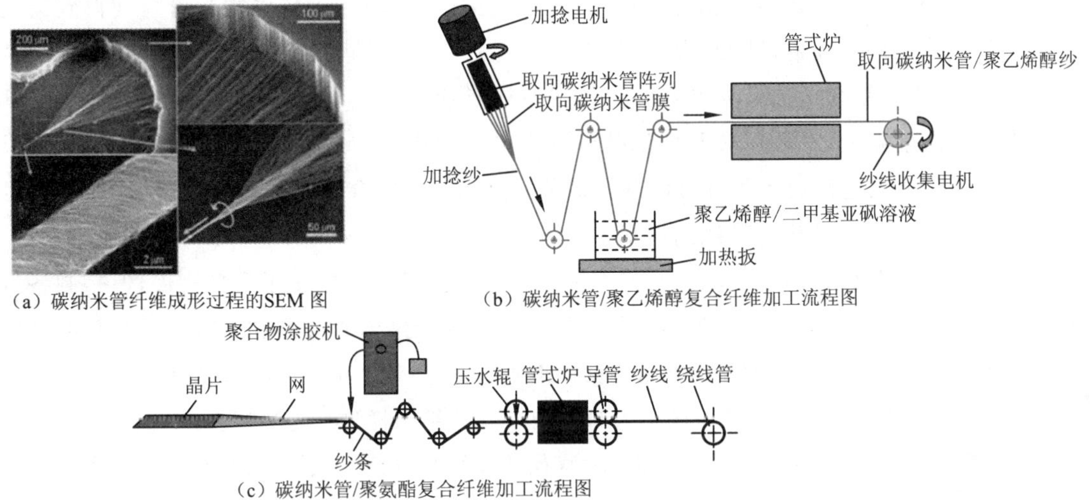

(a) 碳纳米管纤维成形过程的SEM 图

(b) 碳纳米管/聚乙烯醇复合纤维加工流程图

(c) 碳纳米管/聚氨酯复合纤维加工流程图

图 8-2　碳纳米管纤维成形过程和聚合物浸润制备碳纳米管复合纤维加工流程图

研究者做了很多努力对纺丝过程及装置进行改造,以提高纺丝效率,从而提高纤维性能。目前已经开发出了同步自动拉伸和加捻装置,可以制备连续的碳纳米管纤维[7,37,38]。从较高的碳纳米管阵列纺丝也能有效提高纤维的性能。例如,从 1 mm 高的碳纳米管阵列得到的碳纳米管纤维强度可达 3.3 GPa[7]。

(2)液体收缩:液体收缩是增加纤维密度的一种有效的方法[15,39,40]。例如,Liu 等[38]开发了一种简单连续的纺丝方法,首先将从超取向碳纳米管矩阵得到的纤维加捻,再将其通过挥发性溶剂进行收缩。这种方法得到的纱线由紧密堆积的碳纳米管组成,其拉伸强度高达 1 GPa。

(3)聚合物浸润:除了加捻和液体收缩,聚合物浸润是一种有效的改善碳纳米管纤维机械性能的方法。通过在碳纳米管之间引入聚合物链,可以增强碳纳米管之间的负荷传递。目前,已经有很多种聚合物可以渗入到纤维内,从而提高其性能。

聚乙烯醇是一种具有优良黏性的柔性聚合物。Liu 等[41]报道了一种简单经济有效的纺丝方法用来生产高性能碳纳米管/聚乙烯醇复合纤维。图 8-2(b)给出了制备这种纤维的实验装置。首先从碳纳米管阵列得到加捻的碳纳米管纤维,然后通过聚乙烯醇/二甲亚砜溶液,在这个过程中聚乙烯醇渗入纤维内碳纳米管之间的空隙中。加热后,二甲亚砜蒸发掉,得到碳纳米管/聚乙烯醇复合纤维。这种方法得到的碳纳米管/聚乙烯醇纤维具有很好的柔性,且拉伸强度高达 2 GPa、杨氏模量高于 120 GPa,比以前报道的碳纳米管/聚乙烯醇或纯的碳纳米管纤维高得多。相比于刚性的碳纤维,碳纳米管/聚乙烯醇纤维具有优良的柔韧性。其电导率高达 920 S/cm,比一些聚合物纤维好得多,如芳族聚酰胺和聚对亚苯基苯并噻唑纤维。

最近,Ryu 等人受到贻贝黏合剂构成的启发,开发了另一种后纺丝工艺来制备碳纳米管/聚乙烯亚胺复合纤维。通过渗入聚乙烯亚胺,然后进行热和金属氧化物固化,可以得到强度大于 2 GPa 的碳纳米管复合纤维,比纯的碳纳米管纤维高出 470%。

不采用聚合物溶液浸渍,Tran 等[42]采用树脂浸渍,碳纳米管束在这种方法得到的复合纤维中具有高的取向度。如图 8-2(c)所示,此方法包括以下步骤:①由碳纳米管阵列得到碳纳米管网和高度取向的碳纳米管纤维;②将聚氨酯树脂涂到碳纳米管网上;③将树脂压在碳纳米管层上;④固化复合纤维。为了确保树脂在碳纳米管网上均匀分布,要将其在碳纳米管网穿过牵引棒之前涂上。用 SEM 和傅里叶红外光谱对树脂浸渍纤维的结构进行了表征,结果表明树脂非常均匀地渗透到了纤维内部。这种方法制备的复合纤维的抗张强度(聚氨酯含量为 20%)约为 2 GPa,这比纯纤维的高得多。

由碳纳米管阵列拉丝的机理:虽然由碳纳米管阵列拉丝已经取得了重要进展,但是制备过程的基本原理仍然不是很清楚。深入理解其机理对制备碳纳米管阵列和改进碳纳米管纤维性能至关重要。已经有几个研究小组在这方面做出了努力,各种干拉模型已经被提出[43,44]。

Kuznetsov 等[43]开发了用于由碳纳米管阵列拉丝的结构模型。这种模型的关键因素是:在碳纳米管阵列中小直径的碳纳米管连接到大直径的碳纳米管束。拉伸过程中,大直径碳纳米管束优先被剥离,且堆积在阵列的顶部或底部,从而为下一个碳纳米管束提供牵引力。Kuznetsov 等[43]得出的结论是:在适当的连接浓度范围内,碳纳米管可以从阵列的顶部和底部被连续拉出。

最近,通过原位电子显微镜研究了由碳纳米管阵列拉碳纳米管纤维的过程,Zhu 等[44]证明,拉伸过程中在碳纳米管束末端形成缠结结构是能够连续拉丝的关键。由于碳纳米管自身的缠结作用,当从靠近碳纳米管阵列底部或顶部开始拉伸时,通常会产生缠结结构。

3. 由碳纳米管气凝胶纺丝

上述提到的连续制备碳纳米管纤维的方法,都是通过后加工由碳纳米管溶液或碳纳米管阵列得到的。碳纳米管纤维也可以直接从合成碳纳米管的炉腔中得到。Zhu 等[16]首先报道了采用浮动催化剂 CVD 法在立式炉中直接合成长链有序单壁碳纳米管,如图 8-3(a)所示[45]。以氢气作为气体载体,当反应器被加热到正己烷的热解温度后,将含有二茂铁和噻吩的正己烷溶液加入到反应器。采用这种方法得到的单壁碳纳米管束可达到 20 cm 长,直径约 0.3 mm,如图 8-3(b)所示。从这种碳纳米管绳剥离下来的碳纳米管束(直径为 5~20 μm)的强度和刚度分别为 1.0 GPa 和 100 GPa。长单壁碳纳米管束的电导率(直径为 50 μm~0.5 mm)约为 1.5×10^{3} S/cm。

Li 等[17]开创了一种由碳纳米管气凝胶直接得到纯碳纳米管丝带和纤维的方法。图 8-3 (c)给出了这种直接纺丝法的示意图。前驱体材料与氢气混合后注入 CVD 炉加热区中,形成碳纳米管气凝胶。该前驱体材料通常是添加了二茂铁的液态碳源(如乙醇),形成的铁纳米颗粒充当成核位点用于纳米管和噻吩的生长,是气相生长碳纤维的催化剂。然后,该碳纳米管气凝胶被捕获并以纤维或薄膜的形式被连续地缠绕出加热区域。图 8-3(d)给出了经丙酮蒸气浓缩后的碳纳米管纤维的 SEM 图像[46]。

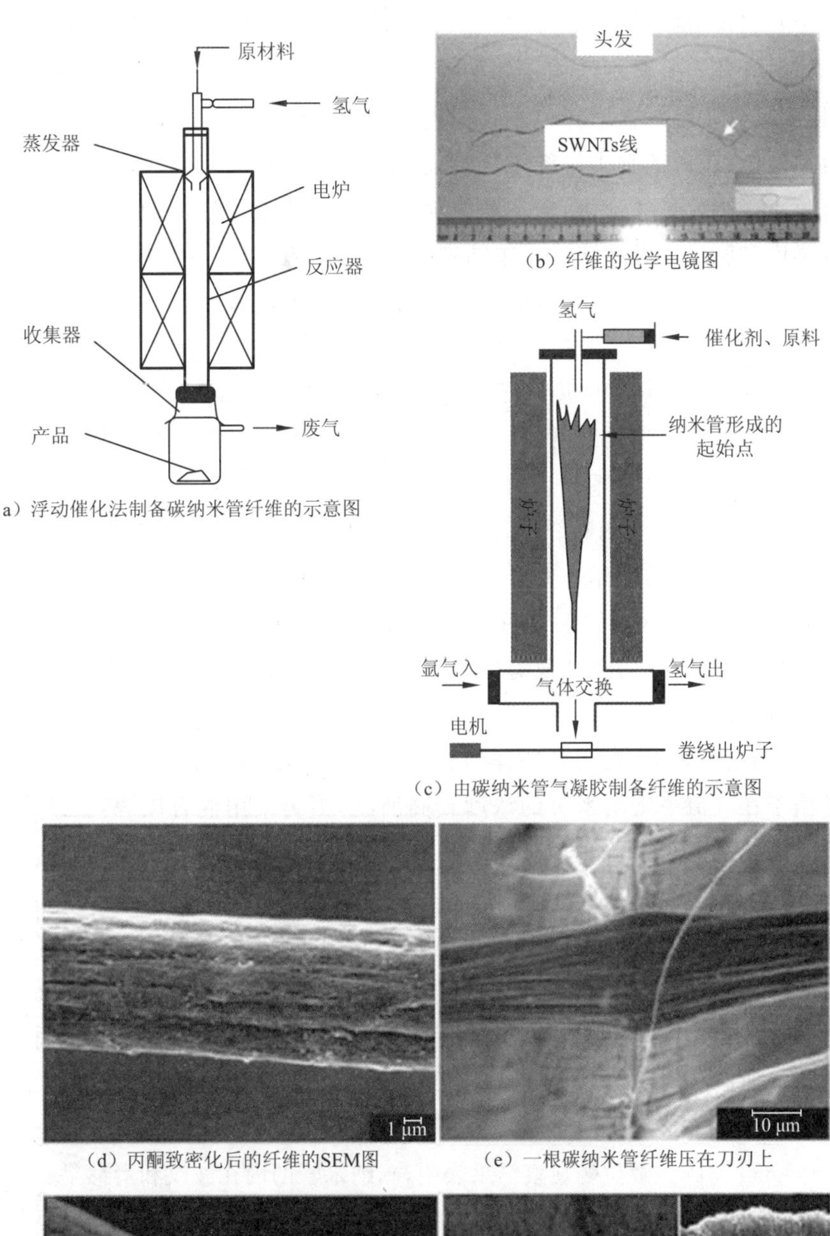

（a）浮动催化法制备碳纳米管纤维的示意图

（b）纤维的光学电镜图

（c）由碳纳米管气凝胶制备纤维的示意图

（d）丙酮致密化后的纤维的SEM图

（e）一根碳纳米管纤维压在刀刃上

（f）具有扭结的纤维

（g）纤维的打结图

图 8-3　浮动催化法和碳纳米管气凝胶制备碳纳米管纤维示意图及所制备纤维 SEM 图

由气凝胶直接得到的碳纳米管纤维，具有高强度和高刚度（轴向弹性模量），文献中所报道的最高刚度和强度分别为是 357 GPa 和 8.8 GPa，比得上那些商品化的高强度纤维[8]。

纤维的机械性能与其微观结构密切相关，可以通过调节工艺参数（如碳源、铁浓度、卷绕速率等）来控制其微观结构。Motta 等[47]研究了碳源和铁浓度对碳纳米管纤维机械性能的影响。他们得出结论：碳源的种类对纤维的性能没有太大的影响，而铁含量可能对纤维的结构和性能具有显著影响。具体地讲，较低的铁含量导致形成较大比例的薄壁碳纳米管，有助于提高纤维的强度和刚度。卷绕速度对碳纳米管纤维机械性能也有影响[8,18]。一般情况下，较高的卷绕速率（高达 20 m/min）得到的纤维具有更高的取向和密度，这可以增加纤维的强度和刚度。

碳纳米管之间适度的剪切强度赋予纤维纱线的特性。Vilatela[46]和 Motta[47]探索了由气凝胶直接纺丝得到的碳纳米管纤维的纱线特性，如当它们被打结、切割、或在弯曲下的行为与碳纳米管纤维结构之间的关系。当被切割时，碳纳米管纤维沿着剃刀刀片边缘伸展，如图 8-3(e)所示。不同于传统的碳纤维，碳纳米管纤维可以被弯曲成很紧的半圆且不产生明显的永久性损伤，如图 8-3(f)所示。此外，先将纤维在张力下进行测试，然后将其手工打结后再进行测试，如图 8-3(g)所示。结果表明，强度基本没有变化，且大多数样品都从远离打结的部位断裂，这表明打结对纤维的强度没有影响。碳纳米管纤维的高强度、刚度和打结强度是目前其他任何纤维无法比拟的。

Zhang 等[48]以丙酮和乙醇混合物作为碳源，制备了连续多层碳纳米管纤维。多层结构的形成可能是由于在气流中碳纳米管的浓度较高所致，因为采用混合碳源，碳纳米管的产率是采用以乙醇为碳源的两倍。这些多层纤维显示出独特的机械、结构、表面和电性能。

4. 扭曲/旋转碳纳米管薄膜

碳纳米管纤维也可以通过扭曲或旋转碳纳米管薄膜来制备。Ma 等[19]首先证明了扭曲碳纳米管薄膜制备碳纳米管纤维的可行性。他们先通过浮动催化 CVD 法制备了具有网状结构（见图 8-4(a)）的单壁碳纳米管膜[49]。然后从该薄膜中切出碳纳米管带，再拧成碳纳米管纤维，如图 8-4(b)所示。所制备的纤维的长度和直径主要由碳纳米管膜的宽度和长度决定。通常情况下，碳纳米管纤维直径在 30～35 μm 范围内，长度为 4～8 cm。纤维的杨氏模量为9～15 GPa，拉伸强度为 500～850 MPa。微拉曼观察结果表明，碳纳米管的内在波纹和滑移是影响单壁碳纳米管纤维力学性能的主要因素。为了提高纤维的力学性能，环氧树脂和聚乙烯醇等聚合物被用来渗入单壁碳纳米管膜中制备复合纤维[50]。拉伸结果表明，复合纤维的模量和强度都得到了改善。另外，聚乙烯醇渗透的复合纤维的韧性（应力-应变曲线下的面积）可以达到 50 J/g，这优于大多数商品化的高强度纤维，例如 Kevlar(33 J/g)、石墨纤维(12 J/g)。但是，受限于碳纳米管薄膜的大小，加捻法可能不适合于连续生产碳纳米管纤维。

Feng 等[20]报告了另一种由碳纳米管薄膜制备碳纳米管纤维的方法。他们以丙酮为碳源采用一步催化 CVD 法制备高质量的双壁碳纳米管薄膜，再对此膜进行加捻形成纤维，如图 8-4(c)所示。

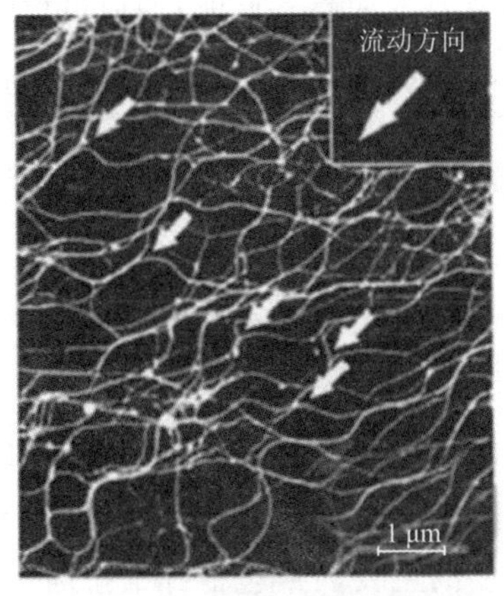

(a) 由单壁碳纳米管形成的网

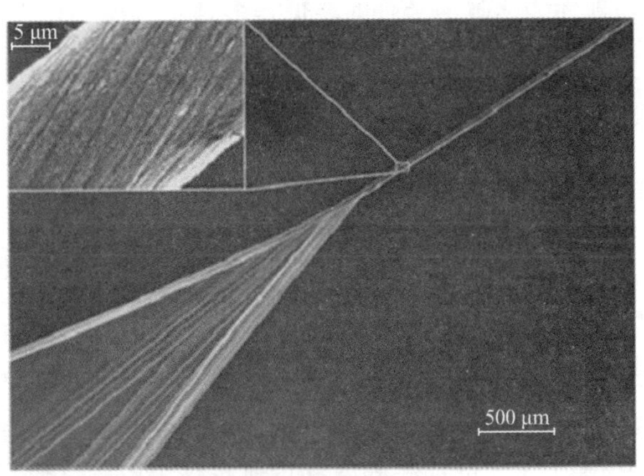

(b) 将碳纳米管网加捻形成纤维

(c) 纤维的SEM图

图 8-4　扭曲或旋转碳纳米管薄膜制备碳纳米管纤维

碳纳米管纤维已被世界各地的许多实验室制备出来。它们用的是“自下而上”的方法，这种方法可以更加灵活地控制碳纳米管的结构，进而控制纤维的结构。目前，碳纳米管纤维的制造过程比较简单，为低成本连续制备碳纳米管纤维提供了可能。

虽然一些实验室规模制备的碳纳米管纤维比市售的碳纤维具有更高的比模量和比强度，但是与碳纤维相比碳纳米管纤维还有许多问题要解决。

高质量碳纳米管纤维的制备及其结构控制：由于晶格缺陷的存在，目前制备的碳纳米管纤维的机械和物理性能总是比其理论值低。此外，批量合成纯金属或纯半导体性碳纳米管仍然是一个巨大的挑战，同时没有一个有效的方法将这两种类型的碳纳米管分离。

高质量可纺碳纳米管阵列的规模化制备：通常在实验室合成的碳纳米管阵列是不可纺的。用于合成高质量可纺碳纳米管阵列的最佳条件，以及从碳纳米管阵列拉碳纳米管片或纤维的基本机制需要建立。

将碳纳米管的特性有效转移到微观和宏观结构层次：目前，所制备的碳纳米管纤维的机械和物理性能比碳纳米管的要低得多，因此，还有相当大的潜力来提高其性能，如通过控制碳纳米管的长度、直径和壁厚、堆积密度和取向。另外，在碳纳米管之间形成比分子间作用力更强的主价键，有可能提高碳纳米管纤维的拉伸强度。

8.1.2 碳纳米管纤维的力学性能

到目前为止，文献中报道的最高的碳纳米管纤维强度和杨氏模量分别为 8.8 GPa 和 357 GPa，在商品化高性能纤维的范围内，但是远远低于碳纳米管[8]。

影响碳纳米管纤维机械性能的因素随其长度变化。在纳米尺度，包括碳纳米管的机械性能和结构参数，如碳纳米管的直径、壁厚、长度和管波纹。在微观尺度，主要因素是碳纳米管的排列、碳纳米管的纠缠和内部负荷转移。最后，在宏观尺度的主要因素包括纤维扭曲角度、纤维直径，以及其纺织品的加工形式，如无纺布和线。大部分因素与碳纳米管的合成及碳纳米管纤维的制备参数相关。

1. 拉伸性能

不像韧性金属，脆性纤维的强度具有统计性。已有的研究表明，碳纳米管纤维的强度具有统计偏差。图 8-5 给出了从同一批次得到的 50 个纤维样品的强度、模量和破坏应变的变化。这些纤维的平均直径为 9.58±0.63 μm。强度、模量和断裂应变分别为 0.6～1.8 GPa，26～57 GPa 和 1.7%～4.3%。统计分析表明，这项研究中的碳纳米管纤维强度具有比市售的碳纤维或玻璃纤维更小的分布。

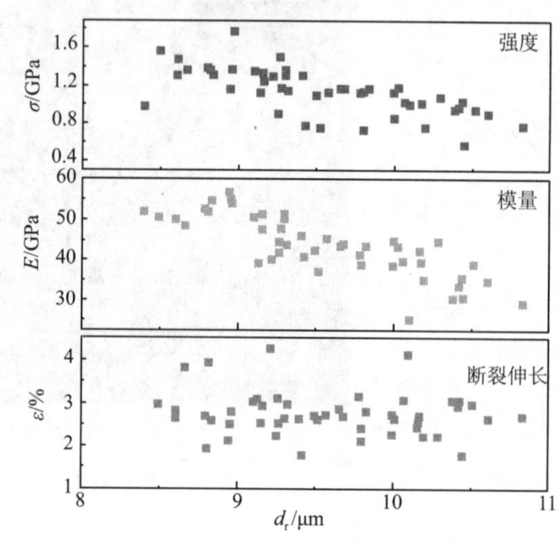

图 8-5 强度、模量、破坏应变与断裂的关系图

影响碳纳米管纤维拉伸性能的因素有碳纳米管的结构、碳纳米管纤维的直径、碳纳米管纤维的加捻、液体致密化和聚合物浸渍。

2. 压缩性能

虽然碳纳米管纤维的拉伸性能已被广泛研究，但是其轴向压缩行为还未被很好地理解，因为纤维的抗压测试很困难。到目前为止，数种方法已经被开发出来研究微米级纤维，如弹性环[51]、弯曲梁[52]、拉伸反冲[53]和单纤维复合[54]法。使用最后一种方法，Gao 等[55]将碳纳米管纤维包埋在环氧树脂基体中对碳纳米管纤维的轴向压缩性进行了深入研究。压缩应力通过热收缩施加在纤维上，这产生于聚合物基质和纤维之间不同的热膨胀系数。原位微拉曼光谱揭示碳纳米管纤维的承载状态，以及它的变形模式。作为比较，他们同时研究了高模量碳纤维（HMCF）的压缩行为。

图 8-6(a)给出了包埋在环氧树脂基质内的高模量碳纤维和碳纳米管纤维的典型压缩应力-应变曲线。两种纤维的压缩应力从拉曼光谱分析得到，而压缩应变通过纤维和基体的热

膨胀系数获得。尽管碳纳米管纤维的杨氏模量比高模量碳纤维低，但是碳纳米管纤维的压缩模量(350 GPa)比高模量碳纤维(223 GPa)的高得多。对于高模量碳纤维，在较大的应力下应变快速达到平衡；而碳纳米管纤维在给定的应力下会出现较大的应变而不会被破坏。高模量碳纤维和碳纳米管纤维的不同的压缩行为可以归因于它们不同的微观结构，以及在压缩下的不同变形的机制，如图 8-6(b)和图 8-6(c)所示。当环氧树脂基质中的纤维被压缩时，碳纳米管纤维始终保持碳纳米管或碳纳米管束的柔性，因此在很大应变下也不出现永久变形或断裂。而石墨晶体在高模量碳纤维中经历了微屈服和扭曲，极大地限制了它们的抗压性能。

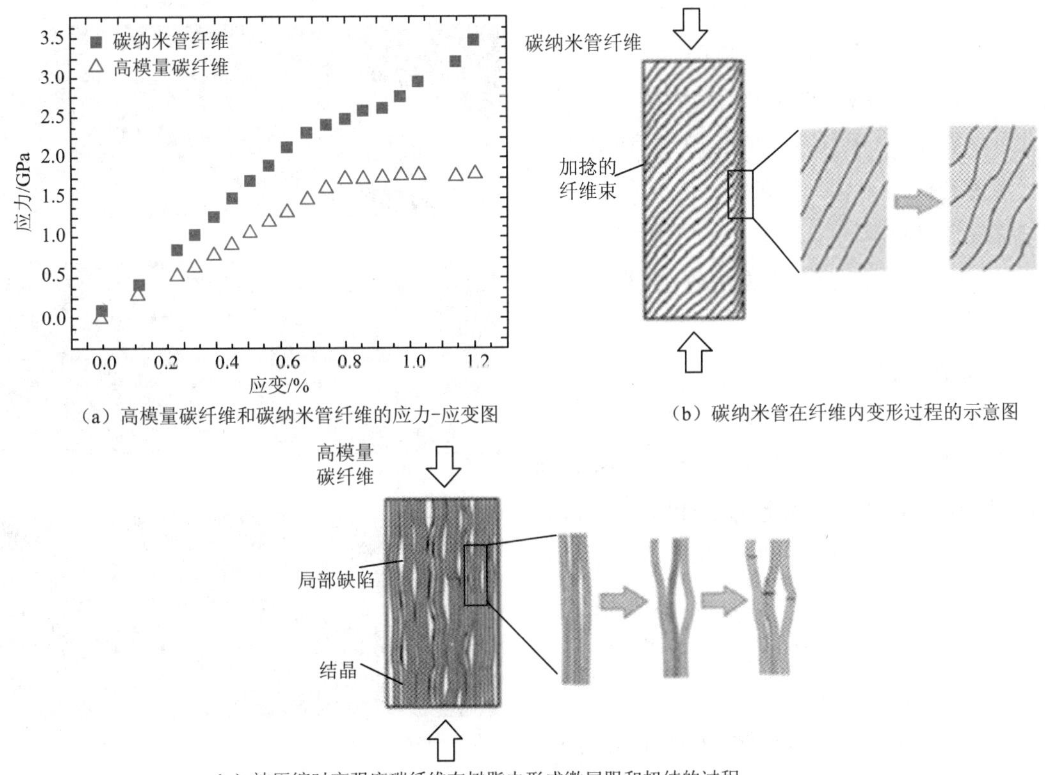

(a) 高模量碳纤维和碳纳米管纤维的应力-应变图　(b) 碳纳米管在纤维内变形过程的示意图

(c) 被压缩时高强度碳纤维在树脂内形成微屈服和扭结的过程

图 8-6　压缩性能

3. 界面强度

碳纳米管纤维的最有前途的应用之一是将其作为多功能复合材料的增强材料。该复合界面剪切强度反映了纤维和树脂之间的负载传递效率，对复合材料的机械性能具有显著作用。Deng 等[56]使用单纤维碎裂测试研究了碳纳米管纤维和环氧基质之间的界面剪切强度。他们发现，界面剪切强度为 12～20 MPa，比得上 E-玻璃/环氧(18 MPa)[57]和碳纤维/环氧树脂(18.4 MPa)[58]。

单纤维碎裂测试有两个主要的缺点：(1)基体需要具有极强的拉伸应变至少 4 倍于纤维，以避免纤维断裂引起的断裂；(2)在纤维临界长度下使用光学显微镜测试可能无法得到精确的结果。为了克服这些限制，Zu 等[59]采用了微滴试验来表征碳纳米管纤维和环氧基体之间的界面剪切强度，以及它们的界面破坏机理。图 8-7(a)给出了微滴测试设备，其中 F 是在测试过程中施加在微滴的作用力，d_f 是纤维直径，L_e 是包埋纤维长度。力可以用天平精确测量。由微滴试验测定的有效界面剪切强度是 14.4 MPa。

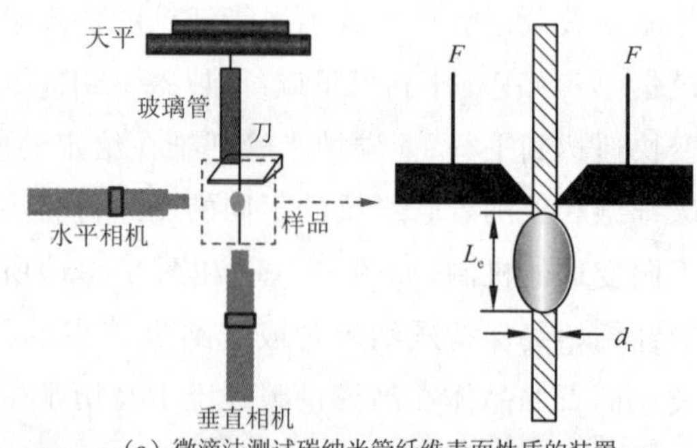

(a) 微滴法测试碳纳米管纤维表面性质的装置

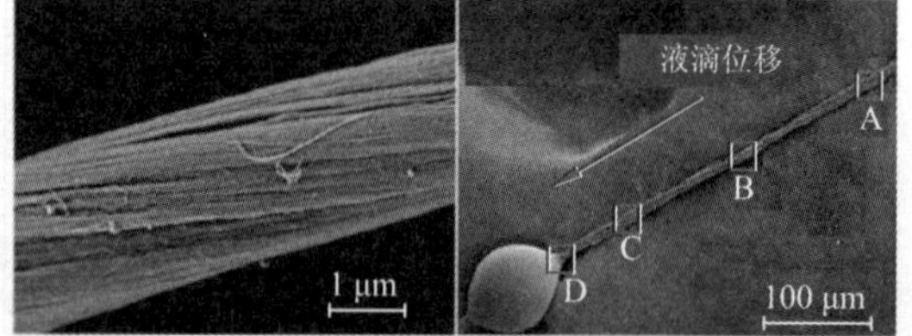

(b) 纯纤维的SEM图　(c) 表面剥离前后液滴错位的全景图

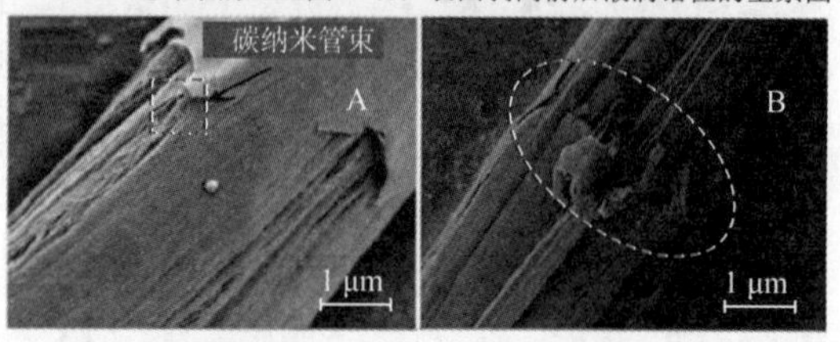

(d) 断裂位置在液滴原始位置的顶部　(e) 断裂位置在液滴原始位置的底部

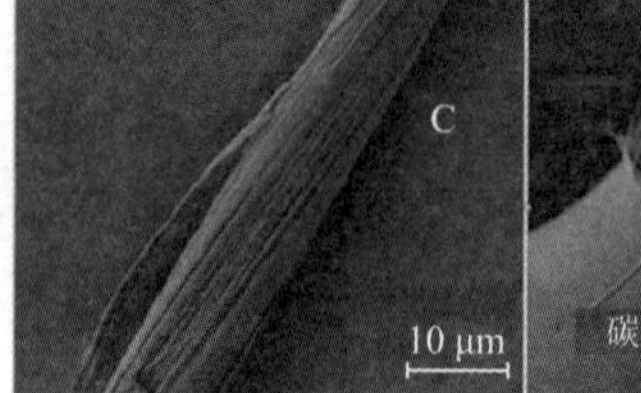

(g) 剥离后液滴的断面　(f) 碳纳米管带从纤维上脱离

图 8-7　微滴法测试碳纳米管纤维表面性质装置图及测试过程的 SEM 图

用 SEM 表征界面破坏机制，图 8-7(b)～(f)是碳纳米管纤维/液滴界面剥离前后的 SEM 图。由此可以看出，由于具有高的孔隙率，环氧树脂已经渗透到碳纳米管纤维的表层。与传统的纤维增强复合材料不同，无论树脂有没有渗透到纤维内，剪切破坏都沿着碳纳米管之间的界面发生。

4. 存在问题

研发碳纳米管纤维性能表征的通用标准：由于在纤维测试结果和报告中没有通用的标准，使得不同来源的纤维性能难以进行比较。在纤维强度表征中应考虑以下因素：试样标距、直径变化、强度变化、纤维密度，在报告纤维强度时采用真实应力(基于有效截面)或工程应力(基于标准截面)。

更好地理解碳纳米管纤维的微纳结构：一个连续的碳纳米管纤维的内部结构包括从纳米到微观到宏观尺度。碳纳米管之间的相互作用决定纤维强度。决定纤维性能的关键因素包括碳纳米管的尺寸和壁厚、其塌陷的可能性、沿纤维长度方向的碳纳米管的堆积密度、纳米管之间的缠结性质和程度、纳米管自由端的作用、纤维表面和内部之间的碳纳米管的松弛或不完全迁移[60]、纤维扭曲角和其沿纤维长度的变化。

更好地理解纤维/基体的界面行为：与传统的纤维复合材料不同，碳纳米管纤维没有坚实均匀结构。因此，纤维-基质相互作用的性质也不同。例如，当用树脂渗入时碳纳米管纤维可以变得更强更硬。这是由于短的碳纳米管之间的负载传递效率得到了提高。重点研究的问题可以包括：(1)确定有效的纤维-基质界面强度；(2)对纤维进行处理以增强束-束和纤维-树脂的相互作用。

8.1.3 碳纳米管纤维的物理特性

碳纳米管的电导率和热传导率分别高达 10^6 S/cm 和 ～3000 W/(m・K)[5,6,61,62]。因此，碳纳米管纤维期望具有高的电导率和热导率。但是，迄今为止报道的最高的碳纳米管纤维的电导率和热导率分别为 8.3×10^3 S/cm[17] 和 80 W/(m・K)[63]，比碳纳米管的要小得多。在过去的几年中，已经有大量的工作研究了碳纳米管纤维的电导率和热导率与其结构的关系。

1. 电导率

文献中所报道的碳纳米管纤维的电导率具有显著差异，从小于 10 S/cm 到大于 1000 S/cm。纯碳纳米管纤维的电导率由碳纳米管的电性质、碳纳米管的接触电阻和所施加的温度决定。纳米颗粒涂层/掺杂是提高碳纳米管纤维电导率的有效方法。对于碳纳米管复合纤维，碳纳米管之间的电子隧道效应被绝缘聚合物隔离，对纤维导电性有显著影响。

2. 碳纳米管电性能的影响

碳纳米管的电性能决定了碳纳米管纤维的电性能。碳纳米管可以是金属性的或半导电性的，这取决于它们的原子结构，金属性碳纳米管比半导体性碳纳米管具有更好的导电性[64]。因此，用纯金属性碳纳米管制备的碳纳米管纤维应该具有更高的电导率。Sundaram 等[65] 报道了由金属性单壁碳纳米管制备碳纳米管纤维。他们发现，这些纤维比从金属和半导体复合碳纳米管得到的纤维具有更好的电导率。

3. 接触电阻的影响

目前报道的碳纳米管纤维的最高电导率仍然比碳纳米管的低两个数量级，这表明相邻碳纳米管之间的接触电阻对碳纳米管纤维的导电行为有显著的影响。碳纳米管之间的接触电阻与其接触面积和间距有关[63,66]。

增加碳纳米管长度和碳纳米管取向是增加其接触面积的有效方法，进而能够提高碳纳米管纤维的电导率。例如，Li 等[5] 发现，从较长的碳纳米管阵列纺的碳纳米管纤维具有更高的电导率。从 0.3 mm 长的碳纳米管阵列纺的碳纳米管纤维在 300 K 的电导率为 465.3 S/cm，这比从 1.0 mm 长的碳纳米管阵列纺的低约 22%。这可能是由于由较长的碳纳米管纺的纤维具有较少的端部连接电阻和更大的接触面积。Badaire 等[67] 发现，通过拉伸，碳纳米管在纤维内取向度提高，纤维的电阻相应地减小，如图 8-8(a)所示。

另一种减小接触电阻的方法是通过制备高度压实的碳纳米管以降低碳纳米管之间的间距[63]。Miao 等[66] 发现，增加表面扭曲角度得到的纤维具有更高的密度和较低的孔隙率。碳纳米管纤维的电导率有随孔隙率增加而降低的趋势，如图 8-8(b)所示。然而，碳纳米管纤维的比电导率(纤维的电导率和堆积密度之比)与碳纳米管纤维的孔隙率没有依赖关系。

4. 温度的影响

研究者对纯碳纳米管纤维和碳纳米管复合纤维的热-电性能进行了研究[5,67,68]。发现，电导率随着温度的升高而升高，这证明了碳纳米管纤维的半导电行为。例如，图 8-8(c)给出了碳纳米管纤维的电阻率和电导率对温度依赖关系[5]。电导率单调地从 4.6×10^2 S/cm(在

75.4 K)增加至 5.9×10^2 S/cm(在 300 K)。

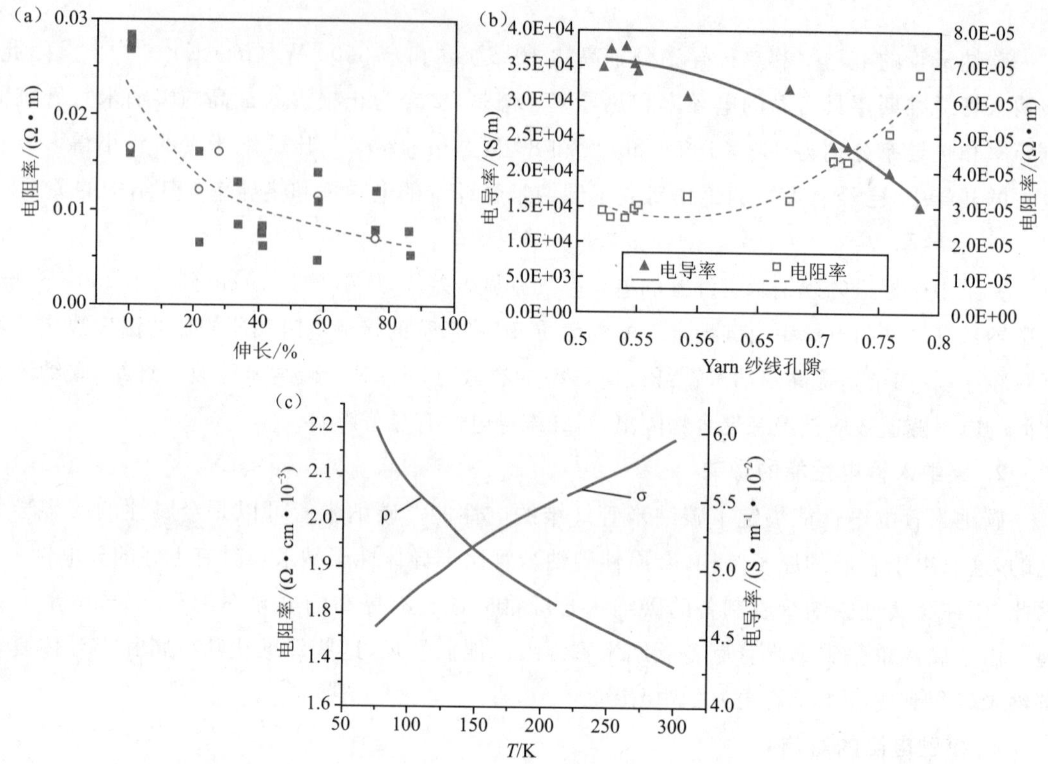

图 8-8　碳纳米管长度、孔隙率和温度对碳纳米管纤维电性能的影响

5. 涂层/掺杂的影响

碳纳米管纤维的电行为可以通过纳米颗粒涂层/掺杂进行进一步修饰。例如,Randeniya 等[69]研究了纯碳纳米管纤维和金属纳米粒子(如铜、金或铂)掺杂的碳纳米管纤维的电行为。通过电沉积法将纳米颗粒掺杂到碳纳米管纤维表面。其结果表明,Cu 或 Au 涂覆的碳纳米管纤维在室温下的电导率为 $2\times10^5\sim3\times10^5$ S/cm,比纯的碳纳米管纤维高约 600 倍。钯和铂涂覆的碳纳米管纤维的电导率分别是 2×10^4 S/cm 和 5×10^{3} S/cm。此外,Cu 或 Au 涂覆的碳纳米管纤维显示出典型的类似金属的电阻对温度的依赖性。

赵等[70]报道了碘掺杂双壁碳纳米管纤维的制备。与在纤维表面涂覆纳米颗粒不同,碘原子均匀的分布在碳纳米管纤维内部。该碘掺杂的碳纳米管纤维的电导率高达 6.7×10^8 S/cm,是目前报道的碳纳米管纤维的最高值。此外,由于其密度较低,比电导率(电导率/密度)比铜和铝的高,刚好低于钠。

6. 热导率

研究者大多致力于碳纳米管纤维的机械和电性能研究,很少有关于其热性能的研究报告。Ericson 等的工作表明,酸纺的纤维的热传导率约为 20 W/(m·K)[12],而经过退火的碳纳米管/聚乙烯醇复合纤维为 10 W/(m·K)。通过干法纺丝得到[67]的碳纳米管纤维表现出稍好的热导率为 26 W /(m·K)[71]。Jakubinek 等[63]报道的由干纺工艺制得的 10 μm 粗的纤维的热传导率为(60±20)W /(m·K),这是目前测得的最高值。

虽然一些研究已经分析了碳纳米管纤维内热传导的机制[6,63,71,72],但是这种现象还远远没有得到好的理解。Badaire 等[67]发现,改善碳纳米管在纤维内的取向能够有效地提高其热导率。这个结果证实了管间的热传输对碳纳米管纤维的导热性起着关键作用。

8.1.4　碳纳米管纤维的潜在应用

高性能碳纳米管纤维最近取得的进展激起了人们探索其在科学和工程领域的应用。目前,研究者已经探索了其在许多领域的潜在应用,如多功能复合材料、传感器、传输线和电化学器件等。

1. 高强度/高韧性纤维

由于具有高超的机械和物理性能,以及低密度和高的长宽比,碳纳米管已经被设想为有前途的空间电梯绳索材料和轻质、高强度和多功能复合材料的增强材料。研究表明,少量分散于基体材料中的碳纳米管可大大提高复合材料的力学和物理性能[73,74]。虽然在过去的 20 年中,碳纳米管增强复合材料已取得相当大的进展,但是仍然存在一些技术壁垒。例如,由于其高比表面能,碳纳米管倾向于聚集。由于碳纳米管在基质材料中很难分散,因此常常导致增强效果较差。另外,碳纳米管纳米级的直径和微米级的长度进一步增加了其在基体中取向和均匀分布的难度。在复合材料中理想的增强材料应具备的特征包括极好的机械和物理性能、高界面负荷传递效率、高的长径比及有效地将其放置在基体材料中的方法。

如上所述,文献中报道的碳纳米管纤维的最高比强度和刚度均优于高性能商品化纤维。此外,碳纳米管纤维更加柔软,且具有较高的断裂伸长。考虑到它们所具有的属性,我们可以预期,碳纳米管纤维可能成为高性能复合材料的新一代增强材料。Mora 等[75]已经制备了高体积分数(>25%)的碳纳米管纤维/环氧复合材料并对其进行了拉伸和压缩试验。结果表明碳纳米管纤维复合材料的力学性能可以媲美商业复合材料。碳纳米管纤维复合材料的极限拉伸强度约为预测值的 90%。此外,碳纳米管纤维复合材料高的抗压强度使它们特别适合于承重方面的应用。

碳纳米管纤维的高韧性也可以使他们应用在卫星的防陨石/防弹盾、防弹背心、飞机货舱的防爆毯和安全带[33]。

2. 应变/损坏传感器

碳纳米管纱可以用作压电传感器且具有优良的重复性和稳定性。Zhao 等[76]测量了碳纳米管纱线的电阻随弹性应变的函数。电阻-应变行为在应变低于 3.3%时可重复,如图 8-9(a)所示。此外,纱线的电阻在 100 min 的测试过程中具有很好的稳定性(测试温度分别为−196 ℃、25 ℃和 110 ℃),如图 8-9(b)所示。

碳纳米管纱线具有可重复、稳定的电阻-应变特性以及低的密度,在制备过程中可以永久的集成到复合材料中。嵌入的纱线传感器可以被用来实时监视该复合材料的变形。例如,

图 8-9(c)所示嵌入复合试样中的碳纳米管纤维的电阻/应变的线性关系。嵌入的纱线传感器也可以用于监测复合材料结构中裂纹扩展。当复合材料中的裂纹向前发展时，碳纳米管纱线断裂，将导致复合材料的总电阻急剧增加，如图 8-9(d)所示。

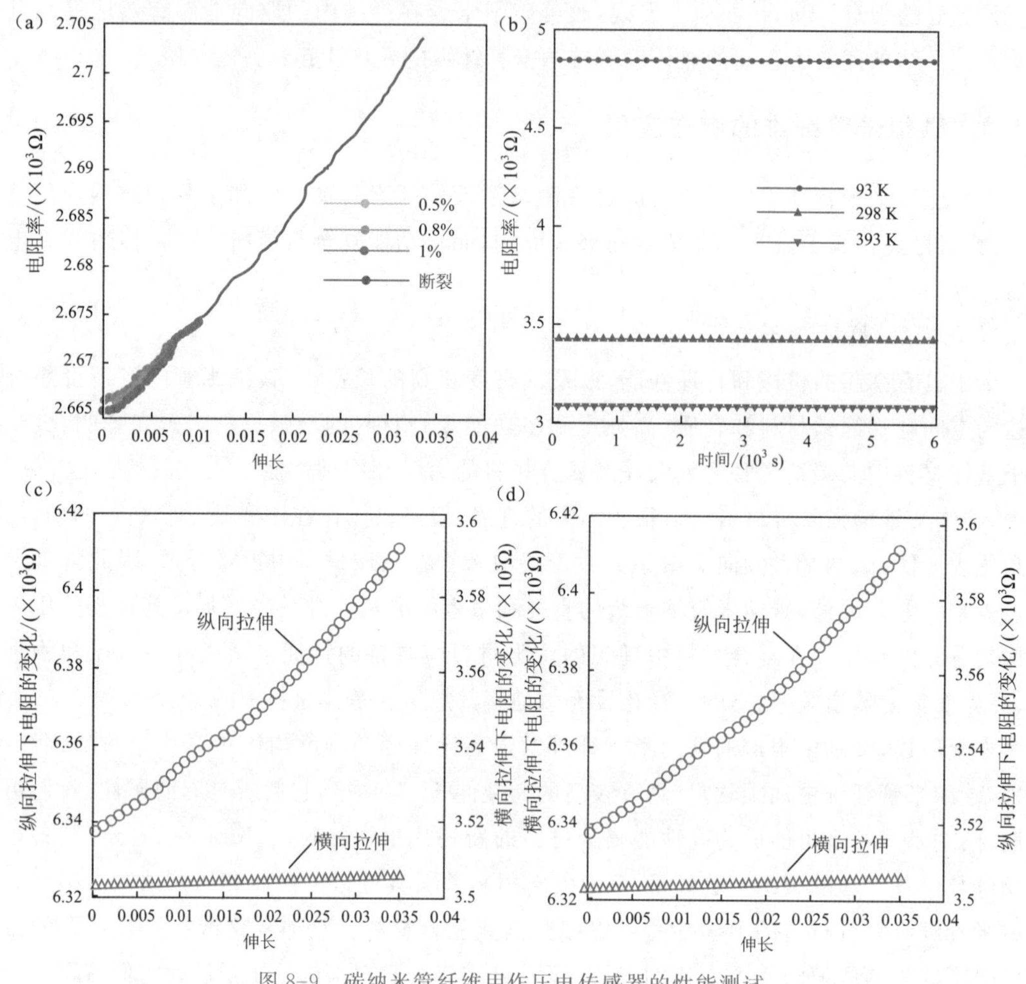

图 8-9　碳纳米管纤维用作压电传感器的性能测试

3. 导线

由于碳纳米管的高超导电性和金属性，碳纳米管纤维具有成为下一代导线的可能。目前制成的碳纳米管纤维不仅含有金属性的碳纳米管，而且含有半导体碳纳米管，这极大地限制了碳纳米管纤维的导电性。最近几年，已经有大量的研究致力于减少碳纳米管纤维的电阻和改进碳纳米管纤维作为导线的适用性。减小电阻的一种方法是通过局部掺杂，例如，Zhao 等[70]已经制备出碘掺杂双壁碳纳米管纤维，电阻率为～10^{-7} Ω·m。该基于碳纳米管纤维的电缆表现出高载流能力，10^4～10^5 A/cm^2，同时这种纤维可以连接在一起形成任意的长度和直径，而不对其电学性能产生影响。这种纳米管电缆可以部分取代金属线，应用于家庭灯泡电路中，如图 8-10 所示。这种电缆的电导率为铜的 1/5。

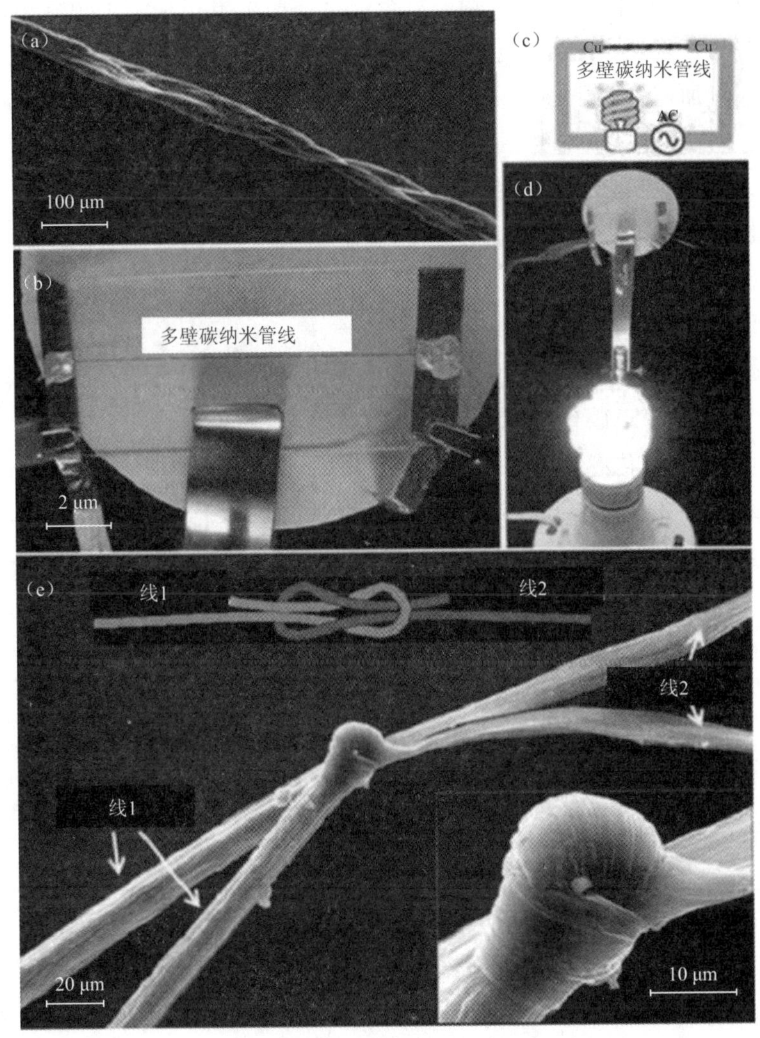

图 8-10　基于碳纳米管纤维的导线

用纯金属性碳纳米管制备碳纳米管纤维是减少其电阻的另一种方法。采用 CVD 法直接从合成碳纳米管的反应区制备碳纳米管纤维，Sundaram 等[60]发现，在反应过程中通过对硫前驱体的控制可以得到完全由金属性单壁碳纳米管构成的纤维。由金属性碳纳米管纺丝得到的纤维极大地增加了碳纳米管纤维作为传输线的可能。

4. 电化学装置

由于具有高的比表面积，以及所需的机械性能和高导电性，碳纳米管纤维在电化学装置中具有许多有前途的应用，如微电极、超级电容器和执行器。

(1)生物传感用微电极

碳纳米管纤维纳米级的表面形貌和孔隙度可以促进分子尺度的相互作用，如酶，帮助高效捕获和促进电子转移反应，这使得碳纳米管纤维成为理想的生物传感器微电极。Wang

等[78]首先介绍了湿纺碳纳米管/聚乙烯醇复合纤维作为微电极检测生物分子，如 NADH，过氧化氢和多巴胺的可行性。碳纳米管纤维表现出比碳纤维更高的电催化活性。特别地，碳纳米管纤维微电极可加速这些生物分子的氧化还原过程，从而可应用于低电位的高灵敏度检测。此外，碳纳米管纤维显示出更好的耐表面污染性（在 NADH 氧化过程中常出现的情况），因此赋予 NADH 测量更高的稳定性。此外，碳纤维电极活性出现快速下降。而在整个操作过程中，碳纳米管微电极一直显示出稳定的信号。Viry 等[79]还研究了对碳纳米管纤维预处理对微电极在传感性能方面的影响。

Zhu 等[80]设计了基于碳纳米管纤维的刷状电极，用于电化学生物传感器。图 8-11 给出了碳纳米管纤维微电极及其作为葡萄糖检测机制的示意图。由于其独特的纳米多孔结构，碳纳米管纤维提供高的电催化活性和与葡萄糖氧化酶强的相互作用，以及更大的电信号。碳纳米管纤维微电极显示出比铂-铱线圈电极更好的灵敏度和检测范围。因此，碳纳米管纤维微电极可能会有更广泛的用途，如环境监测及运动员和车辆驾驶员的药物测试。

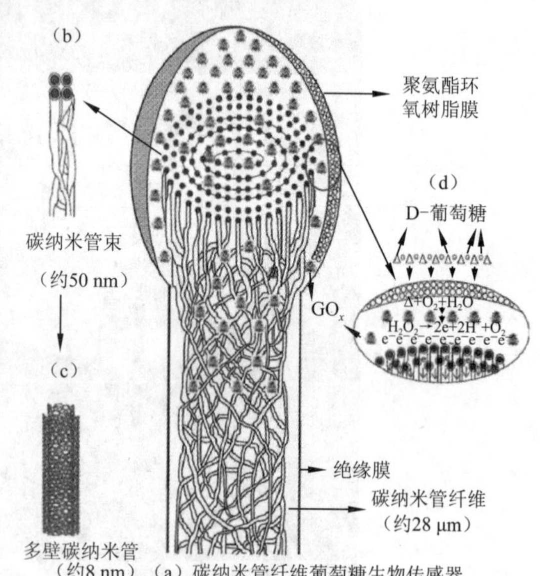

图 8-11 基于碳纳米管纤维微电极的葡萄糖检测生物传感器

(2)超级电容器

电化学电容器的电容依赖于电极上的电荷层及电解液中的反电荷层的距离和接触面积[61]。碳纳米管纤维电极具有较小的电荷分离间距（～1 nm）和高的比表面积，使电解液容易进入，因此碳纳米管纤维电极有望获得高的容量[61]。在过去的几年中，已经有大量的工作对碳纳米管纤维超级电容器电化学性能进行了研究。[11, 26, 48, 81]

Kozlov 等[26]使用三电极体系测试了碳纳米管纤维电极的比电容，碳毡作为对电极，银/银离子作为参比电极，离子液体乙基甲基咪唑鎓三氟甲酰亚胺作为电解质。测得的初生和热处理后的纤维的比电容分别为 48 F/g 和 100 F/g。Zhong 等[48]以 NaCl 溶液为电解液，以 Ag/AgCl 为参比电极测定了单壁碳纳米管纤维织物（18 mm×23 mm）的电容，如图 8-12(a)所示，得到了典型的双电层电容器的充放电曲线，其比电容为 79.8 F/g。

除了作为电化学电池中的电极，碳纳米管纤维可用于制备纤维状的超级电容器。例如，Dalton 等[11]将两根纤维浸在聚乙烯醇/磷酸溶液中（19%磷酸和 4%的聚乙烯醇），干燥后缠绕在一起，然后再涂一层电解液，得到纤维状超级电容，采用两电极对其进行测试。这种纤维超级电容器（直径 100 mm）的比电容为 5 F/g，在 1 V 下的能量密度为 0.6 Wh/kg，比得上那些商品化的超级电容器。另外，1200 次充放电循环后其性能保持不变。这些碳纳米管纤维超级电容器可以被很容易地编织到面料中，可应用于电子纺织品。例如，图 8-12(b)所示照片中的织物中含有两个碳纳米管纤维超级电容器(黑线)。

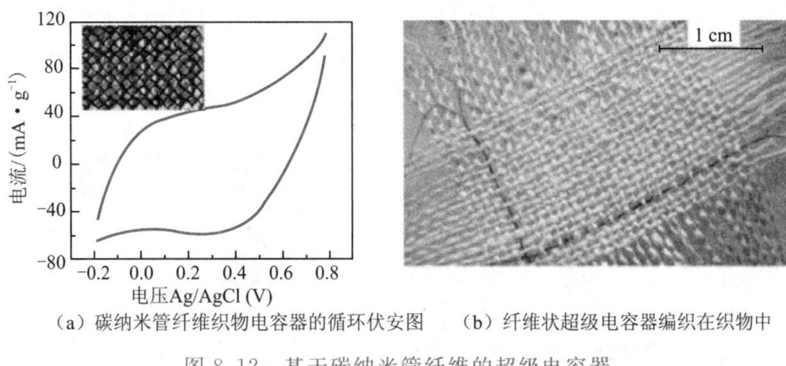

(a) 碳纳米管纤维织物电容器的循环伏安图　(b) 纤维状超级电容器编织在织物中

图 8-12　基于碳纳米管纤维的超级电容器

作为碳纳米管的一种独特组装形式,碳纳米管纤维可以将碳纳米管的高超性能转移到微观和宏观结构层次。尽管碳纳米管纤维的弹性模量和强度仍然较低,但是已经高于市售的碳纤维和聚合物纤维。此外,碳纳米管纤维的制备工艺比那些用于生产传统高性能纤维的要简单。因此,这种新型纤维在许多领域具有广泛的应用。然而,碳纳米管纤维科学技术仍处于起步阶段。在实现碳纳米管纤维的全部潜力之前,未来还需要持续投入更多的研究。

8.2　石墨烯纤维

石墨烯(graphene)是由 sp^2 杂化 C 原子有序排列而成的二维晶体,其中每个碳原子参与构成三个六元环。与碳纳米管(CNT)的管状结构和富勒烯(C_{60})的球状结构不同,石墨烯两面开放的平面结构提供了非常高的比表面积,理论值高达 2630 m^2/g[82]。而且石墨烯的性能非常独特:(1)力学性能极其优异,用原子力显微镜测得的拉伸强度为 130 GPa,拉伸模量为 1060 GPa[83];(2)导热性非常好,采用非接触光学方法测得的室温热导率达 5300 $W \cdot m^{-1} \cdot K^{-1}$[84];(3)电学性质很特殊,它是零带隙导体,室温下平面电子迁移率为 $1.5\times10^4 cm^2\ V^{-1} \cdot s^{-1}$,是目前已知的具有最高迁移率的锑化铟材料的两倍,超过商用硅片迁移率的 10 倍以上[85];(4)单层石墨烯的可见光透过率比空气还好[86];(5)具有室温量子霍尔效应及室温铁磁性等特殊性质[87,88]。石墨烯纤维是由石墨烯纳米片有序排列形成的一维材料,具有高强度、高电导率和高比表面积等特点,有望应用在超级电容器、传感器、执行器和轻质导电等领域。

8.2.1　石墨烯纤维的制备方法

目前石墨烯纤维的制备方法主要有薄膜组装法、模板组装和纺丝组装三大类。

1. 薄膜组装法

2011 年清华大学朱宏伟研究组报道了一种超薄石墨烯薄膜的组装方法,他们将 CVD 生长的石墨烯薄膜浸渍于乙醇、丙酮等有机溶剂中,石墨烯薄膜自发卷曲和收缩,经镊子取出拉伸形成石墨烯短纤维(见图 8-13)[89]。微观形貌显示该纤维具有疏松多孔结构,电导率约 10 S/cm,并具有多孔结构。他们对纤维成型机理进行了探讨,发现溶剂表面张力与石墨烯薄膜表面能的匹配性,决定了石墨烯薄膜的卷曲和收缩程度,而且溶剂的挥发速度也会影响孔径的大小。该方法成纤效率低、难以制备连续长的纤维,但其致孔原理对制备多孔石墨烯纤维很有意义。

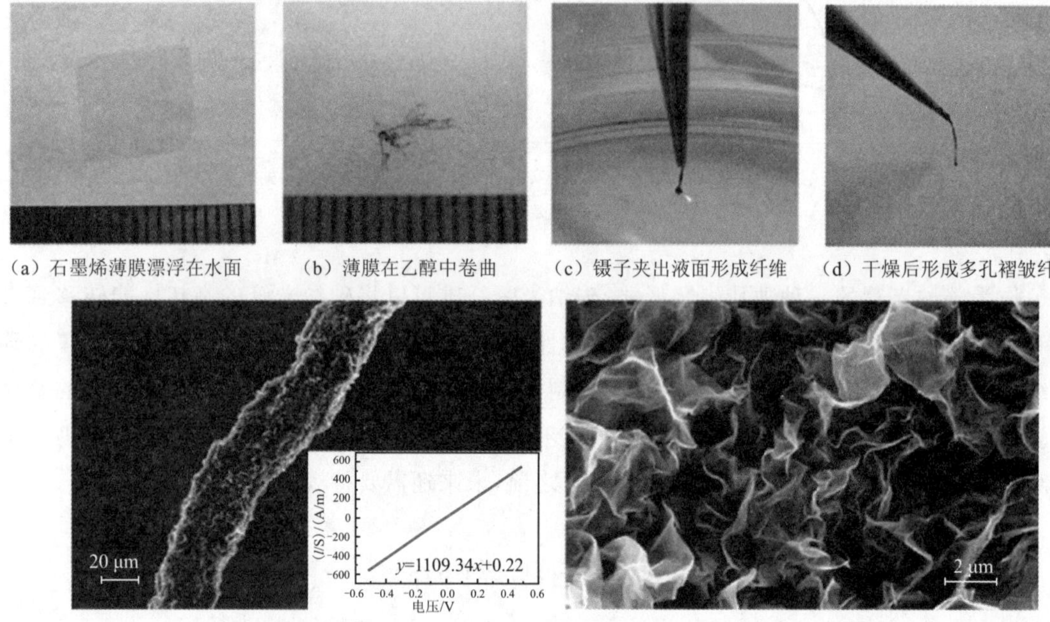

(a) 石墨烯薄膜漂浮在水面　(b) 薄膜在乙醇中卷曲　(c) 镊子夹出液面形成纤维　(d) 干燥后形成多孔褶皱纤维

(e) SEM图　(f) SEM图

图 8-13　石墨烯薄膜组装成短纤维

此外,美国宾夕法尼亚州立大学 Terrones M. 研究组报道了另一种宏观薄膜组装法。他们先将 GO 分散液刮涂成膜带,干燥后将其直接扭成 GO 纤维,最后通过热还原得到 RGO 纤维(见图 8-14)[90]。该方法制备的 GO 纤维具有很高的断裂伸长率(8.3%~78.3%),因此断裂韧性很好(1.3~17.4 J/m^3),可以耐受打结、螺旋卷曲和并股加工而不破坏。但纤维截面缺陷很多,导致强度较低(9.7~85.9 MPa)。热还原之后获得的 RGO 纤维,强度(<40 MPa)和断裂伸长率都大大降低(<5%),但电导率提高很多,石墨炉中 2800 ℃热处理后电导率提高到 416 S/cm 可以作为低电场高电流密度的场发射灯丝。另外,他们将碳纳米管、MoS_2 纳米片、Ag 纳米线与 GO 混合制备杂化薄膜,然后采用同样的方法制备了含这些纳米材料的杂化纤维。

2. 模板组装法

北京理工大学曲良体研究组报道了一种模板水热法制备了石墨烯纤维,他们先将 GO 分散液注入到玻璃管道中,密封两端后在 230 ℃水热处理 2 h,形成连续的 RGO 纤维(见图 8-15)[91]。他们对比冻干的 RGO 纤维和干燥的 RGO 纤维发现,湿态 RGO 纤维在干燥过程中的取向度逐渐增大,原因是水分挥发过程中毛细管效应产生的剪切力和表面张力产生的拉伸作用使 RGO 片层相互靠近并堆积,从而沿轴向取向。而且 RGO 纤维的结构可以通过控制 GO 分散液的浓度和玻璃管内径来调节。其中一个工艺条件制备的 RGO 纤维具有多孔结构，密度仅为 0.23 g/cm^3，因此，具有很好的柔性，可以打结、扭转合股。其强度和电导率分别达到 180 MPa 和～10 S/cm，800 ℃热处理后强度提高到 420 MPa。弯曲循环测试发现其电导率在 1000 次循环后几乎不变。他们还将磁性纳米 Fe_3O_4 与 GO 混合，同样水热处理获得了磁性导电复合纤维；将多孔 RGO 纤维浸泡到 TiO_2 分散液中，吸附了 8% 的 TiO_2，热处理后获得了具有光响应性的功能纤维。这种方法的好处是能够制备富有多孔结构的石墨烯纤维，但由于水热处理需要密闭空间和较长的反应时间，因此很难实现连续化生产。

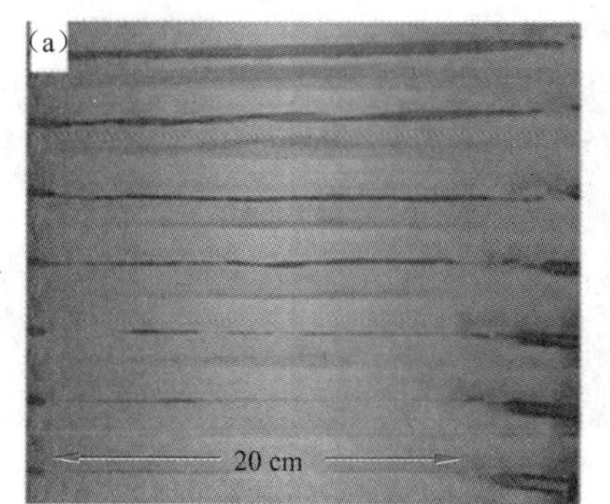

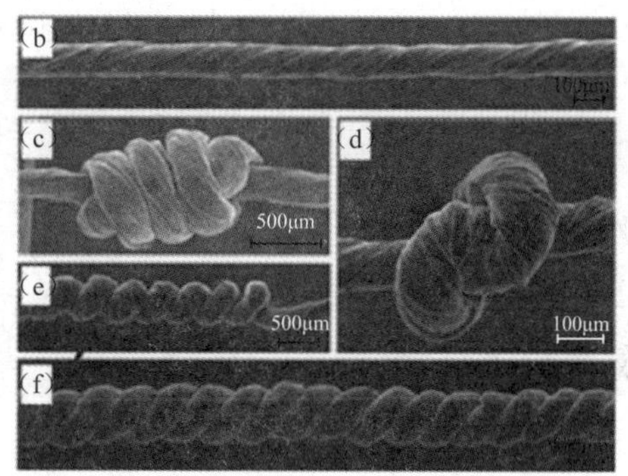

（a）将GO薄带扭成纤维过程的照片；（b）-（f）GO纤维在伸直、四重结、单结、螺旋卷曲和双股状态的SEM图；

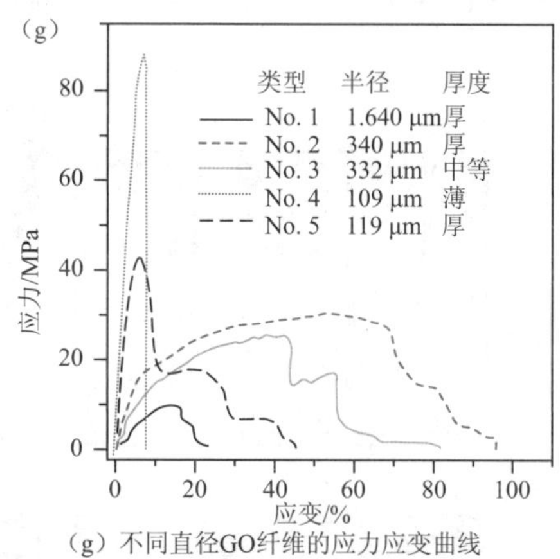

（g）不同直径GO纤维的应力应变曲线

图 8-14　薄带扭转法制备高韧性石墨烯纤维

为了增加水热法制备的 RGO 纤维的长度，新加坡国立大学 Chen Y. 研究组对以上方法做了改进。他们将柔性耐高温的熔融石英毛细管柱（广泛用于气相色谱分析）代替脆性的玻璃管，将含有乙二胺的 GO 分散液注入其中并保持一端密封，置于 220 ℃ 炉子中水热处理 6 h，用氮气挤出形成的纤维并干燥后收集得到 RGO 纤维（见图 8-16）[92]。其中乙二胺的作用是能够对 RGO 进行氮掺杂，有利于提高纤维的电导率，且引入赝电容。所得 RGO 纤维的密度、拉伸强度、电导率和比表面积分别为 0.29 g/cm^3、197 MPa、12 S/cm、24 m^2/g，纤维的结构以及性能均与前面的相当。他们还将酸性处理的 SWCNT 与 GO 和乙二胺一起注入，最后获得具有层次结构和高比面积的杂化纤维。这种改进方法获得了足够长的纤维，但仍然需要很长的反应时间，无法连续制备石墨烯纤维。

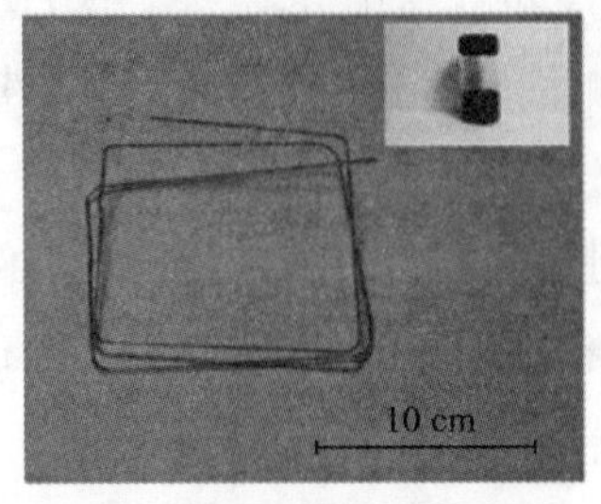

（a）GO分散液置于玻璃管道中

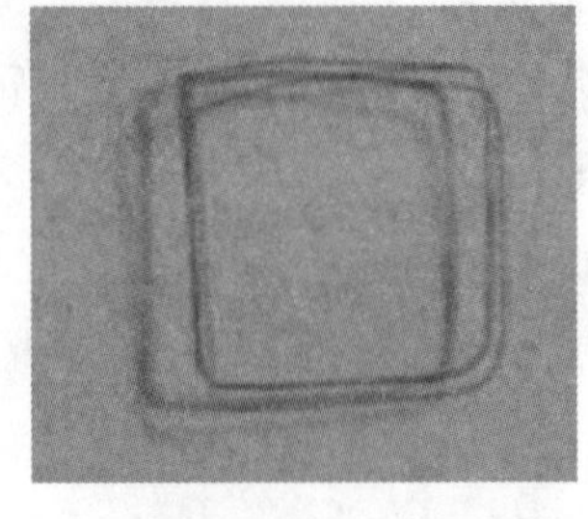

（b）水热处理后形成的GO纤维

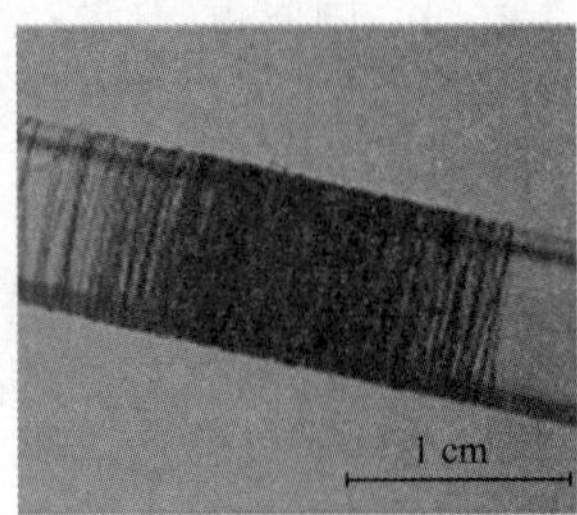

（c）收集的RGO纤维

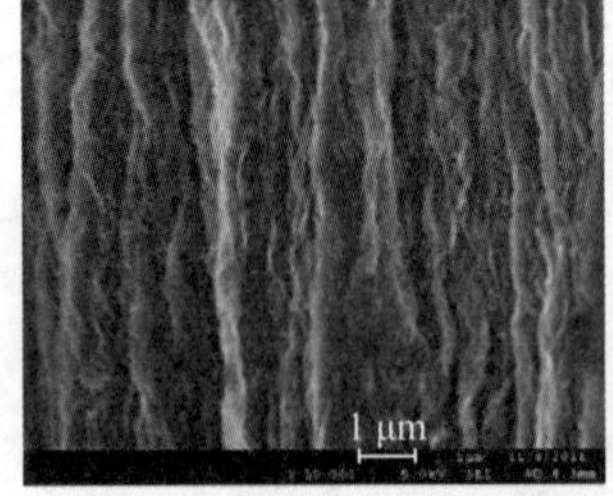

（d）RGO纤维外表面和截面的SEM图

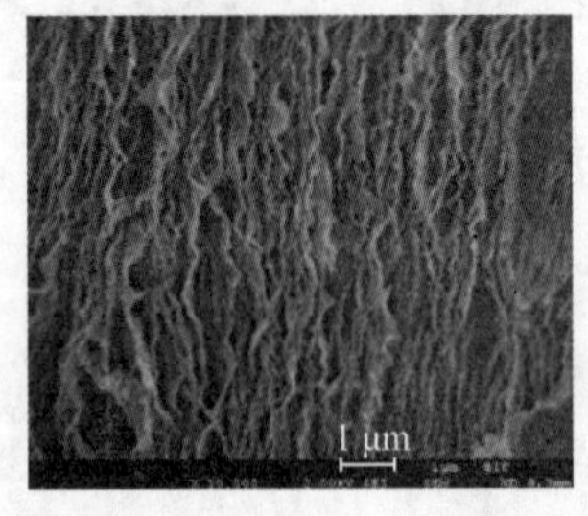

（e）RGO纤维外表面和截面的SEM图

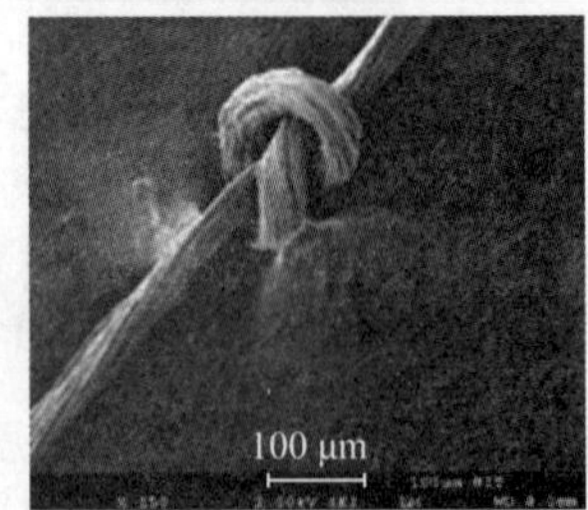

（f）打结的RGO纤维的SEM图

图 8-15　毛细管水热组装石墨烯纤维及其结构

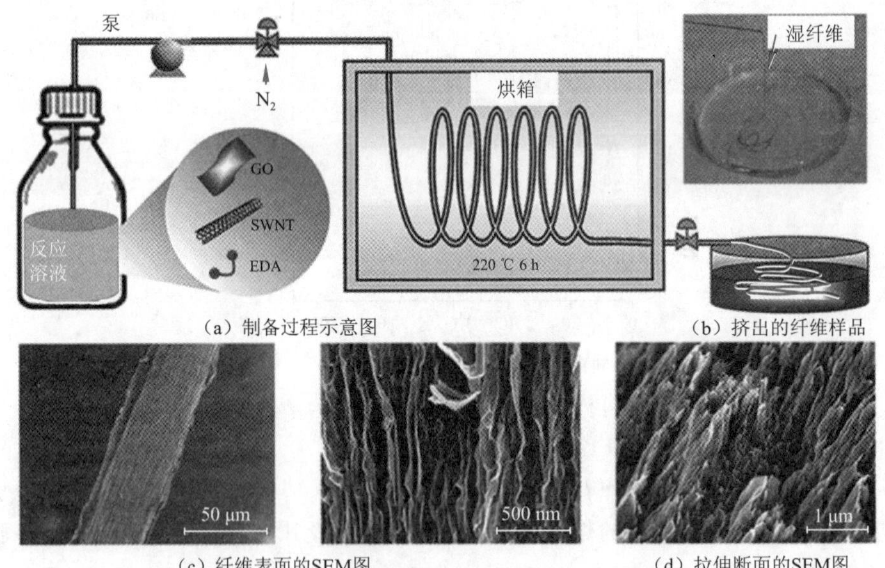

（a）制备过程示意图　（b）挤出的纤维样品

（c）纤维表面的SEM图　（d）拉伸断面的SEM图

图 8-16　熔融硅胶毛细管柱中水热处理制备石墨烯纤维

3. 纺丝组装法

湿法纺丝是制备纤维素纤维、聚乙烯醇纤维、聚丙烯腈纤维的工业化方法，并且已经成功地用于制备碳纳米管纤维[93]，也将是石墨烯纤维工业化制备最可行的方法。目前文献报道的主要有两种：一种是以 GO 为前驱体进行湿法纺丝制备 GO 纤维，然后将 GO 纤维进行物理或化学还原得到 RGO 纤维；另一种是直接将 RGO 的分散液进行湿法纺丝制备 RGO 纤维。由于前种方法可直接使用水作为溶剂，而后种方法要使用氯磺酸或其他表面活性剂，因此前者更有工业化前景。

浙江大学高超研究组发现了氧化石墨烯(GO)水分散液的液晶转变行为[94]，通过偏光显微镜、小角 X 射线散射和圆二色性等手段确认了 GO 分散液相态随 GO 体积分数和盐离子强度的变化。他们采用常规湿法纺丝法将高浓度的 GO 液晶分散液挤出到 NaOH/甲醇溶液中固化形成连续的 GO 纤维，经氢碘酸还原并干燥后获得 RGO 纤维(见图 8-17)[95]。该纤维具有良好的柔性，表面呈现褶皱状，XRD 显示有类似石墨的峰(晶面间距为 0.37 nm)，拉伸强度和模量分别 140 MPa 和 7.7 GPa，电导率～250 S/cm。该方法优点是以 GO 为前驱体，纤维电导率很高，可规模化连续制备纤维。但所得纤维表面非常粗糙、内部结构致密、强度比较低，而且纤维成型机理尚不明确，纺丝液配制和纺丝工艺有待优化。后来他们通过改用大尺寸膨胀石墨制备大尺寸的 GO，并使用 $CuCl_2$ 或 $CaCl_2$ 的乙醇-水溶液作为凝固浴，制备了金属离子交联度石墨烯纤维，其强度和电导率最高达到 502 MPa 和 410 S/cm[96]。此后他们又将银纳米线、CNT 等与 GO 进行混合配制纺丝液，通过类似的方法制备了含有银纳米线和 CNT 的杂化纤维，都能有效抑制石墨烯的堆积，且电导率得到较大的提高[97,98]。

受碳纳米管分散液纺丝的启发，有研究者采用表面活性剂分散 RGO 配制水相纺丝液进行纺丝，可以提高可纺性以获得连续纤维。例如，中科院硅酸盐研究所的 Sun J. 研究组利用十二烷基硫酸钠(SDS)分散水合肼还原的 RGO，配制质量分数为 0.35 %的纺丝液，挤出到 PVA/盐酸溶液中获得 PVA/RGO 复合纤维[99]，具有较高的拉伸强度(～200 MPa)和非常高的断裂伸长率(～250%)，主要得益于与 PVA 的相互作用。韩国汉阳大学的 Kim S. J. 研究组利用十二烷基苯磺酸钠(SDBS)分散 RGO 和 SWCNT 配制混合纺丝液，挤出到旋转的 PVA 凝固浴中形成复合纤维，当 RGO 与 SWCNT 比例为 1∶1 时断裂韧性最高(970 J/g)，远超过蜘蛛拉网丝和 Kevlar 纤维[119]。高超研究组则将 GO 与 PVA 混合后用水合肼还原，通过离心和热水洗涤去除未吸附的 PVA，获得 PVA 改性的 RGO；然后通过超声配制了 RGO/PVA 水相纺丝液，以丙酮为凝固浴湿法纺丝获得了 RGO/PVA 杂化纤维[100]。AFM 图像表明 PVA 吸附到 RGO 的表面，因此能够分散在水中；过滤制备的杂化纸的 XRD 图谱在小角处出现了新的衍射峰，对应的层间距随 PVA 添加量提高而增大，因此具有类似贝壳的砖-桥结构。其拉伸强度随 PVA 增大而提高，从质量分数为 53.1 % PVA 的 81 MPa 提高到质量分数为 65.8 % PVA 的 161 MPa，但电导率最高仅 0.0086 S/cm，改用氢碘酸进一步还原后提高到 3.50 S/cm。以上方法使用的 RGO 浓度都很低(质量分数<1 %)，不利于纺丝效率的提高；而且获得的都是复合纤维，需要去除聚合物或表面活性剂后才能得到 RGO 本体纤维，工序复杂。

而美国莱斯大学 Tour J. 研究组将碳纳米管氧化制备氧化石墨烯纳米带(GONR)，用水合肼化学还原得到 crGNR，然后将它们分别分散在氯磺酸中配制高浓度的纺丝液，以乙醚作为凝固浴，通过干喷湿纺制备了 GONR 纤维和 crGNR 纤维（见图 8-18），最后分别通过热还原和高温热处理获得 trGNR 和 a-crGNR 纤维[100]。偏光显微镜显示质量分数为 8%～15 %的 GONR 和质量分数为 8 % 的 crGNR 在氯磺酸中都形成了液晶分散液，但质量分数为 15 % 的 GONR 溶液开始出现部分凝聚体。他们还研究了纺丝时气隙长度和热处理施加的张力能够提高石墨烯纳米带的取向度，因此使 GNR 纤维的力学和电学性能显著提高。GONR 原丝经过 1500 ℃热处理后，拉伸强度从 39 MPa 提高到 378 MPa，电导率增加到 285 S/cm，模量从 3.7 GPa 增加到 36.2 GPa，而比模量值高于通用碳纤维和常用的铜、钢、铝等金属材料。他们发现 GONR 纤维热处理后的碳收率比聚丙烯腈、黏胶纤维都要高，因此将来可以通过优化纺丝工艺参数以及使用超长的 GONR 来制备更高性能的碳纤维。但 GONR 的原料来自于成本高的碳纳米管，而且氯磺酸的强腐蚀性和吸湿性给纺丝操作带来非常大的不便，将来工业化生产会遇到非常大的挑战。

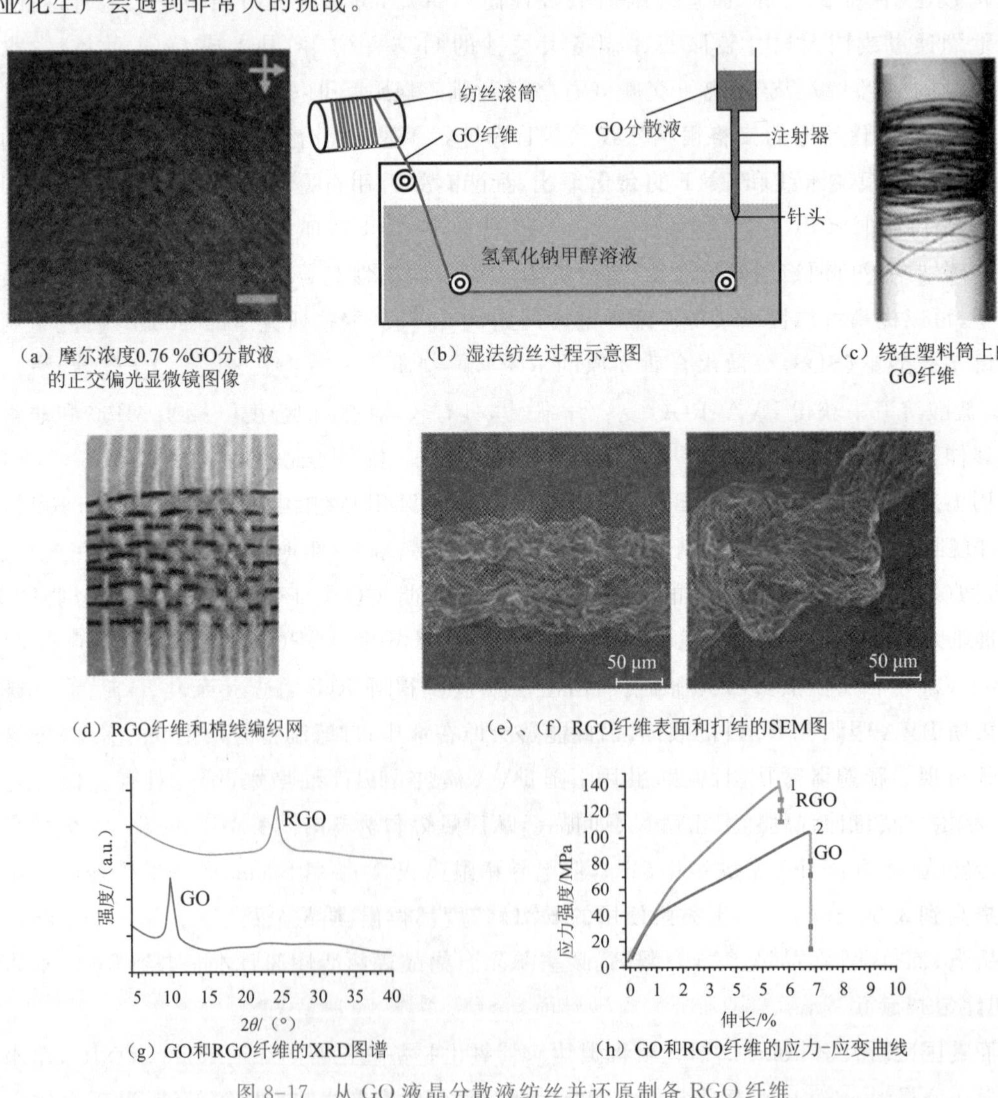

（a）摩尔浓度0.76 %GO分散液的正交偏光显微镜图像　（b）湿法纺丝过程示意图　（c）绕在塑料筒上的GO纤维

（d）RGO纤维和棉线编织网　（e）、（f）RGO纤维表面和打结的SEM图

（g）GO和RGO纤维的XRD图谱　（h）GO和RGO纤维的应力-应变曲线

图 8-17　从 GO 液晶分散液纺丝并还原制备 RGO 纤维

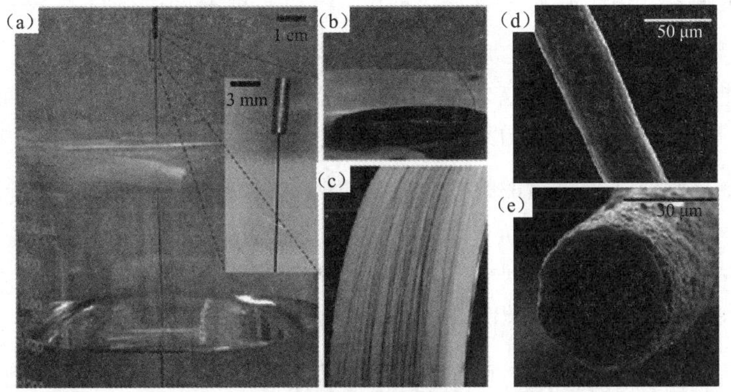

（a）~（c）简易干喷湿纺装置，其中湿纤维堆积在烧杯底部，最终卷绕到聚四氟乙烯辊上；
（d）、（e）trGNR纤维表面和截面的SEM图像；

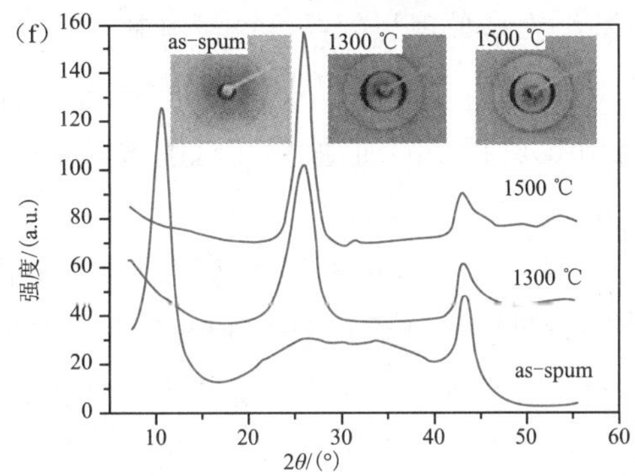

（f）GONR原丝以及不用温度热还原得到的trGNR纤维的XRD图谱

图 8-18　干喷湿纺制备石墨烯纳米带纤维

8.2.2　石墨烯基纤维的应用

1. 柔性超级电容器

超级电容器是利用电极材料对电解质离子的快速吸附-脱吸附或电极材料自身快速的可逆氧化还原反应而实现电能快速储放的新型电源装置。与铅酸电池、锂离子电池等化学电池相比，超级电容器具有快速的充放电能力和超长的循环使用寿命，而且电极材料污染少、充放电路简单、安全性很高。超级电容器通常由集流体、活性电极、电解质、和隔膜四部分组成，而电极是影响其性能的关键因素。传统超级电容器的组装工序一般是先将活性炭粉末、导电剂和黏结剂混合，涂覆到铝箔基底（集流体）上通过施加压力使它们黏合为一体，然后覆盖隔膜与另一电极对合，最后通过卷绕或折叠形成圆柱体或长方体的电容器。目前面向消费者的电子产品如手机、电子手表、蓝牙耳机，以及医疗健康、运动器械，以及健康/运动监测器如电子血压计、心率带等，正朝着多功能化、智能化、柔性甚至可穿戴的方向发展。传统的电容器和锂离子电池体积大、柔性差，已经无法满足这些领域的应用需求，因此迫切需要柔性化、微型化的高效电池和电容器来提供持久的能源供应。

纤维基超级电容器由于具有柔性好、体积小巧和能量密度高等优点，一方面可以集成到传感器等各种微型电子器件中；另一方面可以直接嵌入服装和饰品中作为可穿戴电源中心，将来可能为智能服装以及手机等高功耗型电子产品进行供电。纤维基超级电容器是利用纤维材料为活性电极组装的线状或织物状的电容器，其实活性炭纤维电容器可以看作最早的纤维基超级电容器。早期文献报道的线状电容器使用的纤维材料主要有活性碳纤维、碳纳米纤维、碳纳米管纤维、金属纤维和表面金属化的高分子纤维等，以及以它们为基底在表面或内部复合活性纳米材料的复合纤维[101-108]。由于碳纤维、金属纤维和多壁碳纳米管的比表面积均不高，往往需要通过沉积额外的电化学活性的纳米材料来提高电容性能，整个器件的比电容和能量密度被纤维材料自身拖累。而石墨烯具有优异的导电能力和超高的比表面积，其本征电容为21 F/cm^2(550 F/g)，是所有碳材料双电层电容的上限，而且其成本在未来会降到可以商业化的程度，因此石墨烯基纤维是最理想的纤维电极材料。但由于石墨烯超高比面积的特性，石墨烯片之间容易通过 作用发生面面堆积，使表面积降低、脆性增加、柔性下降，导致石墨烯纤维电极的电容性能与理论值相差甚远，所以在石墨烯纤维中引入多孔结构或者引入赝电容材料是非常必要的。

清华大学朱宏伟研究组利用CVD生长的石墨烯薄膜组装成多孔电极，在 1M Na_2SO_4 中的电容为 1.4 mF/cm^2(10 mV/s)，沉积 MnO_2 后比电容则提高到 12.4 mF/cm^2(10 mV/s)。浙江大学高超研究组利用湿法纺丝和氢碘酸还原制备的石墨烯纤维为电极，平行排列后涂覆 PVA/H_3PO_4 凝胶电解质组装成柔性电容器(见图 8-19)，其比电容仅为 3.3 mF/cm^2(3.77 F/cm^3，0.1 mA/cm^2)，但沉积聚苯胺纳米粒子后比电容大幅提高到 66.6 mF/cm^2(76.1 mF/cm^3，0.1 mA/cm^2)[109]。北京理工大学曲良体研究组发现水热还原组装的石墨烯纤维虽然呈多孔结构(密度约为 0.23 g/cm^3)，但比电容和倍率性非常差。为此，他们以该纤维为基底，通过电化学还原沉积了具有三维疏松多孔结构的石墨烯皮层，利用芯层的高导电性作为集流体，涂覆 PVA/H_2SO_4 为凝胶电解质后合股组装成柔性电容器，使比电容提高到约 40 F/g(0.2 A/g)[110]。后来他们又将 GO 与吡咯单体混合作为纺丝液，挤出到 $FeCl_3$ 溶液中进行固化并使吡咯原位聚合，形成的 PPy/GO 纤维经氢碘酸还原后得到 PPy/RGO 复合纤维。该纤维呈现皮芯结构，其电容性能比纯 RGO 纤维大为提高，用 PVA/H_2SO_4 凝胶电解质所组装的线状电容器比电容为 107.2 mF/cm^2(约 73.4 F/g)，能量密度在 6.6～9.7 Wh/cm^{2}之间[111]。

正如前面所述，许多研究组制备的纯石墨烯纤维比电容都远远小于石墨烯的理论电容，因此提高纯石墨烯纤维的电容性能是一个很大的挑战。澳大利亚卧龙岗大学 Wallace G. 研究组在 2014 年报道，发现了一种直接制备多孔石墨烯纤维的方法，他们将大尺寸的 GO 分散液挤出到含酸的丙酮凝固浴中，形成的多孔 GO 纤维经过 220 °C 热还原后转变为疏松多孔的 RGO 纤维(见图 8-20)。该纤维比表面积高达 2210 m^2/g(亚甲基蓝吸附法)，电导率约 25.1 S/cm，但强度$<$50 MPa。编织的网状织物作为电极、隔膜组装成超级电容器，在 1 MH_2SO_4不使用集流体时的比电容在 1 A/g 为 409 F/g，电流密度提高到 100 A/g 时仍有 56 F/g。使用集流体后倍率性能明显提高，100 mV/s 时仍高达 300 F/g[112]。此外，对石墨烯进行元素掺杂也能提高 RGO 纤

维的电容性能。例如，山西大学 Han G. 研究组将 GO 分散液按网格状挤出到羟胺乙醇溶液中的基板上，经过干燥、热处理得到氮掺杂的 RGO 网状织物；利用 Pt 箔作为集流体组装超级电容器，在 25% KOH 电解质中 5 mV/s 扫描速率下的比电容为 188 F/g，而且扫描速率提高到 1 V/s 和 10 V/s 时比电容分别保持了 74.2% 和 48.4%，体现出非常优异的倍率性能[113]。

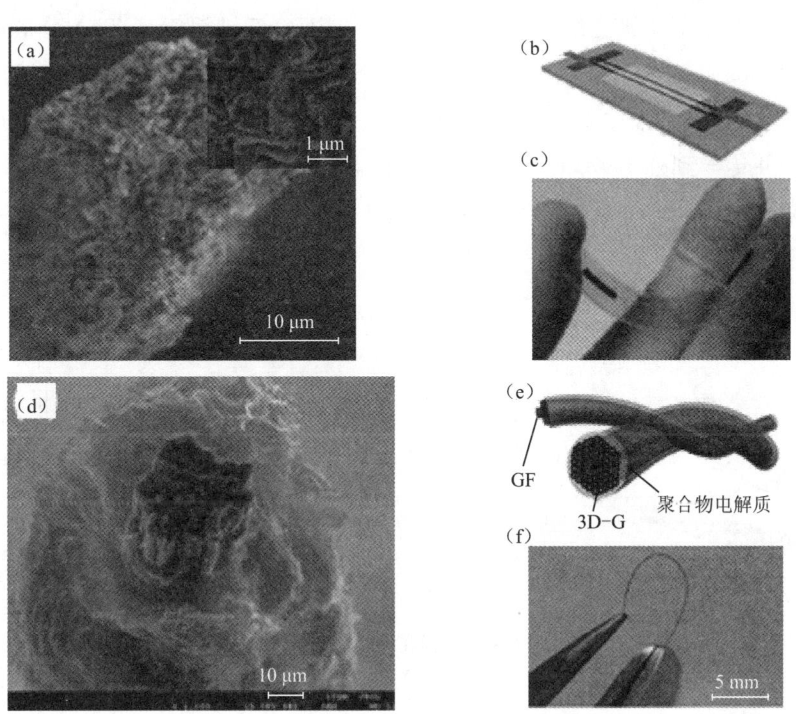

图 8-19　基于石墨烯本体纤维的超级电容器

(a)～(c)氢碘酸还原制备的石墨烯纤维的 SEM 图像及其电容器的示意图和实物图；
(d)～(f)电化学沉积制备的皮芯结构石墨烯纤维的 SEM 图像及其电容器的示意图和实物图

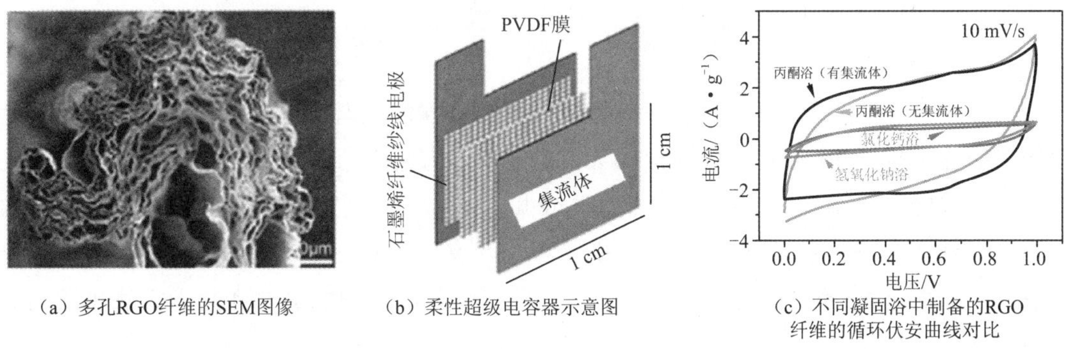

（a）多孔RGO纤维的SEM图像　（b）柔性超级电容器示意图　（c）不同凝固浴中制备的RGO纤维的循环伏安曲线对比

图 8-20　多孔 RGO 纤维及其超级电容器

2. 微型传感器

从理论上说，单层石墨烯自身的碳原子网络和电子结构会受到物理和化学因素的影响而发生变化，例如，应力、温度、电磁波（微波、光波）以及化学和生物分子等，表现为其电学性能

(电导率、电势差)、光谱性能(可见光透过率、拉曼光谱位移等)甚至自身物理形貌(如应变、卷曲和伸展等)的变化。因此,石墨烯基纤维的性能和形貌也会受外界各种物理和化学因素的影响,可用作这些因素的传感器。而且石墨烯纤维具有体积小、比表面积大、导电性好等优点,更适合与集成电路组合成微型传感器。

北京理工大学曲良体研究组将水热还原组装的 RGO 纤维浸渍到 TiO_2 分散液中,热处理后获得了表面负载质量分数为 8% TiO_2 的 RGO 光响应性纤维,该纤维能够对可见光照射做出快速电流变化响应,而且重复性很好[114]。其原理是 TiO_2 具有光敏性,产生的光生电子注入到石墨烯中并传导到外电路,该纤维在光传感器、光催化和光伏电池上有良好应用前景。他们还利用激光对 GO 纤维进行不对称还原,由于 RGO 和 GO 对水分的亲和性差异,未还原侧吸湿性好于 RGO,因此在不同湿度下会发生卷曲,其曲率与相对湿度大小正相关,因此是很好的湿度传感器(见图 8-21)。

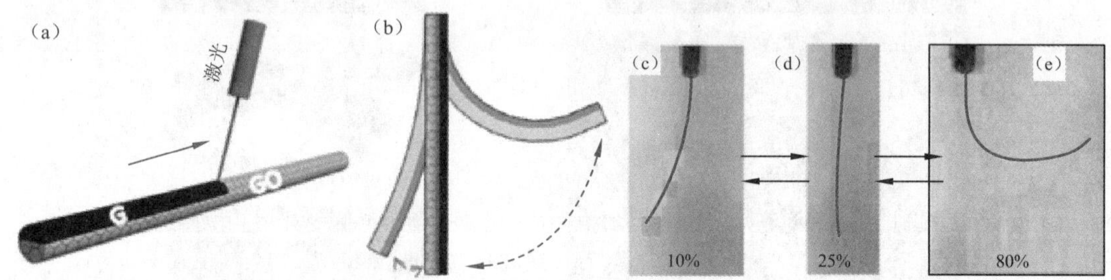

图 8-21　不对称还原 GO 纤维对湿度的传感性能
(a)激光还原示意图;(b)湿度响应示意图;(c~e)不同湿度下纤维形貌的变化

此外,早期研究者们开发的碳纳米管纤维被用于组织切片中多巴胺、5-羟色胺、维生素 C、过氧化氢、葡萄糖等生物分子的区别和定量检测,比传统碳纤维电极具有更好的选择性、灵敏度和空间分辨率[115,116]。而石墨烯纤维与碳纳米管纤维同源,通过纺丝和还原工艺优化可以制备多孔、高比表面积的石墨烯纤维,因此将在这些生物检测方面有很好的应用前景。

3. 智能执行器

执行器可以理解为在电场、磁场、热场、光场、物质场(气体、液体、烟雾等)等外场驱动作用下能够产生动作(明显变形)的器件,相应地可分为电驱动、磁驱动、热驱动和物质驱动器件。美国得克萨斯大学达拉斯分校的 Baughman R. H. 研究组发现扭转纺丝制备的碳纳米管纤维在电场作用下会发生伸长、去除电场后又回复的现象,后来他们在其中添加蜡质获得了响应更快、形变率更大的杂化纤维,而且可以通过电热、光热和化学方法来驱动其工作[116]。

类似地,石墨烯纤维也可以通过组成调控和结构设计加工成电驱动、磁驱动和物质驱动的执行器。北京理工大学曲良体研究组将水热还原组装的湿态 RGO 纤维缠绕在圆棒上,干燥后获得不同直径和长度的 RGO 纤维弹簧(见图 8-22)[117]。其中一种规格的弹簧伸长 480% 长度仅需要 0.12 mN 的外力,在伸长率小于 300% 范围内反复拉伸循环 10 000 次后其弹性系数保持很好的稳定性。该弹簧在静电场下能够发生伸长，伸长率最高达 210%（碳纳米管纤维执行器仅达到 20%，自然界的肌肉纤维伸长率仅为 50%），除去电电场后发生可逆的回复，因此是非常好的静电场驱动的执行器。他们还将磁性 Fe_3O_4 与 GO 复合，制备了 Fe_3O_4/RGO 磁性弹簧，在磁场下能够发生可逆的伸长和收缩，并将其作为磁控开关来控制 LED 灯的工作。此外，他们在 2014 年报道，将 GO 水凝胶纤维一端固定，另一端绕纤维轴进行高倍扭转处理，使石墨烯片发生微观螺旋状排列，这种结构经干燥后得到固定[118]。当它遇到水蒸气时，水分子的快速扩散导致 GO 层间距增大，使纤维发生退扭转，表现为纤维的快速转动（5190 r/min）和长度的变长（4.7%）。他们演示了利用这种纤维在湿度驱动的开关和发电机方面的应用。

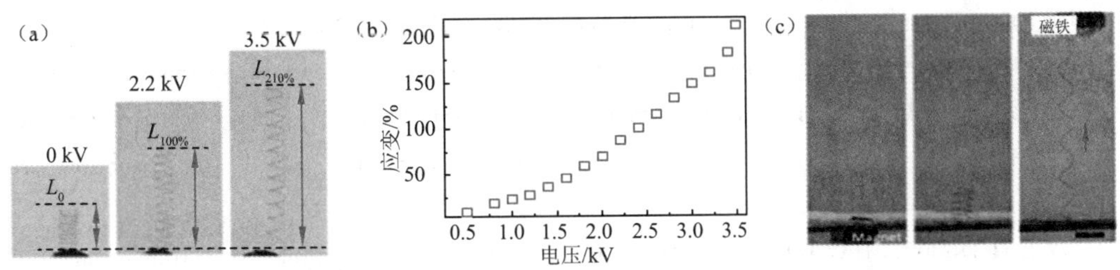

图 8-22　石墨烯基纤维弹簧的电场响应性和磁场响应性

(a)、(b)RGO 纤维弹簧在不同电压下的伸长率；(c)Fe_3O_4/RGO 磁性纤对磁铁的响应性

参考文献

[1] IIJIMA S. Helical microtubules of graphitic carbon [J]. Nature, 1991, 354 (6348): 56-58.

[2] THOSTENSON E T, REN Z F, CHOU T W. Advances in the science and technology of carbon nanotubes and their composites: a review [J]. Composites Science and Technology, 2001, 61(13): 1899-1912.

[3] YU M F, FILES B S, AREPALLI S, et al. Tensile loading of ropes of single wall carbon nanotubes and their mechanical properties [J]. Physical Review Letters, 2000, 84(24): 5552-5555.

[4] COLLINS P G, AVOURIS P. Nanotubes for electronics [J]. Scientific American, 2000, 283: 62-69.

[5] LI Q W, LI Y, ZHANG X F, et al. Structure-dependent electrical properties of carbon nanotube fibers [J]. Advanced Materials, 2007, 19(20): 3358-3363.

[6] BALANDIN A A. Thermal properties of graphene and nanostructured carbon materials [J]. Nature Materials, 2011, 10(8): 569-581.

[7] ZHANG X F, LI Q W, HOLESINGER T G, et al. Ultrastrong, stiff, and lightweight carbon-nanotube fibers [J]. Advanced Materials, 2007, 19(23): 4198-4201.

[8] KOZIOL K, VILATELA J, MOISALA A, et al. High-performance carbon nanotube fiber [J]. Science, 2007, 318(5858): 1892-1895.

[9] CHOU T W, GAO L M, THOSTENSON E T, et al. An assessment of the science and technology of carbon nanotube-based fibers and composites [J]. Composites Science and Technology, 2010, 70(1): 1-19.

[10] VIGOLO B, PENICAUD A, COULON C, et al. Macroscopic fibers and ribbons of oriented carbon nanotubes [J]. Science, 2000, 290(5495): 1331-1334.

[11] DALTON A B, COLLINS S, MUNOZ E, et al. Super-tough carbon-nanotube fibres- these extraordinary composite fibres can be woven into electronic textiles [J]. Nature, 2003, 423(6941): 703.

[12] ERICSON L M, FAN H, PENG H Q, et al. Macroscopic, neat, single-walled carbon nanotube fibers [J]. Science, 2004, 305(5689): 1447-1450.

[13] JIANG K L, LI Q Q, FAN S S. Spinning continuous carbon nanotube yams [J]. Nature, 2002, 419 (6909): 801.

[14] ZHANG M, ATKINSON K R, BAUGHMAN R H. Multifunctional carbon nanotube yarns by downsizing an ancient technology [J]. Science, 2004, 306(5700):1358-1361.

[15] ZHANG X B, JIANG K L, FENG C, et al. Spinning and processing continuous yarns from 4-Inch wafer scale super-aligned carbon nanotube arrays [J]. Advanced Materials, 2006, 18(12): 1505-1510.

[16] ZHU H W, XU C L, WU D H, et al. Direct synthesis of long single-walled carbon nanotube strands [J]. Science, 2002, 296(5569): 884-886.

[17] LI Y L, KINLOCH I A, WINDLE A H. Direct spinning of carbon nanotube fibers from chemical vapor deposition synthesis [J]. Science, 2004, 304(5668): 276-278.

[18] MOTTA M, MOISALA A, KINLOCH I A, et al. High performance fibres from 'Dog Bone' carbon nanotubes [J]. Advanced Materials, 2007, 19(21): 3721-3726.

[19] MA W J, LIU L Q, YANG R, et al. Monitoring a micromechanical process in macroscale carbon nanotube films and fibers [J]. Advanced Materials, 2009, 21(5):603-608.

[20] FENG J M, WANG R, LI Y L, et al. One-step fabrication of high quality double-walled carbon nanotube thin films by a chemical vapor deposition process [J]. Carbon, 2010, 48(13): 3817-3824.

[21] CI L J, PUNBUSAYAKUL N, WEI J Q, et al. Multifunctional macroarchitectures of double-walled carbon nanotube fibers [J]. Advanced Materials, 2007, 19(13): 1719-1723.

[22] ZHENG L X, ZHANG X F, LI Q W, et al. Carbon-nanotube cotton for large-scale fibers [J]. Advanced Materials, 2007, 19(18): 2567-2570.

[23] TANG J, GAO B, GENG H Z, et al. Assembly of 1D nanostructures into sub-micrometer diameter fibrils with controlled and variable length by dielectrophoresis [J]. Advanced Materials, 2003, 15(16): 1352-1355.

[24] ZHANG S J, KOZIOL K K, KINLOCH I A, et al. Macroscopic fibers of well-aligned carbon nanotubes by wet spinning [J]. Small, 2008, 4(8): 1217-1222.

[25] MUNOZ E, SUH D S, COLLINS S, et al. Highly conducting carbon nanotube/polyethyleneimine composite fibers [J]. Advanced Materials, 2005, 17(8): 1064-1067.

[26] KOZLOV M E, CAPPS R C, SAMPSON W M, et al. Spinning solid and hollow polymer-free carbon nanotube fibers [J]. Advanced Materials, 2005, 17(5): 614-617.

[27] ZHOU W, VAVRO J, GUTHY C, et al. Single wall carbon nanotube fibers extruded from super-acid suspensions: Preferred orientation, electrical, and thermal transport [J]. Journal of Applied Physics, 2004, 95(2): 649-655.

[28] STEINMETZ J, GLERUP M, PAILLET M, et al. Production of pure nanotube fibers using a modified wet-spinning method [J]. Carbon, 2005, 43(11): 2397-2400.

[29] DAVIS V A, PARRA-VASQUEZ A N G, GREEN M J, et al. True solutions of single-walled carbon nanotubes for assembly into macroscopic materials [J]. Nature Nanotechnology, 2009, 4(12): 830-834.

[30] LAUNOIS P, MARUCCI A, VIGOLO B, et al. Structural characterization of nanotube fibers by X-Ray scattering [J]. Journal of Nanoscience and Nanotechnology, 2001, 1(2): 125-128.

[31] VIGOLO B, POULIN P, LUCAS M, et al. Improved structure and properties of single-wall carbon nanotube spun fibers [J]. Applied Physics Letters, 2002, 81(7): 1210-1212.

[32] MIAUDET P, BADAIRE S, MAUGEY M, et al. Hot-drawing of single and multiwall carbon nanotube fibers for high toughness and alignment [J]. Nano Letters. 2005, 5(11): 2212-2215.

[33] DALTON A B, COLLINS S, RAZAL J, et al. Continuous carbon nanotube composite fibers: properties, potential applications, and problems [J]. Journal of Materials Chemistry, 2004, 14, 1-3.

[34] RAZAL J M, COLEMAN J N, MUNOZ E, et al. Arbitrarily shaped fiber assemblies from spun carbon nanotube gel fibers [J]. Advanced Functional Materials, 2007, 17(15): 2918-2924.

[35] ZHANG Y Y, ZOU G F, DOORN S K, et al. Tailoring the morphology of carbon nanotube arrays: from spinnable forests to undulating foams [J]. ACS Nano, 2009, 3(8): 2157-2162.

[36] HUYNH C P, HAWKINS S C. Understanding the synthesis of directly spinnable carbon nanotube forests [J]. Carbon, 2010, 48(4): 1105-1115.

[37] NAKAYAMA Y. Synthesis, nanoprocessing, and yarn application of carbon nanotubes [J]. Japanese Journal of Applied Physics, 2008, 47(10S): 8149-8156.

[38] LIU K, SUN Y H, ZHOU R F, et al. Carbon nanotube yarns with high tensile strength made by a twisting and shrinking method [J]. Nanotechnology, 2010, 21(4): 045708.

[39] MIAO M H, MCDONNELL J, VUCKOVIC L, et al. Poisson's ratio and porosity of carbon nanotube dry-spun yarns [J]. Carbon, 2010, 48(10): 2802-2811.

[40] ZHANG S J, ZHU L B, MINUS M L, et al. Solid-state spun fibers and yarns from 1-mm long carbon nanotube forests synthesized by water-assisted chemical vapor deposition [J]. Journal of Materials Science, 2008, 43(13): 4356-4362.

[41] LIU K, SUN Y H, LIN X Y, et al. Scratch-resistant, highly conductive, and high-strength carbon nanotube-based composite yarns [J]. ACS Nano, 2010, 4(10): 5827-5834.

[42] TRAN C D, LUCAS S, PHILLIPS D G, et al. Manufacturing polymer/carbon nanotube composite using a novel direct process [J]. Nanotechnology, 2011, 22(14): 145302.

[43] KUZNETSOV A A, FONSECA A F, BAUGHMAN R H, et al. Structural model for dry-drawing of sheets and yarns from carbon nanotube forests [J]. ACS Nano, 2011, 5(2): 985-993.

[44] ZHU C, CHENG C, HE Y H, et al. A self-entanglement mechanism for continuous pulling of carbon nanotube yarns [J]. Carbon, 2011, 49(15): 4996-5001.

[45] CI L J, LI Y H, WEI B Q, et al. Preparation of carbon nanofibers by the floating catalyst method [J]. Carbon, 2000, 38(14): 1933-1937.

[46] VILATELA J J, WINDLE A H. Yarn-like carbon nanotube fibers [J]. Advanced Materials, 2010, 22(44): 4959-4963.

[47] MOTTA M, LI Y L, KINLOCH I, et al. Mechanical properties of continuously spun fibers of carbon nanotubes [J]. Nano Letters, 2005, 5(8): 1529-1533.

[48] ZHONG X H, LI Y L, LIU Y K, et al. Continuous multilayered carbon nanotube yarns [J]. Advanced Materials, 2010, 22(6): 692-696.

[49] MA W J, SONG L, YANG R, et al. Directly synthesized strong, highly conducting, transparent single-walled carbon nanotube films [J]. Nano Letters, 2007, 7(8): 2307-2311.

[50] MA W J, LIU L Q, ZHANG Z, et al. High-strength composite fibers: realizing true potential of carbon nanotubes in polymer matrix through continuous reticulate architecture and molecular level couplings [J]. Nano Letters, 2009, 9(8): 2855-2861.

[51] SINCLAIR D. A bending method for measurement of the tensile strength and Young's modulus of glass fibers [J]. Journal of Applied Physics, 1950, 21(5): 380-386.

[52] DETERESA S J, ALLEN S R, FARRIS R J, et al. Compressive and torsional behaviour of Kevlar 49 fibre [J]. Journal of Materials Science, 1984, 19(1): 57-72.

[53] ALLEN S R. Tensile recoil measurement of compressive strength for polymeric high performance fibres [J]. Journal of Materials Science, 1987, 22(3): 853-859.

[54] HAWTHORNE H M, TEGHTSOONIAN E. Axial compression fracture in carbon fibres [J]. Journal of Materials Science, 1975, 10(1): 41-51.

[55] GAO Y, LI J Z, LIU L Q, et al. Axial compression of hierarchically structured carbon nanotube fiber embedded in epoxy [J]. Advanced Functional Materials, 2010, 20(21): 3797-3803.

[56] DENG F, LU W B, ZHAO H B, et al. The properties of dry-spun carbon nanotube fibers and their interfacial shear strength in an epoxy composite [J]. Carbon, 2011, 49(5), 1752-1757 .

[57] NETRAVALI A N, STONE D, RUOFF S, et al. Continuous micro-indenter push-through technique for measuring interfacial shear strength of fiber composites [J]. Composites Science and Technology, 1989, 34(4), 289-303.

[58] ZHANG F H, WANG R G, HE X D, et al. Interfacial shearing strength and reinforcing mechanisms of an epoxy composite reinforced using a carbon nanotube/carbon fiber hybrid [J]. Journal of Materials Science, 2009, 44(13): 3574-3577.

[59] HERRERA-FRANCO P J, DRZAL L T. Comparison of methods for the measurement of fiber/matrix adhesion in composites [J]. Composites, 1992, 23(1), 2-27.

[60] BEYERLEIN I J, PORWAL P K, ZHU Y T, et al. Scale and twist effects on the strength of nanostructured yarns and reinforced composites [J]. Nanotechnology, 2009, 20(48): 485702.

[61] BAUGHMAN R H, ZAKHIDOV A A, DE HEER W A. Carbon nanotubes--the route toward applications [J]. Science, 2002, 297(5582): 787-792.

[62] KIM P, SHI L, MAJUMDAR A, et al. Thermal transport measurements of individual multiwalled nanotubes [J]. Physical Review Letters, 2001, 87: 215502.

[63] JAKUBINEK M B, JOHNSON J B, WHITE M A, et al. Thermal and electrical conductivity of array-spun

multi-walled carbon nanotube yarns [J]. Carbon, 2012, 50(1): 244-248.

[64] BERNHOLC J, BRENNER D, NARDELLI M B, et al. Mechanical and electrical properties of nanotubes [J]. Annual Review of Materials Research, 2002, 32: 347-375.

[65] SUNDARAM R M, KOZIOL K K K, WINDLE A H. Continuous direct spinning of fibers of single-walled carbon nanotubes with metallic chirality [J]. Advanced Materials, 2011, 23(43): 5064-5068.

[66] MIAO M H. Electrical conductivity of pure carbon nanotube yarns [J]. Carbon, 2011, 49(12), 3755-3761.

[67] BADAIRE S, PICHOT V, ZAKRI C, et al. Correlation of properties with preferred orientation in coagulated and stretch-aligned single-wall carbon nanotubes [J]. Journal of Applied Physics, 2004, 96 (12): 7509-7513.

[68] MIAUDET P, BARTHOLOME C, DERRE A, et al. Thermo-electrical properties of PVA - nanotube composite fibers [J]. Polymer, 2007, 48(14), 4068-4074.

[69] RANDENIYA L K, BENDAVID A, MARTIN P J, et al. Composite yarns of multiwalled carbon nanotubes with metallic electrical conductivity [J]. Small, 2010, 6(16): 1806-1811.

[70] ZHAO Y, WEI J Q, VAJTAI R, et al. Iodine doped carbon nanotube cables exceeding specific electrical conductivity of metals [J]. Scientific Reports, 2011, 1: 83.

[71] ALIEV A E, GUTHY C, ZHANG M, et al. Thermal transport in MWCNT sheets and yarns [J]. Carbon, 2007, 45(15): 2880-2888.

[72] SHAIKH S, LI L, LAFDI K, et al. Thermal conductivity of an aligned carbon nanotube array [J]. Carbon, 2007, 45(13): 2608-2613.

[73] THOSTENSON E T, CHOU T W. Aligned multi-walled carbon nanotube-reinforced composites: processing and mechanical characterization [J]. Journal of Physics D Applied Physics, 2002, 35(16): L77-L80.

[74] THOSTENSON E T, LI C Y, CHOU T W. Nanocomposites in context [J]. Composites Science and Technology, 2005, 65(3-4): 491-516.

[75] MORA R J, VILATELA J J, WINDLE A H. Properties of composites of carbon nanotube fibres [J]. Composites Science and Technology, 2009, 69(10): 1558-1563.

[76] ZHAO H B, ZHANG Y Y, BRADFORD P D, et al. Carbon nanotube yarn strain sensors [J]. Nanotechnology, 2010, 21(30): 305502.

[77] GOHO A. Protein power: solar cell produces electricity from spinach and bacterial proteins [J]. Science News, 2004, 165(23): 363.

[78] WANG J, DEO R P, POULIN P, et al. Carbon nanotube fiber microelectrodes [J]. Journal of the American Chemical Society, 2003, 125 (48): 14706-14707.

[79] VIRY L, DERRE A, GARRIGUE P, et al. Optimized carbon nanotube fiber microelectrodes as potential analytical tools [J]. Analytical and Bioanalytical Chemistry, 2007, 389(2), 499-505.

[80] ZHU Z G, SONG W H, BURUGAPALLI K, et al. Nano-yarn carbon nanotube fiber based enzymatic glucose biosensor [J]. Nanotechnology, 2010, 21(16):165501.

[81] MUNOZ E, DALTON A B, COLLINS S, et al. Multifunctional carbon nanotube composite fibers [J]. Advanced Engineering Materials,2004, 6(10), 801-804.

[82] CHAE H K, SIBERIO-PEREZ D Y, KIM J, et al. A route to high surface area, porosity and inclusion

of large molecules in crystals [J]. Nature, 2004, 427(6974): 523-527.

[83] LEE C, WEI X, KYSAR J W, et al. Measurement of the elastic properties and intrinsic strength of monolayer graphene [J]. Science, 2008, 321(5887): 385-388.

[84] BALANDIN A A, GHOSH S, BAO W, et al. Superior thermal conductivity of single-layer graphene [J]. Nano Letters, 2008, 8(3): 902-907.

[85] ZHANG Y, TAN Y W, STORMER H L, et al. Experimental observation of the quantum Hall effect and Berry's phase in graphene [J]. Nature, 2005, 438(7065): 201-204.

[86] NAIR R R, BLAKE P, GRIGORENKO A N, et al. Fine structure constant defines visual transparency of graphene [J]. Science, 2008, 320(5881): 1308.

[87] NOVOSELOV K S, JIANG Z, ZHANG Y, et al. Room-temperature quantum hall effect in graphene [J]. Science, 2007, 315(5817): 1379.

[88] WANG Y, HUANG Y, SONG Y, et al. Room-temperature ferromagnetism of graphene [J]. Nano Letters, 2009, 9(1): 220-224.

[89] LI X M, ZHAO T S, WANG K L, et al. Directly drawing self-assembled, porous, and monolithic graphene fiber from chemical vapor deposition grown graphene film and its electrochemical properties [J]. Langmuir, 2011, 27(19): 12164-12171.

[90] CRUZ-SILVA R, MORELOS-GOMEZ A, KIM H I, et al. Super-stretchable graphene oxide macroscopic fibers with outstanding knotability fabricated by dry film scrolling [J]. ACS Nano, 2014, 8(6): 5959-5967.

[91] DONG Z L, JIANG C C, CHENG H H, et al. Facile fabrication of light, flexible and multifunctional graphene fibers [J]. Advanced Materials, 2012, 24(14): 1856-1861.

[92] YU D S, GOH K L, ZHANG Q, et al. Controlled functionalization of carbonaceous fibers for asymmetric solid-state micro-supercapacitors with high volumetric energy density [J]. Advanced Materials, 2014, 26(39): 6790-6797.

[93] XU Z, GAO C. Aqueous liquid crystals of graphene oxide [J]. ACS Nano, 2011, 5(4): 2908-2915.

[94] XU Z, GAO C. Graphene chiral liquid crystals and macroscopic assembled fibres [J]. Nature Communications, 2011, 2: 571.

[95] XU Z, SUN H Y, ZHAO X L, et al. Ultrastrong fibers assembled from giant graphene oxide sheets [J]. Advanced Materials, 2013, 25(2): 188-193.

[96] SHIN M K, LEE B, KIM S H, et al. Synergistic toughening of composite fibres by self-alignment of reduced graphene oxide and carbon nanotubes [J]. Nature Communications, 2012, 3: 650.

[97] XU Z, LIU Z, SUN H Y, et al. Highly electrically conductive Ag-doped graphene fibers as stretchable conductors [J]. Advanced Materials, 2013, 25(23): 3249-3253.

[98] WANG R R, SUN J, GAO L, et al. Fibrous nanocomposites of carbon nanotubes and graphene-oxide with synergetic mechanical and actuative performance [J]. Chemical Communications, 2011, 47(30): 8650-8652.

[99] KOU L, GAO C. Bioinspired design and macroscopic assembly of poly(vinyl alcohol)-coated graphene into kilometers-long fibers [J]. Nanoscale, 2013, 5(10): 4370-4378.

[100] XIANG C S, BEHABTU N, LIU Y D, et al. Graphene nanoribbons as an advanced precursor for making carbon fiber [J]. ACS Nano, 2013, 7(2): 1628-1637.

[101] SHI H. Activated carbons and double layer capacitance [J]. Electrochimica Acta, 1996, 41(10): 1633-1639.

[102] PARK J H, KO J M, PARK O O, et al. Capacitance properties of graphite/polypyrrole composite electrode prepared by chemical polymerization of pyrrole on graphite fiber [J]. Journal of Power Sources, 2002, 105(1): 20-25.

[103] KIM C, YANG K S. Electrochemical properties of carbon nanofiber web as an electrode for supercapacitor prepared by electrospinning [J]. Applied Physics Letters, 2003, 83(6): 1216-1218.

[104] BAE J, SONG M K, PARK Y J, et al. Fiber supercapacitors made of nanowire-fiber hybrid structures for wearable/flexible energy storage [J]. Angewandte Chemie - International Edition, 2011, 50(7): 1683-1687.

[105] YUAN L, LU X H, XIAO X, et al. Flexible solid-state supercapacitors based on carbon nanoparticles/MnO_2 nanorods hybrid structure [J]. ACS Nano, 2012, 6(1): 656-661.

[106] REN J, BAI W Y, GUAN G Z, et al. Flexible and weaveable capacitor wire based on a carbon nanocomposite fiber [J]. Advanced Materials, 2013, 25(41): 5965-5970.

[107] HUANG L, CHEN D C, DING Y, et al. Nickel-cobalt hydroxide nanosheets coated on $NiCo_2O_4$ nanowires grown on carbon fiber paper for high-performance pseudocapacitors [J]. Nano Letters, 2013, 13(7): 3135-3139.

[108] CAI Z B, LI L, REN J, et al. Flexible, weavable and efficient microsupercapacitor wires based on polyaniline composite fibers incorporated with aligned carbon nanotubes [J]. Journal of Materials Chemistry A, 2013, 1(2): 258-261.

[109] HUANG T Q, ZHENG B N, KOU L, et al. Flexible high performance wet-spun graphene fiber supercapacitors [J]. RSC Advances, 2013, 3(46): 23957-23962.

[110] MENG Y N, ZHAO Y, HU C G, et al. All-graphene core-sheath microfibers for all-solid-state, stretchable fibriform supercapacitors and wearable electronic textiles [J]. Advanced Materials, 2013, 25(16): 2326-2331.

[111] DING X T, ZHAO Y, HU C G, et al. Spinning fabrication of graphene/polypyrrole composite fibers for all-solid-state, flexible fibriform supercapacitors [J]. Journal of Physical Chemistry A, 2014, 2(31): 12355-12360.

[112] ABOUTALEBI S H, JALILI R, ESRAFILZADEH D, et al. High-performance multifunctional graphene yarns: toward wearable all-carbon energy storage textiles [J]. ACS Nano, 2014, 8(3): 2456-2466.

[113] CHANG Y Z, HAN G Y, FU D Y, et al. Larger-scale fabrication of N-doped graphene-fiber mats used in high-performance energy storage [J]. Journal of Power Sources, 2014, 252: 113-121.

[114] LIU Y, SUN G Z, JIANG C B, et al. Highly sensitive detection of hydrogen peroxide at a carbon nanotube fiber microelectrode coated with palladium nanoparticles [J]. Microchimica Acta, 2014, 181(1-2): 63-70.

[115] ZHU Z G, GARCIA-GANCEDO L, FLEWITT A J, et al. Design of carbon nanotube fiber microelectrode for glucose biosensing [J]. Journal of Chemical Technology and Biotechnology, 2012, 87(2): 256-262.

[116] LIMA M D, LI N, DE ANDRADE M J, et al. Electrically, chemically, and photonically powered torsional and tensile actuation of hybrid carbon nanotube yarn muscles [J]. Science, 2012, 338(6109): 928-932.

[117] CHENG H H, LIANG Y, ZHAO F, et al. Functional graphene springs for responsive actuation [J]. Nanoscale, 2014, 6(19): 11052-11056.

[118] CHENG H H, HU Y, ZHAO F, et al. Moisture-activated torsional graphene-fiber motor [J]. Advanced Materials, 2014, 26(18): 2909-2913.